KB139138

하버드 중국사 **송**
유교 원칙의 시대

하버드 중국사 송 _유교 원칙의 시대

2015년 3월 2일 제1판 1쇄 인쇄
2015년 3월 16일 제1판 1쇄 발행

지은이   디터 쿤
옮긴이   육정임
펴낸이   이재민, 김상미

편집   박윤선
디자인   달뜸창작실, 최인경

종이   다올페이퍼
인쇄   천일문화사
제본   광신제책

펴낸곳   너머북스
주소   서울시 종로구 자하문로 100-1(청운동) 청운빌딩 201호
전화   02) 335-3366, 336-5131 팩스 02) 335-5848
등록번호   제313-2007-232호

ISBN 978-89-94606-35-4 93910
ISBN 978-89-94606-28-6 (세트)

너머북스와 너머학교는 좋은 서가와 학교를 꿈꾸는 출판사입니다.

하버드 중국사 송
유교 원칙의 시대

디터 쿤 지음
육정임 옮김

너머북스

차례__

지도와 그림__

지도

그림

한국어판 서문

하나의 문명사를 한 권의 책에 담아내는 일은 제2차 세계대전 이후, 적어도 서양에서는 역사학자가 가장 열정을 쏟았던 작업이다. 중국사 분야에서도 숱한 난관을 이겨내고 뛰어난 작품들을 내놓은 수많은 개척자 ― 존 페어뱅크John Fairbank(1907~1991)부터 조너선 스펜스Jonathan Spence(1936~)에 이르기까지 ― 가 있다. 나는 세계대전 이후에 태어난 세대로서 우리 세대에게는 그러한 야망이 그다지 많지 않은 것을 당연한 일이라고 생각한다. 내 동료 중에도 이미 몇몇 이들이 포괄적인 역사서를 저술했고, 앞으로도 더 많은 작품이 나올 가능성이 있지만, 우리 가운데 페어뱅크나 스펜스에 버금가는 권위를 얻을 사람은 아마 없을 것으로 본다. 우리에게는 앞선 세대가 겪지 못했던 문제가 있는데, 과거에는 없던 너무나 방대한 지식과 구체적인 정보가 현재 넘쳐나는 것이 그 이유이다. 부지런한 역사학자라면 중국에서 출간된 모든 책을 읽을 수 있던 시절이 있었다. 하지만 적어도 20여 년 전부터는 이러한 일이 어려워졌고, 오늘날은 사실상 불가능하다. 그렇기에 오히려 우리 세대에는 중국의 역사를 특정한 주제에 따라 재조명하여 한 권의 책에 담아내는 일이 얼마든지 가능해졌다. 하지만 중국사 전체를 한 권의 책에 담아내는 작업은 더욱 어려운 일이 되었다.

하버드 대학교 출판부의 캐슬린 맥더모트Kathleen McDermott가 폭넓은 독자층을 위한 중국사를 출간하자고 내게 제안했을 때 나는 그 전체를 나 혼자 다 쓸 수 없음을 직감했다. 원나라 이전의 중국사라면 나는 거의 아마추어 수준에 가까웠기 때문이다. 각 왕조마다 전문가가 필요한 작업이었다. 이 시리즈는 원래 4권으로 기획되었지만, 가장 중요한 왕조 — 한漢, 당唐, 송宋, 명明, 청淸 — 만 해도 이미 5권이 필요한 상황이었다. 그때 (이 시리즈의 저자인) 마크 루이스Mark Lewis가 진·한과 당 사이의 남·북조 시기에 대해서는 풍부한 서술이 가능할 만큼 새로운 연구가 이루어졌으므로, 따로 한 권으로 정리해줄 필요가 있다고 조언했다. 나 역시 3~6세기에 걸친 중국사를 한 권의 책에 담아내자는 의견에 찬성했고, 결국 이 "하버드 중국사" 시리즈는 중국이 항상 강력하게 중앙 집권화된 정부가 다스리는 지역이라는 기존의 통념과는 다른 곳임을 보여주는 기획이 되었다. 그리하여 총 6권의 시리즈를 기획하게 된 것이다.

나는 이 시리즈의 다른 저자들에게 별다른 지침을 주지 않았다. 내가 가장 중요하게 생각했던 점은 각 시대에 해당하는 연구 자료들의 가장 최근 성과를 조사하여 현재의 자료에 가장 가까운 사실을 서술하는 것이었다. 나는 역사를 시대 순으로 처음부터 차근차근 서술하는 평범한 방식을 되풀이하지 않기를 요청했다. 반대로, 그 당시에 살던 사람과 같은 관점과 같은 생각을 가지고 보고 서술하기를 바랐다.

이미 정형화되고 기정사실화된 역사를 다시 끄집어내는 것이 아니라, 당시의 삶이 구체적으로 어떠했는지 그 복잡 다양함을 오롯이 담아내는 역사서가 되기를 희망했다. 나는 또한 우리가 이미 알고 있고 또 곧 알게 될 지식에 너무 많이 의존하지 않기를 바랐다. 그리고 외부에서 바라보는 역사가 아니라, 역사의 내부에 밀착하여 숱한 세월을 함께 살아내고 자세히 읽어내는 역사서가 되기를 바랐다. 가령 각 시대를 이해하기 위해 일정 부분 정치사가 필요하다는 사실을 인정했지만, 그때에도 황실 정치가 정치사를 독점하지 않도록 주의해줄 것을 각 저자들에게 요청했다. 그렇다고 철학의 흐름이 이야기를 주도하는 것을 원한 것도 아니었다. 일반 서민은 대부분 철학이나 정치와는 동떨어진 삶을 살았던 만큼, 나 역시 이 "하버드 중국사" 시리즈가 일반 서민들의 삶과 경험을 충분히 보여주기를 소망했다. 그러므로 이 책을 읽는 독자들은 황제 중심의 일화보다는 당시의 사회, 경제, 문화, 그리고 백성들의 일상생활에 관해 좀 더 많은 정보를 접하게 될 것이다. 마지막으로, 이 "하버드 중국사" 시리즈가 공통적으로 담아내고자 한 주제는 각 시대의 역사가 형성될 때 비한족非漢族이 맡은 역할과 공헌에 주목하는 일이다. 중국의 역사는 한족漢族만의 역사가 아니기 때문이다.

이러한 지침을 제외하면, 나는 시대마다 중요한 사건의 가치와 활용 가능한 자료에 따라 각 시대를 어떻게 파악해야 하는지에 대해서는 시리즈 저자들의 재량에 맡겼다. 그 결과 중화제국에 관하여 상당히 포괄적인 연구가 이루어졌는데, 각 시대가 하나의 주도적인 주제에 따라 해석된 것이 아니라 여러 시대마다 대두했던 다양한 주제가 전개

될 수 있었다.

바라는 바가 있다면, 이 시리즈의 6권 모두가 독자들에게 서로 다른 방식으로 중국의 과거를 통찰하고 앞으로의 새로운 연구를 자극하는 계기를 제공하는 것이다.

책임 편집 티모시 브룩

일러두기

- 중국의 인명과 지명은 우리말 한자음으로 표기했고, 처음 언급할 때만 한자 병기했다.
- 서양과 일본의 인명과 지명은 국립국어원 외래어표기법을 기준으로 삼았다.
- 중국 사료의 인용은 가능한 중국 사료를 참고하여 번역했다.
- 각주에서 인용된 중국 사료는 이해를 돕기 위해 옮긴이가 중국 원문으로 추가했다.
- 이 책에 등장하는 날짜는 특별한 언급이 없는 한 양력으로 환산된 날짜이며, 음력 날짜는 따로 병기했다.
- 영어 원서에 있는 소소한 오류는 저자의 확인을 거쳐 수정했으며, 이 경우 따로 지적하지 않았다.

| 들어가는말 |

10세기, 당唐 말기에서 송宋 초기로 이행하는 시기는 중화 제국사에서 가장 뚜렷한 단절을 나타냈다. 수백 년의 계보를 이어온 북부의 세습 귀족 가문들의 '구세계'는 880년부터 960년 사이의 혼란과 내전을 겪으면서 마침내 사라졌고, 그들이 몰락하면서 구정치는 잊혀져버리거나 실종되었다. 유교 이념의 교육을 받고 치열한 과거 시험을 통해 등용된 사대부 계층이 중국의 전통을 다시 만들 계층으로 새로이 부상하였다. 이들이 정치, 이념, 철학, 문화, 문학, 예술, 기술, 과학 분야에서 이룬 성취와 더불어 일상생활을 변화시킨 당시의 강한 경제력은 송 왕조가 얼마나 혁신적인 왕조였는지를 알려준다. 중국 역사상, 사회 전체를 바꾸고 개혁하겠다는 중국 사람들의 의지가 이때만큼 성공적이고 강력하게 발휘된 때도 별로 없었다. 송의 혁신이 근대성의 여명을 예고한 중국의 "르네상스"였다고까지 평가하는 역사가들도 있다.

이전 왕조들은 거대 문벌, 귀족 관리, 학자, 무인들에게 의존했었다. 송 제국 시기가 되어서야 사상과 학문, 정부와 통치행위 등이 하나의 공통분모를 가지게 되었다. 하버드대 피터 볼Peter K. Bol 교수는 이 공통분모를 유학의 도의와 문화를 이르는 '사문斯文'으로 축약하였다. 송 왕조 시기 동안 한漢 제국의 후손이라는 정체성을 가진 사람들 사이에 새로운 자의식과 자존감이 형성되었다. 송 제국 시대에 이들이 만든 사회제도가 20세기의 중국인이나 서양인이 '전통적 중국'이라고 인정하는 바로 그 패러다임이 되었던 것이다.

한 제국(기원전 206~서기 202)은 진 왕조(기원전 221~기원전 206)가 마련한 영토와 행정의 통일을 기반으로 하여 건설되었다. 당 제국(618~907)은 수 왕조(581~618)가 이룬 안정으로부터 큰 혜택을 입었다. 그러나 송 제국의 지배자들은 이런 혜택도 없이 어려운 상황을 맞이했다. 송의 창시자이자 초대 황제인 태조(재위 960~976)는 수 왕조가 당 제국에게 남겨준 것과 같은 잘 준비된 제국의 토대를 갖지 못했다. 태조와 그의 뒤를 이어 제위에 오른 동생 태종(재위 976~997)은 사천성, 중부와 남부, 그리고 섬서성 지역에 있던 왕국들을 정복하여 중국을 통일해야 했다. 제3대 황제 진종(재위 997~1022)은 조정의 권위를 중앙 집권적으로 강화하고 안정화하기 위한 조치를 취하였고, 동시에 이후 몇 백 년에 걸쳐 외교 정책의 표준이 되는 공존의 외교 방식을 창안하는 등, 모범적으로 송 제국의 강화에 노력을 기울였다.

송 제국이 오래도록 존속하기를 염원하던 세 황제들은 자신들이 창안한 통치 방식이 후계자들에게도 적합한 선례가 되어야 한다고 생각했다. 그들은 우선 왕조의 원칙을 유교의 핵심적 이념과 문화적 가치에 두기로 하였다. 이런 개념을 뿌리로 삼아 새로운 국정 정책을 마련하고 정책을 실행하는 정부 관리의 역할을 분명히 했다. 한과 당의 황제들과 마찬가지로, 송의 황제들 역시 개혁을 구상하는 과정에서 유학자들에게 자문을 구하였다. 이들은 무인이자 지배자인 자신들의 체험에서 얻은 방식에 이 현자들의 조언을 추가하였다. 유교가 접목되면서 놀라울 정도로 다른 결과, 새로운 형태의 무인 독재가 이때를 즈음하여 탄생하였다.

무인 출신이며 지난 80년에 걸쳐 무력이 가져오는 처참한 결과를 잘 알고 있던 태조는 강력한 문인 정부의 필요성을 실감했다. 그의 지침을 따라 송대 황제들은 군사적 원리(武)보다 민간의 원리(文)를 의도적으로 강화했다. 그들은 변경의 이민족 정권인 요, 서하, 금의 군사적 도전에 대응하여 쌍방 합의와 평화 조약을 협의했다. 문치 사회를 강화하기 위해서 송대 황제들은 경제, 조세, 화폐의 개혁을 도입했다. 뿐만 아니라 송의 학자들을 독려하여 자연을 탐구하며 실험을 해보고 또 농업, 직물, 도자기, 철광 제련, 조선, 무기 제조와 그 밖의 많은 분야에서 새로운 기술을 발명하도록 했다. 이런 혁신을 시장에 소개한 상인들은 송 제국의 외딴 구석까지 상업화할 수 있었다.

건축과 도시계획의 측면에서 보면, 북송과 남송 시대에 한층 개방화된 도시는 24시간 가동하는 생활 방식을 가져왔고, 이것이 다시 지역 시장과 국가 상업의 성장에 박차를 가했다. 혁신적인 형태의 오락이 나타났으며 새롭고도 세련된 사조의 회화 예술도 등장했다. 제국 여기저기에서 활동했던 사상가들의 지적 관심은 이성의 개념을 포함할 만큼 확대되었으며 그들의 사상적 성과가 여러 방면에서 제도화되었다. 법제 분야를 예로 들면, 유교적인 인식이 사형 집행을 감소하는 데 기여하였다. 거의 모든 분야에서 송이 모범적인 왕조였던 당보다 우월했다.

이 새로운 질서는 문인 관료 지배층이 대두하면서 지탱될 수 있었으며, 이들은 전국적으로 치러진 유교 경전 시험을 통해서 선발되었다. 고전 교육을 받는 것이 영향력 있는 직위와 특권, 부와 권력 그리고 명성을 얻는 데에도 관건이 되었다. 새로운 관료 자리는 지배 계층인 사대부, 부유한 지주와 상인 가문의 자제들로 충당되었다. 두루마리 필사본 대신 급속히 성장한 출판사들에 의해 인쇄 제본된 서책이 보급됨에 따라 평범한 집안의 자제들도 사설 글방이나 나라에서 세운 학교에서 교육을 받을 수 있었다. 조여우趙汝愚는 수석 시험관의 자리에 있던 1194년에 "학자라면 이러한 시대에 태어난 것에 대해 감사해야 한다"라고 말하기도 했다. 이렇게 자신만만한 분위기에서 정치·윤리·실천 이념인 유교가 상류층의 공적인 행동뿐만 아니라 사적인 생활까지도 규제하게 되었다. 1905년에 과거제도가 폐지될 때까지 과거 급제는 중국의 모든 왕조에서 수만 명의 야망 있는 서생들의 염원이 되었다.

사회적 지위와 안락으로 이끄는 새로운 사다리가 생겼다고는 하지만, 대부분의 백성들에게는 관리 계층에 진입할 가능성이 없었다. 송대는, 생존 자체를 위해 투쟁하는 궁핍하고 혜택받지 못한 사람들이 맨 아래층에 있고, 가족·친척·하인 등 100명이 넘는 가솔을 거느리고 상상을 초월하는 사치를 누리는 극소수의 계층이 맨 꼭대기를 차지하는 그런 다층적인 사회였다. 그 양극 사이에 하급 관리, 상인, 자신의 땅을 경작하는 농민들이 있었다. 생활 여건은 이전 왕조 때보다 나아졌지만 대다수 농민들은 여전히 어떻게 하면 핍박, 착취, 불운에서 벗어나 가족의 생계를 해결할 수 있을까 하는, 아주 단순하지만 치명적인 일상의 문제를 해결하기 위해 온 힘을 바쳐야 했다. 이름도 목소리도 없는 자작농들은 사회의 피라미드 계층 구조에서 밑바닥 쪽에 가까웠으나, 이들이 바친 현금, 현물, 노역 등의 조세가 그들 위에 있는 부유층의 경제적 번영과 안락을 보장해주고 새로운 도시 생활 방식을 가능하도록 해주었다.

이 시대의 다채로운 산문과 시에는 부유층만 아니라 보통 백성들의 생활과 노동 조건에 대한 증언도 담겨져 있다. 시인들은 노동자들에게 동정을 느꼈으며, 고압적이고 자기 배만 불리는 관리들이 그들을 탄압하는 것에 대해 비난했다. 그러나 결국 시인들도 대중의 운명을 어쩔 수 없는 자연적인 것으로 받아들였다. 나엽羅燁의 생애는 거의 알려지지 않았으나 그가 남긴 『신편취옹담록新編醉翁談錄』에 이러한 기록이 있다. "고대부터 지금까지 인간은 두 가지 부류, 즉 현명하고 교양 있는 사람과 무지하고 거친 사람들로 나뉘어왔다. 첫째 부류는 삶의 진정한 가치를 알고 오상五常을 존중한다. 무지몽매한 사람들은 가장 나쁜 죄악에 빠진다." 중국 역사상 '거친' 부류에서 벗어난 사람은 전체 인구에서 겨우 몇 퍼센트에 불과했다. 끝도 없이 반복되는 힘겨운 육체노동, 변덕스러운 날씨, 심술궂은 지주와 상관, 부패한 관리들 그리고 평생 빚의 덫에 걸려 허덕여야 했던 송대 백성들은, 지식인들의 심미적 또는 철학적인 취향과는 아무런 상관이 없었다. 특혜 받은 소수 학자와 관료들이 시류에 맞추어 통찰력을 자랑하며 즐기던 문답놀이도 그들에게는 아무런 의미도 없었다. 홍수, 가뭄 또는 메뚜기 떼가 그들의 세곡 납부를 망쳐버리는 때면, 빚의 굴레에서 벗어날 수 없는 악순환의 삶이 그들을 덮쳤다. 한유韓愈가 왕승복이라는 미장이에 대한 전기인「오자왕승복전圬者王承福傳」에서 말했듯이, 토지를 포기하고 무언가를 만드는 일로 생활비를 벌어 사는 사람들은 "통상적인 집세와 식비에 따라 결정되는 품삯"으로 살아갔다.[1]

문민 사회가 번영함에 따라 송 왕조는 전례가 없는 이익을 거두기는 했지만, 군사력이 취약해지는 대가도 치러야 했다. 농업적이고 정주적인 한족漢族은 서북방의 비정주 유목민과 수백 년 공존해오면서 그들의 요구와 위협, 군사적 침략과 전쟁의 경험을 쌓아왔다. 그러나 송 왕조는 처음부터, 그리고 이전의 어떤 중국 제국보다 더 많이, 당대에 차지했던 영토를 비한족 태생의 왕조와 함께 나누어야 했다. 당 제국이 와해될 때 중국의 북쪽과 동북 지역(예전 만주 지역)이 이민족 왕조에게 속해 있었고, 그로부터 450년간 이 지역은 계속 이민족의 차지가 되었다. 한편 중부 평원과 중남부 지역은 오대五代(907~960)와 십국十國(902~979)으로 나뉘어 있었다. 당이 붕괴하던 격동기에 한족의 영토가 이렇게 갇혀버린 상황은 송 제국에게 갚을 수 없는 빚을 떠맡은 꼴로 만들었다.

---

1) Liu, *Chinese Classical Prose*, p. 55.

　이는 중국 역사상 가장 장수한 왕조 중 하나인 송 왕조가 물려받은 가장 어려운 문제였다. 송 황제들과 관료들은 왕조의 통치와 민족적 우월성을 위협하는 이 만만치 않은 이웃들을 두려워했다. 979년 송 왕조의 영토가 안정된 후에도, 송대 지배자들은 영토 확장의 방면에서 송이 한이나 당이 달성했던 찬란한 위업에 미치지 못한다는 심리적인 약점을 해결할 방안을 찾지 못했다. 송의 영토는 전성기일 때도 겨우 260만 제곱킬로미터를 웃도는 정도였는데, 이는 당 제국이나 현재 950만 제곱킬로미터를 차지하는 중화인민공화국에 비하면 어림없이 작은 영토였다(지도 1, 지도 2). 송이 통치한 319년 동안에는 그 이전에 알려진 바와 같은, 혹은 이후에 존재한 그런 '중국'은 존재하지 않았다. 오히려 어느 한쪽도 우위를 차지하지 못한 별개의 국가(뚜렷이 구별되는 민족적 또는 문화적 정체성을 갖는 국민의 국가)들과 정부(중앙 집권적이고 관료적인 정부)들이 분립하고 있었다. 지정학적 시점에서 볼 때, 송의 역사는 일종의 지역주의 연구라고 할 수 있다.[2] 결국 송 왕조는 그 축소된 영토조차 방어하지 못했다.

　수많은 송대 지식인들은 변경의 오랑캐들은 한족 중국인과 확연히 다르다고 여겼다. 같은 언어를 사용하지 않았고, 동일한 문화적 가치를 공유하지도 않았다. 그들의 복식도 다르고 이상하게 밀어버린 머리 모양새도 한족 중국인의 관습에 어긋났다. 특히 중요한 것은, 중국인들이 매우 중요하게 생각하는, 군신·부자·남녀 등 신분에 따라 정해지는 예절도 이민족들은 갖추지 않았다. 요컨대 중국의 관점에서 볼

---

2) Standen, *Unbounded Loyalty*, p. 3.

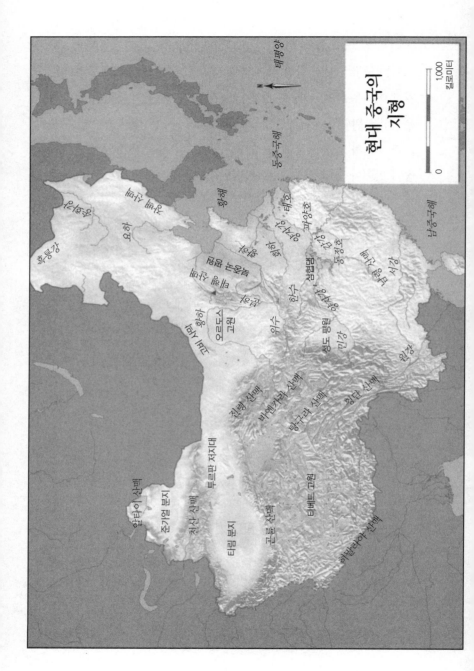

현대 중국의 지형

태평양

동중국해

남중국해

0   1,000
킬로미터

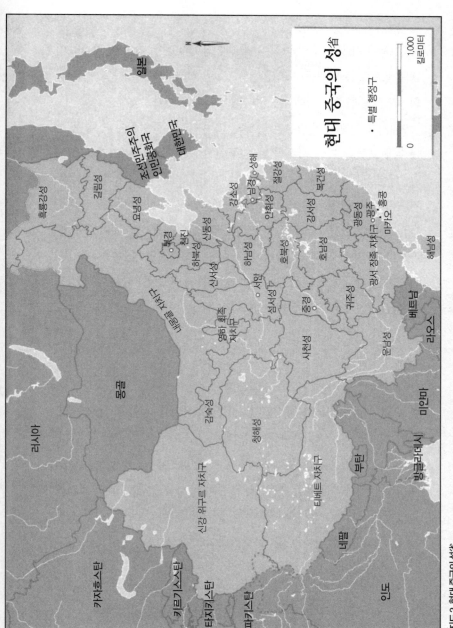

지도 2 현대 중국의 성省

때, 그들은 세계 문명의 중심이 아니라 변두리였다. 이 이방 족속들이 정치적으로 송과 대등하고 군사적으로 우월했다 하더라도 그들은 문화적으로는 한족에 비해 열등하다며 멸시를 당했다.

9세기 초의 인물인 한유로 시작해 그 이후의 유학자들이 쓴 글 중 상당수가 오늘날 관점으로 볼 때 외국인 혐오주의로 여겨지기는 하지만, 사실 그들의 주된 기준은 인종이 아니라 문화적인 것이었다. 공자가 어떤 사람을 중국인으로 볼 것인지 오랑캐로 볼 것인지 판단하는 기준으로 삼은 것도 그 사람이 교화된 정도, 즉 문화적인 것이었다. 한유보다 250년쯤 후의 인물인 소옹邵雍은 자기 자신과 자신이 세상에서 차지하는 위치에 대한 생각을 다음과 같이 표현했다. "나는 내가 짐승이 아니라 인간이어서, 여성이 아니라 남성이어서, 오랑캐가 아니라 중국인이어서, 그리고 내가 세상에서 가장 멋진 도시 낙양洛陽에 살고 있어서 행복하다."

그러나 다시 100년이 지났을 때, 중국 북쪽에 이웃한 이민족들에 대한 유학자들의 태도는 경직되었다. 공리주의적인 철학자 진량陳亮은 중화 세계에서 차지하는 오랑캐들의 위치를 이렇게 설명했다. "고대의 성인들이 중원을 오랑캐와 공유하지 않았듯이, '중국은 문화도 의례도 야만인들과 공유할 수 없다.'"3) 송과 국경을 접했던 여러 이민족들 중에서 중국의 가치와 관습에 깊은 영향을 남긴 세력은, 결국 송을 흡수해버리게 되는 몽골 원 왕조뿐이었다. 오늘날 중국인들은 다양한 민족 집단을 비한족 중국인, 즉 '비한족화인非漢族華人'이라고 부

---

3) Tillman, *Utilitarian Confucianism*, p. 175.

르면서 다민족 국가라는 근대 개념을 적어도 입으로는 지지하고 있다. 이는 송대인들의 관점은 아니었고, 비정주민인 이웃들의 입장도 아니었다.

1126~1127년에 여진족 금 왕조의 침략을 당해 송 조정은 중국의 전통적인 심장부 중원의 개봉開封을 포기하고 멀리 남쪽의 낯선 땅으로 피난을 갈 수밖에 없었으며, 거기서 1279년까지 다시 152년간 권력을 유지했다. 금의 전력이 압도적으로 우세했던 점을 고려해볼 때, 북송과 남송이 그렇게 오랫동안 존속했다는 사실은 놀라운 일이다. 침략을 당한 송 제국의 약점은 많았다. 이론적으로 보면, 유학자들은 원칙적인 차원에서 전쟁을 비난했다. 평화의 방법을 왕도로 보았고, 전쟁은 패도라고 규탄했다. 그러나 현실에서는 이런 정통적인 관념이 비판을 받는가 하면, (모두 유교주의자로 교육받은) 군사 전략가와 도덕주의 사상가들이 평화, 전쟁, 방어를 주제로 한 논쟁에 엄청난 시간과 열정을 쏟았다. 신유학 도덕론의 대변자였던 주희朱熹조차도 "우리의 선조들을 살육한" 여진족을 불구대천의 원수라며 규탄했다. 그러나 대부분의 조정 대신들이 평화공존 정책을 선호하는 바람에, 이민족 정권에 대한 군사적 자주성을 역설했던 관리들은 조정에서 어려움을 겪어야 했다.

심지어 전쟁이 불가피했던 때에도 송의 공격적 전략은 뒷전으로 밀렸으며 그렇다고 해서 수비 전략이 크게 나은 것도 아니었다. 송은 멸망할 때까지 모두 네 번에 걸쳐, 즉 1005년(전연의 맹약은 양력 1005년 1월에 체결되었다. 원서에는 양력을 사용하여 1005년이라고 하였으나 우리 학계에서는 관행적으로 음력 1004년을 쓰고 있다. - 역주),1123년, 1142년, 1208년에 북쪽 정권의 신하 지위를 인정하는 굴욕적인 조약을 체결했다. 이로써 송은 천하에는 오직 한 명의 천자가 있어야 한다는 일세일주 一世一主의 원칙을 희생하는 대신, 호전적인 이웃과의 평화적 합의와 현실 정치를 선택했다. 국가 경제를 좌지우지하는 재정 업무의 경험을 쌓은 실리적인 고위 관료들은, 결과도 보장할 수 없는 장기적인 전쟁에 재정을 쏟아 붓는 것보다 이민족 정권에게 세폐를 주는 편이 훨씬 경제적이라고 황제를 설득했다.

군대의 역량, 전략적 혁신, 국가의 패권으로 평가한다면 송은 허약한 왕조였고 마침내 짓밟히고 말았다. 천천히 진행된 송 왕조 멸망의 이유를 한 가지 탓으로만 돌릴 수는 없으나, 군사적 효율성보다 문치를 강조한 것이 국가의 약화와 정부의 사기 저하를 초래하였을 것이다. 외적의 침략을 막아내려는 송의 필사적인 노력은 끝내 실패했다. 그러나 전성기의 송은 중국 역사, 아니 세계 역사상 가장 인도적이고 세련되며 지성적인 사회로 꼽을 수 있다. 송이 통치한 3세기 동안 유교 이념이 공적인 영역만이 아니라 개인의 삶에도 강력한 영향력을 발휘했고, 이 고대 사상의 도덕관과 교육관이 정부 정책의 근거가 되었다. 송 제국의 창의적인 통치자, 학자인 관리들, 예술가들이 회복시키고 재가동한 유교 가치와 사고방식이 뒤이어 건립된 모든 왕조들의 교육 제도, 정부 체계, 민간 사회의 토대가 되었으며, 한족의 후예들 사이에 수백 년간 지속될 중국인 특유의 의식을 강화하였다.

1

| 혼란의 시대 |

　제국의 최고 지배자, 국가 의례의 수장, 그리고 황실의 대표인 황제 皇帝는 "하늘 같은 위대한 자"라는 뜻을 가졌으며, 하늘과 백성의 중개 자 역할을 하는 하늘의 아들(天子)이었다. 도덕적 원리로서 또한 인격 화된 신성神聖으로서 다양하게 해석된 하늘은 황제 통치의 근거가 되 는 권위였다. 그러나 왕조의 운명은 하늘이 준 것이 아니라 사람이 만 든 것이었다. 그리고 사람 중에서 가장 중요한 존재가 황제였다. 하늘 은 결정을 할 수도 없고 하지도 않았다. 통치는 황제의 책무이며 결정 은 바로 황제가 하는 것이었다.

　이것이 유교적 견해이며, 재상 사마광司馬光의 가까운 친지이자 황 태자를 가르치는 시독侍讀 등의 관직을 지냈던 여공저呂公著는 1085년 에 쓴 상서에서 황제가 한 왕조의 존속에 미치는 영향을 이렇게 설명 했다. "하늘이 비록 높고 멀다 해도, 하늘은 매일 제국을 검사한다. 하늘은 지배자의 행동에 응답한다. 만약 황제가 꾸준히 자신을 수양하고 백성을 정의롭게 대하면⋯⋯ 하늘은 번영을 내려주고, 천자는 영원히 다스릴 땅을 받게 된다. 불행도 없을 것이며 누구도 문제를 일으키지 않을 것이다. 그러나 만약 황제가 신들에게 소홀하고 백성을 혹사시키며 천명을 두려워하지 않는다면, 불행이 있게 될 것이다."[1]

여공저는 왕조 쇠퇴의 책임을 단호히 황제의 어깨에다 올려놓았지만 이는 너무 단순한 생각이다. 당 제국의 정부와 행정제도는 130여 년 동안 탄탄하게 안정되어 있었는데, 그 안정의 기반은 왕조의 문화적·정치적 업적과 우월성을 신뢰했던 귀족 계급과 지식인 관리들의 충성심과 자기 이해에 있었다. 한 명의 통치자가 무능함으로 인해서 당 사회의 근간이 몇 년 또는 심지어 수십 년 안에 쉽게 깨져버릴 수 있는 것은 아니었다. 820년과 907년 사이에 벌어진 당 왕조의 마지막 붕괴 과정에는 자격 미달인 여러 황제들과 왕조를 멸망으로 몰아간 최악의 여러 조건들이 조정 내부에 존재했다. 송대의 많은 관료와 역사가들은(그들 자신도 유교 교육을 받았다) 이러한 실제 상황을 잘 알았으며, 당대 말기 위정자들의 국정 실패와 몰락에 관해 합리적으로 설명하고 이해하고 있었다.

당 헌종憲宗으로 더 잘 알려진 이순李純이 805년 9월 5일에 당의 제11대 황제로 제위에 오르면서 제국이 살아남을 확률은 상당히 개선되었다. 그 50년 전인 755년에, 소그드인(중앙아시아 소그디아나를 근거지로 한 이란계 민족. ─역주) 절도사인 안녹산安祿山이 반란을 일으켜 당의

---

1) 『續資治通鑑長編』, 357:8548.

수도를 점령하자 황제는 서남쪽으로 쫓겨 도망가게 되었다. 안녹산은 난을 일으킨 지 겨우 2년 만에 자신의 아들에게 살해되고 이 폭동은 763년에 마지막으로 진압되었다. 그러나 뒤이은 40년간 당은 큰 혼란의 시기를 겪고 있었다.

저명한 조정 신료이며 유학자인 한유韓愈는 헌종(재위 805~820)이 즉위하던 당시, 지방으로 좌천되어 하급 경찰직에 해당하는 직위에 있었다. 하급 말직의 비참함만이 아니라 남부의 생소한 자연환경에 불안해하며 곤혹스러운 습한 기후와 독살될지도 모른다는 공포에 시달렸다. 현청 앞에 있는 커다란 북소리가 새 황제의 즉위를 선포할 때에 그는 자기처럼 유배, 좌천된 관리들을 수도로 귀환시키는 조치가 있을 것임을 알았다.[2] 그는 고향으로 돌아갈 준비를 하면서 태평성세가 시작되었고 당은 이전의 찬란함을 회복할 것으로 확신했다고, 2년 뒤 「원화성덕시元和聖德詩」의 서문에 썼다. 사면령이 내려지고 남녀노소가 기뻐했다. "하늘이 황제에게 천하를 다스리도록 했고, 10만 년 동안 행복이 지속될 것이며 누구도 빈곤하지 않을 것입니다"라고 그는 헌종에게 말했다.[3]

실제로, 역사에서 "중흥지주中興之主"라고 알려진 헌종은 통치를 시작하면서부터 왕조의 쇠락을 막기 위해 노력했다. 독재적이며 자신의 생각이 옳다는 확신에 찼던 헌종은 번진藩鎭 절도사들과의 권력 경쟁에서 우위를 차지하기 위해 힘썼을 뿐 아니라 동북쪽에 있던 반역적인

2) 『(韓)昌黎(先生)全集』, 3:7b.

3) 『(韓)昌黎(先生)全集』, 1:7b-13a.

번진들에 대한 통제력을 회복하고 중앙정부의 권위를 재수립하기 위해 행정·재정·군사적으로 그가 할 수 있는 모든 수단을 효율적으로 구사하였다. 휘하의 유능한 신료들과 함께 영토의 분열을 막고 당 초기 황제들의 영광을 되살리는 일에 전념했다.

　몇 가지 차질이 있기는 했지만, 굽힐 줄 모르는 성격의 헌종은 자신의 목표를 일정 부분 이루어냈다. 통치자의 명성과 왕조의 권위를 회복했고, 반역적인 동북 지역 번진 중 일부에게서 지배권과 조세 수입을 되찾았다. 그러나 광대한 영토를 통치하던 이전의 강대한 제국으로 되돌아가겠다는 헌종의 가장 원대한 야망은 달성되지 못했다. 820년 2월 14일, 그는 두 명의 환관 손에 죽은 것으로 전해진다. 당 왕조가 중흥을 시도한 시기에 유일하게 성공을 거둔 황제가 자신의 개혁이 완성되는 것을 보기도 전에 난폭한 죽음을 당했던 것이다. 헌종 이후 보위에 오른 황제 중에는 관료, 절도사, 환관 등이 복잡하게 얽힌 정치 구조를 효율적이고 균형적으로 장악할 만큼 강력한 자가 없었다. 중국 역사에서 왕조가 붕괴될 때에는 마치 스스로 가속도를 내며 추락하는 것 같은 때가 여러 번 있었는데, 당도 바로 그런 경우이다. 유능한 군주 한 사람이 파손된 배를 몰아 안전한 곳으로 가기에는 역부족인 말세기적 상황이었다. 헌종의 죽음과 함께 당 왕조 중흥의 마지막 희망마저 조정의 무지한 암살범들에 의해 날아가버렸다.

　헌종에 이어 즉위한 네 명의 황제들은 미숙하고 무능할 뿐더러 황제로서의 책무를 수행할 당당함도 기력도 없었다. 이에 따라 당의 쇠퇴는 가속화되었다. 두목杜牧은 825년에 쓴 시에서, 지난 70년 동안 그렇게 부끄러운 수치가 어째서 당 왕조에 닥쳤는지 자문했다. 헌종은 지혜롭게 밀고 나갔건만, 이제는 반역자와 폭도들을 몰아내려 노력하는 것이 하늘에 올라가는 것만큼 어렵다고 그는 썼다. 하지만 헌종 이후 황제들의 개인적인 약점만이 왕조 몰락의 유일한 이유는 아니었다. 그 외의 몇 가지 위험 요소들도 이 비틀거리는 제국을 괴롭히고 있었다.

첫째, 헌종 이후로 환관의 수가 거의 6000명에 이를 정도로 증가했으며, 그중 상당수의 환관이 정예 부대인 금군을 지휘하는 높은 지위까지 올랐다. 그들이 황제의 계승을 조종할 만큼 강한 힘을 갖게 되자 황제들은 환관 세력의 보필과 조직망에 의존할 수밖에 없는 존재가 되었다. 둘째, 관료 조직 내부에서 터져 나온 갈등과 충돌이 정부를 무력하게 만들었다. 과거에는 당파 싸움이 있다 하더라도 황제들이 신속하게 분쇄할 수 있었지만 헌종 이후로는 그렇게 강력한 황제가 나타나지 않았다. 셋째, 무인 절도사들이 제국의 중심이 약해진 상황을 틈타 세력을 강화하고 심지어 자립하려는 야망도 갖게 되었다.

820년 헌종의 뒤를 이어 목종穆宗이 25세의 나이로 황제 자리에 올랐다. 구중궁궐에서 나고 자란 목종은 연회를 열고 사냥하러 가는 것을 좋아하며 성적 쾌락에 탐닉할 뿐, 조정의 일에 대해서는 경험이 부족하였다. 823년, 당시 귀족 사회에서 즐기던 격렬한 운동인 격구를 하다가 부상을 입고 고생하던 목종은 이듬해에 결국 사망하였다. 그를 이어 즉위한 황제들은 모두 환관의 조종을 받았다. 그들은 환관에게 살해당하든가 불로장생약을 찾는 과정에서 실수로 독살당하기도 했다. 목종의 아들인 경종敬宗은 자기 아버지처럼 환관 무리들과 격구를 하면서 많은 시간을 보냈는데, 그 환관들조차도 참기 어려워하는 행동을 해서 악명을 떨쳤다. 827년 19세에 불과했던 이 황제는 환관들과 밤늦게 술을 마신 다음 그들에게 살해되었다. 경종의 동생으로 제위를 이은 문종文宗은 학문에 뜻을 두고 전념하였지만 환관들의 조종에서 벗어날 만큼 강하지도 못했고 그렇다고 충분히 약삭빠르지도 않았다. 문종은 환관들을 제거하기 위해 두 번에 걸쳐 조치를 단행했으나 끝내 실패하고(감로의 변甘露之變), 나이 서른에 과량의 약물 때문이었을 것으로 추정되는 우울증에 빠져 죽고 말았다.

무종武宗은 840년에 즉위하여 곧바로 자신의 정적들과 그들 일파들을 처형했다. 그는 대규모의 불교 탄압으로 중국 역사에서 유명한 인물이기도 하다. 6년 후 32세에 마찬가지로 독살된 무종의 뒤를 이어 선종宣宗(재위 846~859)이 즉위했는데, 탁월한 기억력을 가졌던 그는 까다롭고 변덕스러웠으며, 조정의 일에 대해 뒷조사하는 것을 강박적일 정도로 좋아하는 인물이었다. 820년에 있었던 아버지 헌종의 의혹 투성이의 죽음이 이미 25년 이상이나 지났음에도 불구하고, 선종은 이 사건을 재조사하여 부황의 죽음에 개입했다고 의심이 가는 사람 모두를 잔인하게 핍박했다. 859년, 선종도 독살당했다. 이후 제위에 오른 의종懿宗(재위 859~873)과 희종僖宗(재위 873~888)의 치세는 더욱 심해진 환관의 권력, 관료들의 정쟁, 심해지는 북부 지역의 혼란 등으로 점철되었다. 마지막 두 황제인 소종昭宗(재위 888~904)과 경종景宗(재위 904~907)은 이민족 세력의 정복으로 왕조가 무너지는 것을 지켜보아야 했다.

불교 박해

당 왕조시대에는 30년에 한 번씩 석가모니의 유골을 수도로 옮겨다가 절에서 전시하는 의식이 수만 명 군중의 참여 속에서 거행되었다. 818년에 헌종은 탑 위에서 이 굉장한 광경을 관람하고, 자신이 직접 살펴볼 수 있도록 그 유물을 궁궐로 가져오라고 환관에게 명령했다. 관직에 있던 한유韓愈는 이 소식을 듣고 외국인 혐오증에 가까운 격렬한 반응을 보였다. 개인의 정치적 동기도 있었겠지만 백성을 염려하는 마음에서 나온 행동이었을 것이다. 819년 「부처 유골에 관한 표문(논불골표論佛骨表)」이라는 글에서 그는 부처를 "중국의 언어도 말하지 않고 다른 복장을 한 오랑캐 사람"으로 기술하였다.[4] 한유는 불교가 전 황제들의 수명을 단축했다고 강력히 주장하면서 황제의 불교 행사 참여를 문제 삼았다. 중국 유학자들과 "이방" 종교인 불교의 관계에서 이정표로 간주되는 한유의 표문에는 송대 신유학 부흥 시기에 왕성해진 배외사상이 잘 드러나 있다.

그러나 840년대에 불교 탄압이 체계적이고 강력해진 근본적인 이유가 배외사상이나 종교적 논쟁에 있었던 것은 아니다. 위기가 발생한 것은 귀족 문벌, 대지주 그리고 몇 백 년에 걸쳐 거대한 재산을 축적한 불교 사원들에게 유리한 조세제도 때문이었다. 헌종의 통치 기간에 관리들은 국가 경제와 국고를 안정화하기 위한 조세 개혁이 절박하게 필요하다는 것에 대해 토론했지만, 새로운 제안은 모두 기존의 제

---

4) *Sources of Chinese Tradition*, p. 428에 기초하여 번역함.

도로 부당 이득을 얻는 자들의 완강한 반대에 부딪혔다. 헌종이 죽은 뒤 조세 수입이 줄어들고 빈곤과 기아로 지방은 절망에 빠졌으며, 또 하남성河南省 회수淮水 일대의 마을에서는 수많은 농민과 소작인들이 무자비한 폭도들의 습격을 피하느라 안전한 지역으로 이사를 갔다. 위기 해결을 위해서 정부는 새로운 재정 자원 발굴을 필요로 하였다.

불교 승려들의 자산을 빼앗는 것은 재정 부족에 대처하는 단순하면서도 확고한 해결책이었으며, 이는 중국 역사에서 이미 446년, 486년, 577년에도 성공적으로 시행된 전례가 있었다.[5] 842년부터 무종은 불교 사원의 세속화를 대대적으로 시행하였다. 4600여 곳의 승원, 사찰, 장원을 몰수하고 금·은·동제 불상을 녹여버리고 이 귀금속을 동전과 금·은괴 등을 만드는 데 썼다. 이 과정에서 26만 5000명의 승려, 수도승, 비구니들이 강제로 환속되어 일반 납세자로 돌아갔다. 성직자의 면세 특권을 폐지하고 더 나아가 불교 사원에서 복무하던 15만 명이 넘는 노예들이 납세자로 등록되었다.

환속 조치로 인해서 4만여 채의 다양한 불교 건축물, 헤아릴 수 없이 많은 경전과 기타 값진 불교 유물들이 파괴되었다. 무종은 자신의 폐불 조치가 불교의 해악을 제거하고 악을 뿌리 뽑는 노력이라고 강조했다. 무종이 정치적 성공이라고 자랑스럽게 선언했던 불교 탄압에 대해, 당시 사태를 목격했던 일본 승려 엔닌圓仁은 중국 불교에 닥친 재

---

5) Ch'en, "The Economic Background of the Hui-ch'ang Suppression of Buddhism," pp. 67-105; Weinstein, *Buddhism under the Tang*, p. 134.

앙이라고 평했다.[6]

847년에 선종은 무종의 폐불령을 거두고 불교 사원을 다시 열어 종교 활동을 재개하도록 허락했으며 그 다음 의종은 열렬한 불교 주창자가 되었다. 그런데 955년에 후주後周의 세종이 다시 한 번 불교 사원을 왕조의 자금 운용 문제의 해결책으로 생각하였다. 그는 불교 내부 사정이 얼마나 개탄스럽고 사기가 저하되어 있는지 여러 사례들을 거론하면서, 대부분의 사찰을 폐쇄하고 거기 있던 금속류와 귀중품들을 압류했다. 960년 송이 정권을 잡을 때까지 3만 336군데의 사찰 중 겨우 2694군데만 이 숙청에서 살아남았다.

세종은 한 발 더 나가 몇 세기에 걸쳐 불교도들 사이에 유행했던 신체 훼손과 기타 종교적 헌신을 금지하는 칙령까지 발표했다. 무아경이나 광분한 상태에서 일부 광신자들이 자신의 사지에서 잘라낸 살을 공양하거나 또는 죽어서 자신을 제물로 바쳤던 것이다. 세종의 칙령은 열렬한 불심에서 나온 황홀경 상태의 행동들, 아울러 그런 행동들이 만들어내는 종교의 권위도 없애버리려는 의도에서 나온 것이었다.[7]

무종의 불교 탄압이 시작된 지 350년 뒤에, 어느 시인은 불교에 적대적인 의견을 대변하듯 다음과 같이 표현하였다. "어마어마한 불당

---

6) *Ennin's Diary*, p. 388.

7) Pettersson, "Cannibalism in the Dynastic Histories," pp. 123–125; 세부 사항은 다음을 참고할 것. Gernet, *Buddhism in Chinese Society*, pp. 65–66, 195–247, 254–255; Jan Yün-hua, "Buddhist Self-immolation in Medieval China," pp. 243–268.

과 거대한 불상이 사라지기 전까지 허약한 백성들이 어떻게 굶주림과 죽음에서 벗어날 수가 있겠는가?"[8] 다수의 중국 백성들은 이런 생각에 분명히 동의하지 않았다 하더라도, 송 정부의 지배층과 조정 신료들에게는 설득력 있는 의견이었다.

지방 곳곳의 도적들

압류한 불교 재산으로 특권층과 황제의 금고가 채워지기는 했으나, 쇠약해진 당대唐代 경제를 되살리거나 계속되는 국가 재정 위기를 완화시키지는 못했다. 850년대 무거운 조세와 부역 부담 때문에 농민의 경제 형편은 농업이 꽤 발전했던 동남 지역에서조차 절망스러운 상태가 되었다. 생활 여건이 최저 생활수준에도 못 미치게 되자 농민들은 생존을 위해 다른 소득원을 찾았다. 대를 이어 땅을 갈며 살던 농부들 중에는 얼마 안 되는 작은 전토를 포기하기보다 자녀를 노비로 팔거나 아내를 대여하는 사람도 있었다. 그러나 많은 사람들이 여전히 조세 때문에 진 빚을 해결하지 못했고 결국 재산을 압류당했다. 한때 지주였거나 소작인이었다가 이제 쫓겨나서 땅도 없고 가족과 가정마저 잃어버린 이들에게 생계를 확보하고 지주의 강탈, 고리대금업자의 손아귀, 지방 관아의 위협에서 벗어나는 길은 강도질이었다.[9]

---

8) *The Old Man Who Does as He Pleases*, p. 41.

9) Graff, *Medieval Chinese Warfare*, pp. 242-247을 참조.

860년 1월에 도적 두목인 구보裘甫는 절강성浙江省 동부 지역에서 거의 3만 명의 추종자를 모았다. 868년 남서 변방인 운남성雲南省에서 일어난 병사들의 폭동은 보급 책임자였던 방훈龐勛이 이끄는 대규모 반란으로 이어졌다.[10] 같은 해 방훈이 서주徐州에 이르렀을 때 탈영병, 부랑자, 농민, 거지, 도둑, 하적河賊들로 이루어진 이른바 '의군義軍'의 수는 20만 명을 넘었다. 당 조정은 어쩔 수 없이 국외의 돌궐 사타부沙陀部의 기병까지 끌어들여 진압 작전에 나섰지만, 1년이나 걸려 겨우 반란군을 평정했다.

겉으로는 정치적 질서가 회복되었으나 일반 민중, 특히 농촌 주민들의 생활 여건은 계속해서 악화되었다. 870년대에 들어 세력이 더욱 커진 도적 무리들이 작은 성읍들을 공격하면서, 그렇지 않아도 변경의 군사 충돌, 흉작, 기근으로 행정에 어려움을 겪고 있던 지방의 현縣들은 위험에 처하게 되었다. 그중 가장 유명한 반란군 지도자는 과거 시험에 낙방한 황소黃巢였는데, 시인이자 관리였던 위장韋莊은 그를 '미친 도적(狂寇)'이라고 욕했다. 수익이 높은 소금 매매업자로서 부유한 집안 출신이었던 황소는 산동성山東省 서부와 하남성 동부 지역에서 처음 무리들을 모아 활동했다.[11] 878년에는 "충천대장군衝天大將軍"으로 자칭하며 모든 반란군의 수령에 올랐다. 관군의 압박이 가해지자 황소와 반란군은 양자강 너머로 이동해 가면서, 도중에 있는 부유한 도시들을 약탈해 활동 자금을 충당하였다. 879년 5월에는 광주廣州

---

10) Somers, "The End of the T'ang," pp. 695-700.

11) Yates, *Washing Silk*, p. 117.

를 점령하여 약탈하고, 중국인과 인도·아랍·페르시아계 상인과 가족을 포함하여 총 12만 명을 학살했다.

880년 7월까지 반란군 세력이 60만 명으로 커지자, 황소는 당 왕조를 전복시키려는 생각을 갖기 시작했다. 12월에 낙양을 정복하고 즉시 서쪽으로 진군해 수도 장안長安(섬서성 서안西安의 옛 이름)을 장악했다. 한때는 정예군이었지만 이제는 대부분 훈련도 안 된 노병의 부대로 쇠락해버린 금군禁軍을 신뢰할 수 없는 상황에서, 어린 황제 희종은 756년 안녹산 군대에 쫓겨 사천성四川省으로 피난 갔던 황제(현종)의 전례를 따랐다. 사천성에 머물고 있던 희종은, 황소가 881년 1월 장안에 입성하여 스스로 제齊 왕조의 황제라고 선포하고 도성은 반란군에게 점령되었다는 전갈을 받았다.

황소가 장안을 완전히 장악하기는 했지만 거대한 군대를 먹일 보급품을 제대로 확보하지 못해서, 그 뒤로 2년 동안 그의 군대는 식인까지 서슴지 않기에 이르렀다.[12] 883년에 황소 군대는 하루에 1000명 넘는 사람을 죽여서 먹었다. 식인 행위는 중국 역사에서 오랜 시대에 걸쳐서 굶주림에 대한 극단적인 대책이었지만, 상황에 따라서는 독실함, 복수, 용맹을 나타내는 행동이기도 했고, 처벌이나 고문의 방식이기도 했다. 반란군은 먹을 것이 떨어지면 종종 사람을 납치해서 인육을 먹었고, 때로는 인육을 소금이나 초에 절여 저장했다가 나중에 먹기도 했다. 기근이 든 해에는 사람을 가축처럼 도살해서 다른 고기처럼 썰어서 조리를 해먹었다. 인육이 개고기보다 더 흔하고 싼 경우도 많

---

12) Li Huarui, *Songshi lunji*, pp. 81-82.

았다. 1366년에 도종의陶宗儀는 『철경록輟耕錄』에서 이렇게 전하고 있다. "고금을 통해 반란군은 인육을 먹으며 '생각하는 고기(想肉)' 또는 '두 발 달린 양고기(兩脚羊)'라고 불렀다. 반도들 사이에서 근절되지 않는 비정상적 행동이다."[13]

장안이 '충천대장군'의 군대로 들끓게 되자, 멀리 사천성으로 피난 간 당 조정은 북쪽 변경에서 강력한 군대를 이끌고 있던 젊은 돌궐계 사타족沙陀族 이극용李克用(856~908)에게 도움을 청했다. 883년 이극용이 장안에 다다르자 황소는 서둘러 하남성으로 후퇴했고, 이내 고향인 산동성으로 돌아가 결국 884년 여름에 자신의 일족에게 가족과 함께 목이 잘렸다. 이듬해 봄에 당 희종은 폐허가 된 도성으로 돌아왔다.

당시 당 황실은 제국의 지배력을 이미 상실한 상태였다.[14] 너무 많은 지역을 반란군에게 빼앗겼고, 또 지역 지배권을 놓고 싸우는 군벌軍閥도 무척 많았다. 황소의 반란군이 장안을 온통 차지하고 있던 암울한 시기에 장안에 남았던 시인 위장韋莊(836~910)은 그의 「진부음秦婦吟」이라는 서사시에서 이렇게 읊었다.

장안은 적막하니 이제 여기 무엇이 있나?

---

13) 880년대 상황에 대해 Pettersson, "Cannibalism in the Dynastic Histories," pp. 143, 145-146을 비교해보라.; 이야기 전체는 『舊唐書』, 200 하: 5397; 『舊唐書』, 19 하:717; 『新五代史』, 61:748; 『舊唐書』, 20 상: 737 등을 보라.; 또 『輟耕錄』의 축약된 인용은 De Groot, *The Religious System of China*, Vol. 4, p. 385를 보라.; 생각하는 고기(想肉)와 두 발 달린 양고기(兩脚羊)에 대해서는 『輟耕錄』, 9:142-143을 비교하라.

14) Somers, "The End of the T'ang," p. 682.

무너진 시장과 황량한 거리에, 밀 이삭이 싹을 틔우고

......

함원전含元殿 위로 여우와 토끼가 다니고

......

천가天街를 지나니 공경公卿들의 유골만 밟히는구나.[15]

자립한 군벌 행세를 하던 절도사들은 희종과 소종을 마치 자신들의 신하인 것처럼 대했다. 유교 경서를 가르치는 가난한 훈장 집안에서 태어난 주전충朱全忠(852~912, 본명은 주온朱溫)은 그중에서도 가장 고집 세고 호전적이며 잔혹한 인물이었다. 903년에 그는 환관들을 황제의 거처로 몰아넣고 살해하여 조정 내부의 골칫거리를 없애버렸다. 904년 2월 15일, 그는 도성의 건물을 모두 무너뜨려 그 건축 자재를 낙양으로 옮기라고 지시한 데 이어서 소종을 죽이라고 명령했으며, 907년에는 당의 마지막 황제인 경종을 강제로 폐위시켰다. 그는 스스로 후량後梁의 초대 황제라고 선포하고, 후량이 당을 계승했음을 공표했으며, 자신의 군사력 근거지인 개봉을 동경東京으로 격상시켰다.

장안이 904년에 붕괴되고 907년에는 군사 행정 구역(대안부大安府)으로 강등되었다는 사실은, 당의 세계적 도시이자 1000년 이상 중국을 대표했던 수도를 물리적으로 상실했다는 것 이상의 중대한 역사적 충격을 의미했다. 그것은 중국인들에게 정신적 외상을 초래했으며, 귀족 가문들이 지배하던 왕조들의 시대, 이제 구식이 되어버린 그들

---

15) Yates, *Washing Silk*, p.116에 기초하여 번역함.

의 가치관, 시대에 뒤떨어진 국정 이념 등에도 종말을 가져다주었다.

오대십국 시대

주전충이 군벌들 중에서 세력이 가장 크기는 했지만, 주전충 혼자만 당의 영토를 분할해 차지한 것은 아니었다.[16] 907년까지 당 제국은 적어도 열 명 정도의 신참 정치 지도자들에게 영토를 분할당했는데, 이들은 대개 토지를 갖지 못한 농민, 강도, 밀수범 출신이며 노예 출신도 한 명 있었다. 그들의 군사적·정치적 경력은 지역 패권을 차지하기 위해 벌인 유혈 무력 행동에서 시작되었다. 그들이 통치한 왕국들의 이름은 대개가 기원전 1000년기의 주周 왕조 때 해당 지역에 있던 제후국의 이름을 딴 것이며, 이 나라들을 통틀어 십국十國이라고 부른다. 이 나라들의 정치적 힘은 오대五代, 즉 당대 영토였던 화북 지역의 심장부 및 중원의 북부 지역을 연이어 지배한 다섯 왕조들에 비해서 훨씬 약했다. 그러나 일부 왕국들은 상업 발전과 예술의 번영을 장려하여, 후에 송의 업적으로 높이 평가받게 되는 문화적 업적에 공헌했다.

오대의 왕조들은 후량後梁(907~923), 후당後唐(923~936), 후진後晉(936~947), 후한後漢(947~951), 후주後周(951~960)로 알려져 있다. 후량의 창건자인 주전충은 912년에 자신이 많은 적들에게 무자비하게 했던 것과 똑같은 운명을 맞이했다. 아들 주우규朱友珪에게 죽음을 당

---

16) 『北夢瑣言』, 17:1a.

했고, 얼마 후에는 주우규 자신도 동생인 주우정朱友貞에게 희생되었다.[17] 오대의 첫 왕조인 후량은 창건자의 뒤를 이은 무능한 군주들에 의해서 무너졌고, 뒤따른 네 왕조도 마찬가지였다.[18]

923년 1월, 당 왕조를 도와서 황소와 그의 무리를 장안에서 몰아낸 돌궐계 사타족 이극용의 아들인 이존욱李存勖(재위 923~926)이 후당 왕조를 선포하고 낙양을 새 도읍으로 정했다. 왕조 창건의 명분이 당 왕조 정권을 회복하는 데 있음을 왕조의 이름에서도 나타냈다. 그전에 황소 군대의 학살을 피해 달아나 수년간 숨어 지내던 환관과 귀족 관료들이 조정으로 돌아왔다. 그러나 시계를 되돌릴 수는 없었다. 이존욱은 926년에 군대가 일으킨 변란 중에 살해되었다. 조정의 문제점을 잘 알고 있던 이사원李嗣源(明宗 재위 926~933)은 장종莊宗(이존욱)을 이어 제위에 오른 뒤, 조정에서 환관들을 숙청하는 놀라운 정치적 결단을 보였다. 또 수십 년간 제 기능을 못하고 무기력 상태에 빠졌던 관료 정치를 되살리려고 노력하였으며, 황제 시위를 전담하는 시위친군侍衛親軍을 조직했다. 이사원이 죽은 뒤, 겨우 4년 동안 보위의 주인이 두 번이나 바뀌는 혼란을 겪다가 결국 후당은 후진 왕조에게 멸망당했다.

후진은 친위군을 발전시켜 절도사와 그들의 군대를 효과적으로 통제할 수 있었다. 그러나 938년에 거란 제국 요遼에게 동북부 16개 주를 넘겨주게 되었고, 947년에 후진은 붕괴했다. 후진을 이은 후한이 거란

---

17) 상세한 전기는 다음 참조: Wang, *The Structure of Power during the Five Dynasties*, pp. 102, 103, 149, 205-206.

18) Davis, *Historical Records of the Five Dynasties*, p. lxi.

의 간섭과 영향력에 저항하려 노력했으나 951년에 후한의 두 번째 황제인 은제隱帝가 여러 권신들을 주살시킨 사건이 있은 후, 친위군 사령관이던 한족 출신 곽위郭威가 반란을 일으켜 스스로 후주의 황제가 되었다. 친위군의 잠재적 위험성을 잘 알고 자신 또한 그 혜택을 받기도 했던 곽위는 황제가 직접 지휘하는 새로운 금군(전전제반殿前諸班)으로 교체하였다. 곽위가 954년에 사망한 다음 곽위의 양자 시영柴榮이 제위에 올랐고, 시영 다음에는 그의 여섯 살짜리 아들이 계승했다. 960년 2월에 금군 총사령관인 조광윤趙匡胤(927~976)이 병변兵變을 지휘하여 어린 황제를 퇴위시키고 스스로 송宋을 세웠다. 그가 송의 첫 황제, 태조가 된 것이다. 약 100년 뒤 『신오대사新五代史』를 편찬한 구양수歐陽脩는 중국 역사에서 오대 시대가 갖는 성격을 다음과 같이 정리하였다. "오대는 겨우 50년을 견뎌냈다. 다섯 번 왕조가 바뀌었고, 8개 가문 출신의 13명 황제가 있었다. 불행히도 이 시대를 살았던 사대부 중에서 자신의 충절을 온전히 지키고자 한 사람은 아주 드물었다."[19]

송 왕조는 960년에 지배권을 잡았으나 당시의 지정학적 상황에서 어떤 정권도 주변국들을 모두 제압할 수가 없음을 인정해야 했으며,[20] 계속해서 이민족 접경 국가들과의 역학 관계에도 타협적인 태도를 가져야 했다. 북동쪽에는 거란 대요 제국이, 북서쪽에는 탕구트 서하 왕국이 있었다. 남서쪽으로 남조南詔(후에는 대리大理 왕국)가, 또 남쪽에 안남(베트남) 왕국이 송 왕조가 수립되기 훨씬 전부터 정권을 확립하고

---

19) Liu, *Chinese Classical Prose*, p. 191.

20) Standen, *Unbounded Loyalty*, p. 3.

있었다. 서쪽 변경을 따라서는 티베트와 토욕혼이 있었다. 중국 본토 내에서조차, 연이은 오대 왕조 중 세 왕조의 황실은 돌궐계 사타족이었다.

이민족들이 동아시아 지역에서 이룬 업적을 한족 중국인들이 인정하지 않았던 것은 이민족 정부들, 특히 북쪽의 요와 서하에 대한 두려움 때문이었을 것이다. '오랑캐'들은 역사의 올바른 진행을 훼방하는 야만적이고 불법적인 침입자로 간주되었다. 이는 중국 역사만이 탐구하고 기록할 가치가 있는 유일한 역사로 생각한다는 의미였다. 요 제국은 중국의 문화적 교만을 잘 알고 있었다. 하지만 송은 왕조가 존속하는 내내 이 교화되지 않은 민족들에게 둘러싸여 있었다. 중국인들이 보기에 그들은 근원도 알 수 없으며, 외양도 이상하고 야만적인 관습과 당혹스런 행동을 하는 데다가, 상상이 안 되는 유목 생활 방식을 가진 존재였다. 송은 이 예측불가의 족장이나 군주들과 거래를 하는 것 외에 다른 수가 없었다. 툭하면 쳐들어오는 그들의 흉포한 군사력은 한족 중국인이 가지고 있던 군사적 패권뿐 아니라 민족적·문화적·정치적 주도권에도 도전했다.[21]

거란 제국

10세기는 이민족 정권의 세기였다. 당이 후량에게 멸망당한 그

---

21) Tao, "Barbarians or Northerners," p. 66.

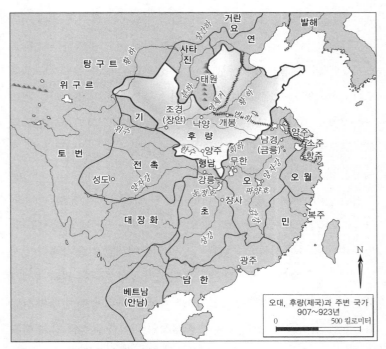

지도 3. 오대, 후량(제국)과 주변 국가 907~923년

해 907년, 북동쪽에 있던 거란족의 지도자인 야율아보기耶律阿保機
(872~926)가 거란 칸국을 세웠다. 후에 대요 왕조로 알려진 이 나라는
10세기를 주도하는 군사 강국이 되었다(지도 3).

거란은 대략 1~5세기에 오늘날 내몽골 동남부에 살았던 동부 선비
족에 속해 있었다.[22] 거란족은 대부분 유목 생활을 했다. 물과 초지를
찾아 이리저리 이동하며 가축몰이, 고기잡이, 사냥으로 생계를 유지

---

22) Zhang Bozong, "Qidan zaoqi wenhua tansuo," pp. 183-186.

했다. 그들은 양·말·소를 기르고, 낙타를 사육하는 북서쪽 초원 지대
와 돼지를 기르는 남동쪽의 저지대 농경 지역 사이의 머나먼 거리를
소가 끄는 수레를 타고 이동했다. 일부 거란족이 땅을 일구기도 했겠
으나, 요의 영역 안에 살았던 대부분의 농민은 한족이거나 거란 외의
다른 민족들이었다. 대부분의 유목민처럼 거란족도 가죽, 모, 펠트와
모피로 만든 옷이 필수품이었으며, 또 고가의 상품인 비단과 같은 직
물들을 물물교환을 통해 구입했다.

거란 질라부迭剌部 출신의 위대한 지도자 야율아보기가 907년에 최
고 통치자(카간 또는 칸)의 자리에 오른 것은 선출 방식에 의해서였다.
물론 지배 씨족 중에서도 유력한 가문의 일원에게만 선출 자격이 있기
는 했다. 만약 한 가문에서 그 책임을 다하지 못하면 다른 권력 경쟁자
로 금세 교체되었다. 916년 야율아보기가 칸의 자리에 네 번째 재선되
었을 때 그는 중국의 관습을 따라 공식적인 의식을 갖추어 황제 지위
에 오르는 정치적 결단을 단행했다. 야율아보기가 사망하고 몇 년 뒤
에 그의 씨족은 다시 한 번 거란의 관습과는 어긋나는 중국의 방식을
따라서 야율耶律(Yelu)이라는 이름을 가문의 성姓으로 정했다.[23] 947년
에도 거란 황제는 중국의 모델을 따라 왕조의 이름을 요로, 그 다음에
는 대요大遼로 바꾸었다. 이로써 한때 거란 씨족들의 연맹을 이끌던 야
율 가문이 황제의 종실로 변신했다.[24]

---

23) Stein, "Leao-Tche," p. 28: Holmgren, "Marriage, Kinship and Succession under
the Ch'i-tan Rulers," p. 44.

24) Kuhn, *How the Qidan Reshaped the Tradition*, p. 19.

성종聖宗은 통화統和 원년인 983년에 왕조 이름을 거란으로 회복시키고, 1066년에는 다시 요로 되돌렸다. 13세기 전반 몽골이 중앙아시아를 지배하던 때에, 거란족이 스스로를 부르던 명칭인 '키탄Khitan'이 슬라브 세계와 남중부 유럽에 '키타이아Kitaia', '카사이아Cathaia' 그리고 '캐세이Cathay'로 전파되고, 이것이 차이나 특히 화북 지역을 가리키는 말과 동의어가 되었다. 유명한 베네치아 상인이자 여행가인 마르코 폴로(1254~1324)는 중국을 캐세이라고 불렀다.[25] 16세기가 되어서야 유럽인들은 캐세이와 만즈Manzi(남부 중국)가 오늘날 중국을 구성하는 지리적 통일체라는 사실을 깨달았다.[26]

거란 제국의 창건자인 야율아보기는 왕조의 통치 모델을 구축했다. 지배권을 확고히 하기 위하여 야율아보기는 반역자로 생각되는 수천 명의 반대자를 죽였다. 916년에는 그의 장자 야율배耶律倍를 태자로 공표했다. 이는 중국의 세습적인 승계 제도를 받아들인 문화적 적응이었다. 야율 씨족은 이것을 불안하게 느꼈지만 야율아보기의 중국식 제도의 채용은 계속되었다. 그는 공자 사당을 건립했으며 부처보다도 위대한 공자를 앞세웠는데, 한족이 거의 전 역사시대를 통해 이 철학자를 추종했다는 이유 때문이었다. 그와 거란 귀족들은 전 영토를 순행하고, 유르트yurt(유목민 주거 천막)에서 생활하면서 계절에 따라 임시 거주지에서 통치하는 등, 예전대로 유목민 관습을 따르면서도 다른 한편으로는 중국 방식대로 최고의 수도 상경上京을 건설했다. "가을

---

25) Pelliot, *Notes on Marco Polo*, Vol. I, pp. 216-229.

26) Twitchett and Tietze, "The Liao," p. 21.

과 겨울 동안 그들은 추위를 피하고 봄과 여름에는 더위를 피해 갔다. …… 계절마다 (황제는) 한시적인 처소에 거하였다.["27)](#)

920년, 야율아보기의 명령으로 중국의 한자에 기초를 둔 표의문자가 창제되었다. 대자大字 하나마다 각각 한 낱말을 표시하는(어표語標) 방식이었다.[28)](#) 5년 뒤 야율아보기의 동생이며 거란인 중 가장 재능 있는 언어 전문가였던 야율질라耶律迭剌가 소자小字를 추가로 창안했는데, 이것은 몇 개를 조합하여 한 단어가 되게 하는 표음문자였다.[29)](#) 두 가지 문자의 발명으로 그때까지 문맹이던 거란족이 글로써 소통할 수 있게 되고, 이러한 성취는 자신들의 민족적·문화적 정체성을 창출하겠다는 결단의 정치적 표명이었다. 몇 해 동안 여러 번의 공식 문서가 오고 간 후에 후당 정부의 중국학자들이 거란 문자를 해독할 수 있게 되었다. 현재까지 거의 370개의 소자가 식별되었고 부분적으로 해독되었다.[30)](#)

야율아보기의 치세는 한마디로 무력 침공의 연속이었다. 924년, 925년에는 북몽골 종족들을 제압하고 멀리 서쪽으로 오르콘 강과 감숙성甘肅省 서부 지역인 하서회랑까지 압박해 나갔다. 그의 둘째 아들 야율덕광耶律德光(902~947)은 토욕혼과 탕구트족이 정착해 있던 오르도스의 북동부 지역을 차지했다. 1년 뒤에 야율아보기는 만주 동부의

---

27) 『遼史』, 32:373.

28) 『遼史』, 2:16.

29) 『遼史』, 64:967~968.

30) Kara, "Khitan and Jurchin," pp. 230~231; Franke, "The Forest Peoples of Manchuria: Khitans and Jurchens," p. 408; Di Cosmo, "Liao History and Society," p. 20.

부유한 왕국인 발해를 정복하여 위성국 동단東丹 왕국을 새로 세우고 맏아들 야율배를 왕으로 앉혔다. 동단 왕국의 위치는 오늘날 북한과 중국의 국경 지대에 해당한다.

야율배는 중국의 예술과 문학에 조예가 깊고 음악과 의학에도 전문가만큼의 교양을 갖춘 학자였다. 926년 9월 야율아보기가 죽었을 때, 다른 부족장들은 야율배를 거란의 지도자로 여기지 않고 그보다는 야율덕광을 후계자로 마음에 두었다. 야율덕광 역시 훌륭한 교육을 받은 데다가 전사로서의 경험도 탁월했다. 더욱이 야율덕광은 그의 어머니, 즉 후에 응천태후應天太后라는 존호를 받게 되는 순흠황후淳欽皇后의 지지를 받았다. '피와 철의 황후'로 알려진 순흠황후는 강력한 기마 병력을 통솔했다.[31] 남편인 아보기가 죽은 후에 순흠황후는 요 제국의 통치에 개입하려는 강한 의지를 보였다. 거란 관습을 따른다면 남편의 무덤까지 함께 따라가야 했지만, 그녀는 순장을 당하는 대신 손을 잘라 야율아보기의 무덤에 매장했다.

야율아보기의 둘째 아들 태종(재위 926~947)은 아버지의 군사 정책을 이어갔다. 938년 그가 후진 왕조를 압박하여 유주(지금의 북경)와 운주(지금의 대동大同)를 포함한 오늘날의 북경, 하북성, 산서성 지역인 변경의 16개 주를 할양받으면서, 거란은 중국으로 들어가는 주요 입구 두 곳의 지배권을 획득했다. 격렬한 전투 끝에 태종은 947년 초 후진의 수도인 개봉으로 거침없이 밀고 들어가 궁궐과 민가들을 약탈하고 출제出帝('달아난 황제'라는 의미) 석중귀石重貴와 그 가족들을 끌고 갔으

---

31) Yu Yunguo, *Xishuo Songchao*, p. 13.

며, 그를 폐위시키고 "신의를 저버린 공후(부의후負義侯)"라는 작위를
주어 조롱하고 모욕을 주었다. 수도 개봉을 점령하고 있는 동안에 태
종은 분명 그 문명화된 도시의 생활 방식과 중국식 건축이 갖는 정치
적 중요성에 주목했을 것이다.

947년은 태종에게 바쁜 시간이었다. 그는 출제와 그 가족, 궁녀들
과 환관, 예술인들 모두 175명을 만주 지역의 상경으로 추방시켰다.
왕조의 이름도 거란에서 대요로 변경하고, 또 같은 해에 현재 북경 부
근에 남쪽의 수도 즉 남경을 건설했는데, 이것은 이전 당의 수도인 장
안의 구획 방식을 모방한 것이었다. 요의 영토가 남쪽으로 확장됨에
따라 정치적 구조를 재편성하는 것도 불가피해졌다.[32] 장구한 시간 동
안 지속되어온 문화적·민족적 차이를 고려해서 영토를 북부와 남부
지역으로 구분하였다. 이 행정제도는 이원제 행정을 원칙으로 운영되
었으나, 두 행정부(정부 또는 재상부)의 중심은 상경에 기반을 두고 있
었다.

북부 구역은 거란 고유의 제도인 '국제國制'로 다스렸는데, 이 구역
에 상경과 중경이 있었으며 거란족의 고향이기도 했다. 남부 구역은
'한제漢制'로 다스렸다. 남경, 동경, 서경이 있고 한족과 발해 및 다른
정주 민족의 본거지였던 이 지역은 계획적으로 당唐의 조정을 모방한
체제로 운영되었다. 북부 행정부는 거란족만 관리로 채용하고 남부에
비해 큰 권력을 휘둘렀으며, 남부 지역은 황족인 야율 씨족의 지배하
에 있었다. 야율 씨족 남자들은 모두 소蕭씨 종족으로부터 아내를 들

---

32) Wittfogel and Fêng, *Liao*, p. 435.

였으므로 소씨 씨족은 이 점에서 정치적 발언권을 가졌다. 중국 역사에서 처음 등장한 이러한 지배 체제는 다민족 사회의 독특한 특성과 요구에 잘 들어맞았다.

947년 거란 군대가 하북성의 마을들을 약탈하기 시작했으나 그들은 다양한 집단들의 맹렬한 저항에 부딪혔다. 태종은 북쪽으로 후퇴하기로 결정하고 스스로 화북의 황제가 되려던 계획을 포기했다. 그의 후계자들도 그의 선례를 따라 정복 전략을 단념했지만, 그 대신 힘을 덜 들이고도 그들의 근면한 이웃인 중국인들의 부富에서 이득을 취할 수 있는 방법을 고안했다. 이전 몇 세기 동안 유목민은 생존에 필요한 기본적인 것들을 얻기 위해 서로를 공격했지만, 10세기에 접어들면서 거란은 유목민의 방식을 더 이상 따르지 않았다. 11세기가 되면, 이들은 요새화된 성읍을 점령하여 국가의 영토를 확장했다. 새롭고 효율적인 전쟁 기술 덕분에 경계를 든든히 확보하고 종족의 통합을 강화시킬 수 있었다.

982년 10월 14일, 11세의 야율융서耶律隆緖(사후 성종聖宗으로 추존)가 요의 제6대 황제로 선출되었다. 그는 요 제국의 유능하고 균형감 있고 공정한 군주 중 한 명으로 평가된다. 성종의 장기간 치세 중에서 전반기는 성종의 모후 승천태후承天太后(953~1009)가 정부와 왕조를 실질적으로 지배했다.[33] 승천태후는 심지어 송과의 전투에서 자신의 군대를 통솔하기도 했다. 중국의 정사인『요사遼史』는 성종의 통치에 대하여 이렇게 썼다. "성종은 가장 성공적인 요 황제로 간주될 것이며 (그러

---

33) Twitchett and Tietze, "The Liao," pp. 87-88.

나 그 성공은) 거의 그 어머니의 가르침 덕분이라고 보아야 한다."[34] 여러 차례의 전쟁 끝에 성종은 마침내 북부 아시아 상당 부분을 평정하는 데 성공했다. 997년이 되면 만주 지역까지 지배했다. 여진과 탕구트를 신하국으로서 복속시켰고, 북경과 대동 등의 중국 지역을 장악했다.

성종은 20년간에 걸쳐 동쪽 만주에서 서쪽 천산산맥까지 제국을 확장하였는데, 이것은 그 후 거의 100년 동안 내륙아시아에서 세력 균형이 유지될 수 있는 토대가 되었다.[35] 어떤 국가의 사절을 접견할 것인지, 누구를 중요한 신하로 받아들일 것인지, 중앙아시아 어느 나라와 선물을 교환하고 국교를 수립할지, 이 모든 결정권을 성종이 쥐고 있었다. 그는 거란 공주와의 결혼 주선을 요청했던 일본과 아랍 아바스 왕조와의 유대관계를 기뻐했다. 특히 송과의 화평관계를 수립한 1005년 전연澶淵의 맹약을 체결한 업적으로 인해 그의 역사적인 명성은 보장된 셈이었다.

요 황제들은 금고에 넉넉히 보유한 은괴를 이용해 신하들의 충성에 대한 충분한 보상을 해줄 수 있었다. 그들이 중국에서 세폐라는 명목으로, 그러나 사실상 조공으로 받은 비단 제품은 수많은 사람들이 찾는 물건이었으므로, 요는 충분한 이익을 남겨가며 중앙아시아와 서아시아 시장의 수요를 만족시킬 수 있었다.[36] 성종은 도로와 교량을 건설

---

34) 『遼史』, 71:1202.

35) Twitchett and Tietze, "The Liao," p. 91.

36) 다양한 견직물에 대해서는 『契丹國志』, 20:1a-4a를 보라.

하고 황무지를 개간해 농지로 만들었다. 988년에는 한족 신민들만을 상대로 정기적으로 실시되는 진사 시험제도를 도입했는데, 이는 요의 영토 내에 있는 한족 지식인들의 공감을 얻고자 하는 진지한 시도였다.[37] 얼마 안 되어 해마다 20~40명의 진사들이 배출되었다. 요 왕조 기간에 남경 즉 현재의 북경에서 총 45회 실시된 진사 시험을 통해서 약 2000명의 한족 출신 과거 급제자가 배출되었다. 994년에는 중국 방식을 본뜬 요의 역법曆法이 소개되었다.[38]

성종은 거의 반세기 동안 재위하다 1031년 6월 26일에 사망했다. 후에 흥종으로 묘호를 받게 되는 야율종진耶律宗眞(1016~1055)이 성종의 뒤를 이어 즉위했다. 이번에도 소년 황제의 어머니인 소누근蕭耨斤이 나서서 섭정을 맡아 제국을 통치했다. 소누근은 1034년에 추방되기도 했으나 그 뒤 다시 등장해 어느 정도 정치적 영향력을 발휘했다. 흥종은 중국의 통치방식을 선호하였고, 1036년에 당의 법제를 참조하여 요의 역대 법령을 정리해 547조의 조제條制를 반포했으며 이를 1051년에 수정한 바 있다('중희조제重熙條制'). 중국 문화에 대한 그의 긍정적인 자세와 무거운 병역 부담의 문제 등이 거란 사회 내에 갈등을 초래하였다. 그에게 반대하는 친거란파들은 거란 경계 내의 한족을 관리 통제하며, 그들이 노예 또는 활과 화살을 사지 못하도록 하였다.[39]

1044년에 변경에서 일어난 반란이 거란과 탕구트 사이의 전쟁으로

---

37) 『遼史』, 12:133.

38) 『遼史』, 42:518.

39) 더 상세한 내용은 Twitchett and Tietze, "The Liao," pp. 114-120.

번져 1053년까지 지속되었다. 1055년 8월 28일 흥종이 사망한 시기에
이르렀을 때 요 왕조의 최고 전성기는 이미 끝자락에 이르러 있었다.

탕구트(서하) 왕국

거란과 마찬가지로 탕구트족의 역사에 관한 우리의 정보는 대부분
한문으로 기록된 편향된 자료를 통해 전해진 것이다.[40] 우리는 탕구트
족이 자신들의 역사를 어떻게 이해하고 있었는지 알 수가 없다. 중국
의 정사에서도 탕구트족의 역사를 배제함으로써 그들의 왕국은 중국
왕조의 정통적 지위를 부여받지 못했다. 중국 학자들은, 탕구트족의
지배 가문이 한대漢代부터 청해성 초원과 사천성 북서부 지역에서 거
주한 강족羌族의 한 부류인 당항족黨項族이었다는 의견을 견지하고 있
다.[41] 민족언어학적 기준에 따르면 탕구트족은 티베트족과 같은 부류
이다. 735년의 명문銘文들에 보이는 탕구트라는 이름의 연원은 알려져
있지 않고, 후에 거란족이 사용하여 널리 알렸다.[42] 탕구트인들은 자신
들을 '미Mi' 또는 '미냐그Mi-nyag'라고 불렀는데 중국에서는 '미야오(弭
藥)' 또는 '미얀야오(緬藥)'로 칭했다.

서하에 대해 알려진 사실은 간단한 편이다. 티베트족을 비롯한 다

---

40) Mote, *Imperial China*, pp. 173-177.

41) 吳天墀, 『西夏史稿』, p. 43.

42) Dunnell, "The Xi Xia," p. 156.

른 종족의 억압을 받고 있던 탕구트족은 8세기 말에 당 조정으로부터 오르도스 사막의 황량한 변경 지대인 하주夏州에 정착할 수 있도록 허락을 얻어냈는데, 이 지역은 사냥, 유목, 가축 사육을 할 수 있을 뿐 농사는 거의 안 되는 곳이었다. 이에 대한 대가로 탕구트족은 당 왕조가 어려움에 처해 있던 870년대와 880년대, 특히 황소의 반란군과 투쟁 중일 때 당을 도왔다. 탕구트족 지도자 한 명이 당 황실의 성인 이씨를 채택하고 당으로부터 '하국공夏國公'으로 책봉을 받았다. 탕구트족은 당 왕조에 신종臣從하는 한에서 자율적 지위와 정치적 독립을 누렸다.

탕구트는 32년간 이이은李彝殷(이이흥李彝興으로 개명. 967년 사망)의 통치 기간에 서북 지역에서 그들의 입지를 다졌으며, 송의 초기 황제들은 그들의 군사력을 충분히 잘 알고 있었다. 송의 창건자인 태조는 탕구트보다 훨씬 더 위험한 거란에 대항할 동맹을 구하고 있었기 때문에 탕구트와 평화적인 관계를 지속하는 쪽에 강렬한 관심을 보였다. 그래서 이이은이 사망한 후에 서하 왕이라는 존호를 추서해주었다. 만약 서하가 중국에게 평화적이고 순종적인 신하국으로 계속 남아 있었다면 이러한 우호적인 조치가 서하의 자율권을 인정한 것처럼 보였겠지만, 사실 요의 황제들과 마찬가지로 송의 황제들도 서하에 종속적 지위를 강요하려는 의도를 갖고 있었다.

양국의 관계가 복잡해지는 시기로 접어들었다. 982년에 중국 방식의 도시 생활을 매우 좋아한 이계봉李繼捧(1004년 사망)의 사절들이 와서 송에 투항하고 그들에게 중국식 생활 방식을 가능하도록 하는 작위와 보조금을 받기로 하고, 그 대신 현재 산서성 지역인 탕구트 4개 주를 송 조정에 바쳤다. 그러나 대부분의 탕구트족은 이 지역에서 300년 이상 뿌리를 내린 사람들로서 이러한 수치스럽고 이기적인 반역 행위에 동조하지 않았다. 이계봉의 사촌이며 무술 실력으로 명성이 높았던 이계천李繼遷(963~1004)은 부족민의 불만을 고무하여 전사 2만의 군대를 일으켜 변경을 따라 주둔하고 있던 송의 군대를 도발하였으나 별로 성공적이지는 못했다. 잠깐씩의 중단이 있었으나 대체로 1004년까지 지속되었던 중국과 탕구트 전쟁은 그 시작을 대개 982년으로 본다.[43]

986년 송의 제2대 황제 태종이 요의 영토를 침략하여 패배를 당하자, 이계천은 신하국의 충성을 요 측으로 바꾸었다. 그러나 탕구트족 다른 지파는 이계천의 행동에 구애받지 않고 송과의 평화협정을 지켜갔다. 989년 이계천이 요의 공주와 결혼을 하고 요 황제로부터 하국왕으로 책봉을 받았으나, 그다지 편치 않은 탕구트와 거란 사이의 새로운 관계는 그 뒤 지속적으로 불거지는 마찰의 불씨가 되었다.[44] 이계천은 탕구트의 영토를 서쪽과 북쪽, 즉 감숙성의 하서회랑과 인접한 내몽골 지역으로까지 확장시켰다.

10세기의 마지막 20년 동안 요의 신하인 이계천, 송에 복속한 이계봉 등의 다양한 탕구트족 지파들이 송 또한 요와 더불어 힘의 삼각 구도에서 한 축을 담당하게 되었다. 이계천의 아들인 이덕명李德明

---

43) Dunnell, "The Xi Xia," pp. 168-172; Kycanov, "Les guerres entre les Sung du Nord et le Hsi-Hsia," p. 106.

44) 『遼史』, 105:1524-1525.

(983~1032)의 지배 아래 탕구트족의 그 힘겨운 이중적인 관계는 다음 세기까지도 줄곧 유지되었다. 이덕명은 1004년에 요 황제의 인정을 받지만, 동시에 1006년에는 송 진종이 화폐, 차, 비단, 겨울 의복과 함께 수여한 중국 작위를 받고 정난군定難軍 절도사에 제수되었다. 1028 년에 그는 탕구트 영토를 감주甘州, 양주涼州(현재 무위武威), 장액張掖 등 중요한 무역 중심지로 확장해갔다. 이로써 1038년에 건립되는 독립국 서하 왕조의 경제적 선제 조건이 마련되었다.[45]

10세기 서하와 요의 관계는 송과 북방 국가들과의 관계만큼 갈등이 컸다. 송 진종의 조정은 군사력으로 요와 서하를 무찔러서 당 제국에 속했던 북쪽 영토를 수복하는 것은 불가능함을 깨달았다. 그러므로 송은 호전적인 북쪽 국가들과 감당할 만한 평화 조건을 협상하기로 했다. 이러한 노력의 결과로 1005년 요와의 쌍무적인 평화협정과 1042 년의 재협상, 그리고 1044년 서하와의 협정 등을 이루었다. 1080년대 초 서하 전쟁을 제외하면, 송의 북방 정권들에 대한 외교 정책을 특징 짓는 현대의 단어는 "공존"이었다. 송은 비단과 은으로 해마다 교부금 (세폐)을 지불함으로써, 무익한 전쟁 출동에 낭비될 거액의 돈을 절약 하였다. 요와 서하는 그 수입을 가지고 자기 종족들과 동맹자들을 부양하여 충성을 확보하며 정치적 권력을 유지했다. 세폐를 통해 확보된 공존은 몽골이 역사의 무대에 등장할 때까지 송이 북방 변경의 문제를 해결하는 전략이었다.

---

45) 吳天墀, 『西夏史稿』, pp. 296, 49.

2

| 모범적인 통치자들 |

 960년에서 1022년 사이, 송의 초기 황제들과 그들의 참모들은 행정 기능, 지적 활동, 개인의 행실에 관한 수준 높은 기준을 마련하여 그 후계자들에게 모범이 되도록 했다. 처음 두 황제, 즉 태조 조광윤趙匡胤과 그의 동생인 태종 조광의趙匡義는 송대 내내 그리고 오늘날까지도, 송 황제 중에서 가장 정력적이며 정치적으로 빈틈없는 군주의 모범으로 평가받고 있다.[1] 제3대 황제 진종은, 치세 초기에는 그의 백부와 아버지가 시작한 국가 통합을 완성하고 또 강력한 북쪽 이웃들과의 평화를 지속시킬 수 있는 혁신적인 대외 외교 전략을 개발했다. 학문을 좋아한 이 세 명의 황제 치하에서 송대 중국은 중국 역대 어느 왕조보다 유교에서 상정한 이상적인 통치에 근접했다. 공리주의를 내세운 사공학파事功學派 사상가이자 국정 이론가였던 진량이 1169년 무렵에 제출

---

1) 『中國大百科全書-中國歷史』, Vol. 2, p. 974.

한 다음의 상주문에서도 이를 확인할 수 있다. "이 왕조의 국가 기반은 유교에 있습니다. (이렇게) 유교를 강화함은 어느 왕조에서도 유례가 없습니다."[2]

'유교 국가'라는 용어는 추상적이거나 이론적인 것 또는 유토피아적인 것을 의미하지 않으며, 상고시대에서 차용해온 유교적 통치의 이상적인 구조와 혼동하면 안 된다. 오히려 이것은 "지성의 전통을 이끌어온 사상과 지배적인 행정 체제인 관료정치가 역사의 무대에서 긴밀히 결합하게 되었음"을 가리킨다.[3] 고대 경서에 뿌리를 둔 유교는 도덕, 즉 인, 의, 예, 효, 충 그리고 무武보다 우선하는 문文의 원리와 의례 등에 기초한 윤리를 제공하였다. 그것은 교양 있는 상류 계층, 즉 계층적인 구조의 사회에서 다른 모든 계층이 제공하는 봉사를 필요로 하는 지식인 지도층의 행동 지침으로 간주되었다.

유교에는 공자 이전 시대부터 있었던 조상 숭배와 국가 제사와 같은 종교적 요소가 포함되고 그 양쪽 모두 엄격하고도 논쟁적인 의식儀式을 갖추고 있었지만, 독점권을 주장하는 일신교 교리와 정치구조가 불가분으로 연결되어 있던 중세 기독교 왕국이나 이슬람의 칼리프 체제와 중국의 유교 국가를 비교할 수는 없다. 송의 황제들은 유교 규범에 따라 살고 의식을 수행할 수 있지만 여전히 도교와 불교의 독실한 신도가 될 수도 있었다. 13세기에 들어서면서, 이전까지 실용적 차원

---

2) 『宋史』, 436:12940.

3) De Bary, *Waiting for the Dawn*, p. 3.

에 있던 유교 이념이 국가의 정교로 변환되기 시작했다. [4]

송대의 유교 국가가 그 다음의 왕조들에서 지속될 가능성이 처음부터 정해진 것은 아니었다. 송대 이후로 급속하게 변화해간 중국 사회가 오늘날까지도 여전히 유효하며 매우 중요한 문화적 특성들을 유지할 수 있었던 것은 송대의 유교 이념뿐만 아니라 그로부터 발전한 많은 규범과 가치들 때문이기도 했다. 유교가 중국의 발전을 방해한 견고한 족쇄였다고 부정적으로만 평가한 19~20세기 비평가들의 견해는 재고해야 할 것이다.

왕조의 건립

959년 7월 27일 세종이 갑작스럽게 사망하고 6세 소년이 용좌에 오르고 난 뒤 곧 후주 왕조의 몰락과 송의 발흥이 시작되었다. 이듬해 초, 사망한 황제의 신망 있는 조언자이자 전전도점검殿前都點檢으로 금군禁軍을 이끌었던 조광윤은 거란과 거란의 연맹 세력인 북한北漢과 싸우기 위해 군대를 북으로 출정시켰고, 이 기회를 포착하여 잘 준비된 정변을 일으켰다. [5]

조광윤의 부하 장수들이 그에 대한 개인적 충성심에서, 개봉에서 북동쪽으로 약 20킬로미터 떨어져 있는 진교 부근의 역참(진교역)에서

---

4) Liu, *China Turning Inward*, p. 43.

5) Mote, *Imperial China*, p. 97.

찬탈의 수순을 따라 조광윤을 황제로 추대했다.[6] 조광윤은 세 번이나 제위 수락을 요청받은 다음에야(이러한 요구는 의식의 일부였지만), 두 가지 조건을 걸고 이에 동의했다. 즉 절도사들이 자신의 명령에 복종할 것과 어린 황제나 수도의 주민에게 해를 입히지 않는다는 것이었다. 얼마 안 되어 조광윤이 공식적으로 제국의 통치를 맡고 어린 황제는 강제로 퇴위당하면서 960년 2월 3일에 송 왕조가 시작되었다.

새 황제, 즉 '최고의 창시자'라는 뜻의 태조는 권력을 장악하기 전에 부임했던 현재 하남성 지방의 옛 지명을 따라 '송'으로 왕조 이름을 정했다. 그는 111개 주, 638개 현을 지배하게 되었고,[7] 후량, 후진, 후주 왕조의 수도였고 이전에는 변주汴州라고 했던 개봉에 동경을 설치했다. 그리고 이전의 모든 주요 왕조들과 마찬가지로 오늘날 낙양에 제2의 수도인 서경을 건설하였다.[8]

태조는 17년의 재위 기간 동안, 장차 열여덟 명의 군주를 배출하며 300년 이상 지속하게 될 왕조의 기초를 마련했다. 중국의 모든 왕조에서, 천명을 위임받은 왕조의 창시자는 제위를 이어갈 후손들에게 필요한 확고하고도 이상적인 통치와 행동의 모범을 정했다. 창시자는 모든 계승자들과 그 신하들이 준수하게 되는 왕조의 정치적 형태는 물론이며 많은 경우 문화적·지성적인 양태까지 규정하고 선포하며 또 삶으로 보여주는 존재였다.

---

6) 『續資治通鑑』, 1:2-3.

7) 『宋史』, 85:2093; 『文獻通考』, 315:2470에서의 수치는 139주, 661현으로 차이가 있다.

8) 낙양에 대해서는 周寶珠, 「北宋時期的西京洛陽」, pp. 115-116.

14세기에 편찬된 『송사』에서는 창건 군주의 모범적 역할을 이렇게 설명하고 있다. "고대로부터 창립하고 통일한 군주가 그 당시 무엇을 숭상하는가에서 한 왕조의 틀(규무規橅)을 예상할 수가 있다. 이 세련된 선조(예조藝祖), 즉 태조가 천명을 바꾸었을 때 그는 우선 문관을 기용하여 무신의 권세를 빼앗았다. 송 왕조의 문치 숭상 정신의 근본은 여기에 있었다."[9] 1060년경에 학자 소옹은 송의 통치를 중국사에서 보기 드문 업적이라고 칭송했는데, 그 이유 중 하나는 제위를 수립한 후 제국의 평화를 이루고 100년 동안 모반의 위협조차 없었다는 것이다.[10] 이 견해에 대해 100여 년이 지난 후 철학자 주희는 간추려 이렇게 말했다. "우리 왕조는 오대 시대의 (정책을) 살펴 군벌주의를 종식시켰다."[11] 문치의 원칙이 무력의 원칙에 앞서 우선권을 갖는 것, 이 유교의 근본적인 이상이 송 왕조의 신조가 되었다.[12]

지금의 하북성 탁주涿州 출신의 북방인인 태조는 낙양의 협마영夾馬營에서 오형제 중 둘째로 태어났다. 전설에 따르면 그가 태어날 때 "붉은빛이 방에 가득하고 자색의 염무가 지붕에서 피어올랐다."[13] 태조는 군대 지휘자, 기사, 궁사로서도 탁월했지만 유능한 문치 행정가이기도 했다. 그는 자신에게 반대한다는 이유만으로 관리들을 사형에 처

---

9) 『宋史』, 439: 12997. 문원文苑 열전 서문.

10) Wyatt, *The Recluse of Luoyang*, p. 175.

11) 『朱子語類』, p. 599.

12) Bol, "This Culture of Ours," p. 148.

13) *Proclaiming Harmony*, p. 8.

하는 것을 거부했고, 관리가 부정을 저질렀을 때에도 관위나 봉록을 몰수하거나 유배를 보내든가 추방하는 쪽을 택하여, 후임 황제들의 처벌 선례가 되도록 했다. 위험인물이나 반역한 관리들이 암살되었다는 남송대의 기록이 가끔 보이긴 하지만, 관리들은 다른 시대에 비해 상대적으로 발언의 자유를 누리고 황제의 정책을 비판하는 열띤 토론에 종종 참여하기도 했다.

중국의 역사가들은 공자의 가르침인 인도주의와 자비로움의 기준에 따라 살려는 사람들의 보호자로서 태조를 이상화하였다. 사치스럽고 호화로운 저택을 싫어하는 겸손한 사람이었던 태조는 평범한 백성들을 측은히 여기고 국가의 경제적 부강에 관심을 쏟았다. 저명한 학자이자 개혁가인 범중엄은 태조의 특징과 관련하여, 세상의 어려움을 먼저 염려하고 자신의 쾌락은 마지막으로 즐긴 고결한 사람이라고 평가했다.[14]

나라의 통일

80여 년 이어졌던 배신, 전쟁, 습격, 유혈 사태, 학살은 태조가 용좌에 오름으로써 끝이 났지만, 태조 앞에는 여전히 많은 문제가 놓여 있었다. 중국 영토를 통합하여 지배하려면 독립 국가의 왕으로 자처하는 상당수의 지방 권력자들을 제거해야 했다. 효율적인 문관 관료 체

---

14)『宋史』, 3:51;『宋代教育』, p. 263; 陳榮照,『范仲淹研究』, p. 5.

제를 지원하기 위한 새로운 정부와 행정 구조가 필요했으며, 거기에는 충성심, 열정, 능력을 갖추고 교육을 받은 관리 지도층을 임용해야 했다. 게다가 거란 제국과의 대외 관계 때문에 군사·외교 전략은 더욱 효율적일 필요가 있었다. 새로운 군주 태조는 모든 것이 완수될 때까지 오래 살지 못했지만 재빠르게 그 많은 과제에 착수했다.

군대의 서열 조직에서 권좌에 올랐고 무력을 갖춘 형제들의 정치적 야심을 잘 알고 있었던 태조로서는 다른 절도사들과의 관계에서 중압감을 느꼈을 것이다. 그의 군대가 그를 천자로 옹립한 자리에서 그가 장군들에게 자신의 명령에 복종할 것을 맹세하라고 요구한 것은 이 때문이었을 것이다. 그는 과거 80년간 위세를 떨친 군벌주의를 한 번에 그리고 최종적으로 끝내기를 원했다. 자신이 무인으로 활동하던 때부터도 강력한 장군들이 신생 왕조에게 큰 위협이 된다는 사실을 그는 잘 이해하고 있었다. 그러나 적어도 송 제국이 통일될 때까지는 바로 그들의 힘에 의존해야 한다는 것도 알고 있었다.

한편으로는, 수십 년간 경험하지 못한 평화와 안전의 시대를 이 나라에 만들어주겠다는 조광윤의 열망은 오직 문민 체제를 안정화하고 군사 지배 대신 문치 질서를 강화함으로써만 실현 가능한 것이었다. 그러나 다른 한편 고위급 무장들에게는 그의 사회 개혁 의지가 그들의 입지를 약화시키는 것으로 보였고, 자칫하면 자신들의 체면, 지위, 정치적 영향력과 재정적 이권을 잃을 것을 두려워하는 무장들의 저항을 가져올 수도 있는 일이었다.

중국의 역사서에 따르면, 비록 이 모든 것이 역사책이 기술한 대로 벌어졌는지는 논란의 여지가 있다 하더라도, 태조는 이 어려운 문제를 어떻게 균형 있게 처리할지 그의 조언자인 조보趙普에게 물었다. 이 충신은 태조에게 우선 각 지역 지휘관들의 군권을 되찾으라고 권고했고, 태조는 이 충고를 받아들였다.[15] 그는 중국사에서 유례가 없는 사회역학상의 행동을 취했다. 961년 8월 20일, 태조는 자신을 황제로 옹립하는 데 가담했던 공모자들과 그 밖의 원로 장군들을 술자리에 불러 모았다. 이 일화는 훗날 "술잔을 돌리며 병권을 해제하였다"고 하여 '배주석병권杯酒釋兵權'으로 잘 알려졌는데, 이것은 쉽고 사려 깊은 방법으로 사람들의 권력을 제거했다는 의미의 표현이었다.[16] 그는 은근히 외교적 수완을 써서 원로 장군들에게 병권을 포기하고 조정을 떠나 각 주의 절도사로 갈 것을 제안했다. 그들은 저택과 대토지를 하사받고 그곳에서 천수를 누릴 수 있었다. 태조가 자신의 입장을 매우 설득력 있게 설명했는지, 그 다음날 모든 장군들이 다 황제의 제안을 받아들였다고 전해진다.

그 뒤로 몇 년 동안, 원로 장군들의 자리는 황제에게 종속과 충성을 다하는 젊은 장수들로 교체되고, 이들은 황제의 인도적인 원칙, 즉 마을을 약탈하지 말며, 민간인들을 괴롭히지 말며, 되도록 인명 손실을

---

15) Lorge, "The Entrance and Exit of the Song Founders," p. 45;
范學輝, 「關於'杯酒釋兵權'若干問題的再探討」, pp. 38-48. 賈海濤,
『北宋'儒術治國'政治硏究』, pp. 8-10. 그를 도운 장수 15명의 전기는 『송사』
권273.

16) 전체 번역은, Worthy, "The Founding of Sung China," pp. 174-175; Lorge, "The
Entrance and Exit of the Song Founders," p. 43.

피하라는 원칙을 지키면서 전쟁을 지휘했다.[17] 중국 역사상 유례없는 이런 지배 방식이 송 왕조 내내, 그의 동시대인이든 계승자들이든 무시할 수 없는 원칙이 되었다.

그러나 태조가 문치주의를 강조했다고 해서 왕조의 병력을 감축하려 한 것은 아니었다. 오히려 반대로 금군과 지방 군대를 위한 직업 병사의 수는 꾸준히 증가했다.[18] 970년대 초까지 22만 명으로 추산되는 규모의 군대를 태조가 직접 지휘하였다.[19] 그의 치세 말에 병사 수는 총 37만 8000명에 달했는데, 이렇게 병력이 증가한 이유는 그가 후주로부터 계승한 북부 영토를 안정시켜야 할 뿐 아니라 남쪽의 왕국들을 통합해야 했기 때문이었을 것이다. 그의 동생이자 후계자인 조광의(태종, 재위 976~997)의 통치 기간에는 병력이 66만 6000명으로 늘었고, 제3대 황제 진종이 군사력 감축을 제안했던 1018년까지 그 수는 91만 2000명이라는 천문학적 규모에 이르렀다.

중국의 통일과 십국 중 남은 6개 왕국의 병합은 정치적 필요뿐만 아니라 경제적 필요에서도 의미가 컸다. 북방 요遼 왕조와의 전쟁 준비를 위한 비용이 긴급히 필요했고, 그 자금을 확보하기 위해서는 중국 중부와 남부의 왕국들을 복속시켜 세금을 부과하는 것이 절대적으로 필요했다. 중국 전역을 통일하여 지배하겠다는 목표에 도전한 태조는 동생에게 이렇게 말했다. "오대 시기부터 전쟁의 악이 만연하여 국고

---

17) Mote, *Imperial China*, p. 103.

18) 李華瑞, 『宋史論集』, p. 8.

19) 『玉海』, 139:4b; Worthy, "The Founding of Sung China," p. 181.

는 비었다. 우리는 먼저 촉蜀(사천성 지역)을 잡고, 그 다음에 광남廣南과
강남(남부와 동남부 지역)을 장악해야 한다. 그때가 되어야만 조정에서
필요한 재정을 충족할 수 있다."[20]

거의 20년에 걸쳐 태조와 태종은 여러 차례의 원정을 지휘하여 남아
있던 독립 왕국들을 정복했다. 963년 양자강 중류의 형남荊南을 시작
으로 965년에는 사천성 지역 후촉後蜀의 정벌로 이어졌다. 그러나 968
년, 태조는 다음의 목표와 과제를 무엇으로 할지 확신이 없었다. 그 자
신 무장으로서 강력한 거란 제국과 국경을 접하고 있는 북한北漢 왕국
을 복속하는 것이 군사상 우선 사항이라는 것을 알았지만, 승리를 얻
기가 쉽지 않았다. 어쩌면 먼저 남쪽을 공고히 하는 것이 최선일 수 있
었다. 수많은 밤을 잠 못 이루던 태조는 어느 날 조보에게 상의하기로
했다.[21]

전에도 자주 그랬던 것처럼, 황제는 변복을 한 채 몰래 황궁을 빠
져 나와 자신의 책략가인 조보와 사적으로 대화할 수 있었다. 이 장면
을 그린 유준劉俊의 그림에는 '태조가 눈 오는 밤에 공신 조보를 방문
하다(「설야방보도雪夜訪普圖」)'라는 제문題文이 씌어 있다. 귀가했으나 아
직 관복과 관모 차림이었던 조보는 누군가 대문 두드리는 소리를 들었
다. 대문을 연 조보는 온통 휘몰아치는 눈 속에 서 있는 황제를 보고 깜
짝 놀랐다. 그림 속의 그들은 자리를 깔고 앉아 있고, 고기를 굽기 위
해 숯불이 지펴져 있다(그림 1). 조보의 아내가 술을 내오자마자 두 사

---

20) 『東都史略』, 권23(專論).

21) 이 이야기는 『續資治通鑑長編』, 9:204-205에 있음.

그림 1. 유준의 「설야방보도(태조가 눈 오는 밤에 공신 조보를 방문하다)」
도축圖軸의 일부. 15세기. 견본絹本에 담설색淡設色. 북경 고궁박물원 소장.

람은 급박한 문제에 대해 이야기하기 시작했다. 조보는 남쪽을 먼저 치고 북쪽은 나중에 치는 '선남후북先南後北' 전략을 취하도록 태조를 설득했다. [22] '쉬운 것을 우선하고 어려운 것은 뒤에(선이후난先易後難)' 하자는 조보의 충고에 따라, 태조는 북쪽의 더 골치 아픈 문제와 씨름하기에 앞서 남아 있는 남쪽 나라들을 통일하기로 결정했다. [23]

광동성과 광서성 지역의 남한南漢이 971년에, 그리고 그 뒤를 이어 975년에는 수도를 강소성江蘇省 남경南京에 두었던 남당南唐이 강서성 江西省 지역과 함께 무너졌다. 976년에 즉위한 태종은 978년에 절강의

---

22) 徐規, 方如金, 「評宋太祖'先南後北'的統一戰略」, pp. 517-534.

23) 楊渭生, 「論趙宋之統一與整治」, p. 56.

오월吳越 왕국을, 그리고 979년 정월에는 산서성山西省에 있던 돌궐계
사타족沙陀族의 북한北漢을 굴복시킴으로써 송 영토의 통일을 완수하
였다.

북부의 통일 과정은 요가 여러 차례, 특히 960년대와 970년대 초
에 자주 간섭을 하는 바람에 방해를 받았다. 979년 7월 송은 (현재 북경
의 서직문西直門 밖에 위치한) 고량하高梁河 강가에서 요에게 참패를 당했
다.[24] 친정에 나선 태종은 노새가 끄는 수레를 타고 도망쳐 포로가 될
위기를 가까스로 피했다. 두 달 뒤 송은 요에게 하북성 만성滿城에서
패했고, 제3대 황제 진종의 치세까지도 송은 패전의 연속이었다. (사실
979년 9월에 벌어진 하북성 만성의 전투에서는 송이 승리했다. 그에 앞서 고량하
전투에서 송에게 이긴 요가 대거 남침하자, 송 측에서는 거짓 투항으로 요 군대
를 방심케 하는 전략을 써서 크게 승리를 거두었다. 태종 시기 송의 유주·운주 수
복을 위한 북벌로 시작된 송과 요의 전쟁은 결국 송이 참패하고 유운 지역에 대한
요 왕조의 지배가 안정화되는 결과로 이어진 것은 사실이나, 만성의 전투 자체는
송의 승전으로 기록된 전투이다. – 역주)

태조는 976년 11월 14일 49세의 나이로, 정황상 아주 수상쩍게 갑
자기 사망했다.[25] 밖에 폭설이 내리고 있었는데 태조가 동생을 임종 자
리에 불러 제위 계승에 대해 지시를 내렸다. 그들의 대화를 들은 사람
은 두 사람 외에 아무도 없었다. 항간에서는 "촛불 그림자 속에 도끼
소리(촉영부성燭影斧聲)"라고 의심했으며 조광의가 형 태조를 살해했다

---

24) 虞雲國,『細說宋朝』, p. 82.

25) 李華瑞,『宋史論集』, p. 2; 竺沙雅章,『宋の太祖と太宗』, pp. 134-147.

고 주장했다. 그러나 태조는 그의 어머니 두杜태후(소헌태후昭憲太后)가 임종하는 자리에서, 자신에게 두 명의 장성한 아들이 있지만 동생에게 제위를 물려주겠다고 한 약속을(금궤지맹金匱之盟) 그대로 지켰을 가능성이 더 크다. 아들이 아니라 동생을 즉위시키는 것은 전례가 없긴 했지만, 아마도 왕조의 위기를 방지하는 데 도움이 되었을 것이다.[26] 그야말로 "신성한 정당화"가 된 예언이지만, 동생이 황제로서 태조의 뒤를 잇게 된 일은 도사 장수진張守眞의 명상에 나타났다는 신선의 예언대로였다.[27] 태조의 두 아들은 요절했다. 979년에 큰아들 조덕소趙德昭가 29세의 나이로 자결했고, 얼마 안 되어 23세의 작은아들 조덕방趙德芳도 분명치 않은 이유로 죽었다.

국가 권위의 중앙 집중

태종도 그의 형 태조처럼 무인이었고(비록 호감을 받는 정도는 덜했지만), 979년에는 송 역사상 가장 큰 영토를 지배하에 두었다. 984년에 공식적으로 오대 시대를 역사시대로 인정했으며, 불(火)과 그에 부합하는 적색을 송 왕조의 상징 요소로 채택하여 우주 질서 안에서 왕조를 정당화하였다. 적색은 고대 주 왕조의 색이었는데, 송대 사대부들은 주대의 유교로부터 매우 깊은 영향을 받았고 그 영향력은 오랫동안

---

26) Chaffee, *Branches of Heaven*, pp. 26-29.

27) Davis, *Society and the Supernatural in Song*, p. 71.

지속되었다.

태종은 형 태조의 통일 과업을 이어받았고 또 태조의 문치 개혁 정책에도 열성을 다했다. 몇 세기 후의 인물인 서도徐度(1156년경 활약)는 송의 초기 정치를 이렇게 기술했다. "왕조 수립 이래 모든 정치 영역에서 중대한 혁신들이 있었다. 당면한 개혁에 관하여 조정의 백관들이 모두 모여 토론해야 했다."[28] 그런데 처음에는 그들에게 상의를 했겠지만, 당 왕조 초기의 황제와 그들의 고문관들처럼 차를 함께 마시는 편안한 분위기에서 의견 교환이 이루어진 것은 아니었다.[29] 태조와 태종이 주연이나 다른 방식의 회합을 열어 연장자 신료들을 접대하면서 여러 가지 정책들의 장점과 단점들에 관한 그들의 의견을 청하였던 것은 분명할 것이다. 그렇지만 송의 초기 황제들은 중요한 문제에 대한 최종 결정은 자신이 내렸다. 반세기 이상 지난 뒤 구양수歐陽修는「군주가 된다는 것의 어려움에 대해(위군난론爲君難論)」라는 글에서 "아, (적합한) 사람을 선택하는 어려움이 참으로 크다! 그러나 충고를 판단하는 것만큼 어렵지는 않을 것이다"[30]라고 밝혔다.

송대 관리들은 당대唐代의 관리들이 황제에게서 '좋다'는 승낙만 받으면 관련 칙령을 반포할 수 있었던 것을 부러워할 뿐이었다. 송 조정은 황제의 권위와 존재에 위압당하고 질식당한다고 느꼈다. 그래서 회의 전에 황제가 미리 숙고할 수 있도록 문제가 되는 모든 사안에 대

---

28) 『却掃編』, p. 77.

29) 虞雲國, 『細說宋朝』, p. 56.

30) 번역은 Liu, *Chinese Classical Prose*, p. 159에 기초함.

해 요점을 써서 제출하게 해달라고 요청했다. 이러한 공무상의 절차를 황제가 승인하고, 이후 조정 활동에 대한 새로운 관료주의 규범이 창안되었다. 서면으로 제안함으로써 황제의 지위를 강화하고 왕조의 권위를 높이기는 했지만, 이런 직접적인 통치 방식은 일중독에 가까운 황제가 중국을 지배할 때에나 제대로 작동할 수 있었다. 진종 치세에는 원로 관리들이 조정에 미치는 영향력이 컸고, 그들이 비공식적으로 토론하고 의사 결정을 내리는 것이 통상적인 일이 되어버렸다.

송 왕조 창건 이후 특히 영토를 통일하는 동안에 태조는 중앙과 지역의 관료 조직 및 행정과 각 부서, 그리고 전 영토의 무수한 공무 기관과 사무소에서 일할 충성스럽고 유능한 문신 관리 계층이 필요했다. 송 왕조가 백성들의 지지를 받는 것은 태조에게 기쁜 일이었지만, 그들의 지지가 제국과 백성 사이에서 믿을 만한 중개자 역할을 해야 하는 관리들을 대신할 수는 없었다. 이 시기 중국에는 중세 유럽에서 도시를 지속적으로 관리하며 왕권과 균형을 이룰 수 있었던 가톨릭교회, 귀족층, 상인 조직 등에 비견될 만한 제도화된 세력 조직이 없었다. 송 제국은 필요한 많은 문신들을 견실하게 공급할 수 있는 체제를 필요로 했다. 태조가 결국 선택한 통치 제도는 당 왕조의 제도와 유사하면서도 동시에 근본적인 차이들을 가지고 있었다.

첫째, 송의 황제는 정부의 인력을 뽑는 면에서 더 이상 가문과 대토지 소유를 세력 기반으로 한 귀족 문벌의 자제들에게 의존하지 않아도 되었다. 이전 80년의 혼란기에 여러 전쟁과 정파의 갈등으로 인하여 귀족 지배층의 수와 영향력이 상당히 감소하였다. 그 공백을 다양한 사회적 배경을 가진 새로운 사대부 계층이 채우게 되었다.

둘째, 송이 채택한 당의 통치 체제는 이미 한물간 관직, 직함, 직능으로 짜여 있어 구조 개편이 필요했기 때문에, 송의 초기 세 명의 황제들은 모순되거나 중복되는 부분을 줄이고 제도를 합리화하기 위해 노력했다. 그러나 시간이 지나면서 관료 조직은 오히려 더 복잡하게 중첩되는 결과로 가게 되었다.

셋째, 태조가 염두에 둔 통치 제도의 기본 목표는 바로 황제의 권력 강화였다. 관료 정치는 태조의 목표에 전적으로 유리하도록 고안되었다. 그는 유능한 관리들을 임명하여 황제 자신에게 직접 보고할 의무를 지웠다. 이러한 중앙집권적 체제의 효율성은 황제 자신의 능력과 헌신에 달려 있었다. 능력이 부족한 군주가 즉위하게 되면 권력 집중의 결점이 더욱 분명해졌다. 특히 북송이 무너지고 남송이 권력을 안정시킬 방책을 찾지 못했던 혼란의 시기에 이런 현상이 더욱 두드러지게 나타났다.

『송사』에 따르면, 정부는 전통적인 3성三省, 즉 중서성·문하성·상서성으로 구성되었다. 각 성의 수장은 "황제를 보필하고 백관을 관리하며 무수한 정사를 통제하고 만사를 통제하는"[31] 공식적인 임무를 가진 재상이었다. 재상들은 품계상으로 서로 동등했지만, 공식적인 직함 안에서 나타나는 차이는 그들의 부가적인 관함과 연공서열의 원칙 등에서 뚜렷이 드러났다.[32] 그중 중서성만 궁궐 경내에 위치하여 의사 결

---

31) 楊樹藩, 「宋代宰相制度」, p. 1; 『中國歷史, 隋唐遼宋金卷』, p. 202.

32) 『文獻通考』, 49:451.

정 과정에서 영향력을 발휘했다. 궁궐 밖에 있었던 문하성과 상서성은 중앙 정부의 운영에서 핵심적인 역할을 했다. 문하성과 상서성은 모든 문서 업무를 처리하고 황제의 결정, 제칙, 명령과 지시를 시행했다. 상서성은 이부, 호부, 예부, 병부, 형부, 공부의 6부六部로 이루어졌다.[33] 1129년에는 중서성과 문하성이 중서문하성 하나로 통합되었다.

국가 재정 업무는 삼사三司라는 독립된 기관이 관할했는데, 당대에는 재상의 지휘권 아래 있었다. 또 하나의 강력하고도 독립적인 단위인 군사 업무 기관 추밀원樞密院은 중서성에 맞먹는 기관이었다. 이들 두 부처가 거의 모든 권력을 차지하고 황제에게 영향력을 행사할 수 있었다.[34] 그렇지만 다양한 통치 조직의 전체적인 구조는 왕조 초기 황제들의 직접 통치 이념에 맞도록 재단되었다. 그러므로 이처럼 공들인 관료주의 행정이 오직 정무에만 힘을 쏟으며 그 체제를 설립한 통치자가 최고 권좌에 있는 한에서만 일상적으로 효력을 발휘하고 능률적으로 작동할 수 있었다는 것은 의심할 여지가 없다.

송 왕조의 긴 역사의 시간 동안에도 재상들의 영향력이 강해졌던 사례, 관료끼리 또는 황실 내부에서 정쟁을 벌인 사례들이 많이 있었다. 그러나 아무리 복잡한 권력 관계망이 있다고 해도 황제가 지닌 천자의 의무가 경감될 수는 없었다. 모든 것에 대해 무거운 책임을 지는 중앙의 한 사람에게 체제의 중심이 있다는 것을 그들은 감지했을 것이다. 신체적으로나 심리적으로 허약한 황제들은 황태후와 조정 신료들에

---

33) 『宋史』, 161:3773, 3787.

34) 『宋史』, 162:3798.

게 휘둘렀다.

태조는 상층의 관료들, 특히 황제와 가까이 접촉하는 재상들이 학자이기를 원했다. 따라서 이미 973년에 황제 자신이 친히 감독하는 궁정 시험인 전시殿試를 주도했으며, 이로써 그는 자신이 임명할 관료 후보들의 인상을 직접 파악할 수 있었다.[35] 전시가 송대에 창안된 것은 아니고, 이미 689년 당 측천무후가 시행한 바 있었다. 송 태조 때는 그의 치세를 통틀어 350명의 급제자만이 배출되었다.[36] 거대한 제국 전체에 충성스러운 자들이 필요하다는 것을 깨닫고 전국적인 문관 선발 제도의 기반을 마련한 사람은 태종이었다. 977년에 우수한 인력을 널리 찾겠다는 황제의 의향을 선포한 지 얼마 안 되어 여러 등급의 다양한 합격증을 받은 사람의 수가 500명이었고, 이는 그의 형 태조가 재위 전체 기간에 준 것보다 많은 수였다. 태종의 재위 기간에 5816명의 과거 급제자가 배출되었고 그들은 대부분 한미한 출신 배경을 가지고 있었다.[37]

진종도 아버지인 태종과 마찬가지로, 선황 시대보다 과거 합격자의 수를 크게 늘렸다. 그의 재위 3년째 해인 1000년에 수도에서 치르는 최종 시험인 성시에 통과한 급제자 수가 1538명에 달했다. 이는 그전이든 이후이든, 중국 과거제도 역사 전체를 통틀어 가장 많은 급제자 수였다.

---

35) 『宋會要集稿』, 책110, 選擧 7:4342.

36) 『文獻通考』, 32:304-305; 何忠禮, 「北宋擴大科擧取士的原因與冗官冗吏的關係」, p. 88.

37) 何忠禮, 「北宋擴大科擧取士的原因與冗官冗吏的關係」, p. 88.

　면밀한 필기 시험제도를 통해 응시자들의 일부가 최고의 존경을 받는 진사進士(조정에 나아간 학자라는 뜻이며, 요즘의 '문학박사' 격)가 되었다. 983년에는 도성의 서부에 자리한 경림원瓊林院에서 진사 시험 합격자들을 축하하는 국가 연회가 베풀어졌고, 이것은 관행이 되었다. 새로운 사대부층의 가치와 세계관은 더 이상 가문 배경과 족보에 의해 만들어지는 것이 아니라 유교 경전에서 공부한 지식, 유교의 윤리관, 행정 전문가로서의 수행 능력 등에 의해 형성되었다. 그 결과 전문적인 문관 관리라는 새로운 출사의 길이 학자에게 열렸고, 매우 넓고 다양한 배경을 가진 새로운 사대부 계층이 나타났다. 이러한 관리들이 전국적으로 사회의 지배층이 되는 시대가 이후 거의 1000년간 지속되었다.

인쇄술과 정치

　중국의 인쇄와 서적 출판의 역사에서 10세기는 중요한 위치를 차지한다.[38] 서책 인쇄에 힘을 쏟았던 관리들과 학자들을 본받아, 태종은 대규모 출판 기획을 여러 차례 추진하고 지휘했으며 그 결과 고상하고 박식한 군주라는 명성을 얻었다.[39] 그는 980~990년대에 걸쳐 유교 경

---

38) Giles, "Chinese Printing in the Tenth Century," pp. 513-515; Carter, *The Invention of Printing in china and Its Spread Westward*; Wu, "Chinese Printing under Four Alien Dynasties(916-1368)," pp. 447-523; Twitchett, *Printing and Publishing in Medieval China*; Kuhn, *Die Song-Dynastie*, pp. 56-64.

39) 이 주제에 대한 연구는 Kurz, *Das Kompilationsprojekt Song Taizongs* 참조.

서들을 지속적으로 출판한 데다가, 관찬官撰 유서類書(고금의 각종 서적에서 발췌한 내용을 부문, 자운 등에 따라 분류, 편집하여 검색에 사용하도록 한 일종의 백과사전과 비슷한 대형의 자료 서적이다. – 역주)의 편찬도 추진하였다.[40] 그의 계승자 진종과 인종도 이 새로 시작된 "전통"을 계속 추진하여, 다른 분야의 편찬 작업은 제외하고 유서 종류만 언급하더라도 총 21종이 발간되었다.

서적 편찬 작업이 황제와 학자 관리들 사이의 업무상 관계를 돈독하게 해주고 중국의 문화와 지성의 역사에 대한 상호간의 이해를 가능하게 한 것은 분명하다. 그러나 태종의 서적 편찬 사업에 정치적 이유도 있었다는 점을 과소평가해서는 안 될 것이다. 미심쩍은 상황에서 형을 이어 즉위한 태종은 태조 밑에서 복무했던 학자들을 참여시킴으로써 자기 통치의 정당성에 대한 의문을 잠재울 수 있었다. 더욱이 태종이 당시 송이 정복하거나 평정한 나라의 학자들을 편찬 사업에 채용한 사실도 분명, 자국 왕들의 죽음으로 인한 학자들의 마음의 부담감을 덜어주었을 것이다. 800년 뒤에 건륭제는, 송 태종의 편찬 활동이 가진 주요 목적은 태종의 지배를 정당화하고 제위를 "찬탈"한 황제로서 덕을 회복하려는 것이었다고 논평했다.

그런데 서적을 간행하는 전통은 이미 50여 년 이전부터도 있었고 태종은 그러한 전통을 장려했던 것일 수도 있다. 925년 사천성 지역 후촉後蜀의 관료 무소예毋昭裔는 원래 526~531년에 수찬된 『문선文選』을

---

40) Cherniack, "Book Culture and Textual Transmission in Sung China," p. 5;
    De Weerdt, "Canon Formation and Examination Culture," p. 93.

목판으로 인쇄한 바 있다. 907~954년 시기에 다섯 왕조 열한 명의 황제 아래서 관리를 지낸, 중국사에서 전례가 없는 이력을 지닌 풍도馮道는 932년에 무소예의 활동에 감명을 받아 유교 경서의 목판 인쇄에 착수했고, 이는 953년에 130권으로 완성되었다. 마치 풍도와의 경쟁에서 계속 앞서 가려 한 듯, 사천성의 무소예는 951년에 유교 경서『구경九經』을 또 출판했다. 사람들은 개인적으로 이 책들을 구입할 수 있었다.

965년에 후촉을 정복한 뒤 송 태조는 압수한 서적들 중에서 무소예라는 이름과 우연히 마주치게 되었다. 황제가 그의 저술을 좋아했다는 이유로, 무소예는 후촉 조정의 고위 관리 중 유일하게 처벌도 받지 않았고 재산 몰수도 당하지 않았다. 풍도의 경우는, 놀라운 일도 아니지만, 송의 관리들이 그를 오대 시대 모든 불행에 대한 희생양으로 만들어버렸다. 약 100년 뒤, 재상이며 역사가였던 사마광司馬光은 풍도를 '나그네가 객방을 스쳐가는 일'과 같은, 즉 충절이 없는 인물이라고 비판했다.[41]

불교의 대중적인 출판에 비교하면 200년 이상 뒤떨어지긴 했지만, 이 책들의 출판을 시작으로 10세기 중기가 되면 유학자 사회에서 인쇄물이 소통의 매체로 인식되었다. 태종의 칙령을 받은 학자들이 교육 기관과 기록 보관소에서 광범위한 자료를 편찬하는 일을 맡았다. 첫 출판물 중에 하나가 982년의 1000권에 달하는 문학 선집인『문원영화文苑英華』이며, 이는『문선』을 이은 대업이었다. 다음 세 가지 중

---

41) Wang Gungwu, "Feng Tao: An Essay on Confucian Loyalty," p. 140.

요한 편찬물에는 태종 치세에 사용된 다분히 설정적인 연호였던 태평흥국(976~984)에서 딴 명칭이 붙어 있다. 첫째는 978년에 이방李昉(925~996) 등이 편집한 『태평광기太平廣記』인데, 한대와 당대에 지어진 485종의 책에서 인용된 설화, 마술, 징조, 기이한 재능, 꿈과 귀신 이야기, 기이한 사람들, 소설 등을 포함한 다양한 종류의 내용을 포함하는 사회학적이며 신화적인 내용의 선집이었다.

몇 년 뒤인 984년에는 역시 이방과 10여 명의 학자들이 당시 인쇄본으로 나온 중국의 지식 백과사전으로 최대의 규모였던 『태평어람太平御覽』의 편찬을 마쳤다. 1690가지 자료에서 선택한 항목들을 5363가지(일종의 종합 유서인 『태평어람』은 55부部의 1000권에 달하는 규모로 유서 중에서도 전례가 없을 정도로 분류가 다양하고 인용 범위가 넓다. 55개 각 부는 몇 개의 유類로 나누고 일부의 자목字目으로 나누기도 하여서, 대소의 항목 총수는 파악하는 기준에 따라 다르다. ─역주)로 분류하여 연대순으로 배열해서 총 1000권으로 엮었다. 대분류 항목에는 천天·지地·황왕皇王·문학·의식(禮儀)·군사(兵)·질병·오랑캐(四夷) 등에서부터 여러 종의 식물군과 동물군에 이르기까지 55가지가 있다. 태종은 이 편찬물을 1년에 걸쳐 읽고 고칠 점에 대해 의견을 제시했다.

980년경에 악사樂史가 태종의 연호를 붙인 세 번째 편찬서인 『태평환우기太平寰宇記』를 완성했다. 전기문과 다양한 형식의 글을 포함하여 200권으로 엮은 이 책은 다른 편찬물과 마찬가지로 당 왕조시대에 발간된 책들에 기초를 두긴 했지만, 813년에 이길보李吉甫가 썼던 전국적 지리서인 『원화군현도지元和郡縣圖誌』를 분량에서 능가하며 그 자리를 대신하게 되었다. 또한 『태평환우기』는 지리서로서 이후 왕조에서 지방지를 제작하는 데 중대한 영향을 주었다.

애당초 태종의 명령으로 수행된 대규모 편찬 사업은 한족 중국인의 문화 전통을 중시하고 장래의 세대를 위해 보전하고자 하는 송 왕조의 의지를 공개적으로 표출한 것이다.[42] 자신의 업적을 완성시키고자 태종은 그가 죽기 바로 전해인 996년, 형병邢昺(932~1010)을 책임자로 임명하여 "권위 있는 고전 도서 판본을 준비하라"고 명했다.[43] 태종의 아들로서 제위를 계승한 진종 역시 서적을 소중히 여겨, 1001년 10월 165권으로 구성된 『칠경七經』의 출판을 완수했다. 1011년에는 현존하는 『십삼경十三經』 편집이 끝났는데, 이는 과거 시험을 치르는 모든 유생들과 그 뒤 중국 문화 역사가들에게는 긴요한 총서였다.[44]

이제는 과거 시험 응시자들이 문학과 역사 저술의 인쇄본을 구해 시험 준비를 할 수 있게 되었다. 송의 '르네상스' 기간에 지식의 확산을 국가가 통제할 수 있었던 데에는 인쇄 기술도 일조한 것이다. 어떤 도서를 발간할 것인지 말 것인지 결정했다는 것은 학자 관리들이 지식과 교육 두 가지를 정할 수 있다는 의미였다. 마찬가지로 중요한 사실로 주목할 것은, 이러한 출판 사업에 황제가 참여했다는 것이다. 말하자면, 정부가 저자와 제목, 종이와 먹, 형식과 제본 등에 대해 표준과 전통을 결정했으며, 이는 송대를 넘어 훨씬 후대에까지 영향을 미쳤다.

---

42) Bol, "This Culture of Ours," p. 192.

43) *A Sung Bibliography*, p. 48.

44) 『宋代文化史』, pp. 169, 177. 汝企和, 「宋代館閣之校勘經部書」, p. 90.

송 사회의 경제적 풍요와 일상적인 인쇄본의 통용이 없었다면, 특히
문관으로 출세하고자 열망하는 대부분의 사람들이 적절한 가격으로
인쇄본 책을 이용할 수 있는 변화가 없었다면, 중국 전역에서 유학이
그렇게 짧은 시간 내에 부흥할 수는 없었을 것이다.

종종 일어나는 일이지만, 이 새로운 기술은 일부 집단, 특히 인쇄술
때문에 직접 손으로 쓰는 필사본이 밀려나게 되는 상황을 당한 학자들
의 반발을 불러일으켰다. 다재다능했던 작가 소식蘇軾(1037~1101)은
학자의 자질이 훼손될까 걱정했다. 엽몽득葉夢得(1077~1148)은 문장의
질이 나빠질 것이며, 인쇄본 책은 오류투성이일 때에도 완벽하다고
여길 것이라고 불평했다. 또한 주희 역시 그의 신유학 사상이 새로운
기술의 매체로부터 큰 덕을 보았을 텐데도, 사람들이 책을 부주의하
고 소홀하게 읽으며, 더 이상 문장을 마음으로 배우지 않고, 책을 손으
로 베끼는 것을 무리한 요구로 여긴다며 불만을 토로했다.

이러한 불평에도 불구하고 11세기에는 활자가 발명되어 목판에 새
기는 판각을 대체했다. 학자이자 관리인 심괄沈括은 이 새로운 인쇄술
이 1040년대 필승畢昇이 발명한 것이라고 공을 돌렸지만, 사실 1298년
지방지를 출간하면서 새로운 목활자 인쇄의 기술적인 문제를 극복한
사람은 다양한 분야에서 전문가인 왕정王禎이었다. [45]

이 모든 방대한 편찬 사업은 송 황제들이 스스로 문화적 전통을 유
지하는 것을 자신들의 의무로 생각했을 뿐만 아니라 새로운 기술을 활
용하여 유교의 가르침을 대중화시키려 했다는 것을 공공연하게 보여

---

45) Tsien, *Science and Civilisation in China*, Vol. 5:1, p. 208.

주었다. 송대 인쇄의 대중화에서 비롯된 문화적·경제적 성과는 아무리 높게 평가해도 지나치지 않을 것이다. 종이 생산이 증가함에 따라 동남 지방과 사천성에는 인쇄소가 급증하게 되었고, 이들은 배열, 활자체, 먹물의 색깔에서부터 종이의 크기와 품질, 제본 방법에 이르는 모든 품목에 표준을 만들었다. 이러한 개량과 발전이 상류층의 읽기, 쓰기, 서적 수집의 방식에도 변화를 가져왔다. 어떤 개인의 육필 사본을 더 이상 손으로 필사할 필요 없이 끝없이 재생산하여 대중적인 시장에 팔 수 있게 되자, 상품의 가치와 그 가격도 따라서 변화했다. 이제는 희귀해진 육필 사본은 귀중해지고, 정당하게 인쇄된 책들은 구하기 쉬워졌으며, 해적 사본은 저렴한 값에 유통되었다. 학자들은 장서를 수집하고 심지어 서재도 꾸밀 수 있었다. 활자 인쇄술의 발명은, 20~30년 전 개인용 컴퓨터가 타자기를 대신했을 때 우리에게 일어났던 문서 쓰기와 작문 분야의 혁명에 비교할 만하다.

문치의 원칙

거의 25년 동안 재위한 진종은 전쟁의 경험이 없었고 전사로서의 명성을 즐기지도 않았다. 독재적인 그의 백부나 아버지에 비교하여 그는 강한 주장에 쉽게 흔들리는 학자적이고 결정력이 없는 나약한 황제로 평가되었다.[46] 그러나 그는 재위 초기에 자신의 능력을 충분히 활용

---

46) 劉靜貞,「北宋前期皇權發展之研究」, pp. 135-142.

하여 과거제도를 확대하고 모든 층위의 행정조직을 수립하였다. 중서성은 황제와 재상들 간에 정기적으로 협의하며 의사를 결정하는 가장 중요한 부서가 되었다.

진종은 그의 아버지가 전파한 문치 원칙에 따르고자 노력했으며 거의 이상적인 유교적 군주가 되었다. 진종은 황궁의 정전正殿에서 열리는 조회로 아침을 시작했다. 규칙상 조회는 십간 주기의 다섯째 날과 열째 날, 즉 무일戊日과 계일癸日에 열렸다. 황제는 재상들과 추밀원, 삼사, 개봉 도성 및 기타 정부 부서의 고위 관리들을 접견했으며, 또한 황제에게 올리는 장황한 상주를 들었다. 이 상주들에 대해서는 그 후에 협의와 결정을 거치게 되어 있었다. 이 보고서와 제안서에 관한 업무는 아침식사 후에 계속되었다. 오후가 되어서야 황제는 임무에서 벗어나 사적인 공간인 내전으로 물러날 수 있었다.

저녁에는 장관들과의 또 다른 회의에 참석하기도 했다. 1085년에 여공저呂公著가 신종에게 올린 탄원서를 보면 황제는 매순간 엄격한 행동 강령과 미덕을 지켜야 했다는 사실을 알 수 있다. "군주의 행동과 발언 하나하나가 역사가에 의해 기록되어야 합니다. 만약에 덕망의 부족함을 보인다면 그것은 백성에게 불이익일 뿐만 아니라 역사에 쓰일 그 기록은 후세에 영원토록 웃음거리가 될 것입니다. 그러므로 일찍 기상하여 늦게 침상에 들고, 열심히 일을 보고 자기 수양에 정진하며, 의롭고 공정하게 다스리고 예에 맞추어 마음을 통제해야 합니다. 항상 선행을 실천해야 하며 아주 작은 악함이라도 제거해야 합니다."[47]

---

47) 『續資治通鑑長編』, 357:8540.

일반적으로 진종의 통치는 전대 황제들이 보인 모범에 따른 것이었다. 그의 치세 이후 1078~1085년에 중대한 재편이 이루어질 때까지도 한결같은 형식의 국정 관리가 이어졌다.[48] 만약 1004년 초에 진종의 통치가 끝났더라면, 그는 송 왕조의 역사에서 매우 두드러진 위치를 차지할 수 있었을 것이다. 그러나 1005년 1월 25일에 함평咸平 연간의 치세가 끝나고 새로운 연호 경덕景德의 치세가 다시 시작되었다.

사실상 함평 연간은 연호의 말뜻처럼 '두루 평온한' 치세가 아니었다. 태종이 해결하지 못하고 죽으면서 남겨놓은 문제, 즉 적대적인 요 왕조와의 위태로운 군사적 대치 상황이 어두운 그림자를 드리우고 있었다. 진종은 요의 군대가 화북 지역을 습격한 999년에 이미 요와 평화협정을 추진하려 시도했지만 그의 노력은 외교적으로 실패했다. 그래도 그의 이러한 결심은 200년이나 지난 뒤까지도, 예를 들어 홍매洪邁의 글에서 볼 수 있듯이 호의적으로 언급되었다.[49]

그 시기 요 제국은 소태후가 통치하고 있었고 거란족 기병들이 그녀의 명령에 따르고 있었다. 1004년 가을, 존경을 한 몸에 받던 소신 있는 재상 구준寇準이 진종에게 전장에 나가 송 군대를 친히 지휘함으로써 선황들의 전례를 따르며 군사적 명성도 확립하라고 설득했다. 왕흠약王欽若은 안전을 위해 조정을 중국 중부의 남경으로 옮기든가 아니면 당의 황제가 했던 것처럼 사천성으로 가자고 했으나, 진종은 단호히 그 조언을 물리치고 자신의 군사적 결단력을 입증해 보이기로 결

48) Kracke, *Civil Service in Early Sung China*, p. 137.

49) 『容齋隨筆五集』 중 『眞宗北征』, 4:305.

정했다.[50]

군사 충돌이 계속되는 와중임에도 요와 송 사이에 협상이 이루어졌다. 진종이 유혈 사태의 중단을 원했고, 또 거란으로서도 그들의 본거지에서 너무 멀리 전선을 확대하여 보급선이 끊길 위험을 가지고 있었다. 양측 모두 전쟁의 확대를 두려워했기 때문에 송과 요의 황제들은 마침내 1005년 1월 19일자와 24일자 두 통의 서약 문서(誓書)에 합의하여 그달 28일에 교환했다. 이 서약을 개봉 북쪽에 있는 작은 마을의 이름을 따서 '전연澶淵의 맹약'이라고 부른다.[51]

재상 구준과 진종은 이 평화협정을 위대한 외교적 성공이라고 발표했다. 근대적 용어로 하면, 그것은 최소한의 양보만 내준 비공격적인 외교 정책을 담고 있는 상호 협정으로서, 송은 요에 전쟁 배상 명목으로 해마다 비단 20만 필과 은 10만 냥(3730킬로그램 정도)을 보상금으로 지불한다는 것이었다.[52] 이 비단을 한 줄로 늘어놓는다면 2400킬로미터 정도의 놀랄 만한 길이지만, 송 국고의 재정적 부담이라는 면에서 말하면, 이렇게 지불된 공물은 11세기 당시 한 해에 비단으로 거둬들인 조세 수입에서 1.5퍼센트 정도 되는 양이었다.[53] 송 왕조에게는 은을 공납하는 것이 훨씬 큰 부담이었는데, 당시 천차만별이라 할 만큼 일정하지 못한 은 생산의 환경 조건에 정부가 의존해야 했기 때문이

50) Franke, "Historical Precedent or Accidental Repetition of Events?" pp. 200-201.

51) Hsieh, *The Life and Thought of Li Gou*, pp. 8-9; 『契丹國志』, 20:2a-3a; 『宋史』, 7:124-127.

52) Ho, "Politics and Factionalism," pp. 184-185.

53) 『宋會要輯稿』, 책156, 食貨 64:6086-6093.

다. 이 밖에도 양측의 황제들은 그들이 정한 경계 지역에서 농사를 방해하거나 새로운 요새 또는 운하를 수축하지 않기로 합의하고 상대방에서 넘어온 도적과 탈주자를 구금하기로 약속했다.[54]

그 당시와 후대의 사대부 대부분은 구준이 방어적인 군사 책략과 수양된 덕망을 함께 갖추어 현명하고 실용적인 정책으로 오랑캐를 평정했다고 그를 칭송했다. 그는 영토를 북쪽 이민족에게 양도하지 않고 적당한 대가를 치르고 적대 관계를 끝내는 데 성공했다.[55] 진종은 중국의 외교 정책으로 '공존'이라는 합리적 선택을 도입한 것이다. 그러나 구준의 정적인 왕흠약 등 일부 관리들은 구준의 작전을 무모하고 위험하며 치욕적인 것이라고 비판했다. 중국의 관점에서 보자면, 평화 조약은 송 황제가 요의 황제를, 또 요 황제는 송 황제에 대해서 자신의 상대로 인정함으로써 거의 대등한 관계를 만들었다는 것이 문제였다. 한족의 '중국'은 문명 세계의 중심이고 따라서 중국의 황제는 하늘 아래 유일한 지배자라는 이념적인 허구가 단지 수사가 되어버릴 위험에 처한 것이다.

중국은 자신의 우위와 권위를 유지할 수 있는 유일한 방법으로 '형제애'라는 허구에 합의하는 것을 생각해냈다. 오래된 중국의 가족관계를 모방하여, 요 지배자가 '동생'이 되어 송 지배자를 '형'으로 받아들이는 것이었다. 그렇다 해도 이 같은 조약이 가져올 형제 국가의 실제 결과에 대해 송 시대의 사람들은 아주 잘 알았을 것이다. 송 왕조는 한 번

---

54) Tao, "Barbarians and Northerners," p. 68.

55) 『欒城集』, 5:4b-5a.

도 '당 왕조의 충만한 영광을 달성하지' 못했다. 그 사실은 1042년에 이른바 외교적 대등 관계와 형제 관계를 강화한다면서 1005년 조약의 내용을 재협상하게 되었을 때 더욱 분명해졌다. 송의 세폐 의무가 비단 30만 필과 은 20만 냥으로 증가했다. [56]

다른 정치인들은 전연의 맹약 체결을 굴욕이라거나 중국의 우위를 매도한 것으로 비난하지는 않았다. 1225년에 출간된 나종언羅從彦의 사찬 역사서인 『준요록遵堯錄』에는 맹약의 유익한 점들을 정당하게 인정하는 태도가 잘 드러나 있다. 예를 들면 전연의 맹약을 구상한 구준이 960~1063년 시기의 저명한 관리 10인 중에 여전히 포함된다는 사실을 들 수 있다. [57] 14세기에 발간된 『송사』의 편찬자도 전연의 맹약을 국가적인 재앙이라고 판단하지 않았기 때문에 "송은 결코 한과 당에 뒤지지 않았다"라는 내용을 넣었을 것이다. [58]

그러나 많은 역사가들이 전연의 맹약을 100년 넘게 요 왕조와 평화를 유지하게 한 승리로 평가했다 하더라도, 진종은 오랑캐 거란에게 굴복했다는 생각 때문에 고통스러워했던 것으로 보인다. 해를 거듭하면서 송이 지불해야 하는 세폐가 그로 하여금 송의 군사적 허약함을 상기시켜주었을 것이다. 그의 평화 정책이 그 당시엔 심각하게 논의되었지만, 1042년뿐만 아니라 1044년 송이 탕구트족 서하, 또 12세기에 여진족 금과 평화 조약을 협상할 때에도 성공적인 모범으로 확인되

---

56) 『契丹國志』, 20:5a.

57) 『遵堯錄』, 6:1a-4b.

58) 『宋史』, 3:51.

었다. 전연에서의 합의와 연례적인 조공 지불이 다가올 세대에게 평화적인 상호 관계에 근거를 둔 공존을 위한 선례를 마련했던 셈이다.

전연의 맹약 바로 1년 뒤인 1006년 3월에 구준은 권좌에서 실각했고, 조정 내 반대파들에 의해 멀리 광동 지역으로 유배를 가 그곳에서 1023년까지 진종 치세가 쇠락하는 것을 지켜볼 만큼 오래 살았다. 진종은 구준의 오랜 적수였던 왕흠약에게로 돌아서서 "전연의 맹약의 수모를 씻어낼 가장 좋은 방법"이 무엇인지 그에게 물었다.[59] 황제의 위신을 되찾고 그의 수치감을 지우려는 시도로 진종은 왕흠약이 제안한 대로 초자연이 인간사에 개입한다는 생각을 수용하며 천서天書를 조작하는 옛 관행을 따르기로 마음먹었다. 그러한 천서는 당 현종 치세(재위 712~756)에 만들어진 적이 있으며, 그런 역사상의 선례가 대중상부大中祥符 원년인 1008년의 사기극에 가담하도록 부추겼을 것이다. 대중상부라는 연호는 그 명칭 자체로, 특이한 일이 있었다는 사실의 증거가 된다.

진종은 태산에서 하늘과 땅에 제사하는 성대한 봉선제를 벌였는데, 이 또한 당 현종이 725년에 거행한 것을 따라 한 것으로 현종 이후로는 진종의 봉선제가 처음이었다.[60] 전하는 이야기로는, 고위급과 하위급 백관들, 불교와 도교 승도들, '이적'의 대표들, 그리고 주현의 원로 등 모두 2만 4375명이 황제에게 봉선제를 청원했다고 한다. 이 행사는 1008년 11월, 과도한 평가를 받아온 왕단王旦과 위선적인 왕흠약의 감

---

59) Cahill, "Taoism at the Song Court," p. 25.

60) 더불어 『玉海』, pp. 1779-1794 참조; 1008년에 대해서는 pp. 1792-1794를 보라.

독 아래 거행되었다. [61]

진종은 돌아오는 길에 1009년 1월 곡부曲府의 공자 사당과 묘지를 방문하여 성인을 숭배하는 의식을 치렀다. 공자에게 시호를 내리기도 했는데, 이 역시 당대唐代 전임자의 사례를 모방한 것이었다. 비용이 막대하게 들어간 진종의 태산 봉선제가 중국 역사에서 마지막 행사였다. 그러나 진종 자신은 1011년 봄에도 그의 도교 조언가가 진두지휘한 태산 봉선이 아닌 다른 제사를 계속해서 거행했다.

진종의 몰락은 1006년 구준의 유배에서 시작되었다. 구준이 고하는 성인의 충고가 없어지자, 진종은 자신의 정치적 허약함에 굴복하여 점차 소인배들에게 의존하게 되었고, 이들은 1022년 3월 23일 진종이 사망할 때까지 황제를 능가하는 권력을 장악했다. 그의 치세 마지막 몇 년 동안에 진종의 권위는 실질적이라기보다 상징적인 것이 되어버리고 말았다. [62] 그럼에도 불구하고 영토 관리, 호구와 징세, 과거제도 등에서 부인할 수 없는 성과를 이루었다는 사실로 인해 진종은 아버지나 백부의 계승자라 할 만한 자격이 있었다. 그리고 국제 외교에 관해서 보자면, 이미 태조가 공존이라는 길을 열어 두었다. 태조는 통치 초년에, 오대 시대 후진이 938년에 요 제국에게 잃은 16개 주(연운 16주)의 '내 땅과 백성'을 거란에게서 사버리는 방안을 숙고한 적이 있다. 진종이 그 16주를 회복하는 데는 성공하지 못했으나, 변화된 상황 조건에 맞추어 성공적으로 백부의 전략을 조정했다. 그는 이민족 정부와

---

61) 『宋史』, 104:2527-2528.

62) Bol, "Emperors Can Claim Antiquity Too," p. 176.

오랜 기간에 걸친 호혜적인 조약을 체결하는 것이 고비용을 감수해야 하는 위태로운 전쟁의 대안이라고 믿었다. 그래서 선황들이 시작한 것을 혁신적으로 발전시키고 자신의 통치 초기 10년 동안 왕조를 안정화시키는 과업을 완수했다.

3

| 몰락으로 치달은 개혁 |

  '개혁'은 11세기 송의 정치를 이해하는 데 중요한 핵심어이다. 성공적이며 오래도록 지속될 행정제도를 수립했던 진종 황제 때의 정부는 균형 잡힌 재정 연차 보고서를 내놓을 수가 있었다. 그러나 10년 이상 태만한 시기를 보낸 뒤인 1030년대에 이르러서는 군비 지출이 급증하면서 재정적 위기가 초래되었고, 이에 따라 참신한 개혁이 요구되기에 이르렀다. 1040년대에는 상황을 해결하기 위한 방안이 제시되었으나 성과 없이 끝나고, 인종 치세의 끝 무렵인 1063년에는 경제 번영에도 불구하고 국가의 조세 수입으로는 더 이상 연간 지출을 감당할수 없게 되었다. 1067년 신종이 즉위했을 때 더 이상은 개혁을 미룰 수 없었다. 그러나 그가 지명한 왕안석王安石이 추진한 변혁을 위한 계획들은 사대부 집단 내에 유례 없는 논쟁을 연쇄적으로 촉발했고, 이는 1127년 북중국의 송이 몰락에 이를 때까지 계속되었다.

범중엄의 '소규모' 개혁

제정 시대 중국에서 당쟁은 전혀 새로운 일이 아니었다. 당대唐代에는 구귀족 상류층과 새롭게 부상하는 숙련된 관리 계층이 서로 맞서 다투었고 때로는 험악한 충돌을 빚기도 했다. 그러나 송 왕조 시기에 투쟁의 노선은 다른 양상으로 그려졌다. 관직자로서의 직업의식을 지녔던 대다수 관인들이 말하자면 보수적인 파당에 속했다. 그중 가장 유명한 사람 중 하나로 재상을 지낸 사마광(1019~1086)은 "천자의 임무 중 의례보다 중요한 것이 없다"는 신념을 가지고 있었다.[1] 이 전통적인 유학자 집단은 외적의 위협에 대하여 때로는 비현실적인 평화주의를 지지하였다.

보수파의 반대편에는 주로 변변치 않은 집안 출신들로서 고위 관직에까지 이른 자들이 있었는데, 이들은 직업적인 관심을 백성의 이익에 두고자 한 이상주의자들이었다. 이들이 제안한 정책들도 정부 역할에 대한 유교적인 해석에 근거를 두고 있었다. 양측의 관료들 모두 왕조의 생존을 위하여 사회적·정치적 개혁이 중대하다고 생각하긴 했지만, 어떤 새로운 제안도 다른 편의 강한 반대에 부딪치지 않은 것이 없었다.

1045년에 군비 지출 문제를 둘러싸고 고조되었던 북송의 1차 개혁 움직임에서는 범중엄(989~1052), 이구李構(1009~1059), 한기韓琦

---

1) 『資治通鑑』, 1:2.

(1008~1075)가 전면에 나섰다.[2] 송대에는 직업군인으로 이루어진 상
비군에 대한 비판이 끊이지 않았는데, 주로 그 효율성 문제와 과중한
국고 부담이 이유였다.[3] 진종 치세에는 군비 지출이 국가의 연간 조세
수입의 75퍼센트에까지 달했고, 증가율 또한 우려스러웠다. 1020년
에는 91만 2000명이 군대에 자리를 차지하고 있다는 보고가 있었다.
이 숫자는 물론 크게 부풀려진 것이겠지만 어쨌든 인종 통치 시기인
1045년에는 보고된 병사 수가 125만 9000명에 달하는 위기 사태로 이
어졌다.[4] 약 40년 후 신종 통치 기간 말기에는 국가 재정의 80퍼센트를
군비 지출에 썼던 것으로 보인다.

1038년 탕구트족의 지배자인 이원호李元昊(재위 1032~1048, 시호는 경
종景宗)가 스스로 서하 왕조를 선포하고 송의 보호 감독 아래 있기를 거
부하면서 송과의 군사 갈등이 가속화되었다. 이원호의 영토는 오르도
스 지역과 오늘날 중부 영하성寧夏省의 일부, 감숙성 하서회랑을 아우
르고 있었으므로 남쪽과 남동쪽으로는 송, 또 북동 방향으로는 요와
접경하고 있었다. 황하 서부의 흥경興慶(현재 은천銀川)(원서에 언급된 중
흥中興은 오류. - 역주)이 수도였다. 탕구트 지배계급 외에 한족, 티베트
족, 위구르족, 거란족 등 많은 소수 집단을 포함한 다민족 제국이었던
서하의 인구는 대략 300만 정도였을 것으로 추산된다.

---

2) Liu, "An Early Sung Reformer: Fan Chung-yen," pp. 105-131; 陳榮照,
    『范仲淹硏究』.

3) 錢穆, 『國史大綱』, pp. 379-382.

4) 『宋史』, 187:4576; McGrath, "Military and Regional Administration in Northern
    Sung China," p. 148, 표 3-6.

서하 최고의 전사이자 전략가로 명성을 떨친 경종은 중국어와 티베트어가 모두 유창했고 불교 경전, 법전, 역술서 등을 읽었다. 경종은 1033~1039년에 선왕들이 중국 조정으로부터 받아들였던 여러 가지 의식과 문화들을 고치고, 탕구트족 원주민의 전통을 강화시키고자 했다. 가장 유명한 것은 1034년에 모든 남성들에게 머리 맨 위 부분 머리카락을 밀고 관자놀이부터 머리카락을 기르라고 명령을 내린 것인데, 이런 머리 모양은 중국인과는 완연히 다른 거란의 패션에 가까운 것이었다. 일반 민중들은 3일 안에 이 명령에 복종하지 않는 자는 그가 누구든 상관없이 그를 죽여도 용납되었다.[5] 1036년에는 표의문자인 탕구트 문자를 반포했는데 그 글자 수는 6000자를 넘었다.

탕구트족의 군대는 고정적인 상비군이 아니라 신체 건강한 15~60세의 모든 남성을 징집하는 방식이었다. 군인들은 10일간의 복무에 필요한 음식과 장비를 스스로 마련해야 했다. 이렇게 가공할 적군이 1038년 송의 관문을 두드렸을 때, 인종은 서하에 대해 갖고 있던 명목상의 지배권을 포기하려 하지 않았다. 그때까지 탕구트의 소금 거래상에게 이익을 주었던 변경의 모든 무역장을 즉각 폐쇄하라는 명령을 내리고, 탕구트 황제가 송에 조공으로 보낸 말과 낙타를 돌려보냈다. 곧 1040년에 서하의 군대가 송 제국의 서북 지역을 침공하기 시작했다.

1039년 개혁가 이구는 군사적 도발이 임박했음을 알아차리고, '나라의 부강, 군사의 강화, 민생의 안정을 위한 30가지 계책'이라는 뜻의 「부국강병안민삼십책」을 완성했다. 송대에 개혁 방안을 내놓는 제안

---

5) Dunnell, "Tanguts and the Tangut State of Ta Hsia," p. 116.

자들은 반박할 여지가 없는 문헌자료를 인용하여 주장의 근거로 삼고
자 했는데, 이번 이구의 경우는 그것이 『논어』였다. "공자가 말하기를,
(정부의 필요조건은) 넉넉한 양식, 충분한 군사력, 그리고 지배자에 대한
백성의 신뢰이다." 이구는 좋은 정부가 되고 견고한 변경 방어를 하기
위해서는 더욱 효율적인 행정, 더 강한 농민, 더욱 엄격한 지출의 통제
가 필요하다고 해석했다.

한편 뛰어난 능력의 '무서운 아이'였던 개혁파의 수장 범중엄은 인
종에게 좋은 군주가 되는 방도를 충고하는 한편, 재상 여이간呂夷簡에
게는 편파주의에 빠져 있다고 비판하여 정치권에 충격을 주었다.[6] 자
신의 직무 범위를 넘는 일에는 개입하지 않는다는 불문율을 위반한 이
유로 범중엄은 1036년에 섬서성의 변경 지역으로 좌천되었다.

범중엄은 그곳에서 3년 동안 탕구트족의 침입을 막아내 '학자 장군'
이라는 명성을 얻었는데, 이는 중국 역사에서는 드문 경우라고 할 수
있다. 탕구트족이 송 군대에 대해 총력전보다 급습과 공물 협상을 선
호했기 때문에, 그 시기 범중엄의 역할은 야전 지휘관이라기보다는
대개 군사 장교로서 국경 외교에 비중 있게 참여하는 것이었다. 1043
년 여이간이 물러나고 범중엄이 그 뒤를 이어 재상이 되었다. 여이간
이 조정의 고위 관료로서 20년이나 막강한 권력을 휘둘렀던 점을 고
려하면, 자기를 대신하여 범중엄이 임명되는 것에 반대하지는 않았던
것 같다. 거란의 사례를 모방하여 송 조정과의 대등한 외교 관계를 요

---

6) Fischer, "Fan Chung-yen," pp. 39-85, 142-156; Buriks, "Fan Chung-yan's
   Versuch einer Reform," pp. 57-80, 153-184.

구하고 있는 탕구트족과 담판을 짓는 데 가장 적합한 인물이 범중엄이라는 것을 그도 분명 알았을 것이다.[7]

범중엄을 최고 지위에 임명했다는 것은, 공익을 위해서 모든 정치력을 단합시키고자 했던 인종의 기대를 분명하게 보여준다. 그러나 누구보다 황제의 성격을 잘 알고 있던 여이간은 범중엄의 임명은 단지 지나가는 일시적인 일이라고 확신하고 있었다. 범중엄의 개인적 결점이 워낙 잘 알려져 있었고 반대파에게 쉽게 이용될 수 있었다. 그는 완고하고 독선적이며 동료들에게 모욕을 주기도 하고, 어떤 때는 그 대상이 황제일지라도 그의 비판을 피해 가지 못했다.

범중엄은 제국의 관료정치를 더욱 효율적으로 하기 위하여 1043년 10개 조항의 개혁 강령인 「답수조조진십사答手詔條陳十事」를 통해 특히 음보蔭補를 비롯한 문관 제도를 개조하는 광범위한 개혁을 추진했다. 또 농업과 견직물 생산의 강화, 제방 건축 및 토지 개간을 제안하고, 현급 이하의 행정조직 수를 감축하여 강제적인 직무 부역인 차역差役의 부담을 지는 가호의 수를 줄이자는 매우 현실적인 방안을 제시하기도 했다. 그러나 가장 중요한 것은 지방 민병대를 조직하여 국방을 강화하고 군비 지출을 줄이려 했다는 것이다.[8]

이 원대한 개혁을 실행하는 데만 열중했던 범중엄과 개혁파 동료들은 그들의 정적들이 벌이는 술책을 간파하는 수완이나 외교적 경험을 갖추지 못했다. 또한 애초에 그들은 광범위한 지지를 받지 못했다. 그

---

7) Dunnell, "The Xi Xia," pp. 158-159.

8) 『宋史』, 214:10273-10274; Bol, "This Culture of Ours," pp. 171-172.

러나 당시의 연호를 딴 이른바 '경력신정慶曆新政'이 실패한 가장 결정적인 이유는 인종이 우유부단하여 범중엄을 전폭적으로 지지하지 못하고 마지못한 태도를 가졌다는 사실이다. 조정의 논쟁이 개인적인 정치 공격의 수위까지 가게 되자, 개혁을 옹호하는 주장은 사라졌다. 적어도 인종의 재위 기간에는 그랬다.

후대 역사가들은 범중엄과 그의 동료 개혁파들이 절조를 지키며 개혁을 추진함으로써 송대 학자의 정치적 양심을 높였다고 칭송했다. 그러나 당시 혼란 속에서 개혁파의 정적들은 "당파"를 만든다는 이유로 범중엄을 비난했다. 송 조정에서 당파는 그 자체로 부정적인 함의를 지녔던 것이다. 사적이며 의존적인 관계에 기반을 두고 복종에 길들여진 보수적인 관료사회의 인사들은 기존 정책과 제도에 대한 "충정 어린 반대"든 정치적 참여 방식의 이견 제시든 모두 거부했다. 구양수는 1044년에 지은 유명한 상주문인 「붕당론朋黨論」에서 "군자는 군자와 더불어 도道를 함께함으로써 무리(朋)를 만들고, 소인은 소인과 더불어 이利를 함께함으로써 무리를 만든다"고 주장하면서 당파 결성을 강력하게 정당화하였다. 그러나 정적들은 너무 많았고 구양수의 상주문이 친구 범중엄의 몰락을 막기에는 이미 늦어버렸다.

1045년 초 범중엄과 그의 개혁파 동지인 부필副弼(1004~1083)이 관직에서 사임했다. 범중엄은 섬서성의 북방 변경으로 자원하여 나가여러 행정 관직에 근무하며 8년의 여생을 보냈고, 다시는 조정으로 돌아가지 못했다. 그는 범씨 종족宗族 중에서 가난한 일족의 복지에 쓰기위한 의장義莊(범중엄이 출연하여 고향 소주에 마련한 '범씨 의장'은 송대 이후 중국에서 종족 결합 활동의 일환으로 조성되는 동족의 재산 즉 족산族産의 효시가 되었다. 족산에서 얻어지는 수입은 종족의 제사, 족보 수찬, 궁핍한 족인의 지원 등에 쓰였다. - 역주) 건립에 상당한 열정을 쏟았는데, 이 범씨 종족의자선용 자산은 그 후 1760년까지 존속되었다. 그가 협상의 과정을 도왔던 1044년 서하와의 화의 체결이 효력을 발생하게 된 지 겨우 3개월만에 그의 정치 경력은 끝이 났다. 조약의 내용은 송이 비단, 은, 차를 합하여 총 25만 5000단위(필, 냥, 근을 아울러 칭한 종합 단위이다. - 역주)의세폐를 보내고 서하 황제를 "국주"로 칭한다는 것이다. 그래도 이 덕분에 인종은 적어도 한동안 마음 편히 쉴 수 있었다.

이전에 여이간을 추종했던 연로하고 출세 지향적인 원로 관리들은 즉각 조정의 지배권을 다시 장악했다. 본래 그들은 관리로서의 주된 관심을 개혁 책임을 피하는 데 두고 있었다. 1043년과 1044년에 착수되었던 "소규모 개혁"은 1년 이내에 모두 폐지되었다. 1050년대와 1060년대에 구양수와 한기는 과거 시험제도와 관련하여 얼마간의 변화를 성공적으로 이끌었고, 또 현급 이하의 부속 관서에서 필요로 하는 강제 요역을 위해 5등급의 호등제를 시작하기도 하였다. 하지만 친구이자 동지였던 범중엄의 수모를 목격한 뒤 그들은 더 이상의 정치적대립을 유발하는 행위는 그만두었다.

왕안석의 '중대' 개혁

범중엄의 소규모 개혁이 한창이던 때에, 뛰어난 서예가이자 자칭 정책 전문가였던 채양蔡襄(1012~1067)은 자신이 속해 있는 관리 계층의 비전문성에 대해서 날카롭게 비판했다. 채양 역시 진사였지만 과거 시험제도에서 요구하는 포괄적인 학문으로는 관리가 되었을 때 직업상 마주하게 될 다양한 전문 업무들을 수행하기에 불충분하다고 보았다. 학자 관리들은 문학적 재능을 근거로 과거 시험에서 뽑혀 관직에 임명되었지만, 근무 중에는 재정 업무, 변경 방어, 주현의 행정, 그밖의 잡다한 실용적인 문제들을 처리해야 했다. 교육제도뿐 아니라 사회 전반에도 어느 정도의 업무 혁신이 필요하고 이익이 되리라는 것에는 송대 지식인 다수가 동의했지만, 정확히 무엇을 또 어떻게 개혁할 것인가에 대해서는 그렇지 않았다.

보수파인 사마광과 소식은 단지 유교 이념을 활성화하는 것으로 필요한 사회 변화를 얻을 수 있다는 견해를 보였다. 또 다른 사람들은 범중엄처럼 선택적인 개혁을 선호하기도 하였다. 그러나 1050~1060년대에는 왕안석을 중심으로 한 제3의 집단이 과거제도의 전체적 정비를 포함한 근본적인 개혁을 요구하고 나섰다. 그중에서도 왕안석은 특히 사법 업무와 군사 업무에 유용한 훈련이 관리들에게 필요함을 역설했다.

1030년대 후기부터 1050년대까지 서하, 요, 송의 힘의 삼각관계로 인한 불온한 군사적 책동이나 연맹 관계의 변동으로 인하여 조정의 관리들 사이에는 상당한 우려가 제기되었다. 1044년 서하와의 사이에 깨지기 쉬운 평화가 타결된 뒤, 한동안 송의 정책 결정자들은 제국을 보호하는 군대 내부의 문제점들을 애써 무시하려 했다. 그러나 군대의 규모 문제 한 가지만으로도 더 이상은 군대 비용 문제를 외면할 수 없게 되었다. 서북쪽 서하와 맞붙은 변경에 45만 명, 또 하북성 요와 맞붙은 국경에 30만 명의 군대가 각각 주둔하고 있었으며, 별도로 30만 명의 중앙군이 수도를 지키고 있었다.[9] 왕안석이 1058년 인종에게 개혁 방안을 밝힌 유명한 상소문인 「만언서萬言書」에서 그는 "우리의 변경에 이적의 위협이 그칠 새가 없습니다"라고 판단했다.[10] 「만언서」는 개혁파 집단과 정부에서 왕안석을 하룻밤 사이에 유명인사로 만들었다. 그러나 그 시기까지 황태자가 없다는 사실에 사로잡혀 있던 인종은 별로 관심을 보이지 않았다.

1063년에 인종이 세상을 떠났다. 소식은 구양수의 문집『거사집居士集』에 부쳐 1091년에 쓴 서문인 「거사집서」에서, 이 시기의 평화와 정치에 대해 이렇게 말했다. "송 왕조 70여 년 동안 백성들은 두려움과 전쟁을 모르고 풍요로움과 왕도 교화의 축복을 누렸다."[11] 1092년 유학자 범조우范祖禹도 인종의 선정을 칭송했는데, 그의 주장에 따르면 어진 황제만이 갖추는 다섯 가지 덕목이 선정을 가능하게 했다. 즉 "인종은 하늘을 두려워하고 백성을 사랑하며 조상제사를 받들고, 배우

---

9) Elvin, *The Pattern of the Chinese Past*, p. 84.

10) *Sources of Chinese Tradition*, pp. 468-474.

11) 『蘇東坡全集』, Vol.1, p. 279.

는 것을 좋아하며 충언을 따르시었다. 오덕의 실천이 곧 '어짊'인 것이
다."[12]

인종의 사촌인 영종이 4년 재위한 뒤, 19세의 조욱趙頊이 1067년
1월 25일에 즉위했다. 조욱은 영종의 장자이며 후에 신종神宗(재위
1067~1085)으로 추존되었다. 그의 즉위는 중국의 전근대 역사에서 가
장 유명한 개혁 시기를 알린 것이었다. 마음이 조급했던 이 젊은 황제
는 변경의 군사 방어를 강화하고, 아주 오랜 기간 잃어버렸던 연운 16
주와 북쪽 이민족 정권에 대한 지배력을 탈환하겠다는 생각에 고무되
어 있었다. 이런 목표를 달성하기 위해서는 신뢰할 만한 조언자와 충
성스런 관리들이 필요했다.

황제의 스승인 한강韓絳이 왕안석을 추천했다. 그간 쌓아온 남다른
경력으로 인해 왕안석은 조정 내에서 명성을 얻고 있었다. 그의 집안
에서 3대째 과거 급제자였던 그는 21세의 젊은 나이로 1042년 전시에
서 4등의 높은 성적으로 급제했다. 그리고 20년간 양자강 하류 지역의
여러 실무적인 관직으로 복무하는 한편, 문장가이자 시인으로서의 재
능도 연마했다. 30세의 나이에 그는 이미 11세기의 거물급 정치가와
지식인들을 만나거나 함께 일한 적이 있었다.

1069년 초 신종은 당시 47세 된 왕안석을 조정에 불러들여 부재상
급인 참지정사參知政事로 임명했는데, 이 직위는 이전에 개혁가 구양
수가 재임했던 자리이기도 했다. 왕안석의 임명은, 주희가 후에 말한

---

12) 『續資治通鑑長編』, 471:11256.

대로 "1000년에 단 한 번 일어난" 개혁의 기회를 의미한 것이었다.[13] 1069년 5월에 특별한 기구가 설립되어 조세, 농업, 관개, 하천의 홍수 조절 등 전 국가적인 제도들을 검토했다. 황제의 열망과 결단에 힘입어 왕안석은 지체하지 않고 1069~1073년에 자신의 '신법'을 시행했다.[14]

왕안석의 개혁은 큰 범주로 보면 경제, 군사, 교육의 세 범주로 나뉘었다. 경제 개혁은 피라미드형 사회 구조의 아래쪽에 있는 농민, 상인, 장인을 지원하는 것이었다. 왕안석은 일반 백성의 생계와 복지가 보장되고 지역 공동체가 번영할 때 국가가 전체적으로 강해질 것이라는 확신을 가졌다. 그는 국가의 이익을 위해 기꺼이 봉사하는 건강하고 여유 있는 시민을 원했다.

왕안석의 첫 번째 경제 개혁은 농민의 현금 부족 문제를 다루었다. 1069년에 시행된 청묘법靑苗法은 봄철에 벼가 싹튼다는 의미의 청묘라는 이름을 붙였고, 상평창에서 자금을 지원하여 필요한 농민에게 1년에 두 번 국가 대출금을 꾸어주고, 20퍼센트의 낮은 반기납부 이율로 정기적인 조세 납부 때 상환받는 제도였다. 영세 농민이나 남의 땅을 부치는 소작농들을 파멸로 몰아가는 개인 대출업자들의 대출금이 70퍼센트에까지 달하는 고리채였던 것에 비하면, 청묘법 융자는 비교할 수 없을 만큼 합리적이었다.

---

13) *Sources of Chinese Tradition*, p. 490; 개혁에 관하여는 다음을 참조.
  Williamson, *Wang An Shih*; Liu, *Reform in Sung China*; 鄧廣銘, 『王安石』; 漆俠, 『王安石變法』; 詹大和, 『王安石年譜三種』; 李華瑞, 『王安石變法研究史』.

14) 연대 순서에 관하여 Bol, "This Culture of Ours," pp. 247-248을 보라.

청묘법은 관료 사회 내에 동요를 가져왔으며, 논란 과정에서 사직한 관리들도 많았다. 개혁 반대파들은, 사마광이 주장한 절약과 긴축주의와 달리 신법은 중앙집권화와 관료주의를 강화한다고 주장했다. 또한 금전 거래를 통해 이익을 얻는 것은 국가가 할 사업이 아니라고 비판하였다. 왕안석은 사마광에게 보내는 서신에서 대부 제도의 개혁은 국가 전체의 이익을 위한 것이라고 온건하게 반박했다. 특권을 가진 지주, 특히 고리대금업에 간여하던 지주들은 당연히 자신들의 경쟁력이 국영 청묘법 기획으로 인해 불리해질 것을 두려워하여 온갖 수단을 동원해서 왕안석의 개혁에 반대했다.[15] 지방의 주현을 포함한 각급 관청에서 개혁의 적들은 공개적으로든 은밀하게든 그 시행에 개입하며 지체시키거나 방해했다.

왕안석은 남부 출신이었으나, 조정의 정적들은 귀족적인 가통을 지닌 낙양 보수파는 물론이고 대부분 황하 이북 출신이었다. 이들은 애초부터 왕안석의 의도를 곡해하고 그의 진실성을 공격했으며, 그가 유교에 맞지 않게 이익 논리를 옹호하는 정치가라며 맹렬하게 비난했다. 왕안석은 단념하지 않았다. 1070년 초에 관리들에게 실용적인 전문 기술을 교육하려는 노력의 일환으로 과거제도의 전면적인 개혁을 제안했다. 시험 과목에서 시문 창작을 대신하여 법률 과목을 강화시키고, 또 후에는 경의經義와 책론策論이 추가되었다. 그러나 청묘법과 과거제 개혁은 왕안석이 1071년 초기에 발의한 보갑법保甲法과 면역

---

15) 개혁을 반대하는 상주문의 번역은 *Sources of Chinese Tradition*, ch. 19, pp. 476-478, 480-489를 보라; Freedman, "Lo-yang and the Opposition to Wang An-shih.

법免役法을 위한 준비 단계에 불과했다.

보갑이란 일종의 예비 병력이었는데 그 개혁 저변의 의도는 지역에서 지는 부역을 시대에 맞게 바꾸겠다는 것이었다. 자원병이라고 부르기도 했지만 사실 자원해서 복무하는 것은 아니었다. 1076년에 690만 명이 소집되었는데 이 숫자는 전국 46퍼센트의 호戶에서 각각 현역 민병이라고 할 수 있는 보정保丁 한 명씩을 충당했음을 의미했다.[16] 왕안석은 이들을 훈련시켜 기병, 궁사 및 궁노수로 활용함으로써 정규군 숫자를 감축하고 상비군 유지에 드는 군비를 줄이길 원했다. 보정은 1년의 대부분은 농사를 짓다가 군대 복무에 소환될 때는 군수품을 스스로 충당하기 때문에, 연중 상근하는 정규군 유지비의 겨우 5분의 1이나 그 미만의 비용이 들 뿐이었다. 더욱이 조직, 훈련, 무장을 잘 갖추기만 하면 자신들의 거주 지역을 방어하는 데 기꺼이 참여할 것이었다. 중요한 문제는 농민들을 어떻게 능률적인 전투력으로 개조하고, 어떻게 그 병력을 고향에서 멀리 떨어진 변경 방어에 활용하느냐 하는 것이었다.

왕안석은 각 10호戶를 민병 소대인 1보保로 조직하자고 제안했다. 정남丁男이 둘 이상 있는 모든 세대에서 한 명씩 보에 충원하는 것이었다. 5개의 보가 1개 중대인 대보大保가 되고, 10개 중대(또는 500호)가 1개 연대 단위인 도보都保를 구성했다. 활과 궁노는 정부에서 제공하고 농한기를 이용해 농민들에게 기본적인 전술을 훈련시켰다. 평화 시에

---

16) 1040년대 초와 1070년대 초, 북부 변경 지대 5개 지역에 보갑제로 무장한 것에 대하여는 Smith, "Shuihu zhuan and the Military Subculture," pp. 383-398, p. 391, 표 2를 참조하라.

는 전 체제가 치안 기능을 맡고, 무엇보다도 거의 완벽한 수준의 상호 감시 체제로 활용될 수 있었다. 이 상호 감시 기능은 20세기까지 작동했다.

왕안석은 보갑법의 이념적 기반을 후주 시대의 선례인 가호 단위 체제에서 찾았다. 그럼에도 불구하고 즉각적으로 비판이 일어났다. 풍경馮京(1021~1094)은 "태조가 천하를 정복할 때 농민을 군사로 활용하는 것을 금지하지 않았는가?"라며 문제로 삼았다.[17] 왕안석은 "정규 병사는 대개가 시시하고 죽음에 대해 상관치 않는 무모한 사람들로서, 말썽과 혼란을 좋아할 뿐이고, (군인으로서) 좋은 농부들에게 비할 바가 못 된다"는 확신이 있었기 때문에 태조의 전례는 무시하기로 했다. 그러나 "이전에 올린 상서에서 정규군이 전혀 없도록 할 수는 없다고 이미 지적했었다"라고 인정했다.[18]

신종도 나름대로 이런 의문을 가졌다. "정규군은 오직 군사 작전을 위한 것이며, 그들이 믿음직한 이유이다. 민병대로 말하자면 이들의 직업은 반은 병사 반은 농민인데, 전투와 방어에서 믿을 만하겠는가?" 왕안석은 이렇게 대답했다. "당대 이전에는 문신을 한 (정규) 군인이 없었는데도 그들은 확실히 싸우고 막아낼 수 있었습니다. 저의 의견으로는 정규군과 민병대는 차이가 없습니다. 훌륭한 지휘관을 뽑는 데에 주의를 기울여야 할 것입니다", "고대 성왕들은 농부들이 병사처럼 행동할 수 있게 했습니다"라고 지적하며 훈련을 잘 시키면 "결국 민

---

17) 『文獻通考』, 153:1335.

18) 『續資治通鑑長編』, 218:5299.

병대가 정규군보다 더 좋아지고 또 훨씬 적은 비용으로 유지될 것입니다"라고 했다.[19]

왕안석의 견해로는 민병대 개혁이 국경의 취약한 군사력 문제에 대한 해결책이었다. "사실 근래에 중국이 오랑캐(四夷)에게 당당하게 맞서지 못하고 있지만, 오늘날의 오랑캐가 고대의 중국을 대했더라면 맞수가 될 수 없었을 것입니다. 만일 우리가 백성을 보갑으로 조직하여 적군과 맞서 싸울 수 있는 강한 백성이 도처에 있도록 준비한다면, 바로 고대 중국의 방법이 될 수 있을 것입니다."[20] 여공저呂公著(1018~1089)는 왕안석의 민병 개혁이 당唐 때의 효율성으로 돌아가는 것이라고 옹호했다. 적은 비용으로 유지될 수 있는 훈련된 민병대가 북쪽 변경 지역에서 상당 부분의 병력을 구성할 수 있었지만, 보갑법으로 시작된 개혁은 미완성으로 끝났다. 만약 신종이 서하와 전쟁을 하겠다는 결정을 하지 않았다면, 그래서 신종이 사망한 1085년 이후까지도 이 개혁이 지속되었더라면 분명 성공적이었을 것이다. 하지만 1086~1093년에 송 정부는 다른 효과적인 체제로 대체하지도 않은 채 이 개혁법을 폐지해버렸다.

당시 지방의 부역 의무제도(차역법)는 거의 황폐화되어 있었다. 비교적 적은 수의 민호가 지방 정부의 하급 관서에서 수행해야 하는 요역의 부담이 너무 무거웠다. 왕안석의 모역법募役法(또는 면역법免役法)은 이것을 폐지하려는 시도였다. 왕안석의 새로운 제안은 5등호 중에서

---

19) 『文獻通考』, 153:1334; 『續資治通鑑長編』, 218:5300; 『續資治通鑑長編』, 235:5697.

20) 『續資治通鑑長編』, 247:6033.

맨 아래 4·5등급을 제외한, 즉 부역 의무를 지속적으로 담당할 수 있는 모든 가호에게 요역을 대신하여 토지 자산과 금융 재산에 따라 차등적으로 부과되는 면역전免役錢을 1년에 두 번씩 내도록 하는 것이었다. 원래 차역의 의무가 없던 관호官戶에 속하는 사람들은 절반 비율로 조역전助役錢을 내도록 했다. 이렇게 거둔 조세를 이용하여 직업적으로 요역을 하는 사람을 고용하면 그 일에 숙련된 인력을 기대할 수도 있었다. 부수적인 효과로서 지방 행정의 여러 가지 부패를 줄일 수 있을 것이라는 희망도 왕안석에게 있었다.

비판자들은, 이미 생계를 꾸려가기도 어려운 사회의 가장 가난한 집단에게까지 무거운 경제적 의무를 부과할 수 있다는 이유를 내세워 있는 힘껏 면역법 시행을 공격했다. 왕안석은 그 계층의 재정 상황에 대한 판단이 그들과 달랐기 때문에 그대로 개혁 법안을 발효했다. 국고의 새로운 수입은 직업적으로 복무할 인원을 고용하는 데뿐만 아니라 10년 뒤 서하와 전쟁을 벌이는 데에도 쓰였다.

1072년에 세금 부과를 바로잡기 위해 왕안석은 토지조사에 착수했다. 중앙 정부의 이득을 늘리고 지방 정부에 대한 중앙의 지배력을 강화하려 한 이 조치는 지방의 행정관리들을 짜증나게 했다. 또 국가의 물품 조달 정책인 균수법均輸法을 시행했는데, 이는 상거래와 농업을 활성화하고 상품의 시장가격을 안정화시킴으로써 소상인들에게 유리하였다. 이 개혁은 그때까지 특권을 누리고 있었던 대상인과 조합의 방해를 받았다.

황태후, 궁중의 환관, 반개혁파 관리들로 구성된 무리는 왕안석을 중심으로 한 개혁파들과 몇 년 동안 투쟁을 한 뒤인 1074년에 왕안석의 개혁이 세상을 혼란으로 빠뜨리고 있다고 대대적인 비난을 퍼부었다. 당시 참지정사였던 왕안석은 이제 지쳐버렸다. 그의 말을 빌면 "한동안 집무실에서 시체가 된 느낌이었다"고 술회할 정도였다.[21] 신종은 그가 계속 일하기를 원했지만, 왕안석은 사퇴를 허락해달라고 고집했다. 그럼에도 불구하고 황제가 1075년 2월에 왕안석을 조정으로 다시 불러들였지만, 왕안석은 정치 분위기가 확연히 변해 있음을 즉각적으로 감지했다. 그의 권위는 이제 약해졌고 그의 개혁에 대한 공격은 거셌다. 1076년 10월에 왕안석이 완전히 사퇴하고 평소 좋아하던 도시 남경으로 내려간 후에도, 황제 신종은 개혁 과정을 밟으며 친개혁 관리들을 정부 요직에 임명했다.

왕안석은 1070~1072년 접경지에서 벌어진 서하와의 충돌에서 군사적 경험을 얻은 적이 있긴 하지만, 언제나 실제 전쟁에 휘말리는 것을 막으려고 노력했다. 그가 사퇴하고 나자 조정 대신들은 서하에 대해 대규모 전쟁을 준비하며 이것이 신종을 기쁘게 할 기회라고 생각했다. 1076년 당시에 적어도 56만 8000명 규모의 정규군과 690만 명 규모의 민병대가 있었다. 1081년 여름에 송 군대는 다섯 갈래의 방향에서 서하 영토를 침공했다.[22] 그러나 금세 물품 조달과 군대 수송에 심각한 문제가 있다는 사실이 드러났다.

1082년 말에 이르러 송 군대와 동맹군의 병사 60만 명을 잃은 후에

---

21) Williamson, *Wang An Shih*, Vol. 1, p. 285.

22) Tietze, "The Liao-Song Border Conflict of 1084-1076," pp. 143-144.

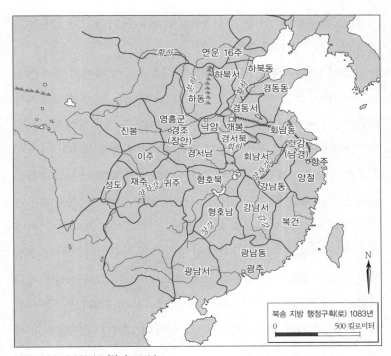

지도 4. 북송 지방 행정 구획(로) 1083년

야 신종은 서하와의 전쟁에서 이길 수 없음을 깨달았다.[23] 그는 중국 서북부를 다시 정복한다는 희망을 버렸으며 다만 난주蘭州 한 곳만이 송의 영토로 남게 되었다(지도 4). 인력, 시설, 재산의 손실을 당한 서하가 몇 년간 심각한 경제적 어려움을 겪었다는 사실이 그나마 신종에게 작은 만족이었을 것이다.[24] 그러나 그의 선조 황제들에게 그랬던 것처

---

23) 『宋史』, 486:14012.

24) Kycanov, "Les guerres entre les Sung du Nord et le Hsi-Hsia," p. 112.

럼 신종 개인에게도 이 전쟁의 패배는 당 왕조 때의 통일된 중국 영토를 회복하는 데 실패한 것을 의미했다.

신종이 1085년 4월 1일에 사망한 이후 8세의 나이로 철종(재위 1085~1100)이 즉위하자 고태후가 섭정하게 되었다. 반개혁파 중 가장 격렬하고 가장 유능했던 사마광도 이 시기에는 그의 유명한 역사서인 『자치통감資治通鑑』을 집필하는 데 진력하느라 병색이 짙었다. 이제 심한 노안에다 치아가 거의 다 빠진 것은 말할 것도 없고 더 이상 무릎을 굽혀 앉거나 말을 탈 수도 없다는 사마광의 호소에도 아랑곳하지 않고, 고태후는 그를 자문으로 또 재상으로 앉히겠다고 고집했다. 사마광은 여러 차례 고사하고 자기 대신 경험이 많은 문언박文彦博을 추천했다. 그러나 고태후는 단순한 조언 정도가 아니라 그녀의 신법 철회 계획을 실행에 옮길 수 있는 대중적으로 알려진 반개혁파 인사를 원했다. 사마광은 결국 고태후의 요구를 받아들여 그에게 남은 몇 달의 생애를 고태후를 위해 바쳤다.

사마광은 그를 보조하게 될 여공저, 문언박과 함께 재상으로 임명되었다. 7개월 안에 왕안석의 신법이 전부 폐지되었다. 사마광의 육체적·정신적 건강의 악화와 사안의 긴급함 때문에, 개혁 관련 부서가 해체되는 과정에는 사마광이 역사 저술에서 언급한 일반적인 수준의 주의와 조심성조차도 없었다.[25] '구법당'에 속했던 정호程顥(1032~1085)는 1085년 조정에 복귀한 후에 "(개혁의) 결과가 현재 이 서글픈 사태로 나타났으나, 그에 관해 우리가 왕안석에게만 모든 비난을 돌릴 수는 없

---

25) Ji, *Politics and Conservatism in Northern Song China*, pp. 165-180.

다"고 지적했다.[26] 신법에 대한 편협하고 비합리적인 반대 역시 그 혼란에 책임이 있다는 의견이었다.

1086년 왕안석에 이어 사마광도 몇 달 후 사망했다. 개혁파와 반개혁파 사이의 투쟁은 북송 말까지 계속되었으나, 왕안석의 뒤를 따른다고 선언한 자들도 왕안석만큼 넓은 식견과 수양을 갖지 못했다. 1127년 개봉과 북송이 붕괴된 이후, 희생양을 찾던 남송의 학자들은 왕안석을 실패한 개혁을 주도한 단독 인물로 지목했고, 더 중요한 사실은 그 후의 사이비 개혁가들이 보인 떳떳치 못한 행동들까지 왕안석과 연관시키는 오류를 범했다는 것이다. 왕안석 사망 후 100년 이상 지났을 때, 보수파 성리학자 주희는 이 개혁가의 공헌을 이렇게 정리했다.

북송 말기 몇 년 동안 조정은 폭도와의 싸움에서 절대적으로 무력했다. 이는 정책 입안자들이 시대의 참된 요구를 판단하는 능력이 없었기 때문이다. 조정과 사회가 전반적으로 심각한 해이와 무력에 빠져 있던 때인 희녕 연간에 (왕안석의) 개혁 정책이 채택되었다. 역사의 힘이 그들로 하여금 불가피하게 개혁 조치들을 택하도록 했다. 불행하게도 그들의 개혁은 도道에 맞지 않았다.[27]

---

26) Williamson, *Wang An Shih*, Vol.1, p. 381.

27) 『朱子語類』, 24:599.

요의 몰락과 금의 흥기

송 사회가 나아가야 할 길을 모색하면서 개혁가든 반개혁가든 수많은 문제들에 직면하고 있을 때에도, 요 정부는 중국식 교육제도를 여전히 따르고 있었다. 정치적 환경을 고려할 때 다른 대안이 없었던 것이다. 요(거란) 홍종(재위 1031~1055)은 그의 맏아들 야율홍기耶律洪基(1032~1101)를 황태자로 삼아 몇 년 동안 중국식 교육을 받게 하고 중국식 생활 방식에 적합한 취향도 전해주었다. 이 아들이 1055년 즉위한 도종道宗이었다. 46년의 긴 치세 동안 도종은 과거 시험을 시행하고 교육 기관인 국자감을 설립했으며 공자와 성인들을 숭배하였다. 심지어 자신의 신료들에게 조정에서 중국식 복장을 하도록 강요하였다. 도종은 중앙 권력을 강화하였는데 이는 부족 전통의 가치에도 어긋나는 것이었다.

그러나 다른 사안에서 도종의 판단력은 분명치 않은 적이 많았고 조정에 떠도는 비방을 믿는 경향이 있었다. 제위에 오르고 몇 년 후인 1061년쯤, 유능하고 충성스런 관리인 소아랄蕭阿剌의 교살을 명령했다. 시문과 음악에 뛰어났던 자신의 부인 선의황후宣懿皇后가 간통으로 무고를 당했을 때에는 황후에게 자결하라고 명령했다. 황태자와 황태자비는 고용된 자객에게 죽음을 당했다. 황제의 신임을 받던 야율을신耶律乙辛이 이러한 음모와 살인에 핵심적인 역할을 자행했으나, 황제는 1080년이 되어서야 비로소 야율을신의 간교함을 알아차리고 그를 사형에 처했다. 1083년 야율을신이 사형된 이후에 조정의 일반적인 분위기가 크게 바뀌지는 않았지만, 그래도 도종이 1101년 2월 12일에 죽었을 때 "요 제국은 여전히 국력, 안정, 내부의 평화, 주변 민족의 존경을 누리고 있었다."[28]

천조제라는 존호로 알려진 야율연희耶律延禧(1075~1128)는 요 제국의 마지막 황제로서, 1101년에 그의 조부인 도종이 사망한 뒤 이어서 통치를 시작했다. 천조제가 시행한 초기의 조치들 중 하나는 죽은 야율을신과 그의 가족, 그의 당파들에게 복수를 하는 것이었다. 그들의 묘를 파괴하여 사체를 훼손하고 그 후손의 재산과 소유물을 몰수하여 이전의 희생자 가족들에게 나누어주었다. 자신의 할머니, 아버지, 어머니의 죽음에 관계했다고 의심되는 행악자는 모두 처벌했다. 그러나 그의 복수의 욕망을 충족한 것, 셀 수도 없이 많은 수렵 출정에 탐닉한 것, 또 수많은 송의 사신들을 접대한 것을 제외하면, 천조제가 치세 초년에 성취한 것은 거의 없었다.

천조제의 치세가 시작될 무렵까지만 해도 요 왕조와 여진족의 관계는 때로는 곤란할 때가 있었지만 긴장 관계까지는 아니었다. 중국 사서에는 903년에 처음 등장한 여진족은 본래 현재 러시아와 중국의 국경 부근을 흐르는 흑룡강(아무르 강)의 남쪽에 거주했다. 926년 이후로 여진족의 일부가 만주 평원과, 오늘날 흑룡강성에 있는 송화강(쑹가리 강)을 따라 정착했다. 11세기에는 남쪽으로 고려, 북쪽으로는 흑룡강, 동쪽으로는 동해 사이의 영역에 살던 여진족이 세 개의 광역 집단, 즉 문명화된 '숙여진', 순종적인 '순여진', 그리고 야만의 비문명적인 '생

---

28) Twitchett and Tietze, "The Liao," p. 139.

여진'으로 나뉘었다.

요와 중국의 문화적 영향으로부터 멀리 떨어진 송화강에 살았던 생여진 완안부完顏部가 100개의 생여진 부족 중에서도 가장 강력한 세력으로 부상하고, 완안부 휘하에 통합된 여진족은 요에 저항하기 시작했다. 여진족은 12세기 첫 10년 동안 완안오아속完顏烏雅束(재위 1103~1113)의 영도하에, 현재 하얼빈 근처를 최고의 수도 상경으로 삼아 국가를 세웠다. 거란의 지배자들은 여진족 지휘자에게 군 사령관의 직함을 하사했지만, 여진족을 가혹하게 대했고 값비싼 모피, 진주, 사냥에 쓸 송골매를 연례적으로 조공할 것을 요구했다. 여진을 방문한 거란인에게 당한 굴욕적 요구 중에는, 해마다 사창가의 '위안부'처럼 그들에게 봉사할 여진족 처녀들을 내놓으라는 것도 있었다. 또 여진족 상류층의 기혼 여성들에 대해서도 거리낌 없이 성적 학대를 가하기도 했다.[29]

1112년 초에 요의 천조제는 길림성에 있는 송화강의 일부인 혼동강混同江으로 여행을 가서 황제가 첫 물고기를 잡은 후에 베푸는 연회인 '두어연頭魚宴'에 참가했다. 이 행사에는 500킬로미터나 멀리 떨어진 곳의 여진족 부족장도 요 황제를 배알하러 와야 했다. 모두가 술에 취했을 때 천조제는 여진족 지도자들에게 한 사람씩 나와 춤을 추라고 명령했는데 이는 복종을 보이라는 의미였다. 한국의 신라 출신 후예라고 알려진 완안부의 일원인 아골타阿骨打는 이를 거부했다. 후에 황제는 사적인 자리에서 군대를 맡고 있던 추밀사 소봉선蕭奉先에게 아

---

29) 『說郛』에서 『松漠紀聞』, 8:170-171.

골타의 행동이 못마땅했다며 그를 처형해야 한다고 말했다. 기골이 장대하고 위풍당당한 아골타가 장래에 문제를 일으킬까 두려웠던 것이다. 소봉선은 아골타의 모욕적인 행동은 단지 무례함에서 비롯된 문제일 뿐이며 그가 강대한 요 제국에게 무슨 해를 끼칠 수 있겠느냐면서 천조제를 만류했다.[30]

만약 천조제가 자신의 직감에 따라 아골타와 그 가족을 제거했더라면, 요 제국의 몰락을 지연시킬 수도 있었을 것이다. 완안오아속의 동생인 아골타는 1113년에 부족장으로 선출되면서 요의 군사적 지배에 도전하기 시작했다. 1114년 막바지에 아골타의 군대는 여진족 지도자들이 해마다 요 황제를 배알하러 갔던 영강주寧江州에 있는 무역소를 습격했다. 요 군대는 치명적인 패배를 당했다. 1115년에 아골타는 금金 왕조를 창건하여 최초의 황제가 되었다.[31] 여진족의 본거지에 있는 강의 이름 안출호수按出虎水(안출호는 여진어로 '금金'이라는 뜻)를 따라 국호를 지었는데, 이는 요나라가 요하에서 국호를 취한 사례를 따른 것이었다.

천조제를 폐위하려고 했던 몇 차례 조정 내의 음모를 포함하여 지방 봉기와 여진족과의 충돌 등 요 제국 내부의 문제들이 점차 황제의 권력을 무너뜨렸고, 금에 대해 강력히 저항할 수 있을 것이라는 거란 황족의 자신감은 약화되었다. 1122년 초, 요의 군대가 여진의 공격에 무너지자 금 왕조는 스스로가 거란 제국의 정당한 계승자임을 선포했

---

30) 『遼史』, 27:326; Stein, "Leao-Tche," pp. 101-102.

31) 『金史』, 24:550.

다. 이후 3년의 기간 내내 요는 바로 뒤에서 쫓아오는 금의 군대를 아슬아슬하게 피하며 서쪽으로 퇴각해갔다. 1122년 초, 요 왕조의 친왕 야율순耶律淳이 천조제를 퇴위시켜 상음왕湘陰王의 지위로 강등시키고 스스로 요 황제로 즉위했다. 천조제는 서쪽 멀리 떨어진 부족 지역으로 피난했다. 1122년 여름 야율순이 갑자기 죽자 그의 아내 소황후가 잔존한 요 제국의 지배를 맡았다. 소황후는 서하와 접경한 지대 가까이에서 천조제와 힘을 합하여 그가 시행했던 공포정치를 회복했다. 그러나 소황후는 그녀 자신이 이전의 비판자들에게 가했던 것과 같은 운명에 처하여 1123년에 불충을 이유로 처형되었다.

금의 창건자인 태조 아골타는 자신이 시작한 군사 작전의 성공을 생전에 보지 못하고 1123년에 죽었다. 그의 동생이자 계승자인 오걸매吳乞買(태종, 재위 1123~1135)가 위축됨 없이 계속해서 주변국들을 공격하였다. 1123년 오걸매는 성공적으로 서하 지배자와 평화 조약을 체결시켰고 서하는 금의 종주권을 인정하게 되었다. 1125년 초에 요의 천조제가 현재 산서성 응현應縣 부근에서 금의 군대에 사로잡혔다. 금 황제는 그에게 '해빈왕海濱王'이라는 칭호를 내려 모욕을 주었는데, 이는 요 황제가 1119년에 아골타에게 내렸으나 아골타가 거절했던 '동해왕東海王'이라는 칭호를 암시한 것이었다. 거란인들은 중국에서 멀리 떨어진 서쪽의 중앙아시아에 '서거란(서요, 흑거란, 또는 카라키타이)'이라는 나라로 한 세기 가량 더 존속했지만, 요 왕조는 끝나버렸다.

북송의 몰락

신경과민에 화를 잘 내고 결단력이 없었던 송 철종은 8세 때 즉위해 23세인 1100년 2월 23일까지 보위에 있었다. 신종의 황후였던 향向태후가 신종의 열한 번째 아들이자 단왕端王으로도 알려진 조길趙佶을 도와서 제위에 오르게 했는데 그가 바로 북송의 8대 황제 휘종徽宗(재위 1100~1126)이다. 휘종이 제위에 오르는 과정에서 재상 장돈은 "단왕은 부주의하고 경솔하며 천하를 다스리기에 적합하지 않다"고 했지만 조정은 장돈의 경고를 무시했다.[32]

휘종은 선친 신종과 형 철종의 뒤를 이어 철저한 개혁 정책을 밀어붙이기로 결심했다. 그러나 휘종은 채경蔡京(1046~1126)이나 동관童貫 (1054~1126)과 같은 용렬하고 부패한 관리와 환관에게 의사 결정을 위임했으며, 이들이 이끄는 사이비 개혁당이 원한 것은 고작해야 황제를 즐겁게 해주어 자기들의 잇속을 챙기는 것이었다.[33] 왕안석의 후계자로 자처한 채경은 수백 명의 개혁 반대자 명단을 작성해 그들을 좌천시키고 쫓아내는 데 개입했다.[34] 개혁 반대자들을 '간당奸黨'으로 비하하며 그 명예를 실추시켜 정계에서 추방했던 이 칙령은 북송 왕조의 약화와 쇠락을 가속화했다.

휘종은 자신의 야망을 충족시키는 데 공격적인 대외 정책이 반드시

---

32) 『宋史紀事本末』, 48:467.

33) Chaffee, "Huizong, Cai Jing, and the Politics of Reform," pp. 31-77.

34) 『宋史』, 19:367-69; Chien, *Salt and State*, pp. 13-14.

필요하다고 보았다. 금과 요 사이의 갈등과 거란 제국의 쇠퇴를 주시하던 휘종은 송 왕조가 지배하기 전인 10세기에 후진이 거란에게 빼앗겨 상실한, 그러나 결코 잊을 수 없는 연운 16주를 수복할 기회가 드디어 송에게 왔다고 믿었다. 송의 관리 정거중鄭居中은 요를 무찌르기 위해서 "사나운 오랑캐" 여진과 동맹을 맺는 것은 불가하다고 강력하게 조언했다. 정거중은 1005년 전연의 맹약에서 결과적으로 얻은 막대한 이익을 상기시켰다. "우리 병사들은 (100년 이상이나) 무기 쓰는 지식을 피했고 우리 농부들은 부역의 증가를 면할 수 있었습니다. 한漢과 당唐의 것이 귀신도 잡는 정책이었다 하더라도 우리 송 왕조의 정책에는 상대가 되지 못합니다."[35]

1117~1123년에 요에 대항하는 동맹을 협상하려고 금과 송의 사신들이 양국 사이를 오갔다. 그 당시 몇 년 동안 북방민족의 세력 관계에 큰 변화가 일어났지만 그 힘이 사라진 것은 아니라는 사실을 휘종의 대사들은 알아채지 못했다. 협상 과정에서 금은 송의 도움 없이도 연운 16주를 빼앗을 수 있음을 알아챘다. 1122년 금의 군대는 단독으로 요 군대를 무찌르고 화북 지역을 장악했다. 그때까지도 송 황제는 자신의 나라에 임박한 위험을 인식하지 못하고 있었다.

휘종이 영토의 수호자로서는 실패했지만, 훌륭한 예술가였으며 미술품 수집가, 감정가, 서예가, 시인, 또 의학 관련 저술가로서 인정을 받았다. 또한 그는 궁정 음악, 궁정 의례, 교육 등의 개혁가였고, 스스로를 도교의 신선으로 상상할 정도로 도교에 독실했다. 휘종의 종교

---

35) Smith, "Irredentism as Political Capital," pp. 78-79.

자문가들이 신소파神霄派 도교를 소개했는데, 휘종의 형상을 사당에 두고 맹신적으로 숭배하는 데 중점을 둔 송대의 특이한 개인숭배가 되었다.

휘종은 궁전과 전각 건립, 종교적 축제, 조경 설계에 재산을 탕진했다. 유명한 사례는 만세산 또는 간악艮岳이라고 부른 인공 산을 조성한 것인데, 이는 개봉의 구성舊城 지역 북동부에 있는 거대한 암석정원이었다. 이 '난공불락의 산'은 여러 의미를 의도하고 있었다. 송의 번영과 덕망을 과시하는 곳이고, 불가사의한 휴식처이자 모든 것이 시작하고 끝나며 죽음과 생이 맞닿는 곳, 언제 어느 때나 신선들이 내려오는 지상 낙원으로서 신소파 도교 세계의 구현이었다. 공교롭게도 인공으로 조성된 간악의 실제 모델이 바로 20년 후에 남송의 수도가 되는 항주杭州의 봉황산이었다.[36]

간악의 조성은 1117년에 계획되어 1118년 1월 10일부터 건설이 시작되었다. 완성되었을 때 산의 둘레는 5590미터였으며, 가장 높은 봉우리는 138미터나 되어 도성의 거의 모든 지점에서도 보이는 조형물이었다. 이 궁원에는 정교하게 인간의 모습을 한 기암괴석, 갈라진 골짜기 위에 걸쳐져 있는 다리, 폭포와 시냇물, 절벽과 높다란 산마루나 대나무 숲 깊은 곳에 있는 정자와 별관, 멀리 제국의 외곽 지역에서 가져온 수천 그루의 이국적인 나무와 관목들이 들어차 있었다. 그 풍경은 지상에서 가장 번화했던 세계적인 대도시의 중심에 존재한, 신선들에게 어울리는 섬으로서 이상향이며 성역이었던 것이다.

---

36) Hargett, "Huizong's Magic Marchmount," pp. 1-48.

황제는 이 아름다운 정원이 자신의 덕치를 상징하는 것이라고 의심 없이 받아들였지만, 일반 백성들의 생각은 달랐을 것이다. (나중에 북경의 베이하이北海 공원의 모델이 되긴 했지만) 이 독특한 장소를 건설하기 위해, 주면朱勔이라는 인물의 주도 아래 얼마 안 있어 가장 혐오스런 조직이 되어버린 악명 높은 화석강花石綱(기화이석을 운반하는 운송조직)에 수천 명의 인력이 강제로 투입되었다. 화석강은 비용이나 자연환경의 장애 따위는 아랑곳하지 않고, 모든 자재와 식물 등을 압수한 수레와 배에 실어서 머나먼 벽지에서 수도까지 운송하는 일을 담당했다. 1120년 반란군 방랍方臘이 절강성에서 송에 대항하여 봉기를 시작했을 때, 방랍이 내건 목표 중 하나는 요와 서하에게 은과 비단으로 제공하는 연례 교부금을 폐지하는 것이었지만, 또 다른 목표는 악명 높은 화석강을 끝내는 것이었다. 반란이 다른 지역으로 퍼질 것을 두려워한 관리들은 운송 조직을 해체하고 주면을 해고한다고 선포했다. 5월 방랍의 난을 진압하면서 약 7만 명의 정규 군사를 잃었음에도 불구하고, 난이 끝나자 곧 화석강을 재조직하고 확대하라는 황제의 명령이 내려졌다. '만세산' 궁원은 1123년 1월에 완성되는데, 여진군이 수도를 포위하기 4년 전이었다.

1123년에 송과 금은 처음으로 양국 간의 서약 문서를 공식적으로 교환할 것에 합의했다. 겨우 10년 만에 아골타의 금 왕조는 공식적으로 인정을 받았고 송과의 정치적 대등 관계를 이루어냈다.[37] 송은 은

---

37) Franke, "Treaties between Sung and Chin," pp. 62-64: Franke, "The Chin," p. 225.

20만 냥, 비단 10만 필, 그리고 동전 100만 관을 세폐로 지원하기로 하고, 약간의 영토 양보와 신뢰하기 어려운 평화 약속을 얻었다. 이 세폐는 여진의 전시 경제를 안정시켜줄 중요한 지원금이었다. 그러나 송의 기대와는 반대로, 1123년은 평화의 시작이 아니라 도리어 왕조의 존재 자체를 위협하게 되는 20년 전쟁의 시작이었다.

1123년 아골타가 죽은 뒤, 그의 동생 완안오걸매完顏吳乞買(중국식 이름은 완안성完顏晟)는 북쪽 요와의 전쟁에서 거둔 성공에 만족하는 데 멈추지 않고 송과의 경계에서 군사 작전을 진행하였다. 그는 오히려 전진의 기세를 몰아 송 제국의 북부를 한 판의 압승으로 제압하겠다는 단호한 결정을 내렸다. 1125년 늦은 가을에 여진이 1123년의 합의를 어기고 송을 상대로 전면전을 개시하였을 때 송의 관료들은 충격에 휩싸였다. 훈련도 잘 되고 사나운 여진 기병대가 산서성과 하북성 깊숙이까지 이어진 오래된 교역로를 따라 두 갈래로 진격해 들어왔다. 태조 아골타의 둘째 아들인 완안알리불完顏斡离不(또는 완안종망完顏宗望)이 지휘한 동군은 송의 수도로 직진했고, 완안점한完顏粘罕(또는 완안종한完顏宗翰)이 이끄는 서군은 태원으로 향했다.

송은 군사적 대응을 할 준비가 안 되어 있는 상태였다. 백성과 아마도 자신을 보호하기 위한 마지막 노력으로 휘종은 1126년 1월 18일에 아들 조환趙桓(흠종欽宗)에게 제위를 양도했으며, 흠종은 1127년 3월 23일까지 통치했다. 1126년 초 추운 겨울날 금의 군대가 황하를 건너 성벽으로 둘러싸인 수도 개봉을 포위했다. 금의 군대에 대항할 만큼 강한 군대가 없는 상태에서 흠종은 금 군대의 철수를 협상하는 것 외에는 길이 없는 절박한 상황임을 깨달았다.

산서성과 하북성의 태원·중산中山·하간河間 3부府의 지역을 할양하는 것과 연례 조공의 의무를 계속하는 것 외에도, 송은 몇 년치 연공에 달하는 전쟁 배상금의 지불에도 동의했다. (원래 금에서 요구한 금 500만 냥 대신) 금 30만 냥, 은은 (5000만 냥 대신) 1200만 냥, 소와 말 1만 마리, 비단 100만 필을 여진의 군자금으로 채워줘야 했다.[38] 금 군대는 1126년 2월 10일에 포위를 풀었다.

금에 완강하게 저항한 반금주의자로서 "나는 송의 백성이다"라고 공언하여 유명해지기도 했던 진동陳東은 왕조 절명의 위기에 경종을 울리며 1126년 3월 당시 비참한 상황에 대한 책임 있는 관리들의 처형을 요구했다. 10만 명으로 추정되는 하급 관리와 관리 지망자들, 사기가 저하된 군사들, 또 많은 동조자들이 황성 앞에 몰려들어 결사적으로 항전을 외치며 끝내 황궁의 궐문까지 들이닥쳤다. 애국자, 자포자기한 사람들, 부랑자들까지 뒤섞인 무리가 조정의 의사 결정에 간섭하겠다고 요구했지만, 송의 운명을 바꿀 수 있는 어떤 개혁도 결코 실현될 수 없었다.[39]

금은 1126년 여름까지 동아시아 대륙을 제압했으며, 서하와 고려는 자신들이 금 왕조의 신하국임을 인정했다. 송 조정은 멸망 직전의 쇠잔한 상태에서 선택권을 재고하기 시작했다. 황제는 채경, 동관, 주면

---

38) 상세한 내용은 『金史紀事本末』, 6:116-117; 何忠禮, 『宋代政治史』, pp. 269-270을 보라. Franke, "The Chin," p. 229에서는 전쟁 배상금이 적어도 180년의 세폐에 달할 정도였다는 의견이다.

39) 『宋史』, 455:13359-13362.

朱劻, 왕보王黼 등을 포함하여, 이 재난을 불러오는 데 일조한 관리와 환관들을 파면했다. 1126년 말까지, 휘종 치세의 파국 사태에 책임이 있는 이른바 "육적六賊"이 모두 죽었다.

무적불패인 자신들의 힘과 송 군대의 허약함을 확신한 금의 장수들은 좀 더 쉽게 전리품을 구하기 위해서 전쟁의 불씨를 되살려낼 구실을 찾았다. 늦은 1126년, 금의 군대는 다시 한 번 황하를 건넜고 이미 경험이 있는 두 명의 장수들이 12월 10일 송의 수도를 에워쌌다. 도성의 거주민 대부분은 이미 남쪽으로 서둘러 탈출해갔다.[40] 겨우 7만 명 정도의 주민이 1127년 1월 9일까지 성을 사수하며 공격에 저항했다. 흠종은 항복하고 금 군대의 지휘관들과 협상을 시작했다. 금은 이전에 받았던 배상금의 두 배가 넘는 터무니없는 규모의 금, 은, 비단을 요구했다. 게다가 7000마리 말과 1500명의 어린 궁녀들도 원했다. 요구를 들어주지 않을 경우 민가와 관청들을 약탈하겠다고 협박했다.[41]

흠종은 이러한 요구에 동의했지만, 배상금 징수를 맡은 송의 관리들은 할당량을 채울 수 없었다. 요구량의 일부밖에 징수하지 못한 관리들은 벌로 남쪽 대궐문 앞에서 맞아 죽었다. 흠종은 1127년 3월 23일 퇴위하고, 아버지 휘종과 함께 평민으로 강등되었다.[42] 여름 무더위가 막 시작되기 직전인 5월에 금 군대는 대부분 북쪽으로 돌아갔는데, 황실 소장 미술품, 천문 관측 기기, (나라와 황제 권위의 상징인) 구정九鼎,

---

40) 『大金國志』(校正), 4:64.

41) 『金史紀事本末』, 6:135; 『續資治通鑑』, 97:2557

42) 『金史紀事本末』, 7:141, 8:172.

제기祭器, 여덟 가지 황제 옥새(八璽), 옥, 진주, 보석, 황후와 비빈의 보석과 관복冠服 등, 값을 매길 수 없는 엄청난 황제의 보화 등을 1000대 이상의 수레에 실어 갔다. 그 밖에도 금 군대는 92개 창고에서 300만 이상의 금괴, 800만 은괴, 150만 필의 무늬 넣은 비단과 5400만 필의 명주 등 많은 재화를 가져갔다.[43]

개봉이 함락되고 황제 권력이 무너져버린 후, 일부 사대부들은 오랑캐 주군을 섬기는 것을 거부하고 차라리 사신으로 갔던 두감竇鑒의 행동을 따르는 것을 선택했다. 송 황제가 북쪽으로 추방되는 수모를 당하게 되었을 때, 두감은 "나는 대송大宋의 관리가 되고자 태어났다. 어떻게 차마 대송의 황족을 적에게 넘겨줄 수 있겠는가?"라고 언명하였다.[44] 두감은 곧 스스로 목매달아 자결함으로써 왕조의 배반자가 되는 것을 피했다.

1127년 5월 13일, 바위가 흔들리고 나무가 부러질 만큼 강한 바람이 개봉에 몰아쳤다. 상황上皇이었던 휘종과 흠종은 3000명의 수행단과 동행하여 궁궐 남쪽의 남훈문南薰門을 통해서 도성을 떠났다.[45] 다른 호송대를 따라 이동하게 된 황후비빈들은 북쪽 궁문에서 떠났다. 수천 명의 장인과 공예가들, 족히 1만 5000명에 달하는 화가, 음악가, 배우들이 금의 고향인 만주를 향한 대장정 대열에 함께했다.

---

43) 『大金國志』, 32:3b; 『金史紀事本末』, 7:141-142; 何忠禮, 『宋代政治史』, p. 279에서 (자료는 없이) 제시한 수치는 다르다. 금 100만 괴, 은 1000만 괴, 비단 1000만 필.

44) 『續資治通鑑』, 97:2567.

45) 『宋史』, 23:436; West, "Crossing Over," pp. 583-585.

금의 통치자와 휘하 장군들은 송의 황제들에게까지도 하인과 같은 옷을 입어야 하는 수모를 조금도 면제해주지 않았다. 그 와중에서도 휘종은 계속해서 시를 썼으며 그 시들 중 한 작품에서 이렇게 고백하였다.

> 아홉 대에 이어진 위업이 하루아침에 멈추었다.
> 내가 미쳐서 충직한 관리들의 충고를 듣지 않다니
> 항복한 포로가 되어 만 리 길을 가나, 달게 여기노라.
> 고국의 가을날 서늘해져가는 옥전玉殿에서 나는 얼마나 슬퍼했던가.[46]

소달구지에 몸을 얹고 내몽골과 만주를 지나는 긴 여정을 거쳐 휘종은 1130년 여름에 흑룡강성의 북쪽 경계 근처인 오국성五國城에 도착했다.[47] 금의 황제는 포로들에게 금의 태조 아골타 영묘의 신위 앞에 절하게 하고, 휘종을 '혼덕공昏德公' 즉 '덕을 혼미하게 한 제후'로 또 흠종은 '중혼후重昏候' 즉 '갑절로 혼미한 제후'로 별명을 붙여서 그들에게 모멸감을 주었다. 흠종의 황후는 물에 빠져 자살했다. 공주, 궁녀, 하녀, 상류층의 부녀들을 포함한 1만 1000명이나 되는 여성들이 1년 뒤 (하얼빈 근처) 상경에 도착했는데, 그들 대부분은 군대의 창부 또는 가정의 노비가 되었다. 그들은 고향에서 머나먼 이역 땅에 살다가 다시

---

46) Ebrey, "Introduction," p. 16에서 번역을 인용함.

47) 『宋史』, 22:417, 28:520.

는 고국을 보지 못하고 죽었다.

강왕康王 조구趙構는 평화에 보답하는 조공 지불에 대해 협상하기 위해 1126년 12월 송의 관리로서 북중국 금의 군사 본부로 파견된 적이 있다. 그런데 회의하러 가는 도중에 송의 무관들이 금의 요구를 들어주며 달래는 것보다 오히려 군대를 이끌고 침략자에게 항전을 하는 것이 옳다고 그를 설득했다. 조구는 이미 개인적으로 여진 사람들을 접한 경험이 있었다. 1126년 초 여진이 아직 개봉을 포위했을 때, 금 조정에 인질로 가 있었던 조구는 그의 아버지와 형제자매들이 당한 운명에서 가까스로 도망친 터였다. 여진은 황자로 인한 정치적 위험성을 잘 알기 때문에 그를 잡으려고 애썼지만, 조구는 근거지를 여기저기로 옮기면서 체포되지 않고 피해 다녔다. 1127년 3월 흠종의 퇴위에 이어서, 조구는 6월 12일에 자신을 황제(고종高宗)로 칭하며 송의 남경이던 응천부應天府(지금의 하남성 상구商丘)에서 즉위했다.[48]

1127년 송 왕조의 붕괴는 역사에서 말하는 북송 시대의 끝을 의미했다. 화북 지역을 금에게 빼앗긴 후 송 조정과 행정 부서들이 서둘러 남쪽으로 떠나면서 송 왕조 역사의 두 번째 단계, 즉 1279년까지 152년간 지속되는 남송 시대가 시작되었다. 북송과 남송이라는 용어는 물론 송대에는 사용되지 않은 역사학적 명칭이다. 사건을 목격한 동시대 사람들 중에는, 1127년 송 왕조의 와해로 송의 연속성이 훼손되었고 왕조의 개념으로 보는 것은 재고해야 한다는 견해를 일부 보이기도 했으며, 그들 중 어느 누구도 한漢 왕조가 서한(전한)과 동한(후한)으

---

48) 虞雲國,『細說宋朝』, p. 323과 비교하라.

로 나누어지는 것처럼, 송의 역사도 1127년을 기준으로 하여 양분된다고 감히 주장하지 못했을 것이다.[49]

49) Wyatt, "The Invention of the Northern Song," pp. 220-224.

4

| 남쪽의 송 왕조 |

1127년에 송이 회수와 한수 이북 영토를 상실하자 이후 몇 백 년 동안 생산과 상업, 또 교육과 학업, 예술 등의 분야에서 동남 지역이 우위를 점하도록 변화시켰다는 것은 역사의 역설이다. 그러나 중국의 인구는 북송이 붕괴하기 전 수백 년간에 걸쳐 이미 남으로 이동하고 있었는데, 여기에는 토지 소유권의 문제라든가 화북 지역의 기후 변화가 원인으로 작용했다.[1] 남부로 이주하는 현상은 그 시기부터 호구 통계의 변화에도 분명히 나타났으며, 이러한 인구학적 변화가 정치적인 사건들을 초래하고, 이런 상황은 정부에게나 일반인에게나 새로이 대응해야 할 도전이 되었다.

서기 5년에는 전체 가호 수의 겨우 10퍼센트만이 동남부에 살았지만, 당 왕조시대 740년까지 약 40퍼센트의 인구가 회수 이남에 살았

---

1) 張家駒, 『兩宋經濟中心的南移』, p. 31.

다. 인구를 밀어내거나 끌어당기는, 즉 배출 요인과 흡인 요인들이 작용하면서 남쪽의 인구 증가 추세는 송대까지 계속되었다. 당 후기와 오대 시대의 내전은 배출 요인으로 작용하면서 많은 지배층 가문들로 하여금 남으로 이주하도록 만들었다. 또 다른 추동력은 조세 부담이었다. 996년까지 개봉을 둘러싼 수도 지역의 주부州府에 속한 14개 현縣에서 1만 세대 이상이 도주했다.[2]

그러나 정치적 혼란과 그에 따른 과중한 조세 부담만 가지고는 이주 현상에 대해 완전히 설명하기 어렵다. 화북 지역의 평원과 하천 유역을 따라 형성된 중국의 가장 비옥한 땅은 수백 년 동안 거기에 자리 잡고 있던 대지주들이 장악하고 있었다. 농민들은 강수량이 곡물 생산에 안정적이며 또 자신들의 소유권을 주장할 수 있는 미경지未耕地를 찾아 남쪽으로 빠져나갔다. 10세기 말부터 12세기 말까지 지속된 이른바 제3소빙하기의 기후 변화기 동안 평균 온도가 섭씨 1.5도나 떨어졌다.[3] 그 정도면 약간의 하강처럼 보일지도 모르지만, 작황의 상황에 생계 문제가 달려 있는 농민들은 그 변화를 알아챘다. 강설, 결빙, 강수와 우박을 동반한 폭풍이 점점 더 심각해지고 불규칙해진다는 것도 알고 있었다.[4]

개봉의 겨울 추위가 매우 혹독했다는 기록이 11세기 후기와 12세기 초기 몇 십 년에 걸쳐 보인다. 양자강 하류의 태호太湖가 지금은 생

---

2) 李劍農, 『宋元明經濟史稿』, p. 185.

3) 劉昭民, 『中國歷史上氣候的變遷』, pp. 24-25, 28, 119.

4) 『宋史』, 61, 62, pp. 1317-1374.

각할 수도 없는 두꺼운 얼음판으로 덮였던 해도 여러 번 있었다. 1101
년에서 1127년 사이에 처참한 결과를 가져온 눈보라의 기록이 13회나
있다. 날씨가 추울수록 홍수도 더 크게 발생했다. 대홍수의 기록 빈도
를 보면 당대에는 115회였는데 송대에는 금에게 빼앗긴 영토까지 포
함해 193회로 증가했다. 10~11세기 기간에 홍수 횟수의 변화 추이는
49회에서 67회로 치솟는다. 홍수의 반대 극인 가뭄도 연달아 발생하
기 일쑤였다. 공식적인 송대 기록물에는 183회의 가뭄이 열거되었는
데, 당대에 비해 3분의 1이 더 많은 수이다. 961~1087년에만 가뭄에
관련된 자연재해를 67차례 확인할 수 있다.[5]

'중국의 슬픔'으로도 불리는 황하는 소빙하기 동안에 특히 활발하
게 물길을 바꾸었다.[6] 기상 변동에다가 준설 작업의 태만함까지 합해
지면, 황하가 오르도스 고원과 섬서성의 황토 지대를 지나면서 실어
나르는 많은 양의 토사와 황토가 물의 유속을 늦추고 강바닥을 높여,
결국 강은 하류의 제방을 뚫고 저지대로 범람하는 결과로 이어졌다.
893~1019년에 황하의 본류는 오늘날 하류 삼각주의 북쪽인 발해만
으로 흘러갔다. 그런데 1019년에 강물이 활주滑州 주성의 북쪽 제방을
무너뜨리고 산동성 서부의 광활한 습지를 채운 다음, 마지막으로 변
하汴河(개봉을 지나는 운하로 수 양제가 만들어 황하와 회수를 연결했다. - 역

5) 기후 변화와 자연 재해에 관해서 劉昭民, 『中國歷史上氣候的變遷』,
　　pp. 286-287, 117-118을 보라.; 개봉 기후에 관한 상세한 정보는 張全明,
　　「論北宋開封地區的氣候變遷及其特點」, pp. 98-108; 周寶珠, 『宋代東京研究』,
　　pp. 715-716; 程遂营, 『唐宋開封生態環境研究』, pp. 23-25.

6) 『宋史』, 91:2255; 황하 물길의 변화에 대해서는 吉岡義信, 『宋代黃河史研究』,
　　pp. 423-425; Blunden and Elvin, *Cultural Atlas of China*, p. 16과 비교해보라.

주)로 흘러 다시 회수와 합해졌다. 양산梁山 지역의 강과 호수, 습지가 북송 말기를 무대로 한 명대 소설『수호전』에 등장하는 로빈 후드 같은 영웅적인 무법자 집단의 본거지가 되었다. 1048년에는 황하의 본류가 다시 바뀌면서 가장 북쪽으로 흐르는 수로를 택하여 오늘날 천진에 가까운 발해만으로 흘러갔다(지도 5).[7]

황하 수로의 불안정한 특성이 전술에 이용되기도 했다. 1128년에 여진족의 침공을 우려한 두충杜充은 본래 개봉 북쪽으로 80여 킬로미터의 거리에서 황하를 막고 있던 둑을 파괴하라고 명령하여 도성을 둘러싸는 자연스러운 해자가 만들어지도록 했다. 이때의 홍수 때문에 이 지역은 완전히 파괴되고 강물은 다시 본래 남쪽으로 흐르던 물길로 돌아갔다. 황하가 남쪽으로 길을 바꾼 결과, 그것이 금과 남송 사이의 공식적인 경계가 되었다.[8]

황하의 물길이 바뀌어 회수로 합류하여 저지대에 홍수를 일으키고 홍택호洪澤湖를 형성하기도 했다. 1187년과 1194년에 황하를 따라 넘쳐난 물이 양산 습지로 범람하고, 북부·중부·남부의 운하에 강물이 쏟아져 들어갔다. 막강한 황하 본류는 1194년과 1205년에 경로를 틀어 계속 남동 방향으로 조금씩 물길을 옮겨 가더니, 1853년에는 거의 850

7) 姚漢源,『中國水利史綱要』, pp. 162, 181-192, 184, 189; Lamouroux, "From the Yellow River to the Huai," p. 555, p. 547, 지도 15.1.

8) 『宋史』, 25:459. 姚漢源,『中國水利史綱要』, p. 290. 1938년 6월 국민당 부대는 일본군의 진격을 막기 위한 최후의 수단으로 황하 제방을 파괴하였다.: Kuhn, Der Zweite Weltkrieg in China, pp. 126-129. Lamouroux, "From the Yellow River to the Huai," pp. 547-548.

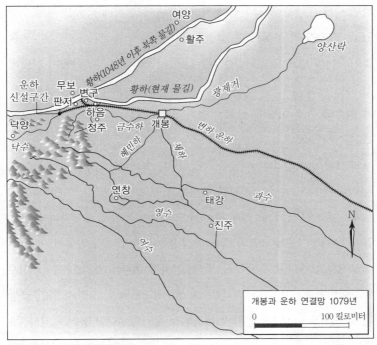

지도 5. 개봉과 운하 연결망 1079년

년 전의 하상 지대인 발해만 쪽으로 되돌아갔다.[9]

화북 지역은 토지 소유권이 고착되어 있고 북쪽 이민족 정권의 군사적 침략에 대한 공포는 점점 커져갔다. 게다가 이제 제멋대로인 자연의 위력에 직면하게 되었으니, 11세기 송의 농민들은 조상들이 수백 년 동안 그랬던 것처럼 대안을 찾기 시작했다. 그들은 환경이 전혀 다른 남부 지역으로 이주하는 위험도 기꺼이 감수했다. 그곳에서 정착

---

9) 姚漢源, 『中國水利史綱要』, p. 297, 299.

하면 새롭고 더 큰 경작지를 개척하여 1년에 몇 차례 작물을 거둘 수도 있고, 또 농민과 농토에 대한 정부와 지주들의 통제가 북쪽보다 덜할 것이라는 희망도 있었다. 이러한 인구 이동의 결과로, 개봉이 함락되기 25년 전인 1102년에 이미 중국의 1억 100만 명의 인구 중 75퍼센트가 회수와 한수 이남에 살고 있었다. 회수 대신 양자강을 경계선으로 보면 전체 중국인의 70퍼센트가 당시 남부에 살았던 셈이다.[10]

1127년에 여진족이 수도를 약탈한 후, 송의 호구 등록제가 붕괴되는 바람에 1159년까지의 인구 수치는 통째로 빠져 있다. 그래도 그 몇 해 동안 북에서 남으로 전례 없는 규모의 대이동이 발생했다는 사실은 알 수 있다.[11] 1호당 5명의 비율로 상정한다면 수백만 인구가 이 이주 대열에 동참했다고 추산할 수 있다. 양자강 델타의 남쪽 양절兩浙(현재의 절강성 전체와 강소성 남부 그리고 복건성 일부에 해당) 지방의 성인 남성 인구가 1102~1162년에 거의 30퍼센트 증가해 432만 명이 되었다. 복건도 성인 남성이 30퍼센트 이상 증가해 280만 명에 달하는 상황이었고, 성도成都는 20퍼센트 증가하여 315만 명이 되었다. 자연적인 인구 재생산으로는 이런 수준의 증가를 해명할 수가 없다.

북쪽에서 온 이주민도 많지만, 기록을 보면 양자강 중류 지역 몇 곳에서도 인구가 현격하게 감소했다. 당시 사람들은 이 지역도 여진 기마병의 공격으로부터 더 이상 안전하지 않다고 생각했던 것이다. 서북부와 북부의 수많은 현들은 북송 멸망 이후로 거의 모두 인구가 줄

---

10) Deng, *The Premodern Chinese Economy*, p. 309.

11) 『宋史』, 86:2173, 89:2226, 95:2370; 張家駒, 『兩宋經濟中心的南移』, p. 50.

었다. 금이 한족 농민들을 회수 북쪽에 재정착하도록 유인하는 재이주 정책을 시행하여 그곳의 인구를 11세기 초의 수준인 약 2500만 명으로 증가시키기까지 몇 십 년이 걸렸다.[12]

1110년 북송의 총 등록 호수는 2080만 호였다. 1159년 남송 지역에서는 단지 1110만 호가 등록되었다.[13] 만약에 이것을 신뢰할 만한 실제 거주민 수로 본다면, 송대 인구는 개봉 함락 이후 수십 년 동안 1억 400만에서 5550만으로 45퍼센트나 감소한 셈이다. 금 왕조 초기 몇 십 년 동안의 인구 관련 수치는 알 수 없지만, 노路(송대 최고 행정 구획. 송대의 노는 명·청대 성 정도로 범위가 넓었고 노 아래에 부府 또는 주州를 두었다. ─역주)와 주 단위 인구 통계를 토대로 1142년 이후로 금과 남송의 경계선이 된 회수와 한수 북쪽의 한족 인구를 추산해본다면, 1102년 겨우 250만에 불과했다. 다시 남송의 호적 자료를 근거로 말한다면, 북송 말에서 1160년 사이에 이유는 알 수 없지만 수백만 명의 인구가 감소했다는 것이 된다.

하지만 1159년부터 남송의 통계 수치는 실제보다 낮게 파악되었기 때문에 쓸모가 없을 정도인데, 이는 지방 부호 계층에게 토지 소유가 집중된 현상과 전토 등록을 담당하는 관리들의 비능률과 부패 때문이었다. 1187년부터 비로소 12세기 후반기 인구 통계가 어느 정도 신빙성을 갖추게 되었다. 1187년 금의 인구 통계에는 등록된 인구가 4470만 명이다. 그중에서 한족은 4000만 명, 여진족이 400만 명, 거란족과

---

12) Deng, *The Premodern Chinese Economy*, p. 313.

13) 『宋會要集稿』, 책127, 11:4992.

발해인이 수십만 명이었다. 금 제국 인구의 90퍼센트가 한족 혈통이 었으므로, 즉 이때 금의 지배 아래서 화북에 살았던 한족의 수가 역사상 어느 시대보다 절대적으로 많았던 것이다. 대도시 개봉이 금 제국의 전체 호 중 거의 4분의 1을 차지했다.

1187년의 남송 호적에는 1230만 호가 등록되었다. 1호당 5명이라는 평균치를 받아들인다면, 등록된 남송 인구는 6180만 명에 달한다. 따라서 1187년에 중국 인구의 합계는 1억 600만 명에 달하며, 이런 수치는 1120년대의 전쟁과 집단 이주 과정에서 감소된 인구가 12세기 초 수준의 수를 회복하기까지 거의 80년이 걸렸음을 보여준다. 금과 남송의 실제 인구가 이렇게 낮게 잡은 추정치를 훨씬 능가한다는 사실을 인정한다면, 13세기에는 지구 인류의 거의 절반이 중국에 살았다고 결론을 내릴 수 있다.

1207년까지 금 왕조에 등록된 인구는 5350만 명에 이르렀는데, 그렇다면 금 제국은 당시 유럽의 어떤 나라보다도 더 인구가 많았던 셈이다.[14] 이러한 수치는 여진의 화북 정복 이후에 일어난 경제 번영의 지표로 간주될 수 있다. 그러나 그 번영은 지속되지 못했다. 인구수는 1223~1264년에 또 한 번 크게 감소했고, 1292년까지 중국 전역의 인구는 어림잡아 3000만 명, 아니면 인구의 3분의 1이 줄어들어 7500만 명이 되었다. 화북 지역에서 일어난 전쟁, 몽골족의 침입, 흑사병을 비롯한 전염병과 같은 여러 요인들이 종합적으로 작용했기 때문이었을 것이다. 원인이 무엇이었든 세계적으로도 보기 드문 엄청난 규모의

---

14) Franke, "The Chin," p. 278.

인구 감소였다. [15)]

공존으로 가는 길

고종의 통치는 35년간 지속되었다. 송으로서는 이념적으로나 물질적으로나 왕조의 남은 수명을 재조립하여 남부 중국에서의 지배를 강화하고자 분투한 시기였다. 고종이 1127년 6월 제위에 올랐을 때, 화북의 각 지방 무장들은 여전히 최소한 10만 명의 군대를 휘하에 두고 있었다. 그러나 금으로부터의 압박이 더욱 증대되어 그해 12월 고종은 양자강 북안에 있는 양주로 후퇴했다. 1129년 2월에 금의 기병 특공대 500명이 양주로 진격해 들어오자 송의 수비가 무너졌다. 고종은 조정에 강의 남안으로 도주하라는 명령을 내렸다. 침략군에게 놀라 수천 명의 중국인이 강으로 도망가다 익사하거나 몇 척의 작은 배를 가지고 싸우다 죽기도 하였다.

고종은 도하 지점을 향해 전속력으로 달려가 그를 기다리고 있던 배에 올라 가까스로 탈출했다. 금의 기병대는 간발의 차이로 고종을 사로잡지 못하였다. 중국 황제는 수많은 신하와 환관들의 호위를 받는 것이 관례이지만 호위를 받지 못하고 홀로 헤매야 한다는 것을 자각한 고종은 살아남기 위해 스스로 조심해야 했고, 또 자기 자신의 생사가

---

15) Smith, "Problematizing the Song-Yuan-Ming Transition," p. 9에 인용된 Robert P. Hymes.

걸린 위급한 결정을 해야만 했다. 마침내 고종은 2월에 남쪽 항주에 도착했는데, 그곳에 송의 정부 인사들이 지극히 어려운 상황 아래 다시 모여 있었다.

금의 군대는 두 갈래로 양자강을 건넜는데, 금 태종의 조카인 완안종필完顔宗弼(=완안올술完顔兀朮, 금 태조의 아들)이 통솔하는 부대가 동쪽의 공격로를 택하여 항주로 향했다. 1130년 1월 26일에 금 기병대가 항주를 함락하고 압박을 가하자 송의 고종과 신하들은 중국식 범선을 타고 외해外海로 도주했다. 여름의 폭염과 우기가 시작될 무렵 금 군대는 북으로 돌아갔다. 1130년 6월, 송 정부는 약탈당하고 불타버린 항주로부터 동남쪽으로 안전한 거리만큼 떨어져 있으며 당시 재건 중이었던 소흥에 자리를 잡았다. 항주가 남송의 수도가 된 것은 1138년이었다.

여류 문인 이청조李淸照는 한 풍자시에서 한漢 왕조 건립 직전의 전쟁 영웅 항우項羽(기원전 232~기원전 202)처럼 끝까지 싸우지 않고, 금의 군대로부터 도망쳐 양자강을 건넌 인사들을 조롱하며 이렇게 썼다.

> 살아서는 마땅히 인걸人傑이 되어야 하고
> 죽어서는 귀신 중의 영웅이 되어야 한다네.
> 지금에도 항우를 잊을 수 없나니,
> 그는 강의 동쪽으로 건너가려 하지 않았다네.[16]

---

16) 번역은 Hu, *Li Ch'ing-chao*, p. 94; *Li Ch'ing-chao: Complete Poems*, p. 65에 기초함.

금의 기병대는 계속하여 중원을 습격했지만 그곳을 통치할 수는 없었다. 송의 지방 군장들은 금의 군대에 대항해 전쟁에 나섰고, 다양한 지방 자위대의 지도자들은 군벌처럼 행동했다. 당시 상황을 목격했던 문학가 주돈유周敦儒가 탄식한 대로 "중원은 엉망이 되었다." 그 지역 경제를 재편하여 군대에 식량을 공급하기 위해, 금은 1129년 가을에 명목상으로는 한족인 유예劉豫(1079~1143?)가 지배하는 대제大齊를 세워 완충 국가로 삼았다. 개봉에 수도를 정하고 송 왕조를 배반한 한족들의 협조를 통해 운영된 이 정권은 1137년까지 존속했다.

중국 중심부에는 금의 침략군뿐 아니라 대규모 비적과 반란의 위협도 있었다. 종상鐘相이 지도하는 급진적인 종교 공동체가 호남성 북부와 호북성 남부에서 수십 년간 활동하고 있었다. 1131년에 종상은 이 지역의 독립을 선언하고 자신을 초왕楚王으로 공표했다. 유명한 송의 장수 악비岳飛(1103~1142)가 이 반란을 진압하고 사회 질서를 재건했으며, 1135년 후반기에는 페달을 밟아 움직이는 다양한 크기의 차륜선, 즉 '비호전함飛虎戰艦'을 가지고 있었던 반란 수군을 자신의 수군 함대로 편입시켰다. 또 5만에 달하는 초의 군대를 잘 훈련된 자신의 '악가군岳家軍'에 합류시켰다.[17] 악가군이라는 이름에서는 장군과 병사들 사이의 강한 사적 유대가 느껴지지만 그렇다고 사설 군대는 아니었다. 다만 부대의 지휘관이 새로운 임지로 배정되면, 법규상 자신의 군관들과 부대를 함께 데리고 갔다.

---

17) Haeger, "Between North and South: The Lake Rebellion in Hunan, 1130-1135," pp. 469-488.

1130년대 초에 금 황제는 남부에 남아 있는 송의 영토를 차지하는 것은 고사하고 송을 정복할 수도, 제거할 수도 없다는 것을 깨달았다. 1132년에는 남송과 금 사이에 비공식적인 평화 회담이 시작되었다. 1135년 6월 4일에 휘종이 흑룡강성에서 사망하자 금 측에서는 휘종과 황후의 관을 기꺼이 돌려보내겠다는 의사를 밝혔다.[18] 완충국인 대제는 2년 후에 와해되었다. 그러나 협상을 실제로 시작할 수 있는 상황이 되기도 전에 송 조정에서 화평을 주장하는 주화파主和派 무리가 악비 장군을 제거해버렸다. 중국 전체에서 가장 성공적이고 인기가 높고 자립심 강하며, 영향력 있고 화술이 뛰어난 악비는 주전파主戰派였다.[19]

1141년 4월 27일에 고종은 악비에게 존경을 나타내며 "비겁한 자들을 전멸시키라"고 격려하는 편지를 보냈다.[20] 그러나 1141년 가을에 악비는 불복종과 불법행위를 이유로 투옥되었고, 1142년 1월 감옥에서 독살되었다.[21] 지적이고 실리적인 고종은 악비의 죽음이 곧 북쪽에서 송 군벌들의 강력한 군사력을 잘라버리는 방도라고 생각했을 것이다. 아무래도 사적이고 매우 독립적이었던 그들의 군대는 조정의 평

---

18) 1138년과 1142년 사이의 조약 관련 활동에 대하여는 寺地遵, 『南宋初期政治史研究』, pp. 160-259.

19) Mote, *Imperial China*, pp. 299-305; Wilhelm, "From Myth to Myth," pp. 146-161; Liu, "Yue Fei and China's Heritage of Loyalty," pp. 291-297; Kaplan, "Yue Fei and the Founding of the Southern Song."

20) Lorge, "Song Gaozong's Letters to Yue Fei," pp. 172-173.

21) 何忠禮, 『宋代政治史』, pp. 376, 381, 384.

화 협상에 위협이 될 수 있었다. 태조가 송 왕조를 건립하면서 그랬듯, 고종 역시 무력보다 문치를 우선하는 정책을 재건하기 바랐을 것이다. 1005년 거란과 맺은 전연의 맹약을 그대로 따른 금과의 평화 조약은 수십 년 동안 평화를 보장해줄 것이었다. 이것들을 종합해보면, 주화파의 편을 드는 것이 황제의 권력과 지위를 강화시킬 수 있는 선택이었다.

공존을 옹호하는 자들 중 가장 유명한 인물은 진회秦檜(1090~1155)였고 그가 악비 독살을 명령한 관리였다. 악비가 죽은 뒤 곧 진회와 금 측 협상 대표인 완안종필이 평화 합의에 도달하여 1141년 12월 25일에 초안을 작성했다. 협정 조건이 송에게 가혹하고 모욕적이었지만 20년 동안은 양국 사이의 평화가 확보되었다.

송은 회수를 두 제국 사이의 경계로 인정했다(지도 6). 그러므로 송 왕조는 중원과 현재 호북성에 속한 두 개의 주를 잃었을 뿐만 아니라 수백만 명의 한족 납세자들을 금 왕조 지배 아래 넘겨준 셈이었다. 송은 금에서 온 탈주자를 숨기거나 사람들을 납치하지 않겠다고 약속했다. 더구나 송은 해마다 춘계의 마지막 달에 금의 사신이 회수의 변경 도시 사주泗州에 와서 은 25만 냥과 비단 25만 필을 조공으로 받아가기로 한 것에도 동의했다. 송이 세폐로서 지불한 연례적인 지원금이 금 정부의 재정 안정을 도왔고 여진 왕조가 거의 한 세기 동안 온전히 유지될 수 있도록 해주었다.

금은 휘종과 그 황후의 시신을 돌려보내고 아직 살아 있는 고종의 생모를 아들에게 보내주기로 합의했다. 금은 흠종의 석방을 거절했는

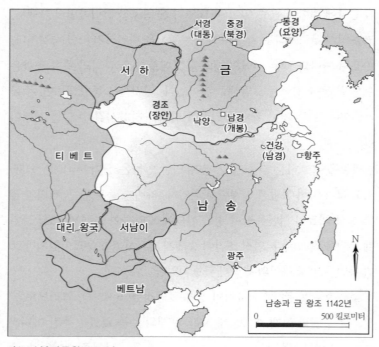

지도 6. 남송과 금 왕조 1142년

데, 흠종이 남송의 황제 자리가 자기 것이라고 주장할 수 있었기 때문에 이것은 아마도 고종에게도 이로운 결정이었을 것이다.[22] 1142년 10월 11일에 금의 사절이 고종에게 책봉 문서를 내놓고 서명하게 하였다. 이는 송 왕조가 이제 금의 속국임을 명시하는 것이었다. "'우리 소국'은 '당신의 대국'에게 '조공'을 지불합니다." 고종은 자칭 '당신의 신

---

22) 何忠禮, 『宋代政治史』, pp. 370-375; Chung, *Palace Women in The Northern Sung*, p. 31.

하 (조)구'라고 했다.[23] 금은 회수 이남에서 군대를 철수했으며, 종속국인 송과 종주국인 금 사이에 새로운 공존의 시대가 시작되었다.

실지失地 회복주의자인 장군들뿐 아니라 많은 사람들이 평화 합의는 '하나의 천하, 하나의 군주'라는 유교의 이념을 아예 내던져버린 것이라며 화의 반대파에 합류하였다. 1162년에는 신유학 사상가 주희朱熹가 도덕적 관점에서 야만인에 대한 확고한 군사적 대항을 주장했고, 진량은 1178년의 상서上書에서 중원의 재정복을 요청하였다. 그는 중국과 중국의 문명이 중심지에서 축출되었다는 생각에 더 이상 참을 수가 없다고 했다. "폐하의 순종적인 신하가 감히 제안하오니, 오직 하늘과 땅의 바른 기운인 중국만이 천명을 부여받아 인심이 모이고 문명의 의례가 존재하는 곳이며, 많은 제왕들이 100세대에 걸쳐 전승해왔습니다. 그런 나라가 야만인들의 잘못된 기운 때문에 망가진다면, 도대체 믿어지겠습니까? 불행하게도 지금 침범을 당하고, 이는 중국과 문명을 가져다 이 멀리 변두리 지역에 둘 정도로 훼손이 되었습니다."[24] 진량은 송 조정이 중국의 중심부로 돌아가지 않는다면 정통성을 잃을까봐 두려워했던 것이다.

그러나 전쟁에서 이기는 것 외에는 대안이 없었다는 점을 고려하면, 남송을 살린 조약이 실제로 나쁜 거래는 아니었다. 다만 그 뒤에 두 번, 1164년에는 송 측에 유리하게, 또 1208년에는 금 측에 유리하게 협의 조건을 재조정하였다.

23) 『金史』, 77:1755-1756; 何忠禮, 『宋代政治史』, p. 371.

24) Tillman, *Utilitarian Confucianism*, p. 173에서 인용함.

금 왕조의 중국화

동아시아의 역사 무대에 등장한 여진족 연맹은 거란족과 맞서 싸우며 요의 지배에서 독립하여 민족성을 지키고 사회 구조를 안정시키려한 특별한 집단이었다. 여진의 종족 생존을 위한 이 투쟁에서 영토 확장 정책은 결정적으로 중요했다. 그렇지만 1127년에 금이 북송의 영토를 지배한 지 얼마 되지 않아, 권력을 가졌을 뿐 몇 백만 정도밖에 안되는 소수민족인 여진족은 자신들을 온통 둘러싸고 있는, 어림잡아도 2000만 명이나 되는 한족 신민들에게 정치·문화적으로 양보할 수밖에 없었다.

인구 90퍼센트를 차지하는 다수의 한족이, 요의 영토가 되기도 했지만 전통적으로는 한족 자신들의 고향인 중원에서 살고 있는, 이 다루기 힘든 나라를 어떻게 통치할지의 문제를 놓고 지배 씨족 완안부는 의견이 갈렸다. 중국의 관료제가 모든 등급의 행정 기능 면에서 장점이 크다는 것을 알게 된 사람들은 그것을 선호했다. 그러나 처음부터 자신들의 정권과 독립성이 축소될 것을 두려워했던 여진의 무사 장군들은 그에 반대했다. 여진 지배자들은 타협을 할 수밖에 없었고, 이것이 중국화와 중앙집권화로 가는 문을 열었다. 금 조정은 1137년부터 중국 역법을 채용하고, 1138년에는 과거제도를 재정비하고, 1139년에는 조정에서 황제와 관리들의 중국식 복장과 송 음악을 포함하여 황제를 알현하는 중국의 전범들을 도입했으며, 1140년에는 공자를 기리고 황실의 종묘를 건축했다.[25] 이 모든 일은 송과 공존의 협약을 체결하기 한참 전에 일어났다.

여진은 교육 방면에서도 송으로부터 물려받은 학교 제도를 추진했다. 지방의 공자 사당인 공묘孔廟 안에 세운 학교, 즉 묘학廟學은 275군데에 불과한데 그중 60군데가 금 왕조시대에 세워진 것이다. 정부가 운영하는 학교인 관학官學이 작은 마을 단위의 향학鄕學에 이르기까지 전국으로 확산되었다. "지방학교 학생들에게는 각각 국유지 60무畝를 할당하고, 최고 학교인 국자학國子學의 학생 각자에게는 108무를 배정한다"는 1196년의 법령에 의해 관학생에 대한 재정 지원이 확보되었다.[26] 이 학전學田에서 일하는 소작농도 그 규정 안에 포함되었다.

학교의 주된 임무는 과거 시험을 위해 학생을 준비시키는 것이었다. 유교 경서를 낭송하는 학생들의 소리는, 문의 원리가 무의 원리보다 우세하다고 생각한 당시 많은 사람들의 생각을 재차 확증해주었다. 이민족 왕조에 복종하고 있는 한족 상류층은, 오래된 교육제도를 유지하는 가운데 자신들의 정체성과 전통적 가치를 보존할 수 있었다. 고전을 배우는 것은 여전히 소수의 특권이었다. 국자학에 약 160명의 학생이 있었고, 일부 학교들은 겨우 10명뿐인 경우도 있었다. 어느 때이든 모든 학교의 등록생 수를 합해봐야 겨우 1000명 정도였다. 진사 급제자의 수가 몇 배로 늘어났다고 해도 1201년에는 그 수가 600명으로 고정되었다. 그리고 시험에 합격한 한족은 문관 조직의 낮은 품계에 들어가는 것만 허용되었다. 지배 씨족 완안부는 정치권력을 좀처럼, 특히 이방인들과는 공유하려 하지 않았다.

1149년에 금의 해릉왕海陵王인 완안량完顔亮이 금의 제위를 찬탈하더니 강제적인 중국화를 목표로 공포정치를 시작했다. 자신의 일족을 의심하고 비판자들을 탄압했고 (접견실에서 관료들에게 곤장을 쳐서 모욕을 주는 등) 그의 치세는 피로 얼룩졌다. 그는 전국에 공자 사당을 건축하고, 1150년에는 중국 복장 금지령을 철회하며, 1154년에는 송의 화폐제도를 채택했다. 행정의 효율성을 개선하기 위해 수도를 여진 부족의 오래된 고향인 상경에서 중국식 건축 양식으로 건설된 연경燕京(북경의 옛 이름)으로 옮겼다. 그는 단지 연경의 도시 설계를 더 좋아하는 자신의 취향을 이유로 상경의 옛 궁궐을 파괴하라는 명령까지 내렸다.[27] 해릉왕의 행정 개혁이 실행됨에 따라 수많은 여진 귀족들이 군사력과 재력을 상실했다. 이런 결정들은 여진 전통주의자들의 문화적 우위가 끝났음을 알린 것이었으며, 해릉왕의 목표가 정당성을 가진 '중국' 왕조를 건립하려는 데 있음을 분명히 드러냈다.[28]

1161년 말에 해릉왕은 1142년의 화의 협정을 깨고 대규모 군대를 회수 건너편 남송의 최후 방어선인 양자강으로 이동시켰다. 1161년 11월 26일과 27일, 그의 장군들이 채석기采石磯(지금의 안휘성 마안산시馬鞍山市)에서 강을 건너려다 우윤문虞允文(1110~1174)이 인솔하는 잘 준비된 송의 군대를 만나 패했다. 금 측의 인명 손실은 4000명을 넘지

---

27) 『金史』, 83:1862-1863.

28) 『金史』, 24:550.

않았지만, 이 전투의 파급 효과는 단순한 송의 승리 이상으로 컸다. 10월 27일 해릉왕의 사촌동생인 완안옹完顔雍(재위 1161~1189)이 금의 제위를 찬탈하고, 그로부터 몇 주 뒤인 1161년 12월 15일 해릉왕은 자신의 진중에서 여진 장수들에 의해 암살당했다.

완안옹은 중국어를 훌륭하게 구사하고 중국 경서에 대해서도 철저한 교육을 받았지만, 해릉왕에 대하여 "해릉은 중국의 관습을 배웠다. 어떻게 자신의 근본을 잊을 수 있는가?"라고 경멸했다.[29] 금의 제5대 황제 세종으로 즉위한 완안옹은 한화漢化 정책을 버리고 여진족의 기풍을 회복하는 쪽으로 국가 정체성을 확립하려 했다. 세종은 반反중국도 아니었고 중국 문화와 행정이 주는 장점을 인식하지 못한 것도 아니었다. 그는 중국식 관료 정치와 공공 업무를 위해 한인 학자들을 관리로 등용하는 것도 중지하지 않았다. 그러나 민족 간 융합은 반대했다. 한족, 여진족, 거란족은 각기 다른 충성심을 가진 다른 종족이며, 여진족은 오로지 여진족에게만 의지할 수 있다는 것을 역사적인 경험을 통해 확신할 수 있다고 그는 생각했다.

세종은 중국을 모방하는 것이 여진의 생활 방식을 부패시킨다고 생각했다. 그는 자기 앞에서 벌어지는 여진 사회의 급속한 와해, 여진 종족들의 사기 저하, 불법 행위의 증가를 직접 보고 있었다. 대부분 수도에 거주하면서 중국의 도시 생활 방식을 수용해온 황족들과, 익숙하지 않은 정주적인 형태의 농사일과 생존을 위해 투쟁해야 했던 농촌의 많은 여진족들 사이에는 점점 크게 격차가 벌어졌다. 170호에 불과한

---

29) 『金史』, 89:1989.

여진 지배 귀족 가문은 일반 여진 가정에 비해 어림잡아 1200배의 농토를 소유했다.[30]

이러한 상황을 어느 정도 개선하기 위해 세종은 여진족 대지주에게서 미경작지와 불법으로 매입한 토지를 몰수하여 빈곤한 여진족들에게 재분배하고자 했다. 그러나 이러한 움직임은 결과적으로 역효과를 가져왔다. 가난에 쪼들리던 여진인들이 자신들의 소유지를 곧바로 한족 농부들에게 현금을 받고 팔아버렸기 때문에 많은 경우 토지 주인이 금세 바뀌었다. 또한 세종은 스스로 생계를 꾸려가지 못하거나 또는 그러지 않으려고 하는 황실 종족들을 위하여 한직閑職을 제공했다. 그러나 이런 여러 가지 도움도 그들이 경제적으로 자급자족하지 못하는 사태를 해결하지 못했다.

여진족의 정체성을 되살리려는 황제의 시도는 몇 가지 이유로 실패했다. 첫째, 그는 여진 평민들의 생계를 어떻게 강화할지, 또는 지배 씨족과 전통적인 귀족 사이의 긴장된 관계를 어떻게 개선할지에 대해 실행 가능한 계획이 없었다. 둘째, 그가 시행한 조치들은 일관되지 못했고 따라서 엇갈리는 결과를 낳았다. 예를 들어, 그는 1173년에 하얼빈에 있는 예전의 상경上京을 주도州都로 강등시키기로 결정했는데, 같은 해에 여진어로 치르는 진사 시험을 도입하고 중국 경전의 여진어 번역을 촉구했다. 여진인은 자기들의 언어를 사용해야 하지만 중국적인 덕목도 공부해야 한다는 의도였을 것이다. 1188년에 세종은 여진족이 이미 40년 동안 해왔던 중국 복장 착용을 금지시켰다. 그런데

---

30) 『金史』, 46:1034.

1191년에는 법의 규제에도 불구하고 금 사회 모든 계층에서 행해지던 여진인과 한인 사이의 국제결혼을 금지하는 법령을 폐지하였다. 같은 해에 중국인들이 여진인을 가리켜 야만인이라 부르는 것을 금지하였다.[31] 셋째, 세종이 본래 전사 출신인 비정주민이 몇 세대 안에 법을 잘 지키는 농민으로 개조될 것이라고 생각한 것 자체가 근본적인 실수였다. 세종이 기대하는 결과를 위해 계획된 경제적인 보조는 모두 실패하고 말았다. 마지막으로, 후계자를 택할 때 세종의 조정은 씨족장들이 선출하는 여진의 관습이 아니라 중국식의 장자 원칙을 따랐다.

세종은 "내 나라는 요와 송을 물리쳤고 그래서 천하에 적통의 지위를 가졌다"고 주장했다.[32] 그의 후계자 장종章宗(재위 1189~1208)과 선종宣宗(재위 1213~1224)은 이러한 주장에서 한 발짝 더 나가 금 왕조를 중국 왕조의 역사 사슬을 이어가는 자연스런 연결고리로 표현했다. 그러나 세종처럼 이 황제들도 중국 방식의 채용에 대해 우유부단했고 이 때문에 그가 통치하고 있는 여진인도 또 중국인도 모두 떨어져 나가게 만들었다. 1234년 금이 몽골의 수중에 떨어진 지 얼마 안 되어, 유기劉祁는 완전히 중국화로 나간다는 결정을 하지 못한 통치자의 무능력이 금 왕조 멸망의 주된 이유 중 하나였다고 진단하였다.[33] 중국 교육과 행정제도를 전면적으로 채용했더라면 유능한 사대부들에게 최고위의 정치 의사 결정을 맡길 수 있었을 것이다. 그러나 금은 오직

---

31) Franke, "The Chin Dynasty" p. 281.

32) 『金史』, 28:694.

33) Chan, *The Historiography of the Chin dynasty*, pp. 148-163.

여진인만 그 자리를 맡도록 허용했다.

한 세기 이상 송을 자기들의 발 아래 짓밟고 있었던 여진은 자신들의 잠재력을 한계까지 다 써버렸다. 몽골의 침입 이후 여진 부족은 결국 만주 본향의 삼림에서 너무도 멀리 떨어진, 황하와 양자강 사이 어딘가로 소멸해버렸다.

송의 영광과 고난

중국 역사에서 1161년 양자강 채석기 전투의 승리는, 383년의 유명한 비수淝水 전투에서 한족 왕조 동진 군대가 이민족 왕조 전진前秦을 물리치고 중국 문화를 야만인들의 손에서 파괴되지 않도록 구해냈던 사례와 자주 비교된다. 채석기 전투 이후에 체결된 평화협정으로 송은 더 이상 '신하'라는 굴욕적인 용어로 쓰이지 않고 '숙부'와 '조카'라는 은유를 채택할 수 있었다. 송은 그동안 공세에 시달리며 두 세대가 넘도록 가질 수 없었던 자신감과 자부심을 경험했다.

고종은 35년간 통치한 뒤 1162년 7월 24일 자신의 양자인 조신趙昚 (1127~1194, 효종孝宗)에게 양위하고 물러났다. 조신은 배려 있고 성실하며, 유교의 도덕규범에 맞추어 살고자 노력했다. 그는 고위 관리들 사이의 권력이 균형을 잘 이룰 수 있도록 조정과 중앙의 행정조직을 면밀히 감독했다. 진회의 정책을 뒤집고 그는 전쟁 영웅 악비와 그 가족, 또 주화파에게 수모를 당한 다른 많은 관리들의 명예를 회복시켰

다. 많은 역사가들이 효종을 남송 최고의 황제로, 또 그의 치세를 남송의 황금기로 본다.[34]

치세 마지막 2년간 정신 질환에 시달리던 효종은 양부인 고종의 선례를 따라 27년의 통치를 마치고 1189년 2월 18일 제위에서 물러났다. 그보다 바로 4주 전에는, 효종의 여진 대군주이며 효종과 거의 같은 시기에 북쪽을 통치한 금 세종이 죽었다. 세종의 통치는 금 왕조의 황금기로 자주 평가된다. 이 두 명의 자애로운 지배자 아래에서 송과 금 사이에서 이루어진 공존의 정책은 그들의 신민과 국가의 이익 및 복지에 좋은 결실을 가져왔다.

효종의 퇴위 이후, 점차적이긴 하지만 그렇다고 멈출 수도 없는 송 왕조의 쇠퇴가 시작되었다. 그의 후계자인 광종光宗(재위 1189~1194)도 정신 질환으로 고통받다가 5년 후에 퇴위했다. 광종의 아들 영종寧宗(재위 1194~1224)은 송 왕조 전체에서 미성년이 아닌데도 가장 수동적인 황제였다고 평가되어왔다. 그는 말하는 것도 심히 느렸고, 그 스스로 정치적인 판단을 해내지 못한 것 같다. 의사 결정은 영종의 조언자들에게 맡겨졌고, 영종의 황후가 그 조언자들을 장악하고 있었다.[35] 황후는 자기 친정의 할아버지뻘인 한탁주韓侂冑(1151~1207)를 조정의 영향력 있는 자리에 앉히는 데 성공했다. 진사 시험에 급제한 경험도 능력도 없었던 한탁주는 송의 역사에서 악명 높은 지식인 탄압 조치를

34) Davis, *Court and Family in Sung China, 900-1279*, p. 56; 王德毅,
「宋孝宗及其時代」, p. 252.

35) Davis, *Court and Family in Sung China, 900-1279*, p. 85.

시행했다. 또 송의 패배로 끝나버린 여진과의 전쟁을 다시 일으킨 사람이기도 했다.

1195년 영종의 통치가 시작될 때에는 재상 조여우趙汝愚(1140~1196)가 왕조의 회복에 분투하며 사상가 주희를 포함한 명망 있는 사대부들을 관직에 임명하였다. 1196년에 한탁주가 당쟁에서 이겨 재상 자리를 탈취하자, 조여우는 호남으로 쫓겨 가던 도중에 죽었다.[36] 한탁주가 정부를 쥐고 흔들 때, 주희는 겨우 두 달 복무한 뒤 탄핵을 받고 조정에서 내몰렸으며 그의 철학은 '가짜 학문(위학僞學)'이라는 꼬리표를 달게 되었다. 학식은 있어도 기만적이었던 한탁주 일당은 한탁주의 조치에 힘입어 59명의 관리들을 '역당逆黨'으로 몰아 무고했다.[37] 1202년 유학에 대한 금령은 철회되었지만, 한탁주는 관직에서 물러날 때까지 '도道'를 좇았던 관리들에 대해 내내 적개심에 가득 차 있었다.

한탁주의 대외 정책도 국내 정책에 필적하는 재앙이었다. 그가 제대로 알지 못하고 저지른 전쟁 때문이었다. 그는 금이 처해 있던 문제들, 즉 서하와의 국경 분쟁, 몽골로부터의 새로운 위협, 1206년 산동 지역에 닥친 자연재해 등 때문에 송에게 유리할 것이라고 기대했다. 한탁주가 제안한 대로 1206년 6월 14일 송이 금에게 선전포고를 하면서, 그때까지 거의 45년간 지속된 평화 시기는 돌연 끝나버렸다.

송의 많은 장수들이 국경선을 따라 군대를 배치했고 충정에 찬 많은 관리들은 60여 년 전에 잃어버린 북쪽의 영토를 되찾겠다는 시도라

---

36) 한탁주는 '간신'으로 분류되었다.: 『宋史』, 474:13771-13776.

37) Schirokauer, "Neo-Confucians under Attack," p. 185.

며 환영해 마지않았다. 송의 병력은 모두 16만 명 정도에 달했다. 송의 군대는 첫 공격 목표로 회수의 국경 마을 사주泗州를 불시에 덮쳤는데, 여진이 세력을 정비하여 반격하기까지에는 얼마 걸리지 않았다. 여진은 한수에 있는 중부 전선을 안정시키고, 1206년 12월에는 13만 5000명 정도의 보병과 기병이 세 갈래로 나뉘어 양자강 하류, 한수 지역, 사천 지방으로 반격해 들어갔다. 양자강 북쪽을 차지하고 한수의 광화군光化軍을 정복했으며 요새를 갖춘 양양성襄陽城과 덕안성德安城을 여진군이 에워쌌다. 이 포위는 1206년 12월에서 1207년 4월까지 지속되었다.[38] 양양성의 사령관(도통都統) 조순趙淳은 육로와 물길로 들이닥치는 금 군대의 수십 차례 공격을 물리치고 이 도시를 지켰다.

그러나 송의 입장에서 이 전쟁은 군사적 재앙이었다. 전략적인 무능, 군량 보급을 위한 수송의 실패, 그리고 고통스런 기상 조건 등으로 군사 작전은 실패했다. 한탁주는 금 제국에 속해 있던 한족 주민들이 궐기하여 남에서 온 송의 형제들과 합류할 것이라고 기대했지만 현실과 달랐고, 도리어 송의 군사들이 수천 명이나 탈영했다. 남송은 2, 3개월 사이에 한탁주로 인해 절체절명의 위기에 빠졌다. 전선으로부터 쏟아져 들어오는 충격적인 보고들은 이미 문제가 많았던 조정의 정치적인 분위기를 악화시켰다. 황제의 신임과 지지를 되찾은 주화파는 한탁주를 비판하며 그에게 전쟁 참패의 모든 책임을 돌렸고, 영종도 한탁주를 버렸다.

---

38) 『金史』, 12:278. Franke, *Studien und Texte zur Kriegsgeschichte der Südlichen Sungzeit*, pp. 158-213; Hana, *Bericht über die Verteidigung der Stadt Tê-an*, pp. 122-221.

사천에서 선무사로 군을 지휘하던 오희吳曦는 송을 배반하고 금에 신속하여 촉왕蜀王에 봉해졌다가, 겨우 40여 일 만인 1207년 3월 29일에 송의 애국 인사들에게 암살당했다. 오희의 머리는 상자에 담겨 송 조정으로 보내졌다. 이 반전 사건이 남아 있던 금 군대를 사천성에서 물러나게 하였다. 이때까지는 어느 한쪽에게도 승리가 확실하지 않았다. 완안광完顔匡이 지휘하던 금의 군대는 질병과 피로로 인해 더 이상 양양성 포위를 계속할 수 없었다. 이 무렵 평화 협상을 시작하기 위해 송의 대표단이 개봉의 금 조정을 향한 여정에 올랐다.

그해 내내 송과 금 사이에는 복잡한 논의가 계속되었다. 한탁주는 11월 23일 조정에서 파직되고 그 다음날 금군 대장에게 암살되었다. 나흘 뒤에 송 영종의 명령으로 한탁주의 친구 소사단蘇師旦이 처형되고 그의 파벌에 속했던 많은 사람들이 유배되었다. 강화 협상의 분위기는 금세 좋아졌다.[39] 1208년 7월 29일에 금은 송과의 문제에 대한 결의안을 채택하고 평화협정의 내용은 10월 15일에 공식적으로 발표하겠다고 했다. 송은 은 100만 냥을 배상금으로 지불하고, 세폐를 은 30만 냥과 비단 30만 필로 조정하고, 구조약을 파괴한 것에 대해 사과하였다. 또 '전범' 한탁주와 소사단의 수급을 상자에 담아 금에 넘겨주기로 했는데 전례가 없는 화의 조건이었다. 이들 머리는 칠을 하여서 금 황실의 조상 사당에 두었고, 그들의 초상화도 금 제국의 전역에 전시되었다.[40] 이에 대한 대가로 금은 송 영토에서 군대를 철수하여 구국경

---

39) 『金史』, 98:2169-2170.

40) 『金史』, 98:2172-2173.

선인 회수 강변으로 돌아갔다. 송에서 지불하는 세폐는 금의 지배자로 하여금 다시 한 번 충성을 바친 지지자들에게 보상할 수 있게 도와주었고, 약간의 시간이나마 왕조의 생존을 더 연장할 수 있게 해주었다.

조정에서 당파 투쟁의 승리자는 한탁주의 후임인 사미원史彌遠 (1164~1233)이었는데, 그는 대대로 관리를 지낸 명문가 출신이었다.[41] 그가 "나는 비밀리에 돕도록 허가받았다"고 말한 것에서 알 수 있듯이 그는 한탁주 암살과 관련이 있었다.[42] 중국 역사에서는 이 사실이 그의 명성을 흐리게 했지만 그래도 그는 조보(922~992), 채경(1046~1126), 진회(1090~1155), 한탁주와 더불어 송대의 가장 영향력 있고 독자적이었던 재상으로 꼽힌다. 사미원이 물러난 뒤에 그 정도의 권세가로 손꼽힐 수 있었던 사람은 송대 마지막 개혁가인 가사도賈似道(1213~1275)뿐이었다. 사미원은 비상한 능력의 소유자로 관직 생활에 능숙하며, 학식이 높고 황제와 왕조에 충성하면서도 필요할 때에는 조종의 기술도 뛰어난 인물이었다. 사미원은 영종의 양황후(양계지楊桂枝, 1162~1232)와도 친밀했는데, 미술과 음악에 뛰어난 기량을 보인 양황후 역시 송대에 가장 정치적으로 영민하며 도전적인 황후 중 하나였다.

사미원은 1233년 사망할 때까지 24년간 재상의 자리를 지켰다. 그가 재상으로 있던 때가 송의 역사에서 마지막 평화와 안정의 시간이었다. 영종이 1224년 9월 17일에 황자 없이 사망하자, 사미원과 황태후

---

41) Davis, *Court and Family in Sung China*, pp. 79-127; 198-224.

42) 『續資治通鑑』, 158:4288; Davis, *Court and Family in Sung China*, p. 92.

(영종의 양황후)는 태조의 둘째 아들 조덕소趙德昭의 10세손이지만 별로 알려지지 않았던 조윤趙昀을 제위에 오르게 했다. 그가 40년간 통치한 이종理宗이었다.[43] 그의 묘호인 이종이라는 이름은 주희의 이학理學에 대해 국가에서 그 우위를 인정한 사실을 나타내주며, 동시에 몽골의 침입이 임박했을 때 송 왕조의 문화적인 우월성을 재확인하려는 정치적인 성명聲明이기도 했다.

몽골의 진출

마치 남송이 금의 끊임없는 위협을 견뎌낸 것만으로는 충분치 않다는 듯, 13세기에 들어서자 북쪽 지평선 너머에서 몽골족이 나타났다. 칭기즈칸과 그 아들이 지휘한 몽골은 총 10년이 좀 안 되는 기간 안에 송의 주적이었던 두 나라를 무너뜨렸다. 탕구트족의 서하가 1227년에, 그리고 여진족의 금이 1234년에 멸망했다. 이어서 2년 뒤 몽골은 처음으로 송 제국에게로 관심을 돌려 사천 지역을 공격했다.

몽골족은 오늘날 몽골의 동북부 바이칼 호에서 남동쪽으로 수백 킬로미터 떨어진 케룰렌 강과 오논 강 부근의 초원에 살던 부족민이다. 그들은 양, 소, 말 등의 목축 생활로 몇 백 년 동안 자급자족하며 살아왔다. 그러나 12세기 대부분의 기간 동안 제3소빙하기로 인해 연평균 기온이 떨어지고 기후 조건이 악화되어 몽골 부족은 그들 자신들의 영

---

43) Chaffee, *Branches of Heaven*, pp. 202-203.

역 밖에 있는 더 좋은 초지를 찾아 나서야만 했다. 이웃 부족과의 충돌은 불가피했다. 몽골족이 처음으로 중국 역사가들의 주목을 받은 것은 1139년에 금을 물리쳤을 때였다. 1147년 화의에서 금은 몽골에게 매년 소와 양, 쌀과 콩 그리고 풀솜(綿)과 비단을 진공하기로 약속했다. 이는 금이 세폐를 주는 입장이라는 것만 빼면, 그보다 5년 먼저 금이 송과 맺은 합의와 거의 같은 방식이었다.

'단단한', '강한' 또는 '대양의' 정복자라는 의미인 칭기즈칸으로 더 잘 알려진 테무친(1167~1227)은 강력하고도 든든한 가문 출신이 아니었다. 그의 아버지 예수게이가 자신을 따랐던 타타르족에게 독살당하자, 종족들은 모두 흩어져 예수게이(야속해也速該)의 아들 테무친보다 힘 있는 지도자들을 추종하였다. 과부가 된 테무친의 어머니 허엘룬은 아이들과 함께 무방비 상태로 버려졌다. 『몽골비사』에서는 이 용감한 여성이 자녀들을 데리고 산으로 피신해서 야생 배, 산딸기, 식물 뿌리와 물고기, 작은 사냥물로 연명하며 자녀들을 적들의 노예가 되지 않도록 지켜낸 과정을 전해주고 있다. 『몽골비사』는 몽골어 발음을 한자로 표기한 것이었다.

테무친은 몇 십 년 동안 궁핍과 끝없는 싸움, 그리고 몇 년 간 금 제국에서 포로 생활도 견뎌내면서 동맹 세력을 구축해갔다. 1206년 몽골의 지도자가 죽은 뒤, 오논 강에서 부족 회의가 열렸다. 이 대집회(쿠릴타이)에서는 모든 부족 지도자들이 회동하여 최고 자리의 후계자에 대해서 논의했다. 정상적인 경우라면, 죽은 지도자가 이미 자신의 경쟁자를 모두 물리쳐서 부족의 안전과 복지를 보장할 수 있음을 입증했을 것이므로, 후계자는 그의 아들과 형제들 중에서 선출되게 마련이었다. 몽골의 민족적·문화적·언어적인 통일을 이루기 위해 테무친이 그때까지 쏟은 노력이 결실을 맺어 이 대집회에서는 테무친을 몽골족 전체의 수장으로 선포하였다.

칭기즈칸이 권좌에 오른 뒤 몽골족의 삶과 복지는 더 이상 전통적 유목 생활이 아니라 전리품에 점점 더 의존하게 되었다. 칭기즈칸은 국민들에게 금, 은, 말, 여자, 포로, 노예를 제공하고, 그들의 복종과 충성을 요구했다. 충성과 보복이 그가 이해하는 인간관계의 기본이었던 것 같다. 불충한 자들을 잔인하게 처벌한 반면, 신뢰할 만한 부족민에게는 후한 보상을 제공했다. 다만 이러한 규율 체계는, 지속적으로 조직적인 군대가 이웃한 나라들을 침공하여 노획물을 싣고 귀향하는 때에 한해서 작동할 수 있었다. 따라서 전투는 중독이 되고 전쟁과 정복은 그 자체로 목적이 되었다.

몽골족의 구조는 군대 구조와 밀접하게 연계되어, 1000명의 전사와 그들의 가족 및 딸린 사람들을 포함하는 천호대를 한 단위로 하여 전체가 95개 단위로 구성되었다. 지휘부의 임명은 오로지 전투에서의 능력, 능률, 용맹으로 결정되었다. 이러한 경쟁 구도는 제한 없는 진급이 가능하다는 의미이므로 그 동기 부여의 효과는 대단히 컸다. 그뿐 아니라 칸이 모든 군인을 형제이자 전우로 간주하는 인간적인 관계도 은근히 보여주었다. 장수와 일반 병사들이 똑같이 소박한 음식과 숙소를 공유했고, 이런 평등한 환경이 사람들의 전투 정신과 충성심까지도 북돋워주었다. 1227년에는 군 단위의 수가 129개로 증가하여 전체 70만 명을 아우르게 되었는데, 이것이 곧 전체 몽골 국가였다.

몽골은 1209년에는 탕구트에 집중하여 전쟁을 하고, 1211년에 금 영토로 침공하기 시작했다. 1214년 봄, 몽골 병력은 금의 중도中都(지금의 북경)를 포위했고, 공격을 멈추는 대신 500명의 남녀 아동 노예, 말 3000마리, 금과 비단 등 많은 대가를 받아냈다.[44] 그해 여름, 금의 선종宣宗은 중도에서 남경인 개봉으로 정부를 옮기고 이에 40만 호 이상이 서둘러 남쪽으로 도주했다. 칭기즈칸은 그 소식을 듣자마자 곧 중도를 공격하라고 명령했다.

물자 보급도 끊어지고 군을 증원할 기회도 없어지자, 포위된 지 10개월 만인 1215년 5월에 중도는 항복하고 말았다. 수천 명의 주민이 학살을 당했으며, 이후 몇 개월 동안 도살된 사람들의 뼈가 쌓여 거대한 산더미들을 이루었다. 시체에서 흘러나온 지방 찌꺼기로 토양은 기름투성이가 되었고 공기는 살 썩는 냄새로 진동했다.[45] 칭기즈칸은 여진이 남쪽으로 가서 군사력을 강화한 뒤에 돌아와 반격을 가하려는 교활한 술책을 쓴다고 보았기 때문에 분노하여 보복을 가한 것이다. 금의 북쪽 지역이던 하북성과 하남성, 산서성과 섬서성 지역에서는 칭기즈칸의 가장 유능한 장군 중 한 명인 무칼리(목화여木華黎)가 무력 침공을 계속했다. 오래지 않아 거란족과 여진족의 고향인 만주도 몽골의 영토가 되었다.

---

44) Martin, *The Rise of Chingis Khan*, pp. 170-171.

45) 앞 글, p. 178.

알라의 회초리

칭기즈칸은 유목민의 정의감을 과시하듯 보복을 원칙으로 한 삶을 살았다.[46] 12세기에 몽골 고원의 주요 부족 중 하나였던 메르키트족이 그의 아내 보르테(패아첩孛兒帖)를 납치하자 칭기즈칸은 메르키트족을 몰살하라고 명령했다. 또한 그는 자기 아버지를 살해했던 또 다른 유력 몽골 부족인 타타르족의 모든 남성을 학살했으며, 가족, 옛 친구 또는 동맹 부족을 막론하고 칭기즈칸이 끔찍하게 처벌한 사례는 이루 다 헤아릴 수 없을 만큼 많았다. 그가 도시를 파괴할 때는 그곳의 주민 모두를 몰살했는데, 그 수가 몇 만 명을 헤아리곤 했다. 화북 지역에 사는 한족에게 몽골 군대가 불러일으키는 공포는 일상의 현실이었다.

그러나 중원과 남송에 사는 한족에게는 이전의 거란이나 여진 침략군이 훨씬 더 나빴다. 칭기즈칸의 군사 원정은 중앙아시아 스텝을 가로지르는 오랜 무역길, 즉 이른바 실크로드 상의 부유한 도시들에 집중되었다. 이 국가들은 이전에 있던 전쟁들에 지쳐서 크게 항거하지 못했으며, 초원 지대는 몽골 기병대들이 침입하기에는 중국 중남부의 진흙 들판보다 수월했다. 중앙아시아의 더 쉬운 먹잇감과 비교해볼 때, 거대한 인구를 가진 송 왕조를 단순히 협박과 공포, 무분별한 폭력만 가지고는 정복할 수 없었다.

희생자의 피를 마시고 개, 쥐, 사람 몸까지도 잡아먹는 괴물이라는 몽골에 대한 악명이 몽골 기병대보다 앞서 전해진 것이 그 광대한 영

---

46) Ratchnevsky, *Genghis Khan*, p. 151.

토를 놀라운 속도로 정복할 수 있게 해준 요인이기도 했다. "싸움 없이 항복하는 것"만이 도성 주민들이 살아남는 유일한 길일 뿐, 자기들이 지나온 여정은 온통 유혈이 낭자하다며 몽골 장수들은 새로운 희생자들에게 겁을 주었다. 이 명령을 따른 도시들에 대해서는 공공시설과 민가를 약탈하더라도 대신 주민의 목숨은 대부분 살려주었다. 전리품을 분배할 수 있을 정도의 시간 동안 잠시 숨을 돌리고 나서, 몽골의 전투 조직은 도성 밖으로 이동했다. 젊은 여성뿐만 아니라 몽골족에게 유용하다고 생각되는 장인들도 노예로 잡혀가서 전투 지휘관을 비롯한 장병들에게 수십 명씩 분배되었다.

13세기 초기에 중앙아시아에는 강력한 이슬람 제국인 호라즘이 존재했고, 술탄인 무함마드 2세 역시 금을 정복하겠다는 야심을 가지고 있었기 때문에 몽골군의 전쟁 승리는 술탄을 분노하게 했다. 호라즘은 당시 트랜스옥시아나(오늘날의 투르크메니스탄), 동부 이란, 아프가니스탄, 그리고 북부 인도에까지 이르는 영토를 지배하고 있었다. 칭기즈칸은 호라즘에 사절을 보내 협상을 시도했으나 거절당하고 돌아오던 사절단이 살해당하자 전쟁에 착수했다. 1219년 전장으로 향하기에 앞서 자신이 죽을 경우를 대비하여 후계자를 결정하는 대집회를 소집했으며, 참석자들은 칭기즈칸의 셋째 아들 오고타이Ogotai(와활태窩濶台, 1186~1241)로 의견을 모았다.

1219년부터 1225년까지 지속된 전쟁에서 칭기즈칸의 군대에 학살된 호라즘의 희생자는 수백만에 달했다. 이 전쟁에서 승리한 후 몽골군은 무자비하며 당할 자가 없는 무적의 군대로 이름이 나고, 아랍의 연대기 기록자들은 칭기즈칸을 '알라의 회초리'라고 기술하였다.[47] 투르크인의 교육, 종교, 상업, 수공예의 중심이었던 부하라는 1220년 초에 약탈당하고, 같은해 포위된 사마르칸트 도성도 오래 버티지 못하고 점령당했다. 부하라와 사마르칸트 두 도시 모두 항복한 주민과 이슬람 성직자들은 도시 밖으로 내몰리는 데 그쳤지만, 도시를 방어한 수만 명의 군사들은 대량 살육을 당하였다. 다른 수십 곳의 도시들도 비슷한 운명에 처했다. 또 다른 경로를 따라 출정한 몽골 군대들은 서쪽으로 카스피 해 북쪽의 킵차크 초원까지, 남쪽으로는 코카서스를 지나 흑해까지 진출했다가 1224~1225년까지 대부분의 군대가 몽골로 귀환했다.

중단 없는 출정을 수행하기 위해서는 유능한 기병대는 물론 그 이상의 것들이 필요했다. 각 기병騎兵은 황소 가죽 옷에 철판을 대어 보강하고, 여러 마리 말을 준비하여 바꾸어 타기 때문에 잠깐씩만 쉬고 며칠씩 달릴 수 있었다. 말 탄 궁사들이 전속력으로 질주하면서 선 채로 철촉 화살을 쏠 수 있었던 것은 여진 기병대한테서 배운 등자鐙子 덕분이었다. 보급 물자와 군량을 실은 무수히 많은 수레가 기병대와 보조병력을 뒤쫓아갔다. 중국의 화약으로 만든 무기인 화염 폭탄과 신호탄을 비롯하여 포위전에 필수불가결한 모든 종류의 기계 장비도 가져갔다. 칭기즈칸은 동맹 부족이나 패전한 왕국들에게서 강제로 군사들을 내놓게 한 다음 자기 군대의 전선에 세워 화살받이로 삼았다. 거란, 여진, 고려, 한족과 기타 민족으로 이루어진 보조군의 수가 몽골 병력

을 능가할 때도 많았다. 점령당한 영토의 민간인들도 곡물, 의류, 금속, 승용마 그리고 노역을 침략군에게 바쳐야 했다.[48]

이전에 보조군의 제공을 거부했던 탕구트의 수도 영하寧夏를 향하여 쳐들어간 것이 칭기즈칸의 마지막 전쟁이 되었다. 1227년 8월에 칭기즈칸이 죽자, 몽골군은 서하 영하의 전체 인구를 도륙하는 가공할 보복을 가하였다. 몽골국의 창시자이자 신 같은 존재였던 지배자의 죽음으로 인해 금 제국에 대한 침공이 한동안 지연되었으나 오고타이는 대칸에 추대되자마자 작전을 재개했다. 1230년에 오고타이는 금에 대한 대대적인 공격을 시작하여 전체 세 갈래의 길로 진격해 들어갔다. 동부군은 산동으로, 자신이 직접 통솔하는 중부군은 산서로, 그리고 톨루이(타뢰拖雷, 원 세조 쿠빌라이의 아버지)가 지휘하는 서부군은 섬서와 사천 북부로 진격하게 했다. 1232년 여름에 그 세 길로 나누어 간 부대 전부가 개봉 가까이 자리를 잡았다. 자포자기한 금의 애종哀宗(재위 1224~1234)은 채주蔡州로 도주하여 송에게 도움을 호소했으나 송은 금 애종의 간청에 응답하지 않았다. 1233년 5월 개봉이 항복했고, 1234년 2월 9일 애종이 자결함으로써 금 왕조는 끝이 났다.

오고타이는 1235년부터 6년 뒤에 사망할 때까지 서쪽으로 원정을 재개하여 유럽의 최동단 지역을 몽골의 지배지로 만들었다. 오고타이의 군대는 남부 시베리아를 통과하는 직선 경로를 지나가면서, 1237년에는 볼가 강변의 불가르국(13세기 초반까지 동유럽의 투르크 이슬람 문화를 대표했던 볼가 불가르Volga Bulgar는 수도를 불가르〔현재 러시아 카잔의 남

---

48) Allsen, "The Rise of the Mongolian Empire," pp. 363-364.

쪽)에 두고 볼가 강 중부의 유리한 교통망과 농업적 입지를 바탕으로 안정된 정치 조직을 유지하고 있었다. 몽골의 1차 원정 때는 큰 피해가 없었으나 1237년 바투의 침략 때 거의 무저항 상태로 무너졌다. - 역주)을 무너뜨리고 1238년에는 블라디미르와 모스크바를 약탈한 뒤에 자신들에게 좀 더 익숙한 초원 지대인 킵차크로 돌아갔다. 1240년에는 몽골이 우크라이나의 키예프 공국을 정복했다. 이로써 러시아는 비잔틴과의 종교적·문화적 연결로부터 끊어지게 되었다. 키예프에서 출발한 몽골 기병대는 폴란드로 쳐들어가 츠미엘니크에서 폴란드 군대를 대파하고, 1241년 4월에는 실레지아의 리그니츠 전투에서 독일—폴란드 기사 군단을 궤멸시켰다. 그 사이 또 다른 파견대는 모히 전투에서 헝가리 왕과 싸워 이기고 빈으로 향했다.

1241년 12월 11일 즈음 오고타이가 과음한 뒤 카라코룸에서 죽는 바람에, 몽골 군대는 새로운 지도자를 선출하기 위해 몽골리아로 돌아갔다. 지도권을 놓고 칭기즈칸의 적자 4명의 가문들이 벌인 여러 해 동안의 싸움과 경쟁은 내전의 양상으로 치달으며 부족의 통합을 위협했다. 1251년 칭기즈칸의 막내아들 톨루이의 아들인 몽케(몽가蒙哥, 1209~1259)가 대칸의 자리에 오를 때까지 주요 군사 작전은 모두 보류되었다. 어머니 소르칵타니 베키(사로합첩니唆魯合貼尼)의 영리한 도움 덕분에 대칸이 될 수 있었던 몽케는 자신이 "조상의 법규에 순종하고 다른 나라의 행동을 모방하지 않았다"고 자랑스럽게 말했다.[49] 1253년

---

49) 『元史』, 3:54.

그는 무자비한 숙청을 실시하여 오고타이 가계를 거의 제거하고 자신의 지배를 안정시켰으며, 자신의 동생 훌라구(욱열올旭烈兀)에게 명령을 내려 몽골의 페르시아 지배를 공고히 하도록 했다. 1258년 몽케는 아바스 칼리프국의 행정 중심인 바그다드를 약탈했다. 바그다드에서 몽골군이 무슬림 주민을 대량 학살할 때에 기독교인 보조 부대도 가담했다. [50]

당시 몽골 가한可汗(khan)의 지배가 확정된 4개의 한국汗國은 남러시아와 우크라이나의 킵차크한국(금장한국金帳汗國), 이전에 호라즘 왕국이었던 차가타이한국, 후에 페르시아의 일한국으로 불리는 서아시아한국, 그리고 몽골리아의 한국이었다. 이 밖에도 그는 1253년에 자기동생 쿠빌라이(홀필렬忽必烈, 원 세조, 1215~1294)를 중국의 '가한'으로 임명하여 남송의 영토로 침범해 곡물을 확보하고 그 번성한 도시들을 약탈하라고 명령했다.

쿠빌라이는 운남의 대리大理 왕국을 정복하는 데 시간을 들인 다음, 1254년 (송의) 북쪽 경계 지역을 급습해 들어감으로써 대송 작전을 시작했다. 1259년 8월 11일, 출정에 나섰던 몽케는 양자강을 막 건너려는 때에 사천에서 죽었다. 대칸 정권에 새로 들이닥친 승계 위기가 송 정부에게 잠시의 유예 시간을 허락하였다. 쿠빌라이가 1260년 5월 5일 대집회에서 승자로 부상했고, 1271년 12월 18일 후에 원으로 이름을 정하게 되는 새로운 왕조를 선포했다. 쿠빌라이가 중국 전역을 통치한 최초의 외국인 황제인 원 세조(재위 1260~1294)였다.

---

50) Allsen, *Mongol Imperialism*, pp. 84-85.

서서히 다가오는 송 왕조의 최후

몽골이 송의 변경에 등장한 1250년대에 송 왕조의 관리들은 이번 침략자들이 단순히 또 다른 야만족 약탈대가 아니라 매우 위협적인 존재라는 사실을 인식했어야 한다. 그러나 300년간 중국을 지배한 영광스런 송 왕조가 멸망할 것이라는 것도, 중국 역사를 통틀어 일어난 적이 없었던 오랑캐의 중국 정복도 그들이 상상할 수 있는 범위를 넘는 일이었다. 문제의 심각성을 몰랐던 송의 정치가들은 과거에 그들에게 매우 효과가 좋았던 해결책, 즉 침략자와 외교적인 관계를 수립하여 다른 호전적인 세력이 그 공격자를 무너뜨릴 때까지 시간을 버는 이이제이以夷制夷의 방식을 심각하게 고심하려 들지 않았다.[51]

13세기 송 왕조의 통제 능력을 벗어난 여러 가지 국내 문제들도 왕조의 몰락을 재촉했다. 몽골이 금 왕조를 완전히 멸망시킨 1234년에는 동전 대비 지폐의 가치가 급락하여 지폐로 급료를 받는 주민과 병사들은 막대한 손실을 입었다. 지폐 유통량을 줄이고 시장 가치를 안정시키기 위해서 1235년에 재상 정청지鄭清之는 경작지 1무畝당 지폐(회자會子) 한 장을 추가 세금으로 부과하자는 의견을 제시했다. 정청지의 제안은 대지주들의 이익을 대변하는 관리들의 거센 반대에 부딪쳤다. 관리들은 그 대신 상인들에 대한 조세를 추천했다. 지폐 가치를 보전하기 위한 제안들이 결국 모두 실패하자 1246년까지 천문학적인 수치로 통화 팽창이 가속화되는 사태를 막지 못했다. 농사의 풍작 덕

---

51) Franke, "Chia Ssu-tao," pp. 225-228.

분에 국가의 조세 수입은 계속 높았음에도 불구하고 송 경제에 끼친 그러한 인플레이션의 악영향은 더 이상 부정할 수가 없었다.[52] 그렇지만 지주 계급의 부를 늘리는 데 유리했던 당시의 화폐제도를 바꾸는 개혁을 어느 누구도 감행하지 못했다.

송의 대규모 군대에 식량을 공급하기 위한 방안으로서 정부는 농민들에게 곡물을 국가에 팔고 그 대가로 지폐를 받도록 하는 화적和糴을 실시했다. 신임 재상 가사도(1213~1275)는 곡물 매입 방법을 개혁하여 모든 사람들의 생계가 달린 식비를 안정화하려고 노력했다. 1263년 그가 제정한 공전법公田法은 개인의 부를 재분배함으로써 조세 수입을 늘리려는 의도의 기획이었다. 그것은 개인 소유지로 500무(28만 6500 평방미터)를 초과하는 경작지는 국가가 매입하여 공전으로 전환한 다음, 토지가 없는 농민들에게 나누어주어 경작하도록 법제화한 것이었다. 그 절차와 과정은 거의 징발에 가까웠다. 관리들 역시 품계에 준해서 토지 보유액을 할당받았다.[53] 매도한 토지의 보상액은 그 면적과 해당 토지에서 납부하던 연간 조세 액수를 기준으로 가격을 매겼다.

가사도의 개혁은 국가 재정을 공고히 하고, 지폐 가치를 안정화하며, 대지주의 토지 보유 면적을 제한하여 그들의 부와 만연한 세금 포탈을 줄이기 위해 취해진 조치로서 전근대 중국사에서 가장 급진적이고도 필사적인 시도였다. 1275년까지 12년 동안 실시되면서 그의 개혁은 이종과 도종度宗(재위 1264~1274)의 지지를 받았지만 관리들의 경

52) 漆俠,『宋代經濟史』, pp. 1082-1083.

53) 何忠禮,『宋代政治史』, pp. 545-546.

제적 이익과는 어긋나는 것이었다. 왕조의 생존을 위해서는 그들의 지지가 긴요했지만, 그들의 아우성은 분노에 찼고 저항은 맹렬했다. 1268년 몽골의 맹격이 퍼붓는 순간까지 권좌에 있었던 것이 가사도에게는 불운이었다. 만약 좀 더 일찍 사망했더라면 중국의 역사가들은 그를 개혁가 왕안석과 같은 반열에 올려놓았을 것이다. 송 왕조가 급격히 쇠퇴하고 있었던 사정을 고려할 때, 그의 개혁이 사회 전반에 미친 충격이 어느 정도였을지 가늠해보는 일은 오늘날에도 쉽지 않다.[54]

1260년에 몽골의 대칸이 된 쿠빌라이에게 송은 장차 중국 전체를 통일하여 지배하려는 열망을 가진 강력한 경쟁자로 여겨졌고, 따라서 그는 송을 정복할 작정이었다. 그러나 그의 기병들은 양자강 이남 지역의 환경, 즉 장대한 강들과 광활한 호수, 진흙바닥인 논, 심지어 고온다습하기까지 한 기후에 익숙하지 않았다. 그곳을 침략하기 위해서는 기병대가 초원 지역을 공격할 때와는 다른 보급과 전략이 필요했다. 몽골이 송과의 전쟁에서 성공하기 위해서는 정복할 곳의 토양 및 송나라 사람들의 사고방식에도 정통한 중국인 협조자들과 중국인 보조 군대를 필요로 했다.

새로운 몽골 지배자 쿠빌라이도 국가 내부에 관심을 집중해야 할 골칫거리들을 가지고 있었다. 그가 선출되는 과정에 상당한 저항도 있었고, 또 산동의 유력한 한족 군벌인 이단李璮(사망 1262)의 몽골에 대한 배반도 처리해야 할 문제였다.[55] 몽골 조정으로 조세租稅가 계속 유

---

54) Franke, "Chia Ssu-tao," p. 233.

55) 黃寬重, 『南宋地方武力』, pp. 299-304.

입되도록 하기 위해서는 화북에 행정부를 설치할 필요가 있었지만, 또 한편 그는 몽골족의 독특한 민족적·유목적인 요소들을 무시할 수 없었다. 그 이전에 여진이 그랬던 것과 똑같이 그도 문명이라는 덫에 걸렸는데, 몽골의 경우 그 잠재적인 심각성은 훨씬 더 컸다. 쿠빌라이 의 대응은 북송과 유사한 중앙 행정조직을 설립하는 것이었다. 그러 나 지방에 대한 통제는 중국인의 제도와 크게 달랐다.[56] 그는 중국 대 칸국의 인구를 세 가지 민족 집단으로 나누었다. 몽골족이 단연코 우 세하고, 그 아래 많은 무슬림을 포함한 중앙아시아나 서아시아 사람 들이 지휘 체계에서 두 번째였으며, 한족은 거란 및 여진과 함께 최하 위 집단에 속했다.

몽골은 1268년 한수漢水 유역에 위치한 양양襄陽·번성樊城의 전투로 공격전을 개시했다. 이곳은 양자강 중부의 분지 지대로 접근하는 세 력을 방어하기 위해 견고한 요새를 갖춘 송의 요충지였다. 1264년 이 종理宗의 장례에 참석한 바 있는 관리 왕응린王應麟(1223~1296)은 송 제 국의 내부 안보는 이 두 근거지의 전투력에 달려 있다고 도종에게 거 듭하여 경고한 바 있다. "만약 그 두 곳이 항복한다면 우리가 어떻게 평화를 다시 찾을 수 있겠습니까?"라고 하면서, 조정의 관리들이 나 태하여 변경의 위태로운 상황에 대해 아무도 토론하려 하지 않고 또 그럴 준비도 되어 있지 않다고 개탄했다.[57] 송 정부에서는 1206년과

---

56) Rossabi, "The Reign of Khubilai Khan," pp. 427-428.

57) Soffel, *Ein Universalgelehrter verarbeitet das Ende seiner Dynastie*, pp. 16, 152.

1207년에 금의 군대가 양양을 정복하지 못했기 때문에 이 성채들이 몇 년 동안 공격을 견뎌낼 수 있을 거라 믿고 있었다. 몽골 공격자들에게는 수상 전투를 수행할 병력과 그곳의 넓고 깊은 해자에 다리를 놓고 튼튼한 성벽을 무너뜨리는 공성 작전의 전문가가 필요했다.

쿠빌라이는 몽골군 외에 한족·페르시아인·위구르인 지상군을 모집하고, 고려인과 여진족에서 수군 병사를 뽑았다. 5000척이 넘는 배가 강을 봉쇄하여 포위된 도성으로 들어가는 병력 보충과 식량의 유입을 차단했다. 그러나 정작 돌파구가 열린 것은 1272년 무슬림 공성 기술자들이 전장에 도착하면서부터였다. 그들은 거대한 바윗돌을 먼 거리까지 날리는 투석기를 설치했다. 이 돌덩이들에 맞아 결국 성벽에 금이 갔다. 1273년 1월 기습을 당한 번성의 전 주민이 민간인이든 군인이든 1만 명 이상 학살되었다. 몽골은 양양의 방위군들에게 운명적으로 닥칠 끔찍한 광경이라는 듯, 한수를 따라 시체들을 쌓아놓고 보게 하였다.

5년간의 전투 끝에 양양의 송군 사령관인 여문환呂文煥이 몽골군에게로 전향했다. 여문환은 그 후에 군사 자문가와 야전 지휘관으로 쿠빌라이에게 봉사하였다. 끔찍한 살육으로부터 살아남기 위해서 1273년 3월 도시가 결국 항복했다. 송 조정은 충격에 싸이고 관리들은 불확실한 미래의 불안감에 사로잡혀 옴짝달싹도 못한 채 영웅주의, 충성심, 운명론 사이에서 방황했다. 그들 모두 몽골군이 양자강을 타고 내려와 남송의 심장부로 곧바로 쳐들어올 것이라 생각했다. 그러나 예상과 달리 대규모 침공은 1274년 말로 연기되었다. 고려를 평정하러 떠난 1273년의 출정과 일본 정복을 목표로 한 1274년의 원정이 앞서 수행되었다. 후에 밝혀진 것처럼 일본 원정은 몽골에게 재앙으로 끝났다.

쿠빌라이가 남쪽에서의 충돌과 관련해 송을 비난하면서 '전쟁 선포'를 발표한 때로부터 꼭 3주 후인 1274년 8월 12일에 도종은 예상치 못한 죽음을 맞았다.[58] 도종의 네 살짜리 아들 조현趙㬎(1270~1323) 즉 송 공제恭帝가 그의 뒤를 이었다. 13세기 송 조정에서 가장 주목할 만한 여성이었던 사도청謝道淸(1210~1283)이 황제의 할머니, 태황태후로서 공제의 섭정이 되었다.

최종 붕괴

쿠빌라이는 대규모 원정군의 통솔자로 몽골인 바얀(백안伯顔, 1237~1295)을 임명했다. 송을 버리고 투항한 탈주자들의 협조를 얻어내는 일을 비롯하여 꼼꼼한 준비를 마친 후, 중국인이 주류를 차지하며 추산하여 20만 명에 달했을 몽골 군대가 1275년 1월 한구漢口에서 양자강을 건넜다. 주력부대가 남경과 양주 방향으로 양자강을 따라가는 사이, 별도의 여러 파견대는 광동과 복건 방향으로 갔다. 1275년 1월, 송에서는 태황태후의 호소가 있었다. "황제의 봉록으로 살아온 자들, ……그리고 충성과 의리의 정신을 가진 자들은 적과의 교전에 그

---

58) Davis, *Wind against the Mountain*, pp. 29~30.

들의 힘을 다할 것이다."[59] 그녀는 방어력에 집중한다면 몽골의 진격을 막을 수 있다는 헛된 희망을 여전히 갖고 있었다.

1275년 3월 가사도가 13만 명의 병사와 2500척 전함을 통솔하여 양자강을 봉쇄하고, 양주에서 멀지 않은 정가주丁家洲에서 몽골군을 기다렸다. 송의 군대가 몽골의 기병·포병의 적수가 될 수 없다는 사실은 금세 드러났고, 송의 함대는 산산조각으로 폭파되어버렸다.[60] 송의 방어선이 무너지자 지휘관과 병사들은 배반하거나 도주했다. 가사도는 남은 장병들을 재조직하려 노력했지만, 그의 수고에 대한 보답은 도리어 전쟁 참패의 책임이 전부 그에게 돌아왔다는 것이었다. 태황태후는 1275년 3월 26일 가사도를 관직에서 해고했다. 그래도 가사도에 뒤이은 재상 진의중陳宜中(1228?~1285?)이 가사도의 처형을 요구했을 때 태황태후는 거부했다. 가사도는 정호신鄭虎臣 등의 호송을 받아 복건성으로 귀양 가는 도중, 1275년 10월 9일 살해당했다.

진의중은 즉각 공전법을 폐지하고 개혁 이전의 토지 소유제를 재건하기 시작했다. 조정 관리들은 혼란에 빠진 상태에서 왕조의 장래를 놓고 분열되었고, 가사도에 대해 그랬던 것과 같이 진의중에 대해서도 의견이 갈렸다. 태황태후가 관리들에게 제국을 구할 수 있는 방안을 단 하나도 제시하지 않는 비겁자이며 배반자라고 불평을 쏟아낼 만했다. 그녀는 천명이 아직 바뀌지 않았다며 그들을 훈계했다.[61]

---

59) 앞 글, p. 62.

60) 陳世松, 『宋元戰爭史』, pp. 262-267.

61) Davis, *Wind against the Mountain*, p. 75.

바얀의 군대는 송의 수도 항주까지 진격해갔다. 송 군대는 침략에 저항할 수 없었고, 여러 가지 다양한 협상의 조건들을 바얀에게 보냈지만 몽골 조정은 관심을 보이지 않았다. 대부분의 도성은 맞서서 버텨보지도 않고 미리 항복해버렸지만, 그래도 몇 곳의 전투가 남아 있었다. 송의 충성스런 애국자들을 겁주기 위하여 바얀은 완강하게 성을 사수했던 상주常州를 잔혹함의 본보기로 삼았다. 1275년 12월에 성으로 공격해 들어간 바얀은 민간인과 군인 가릴 것 없이 모든 인구를 처형하라고 명령했다. 1276년에 접어들어 몽골군이 항주로 접근하자, 모든 계층에서 탈주자가 증가했다. 진의중은 도성을 비우자고 조언했다. 이는 왕조를 구하자는 충정으로 애국지사 문천상文天祥(1236~1283)과 장세걸張世杰이 그보다 열흘 전에도 말했지만 아무 소용이 없던 제안이었다.

1276년 2월 4일 바얀의 군대가 항주 근방에 다다랐을 때, 진의중은 태황태후를 버리고 해안 도시 온주溫州에서 가까운 고향으로 비밀리에 도주했다. 장세걸도 진의중이 한 것처럼 다음날 군대를 끌고 정주丁州로 갔다. 태황태후는 배신감을 느꼈다. 이제 송 왕조는 가망이 없어졌고, 이전에 써놓은 무조건 항복에 관한 초안 문서가 황제의 옥새와 함께 바얀에게 전달되었다.

어린 황제는 대원大元 황제의 도덕성에 호소하며 설명했다. "이제 천명이 회복되었으며 당신의 신하는 그것을 떠나기로 했습니다."[62] 1276년 2월 21일에 원 왕조의 이름으로 바얀은 항복문서를 받아들였

62) 『元史』, 9:176-177; 『宋史』 47:937.

다. 바얀의 군대가 항주의 성문을 통과해 시내 대로를 따라 개선 행진을 했을 때 그는 세계에서 가장 크고 부유하며 세련된 도시를 차지한 것이었다.[63] 전 황제가 된 공제 조현趙㬎과 그의 어머니인 황태후 전구全玖(1241~1309), 태황태후 사씨, 그리고 모든 궁녀와 환관들이 포로가 되어 바얀의 호위 아래 상도에 있는 쿠빌라이 처소로 끌려갔다. 공제는 얼마 후 그의 어머니와 함께 티베트로 추방되어 그곳 불교 수도원에서 지내다가 1323년에 자살했다.

태황태후 사씨는 원 왕조에게 굴욕적인 무조건 항복문서를 보냄으로써 송의 운명에 종지부를 찍은 것으로 생각했다. 그러나 진의중, 장세걸, 문천상을 비롯한 수많은 진정한 애국자 또는 자칭 충신들은 공제의 두 이복형제인 조시趙昰(1268~1278)와 조병趙昺(1271~1279)을 데리고, 다른 길을 택해 남쪽으로 도망갔다. 그들은 무력 저항운동을 조직하려 노력했고 1276년 6월 14일에는 후일 단종端宗으로 알려진, 두 이복형제 중 형인 조시를 보위에 앉혔다. 그러나 통일성을 갖추지 못한 저항 노력은 시작부터 허약했다. 몽골군의 추격을 받아 그들은 남쪽으로 항해하여 20만 명의 송 피난민들과 함께 애산厓山의 섬으로 피신했다. 1278년 5월 10일에 단종의 배다른 동생이며 도종의 막내아들인 여섯 살짜리 조병이 황제로 선포되었다.

몽골 함대는 1279년 3월 19일 해전에서 송의 잔여 세력을 무너뜨리고, 무수한 민간인과 병사의 목숨을 앗아갔으며, 그중에는 어린 황제도 있었다. 대부분은 작전 중에 죽었지만, 익사하거나 자살로 사라진

---

63) 『宋史』, 47:938; 『簡明宋史』, p. 443.

사람도 많았다. 송의 애국 충신들은 몽골을 섬기는 대신 순교와 자결이라는 도덕을 택했으며 그러한 가정의 여성들은 정절을 강조한 신유학의 가르침에 따라 집단 자살을 선택하는 것이 일반적이었다.[64]

남송의 충신으로 유명한 문천상도 애산 전투를 직접 당한 사람 중하나였다. 1256년에 그는 왕응린이 감독하는 수도에서의 진사 시험에장원으로 합격했고, 황제 이종이 손수 하사하는 영예를 받기도 했다. 일상적인 정치 활동에 깊이 개입했던 문천상은 왕조와 수도를 수호해야 한다고 역설했지만, 그의 노력과 군사 작전은 모두 실패했다. 1279년 몽골에게 붙잡혀 수감되어 있는 동안 원 왕조의 공무에 참여하라는제안을 여러 차례 받았지만 그는 끝까지 송에 대한 충성을 지켰다. 사실 이러한 경우는 한 개인을 진퇴양난의 궁지에 빠지게 할 수 있었다. 송에 대한 충성을 가족과 조상에 대한 봉사보다 우선하는 것은 유교의효도 윤리를 위반하는 것이었다. 그러나 송 왕조의 은총으로 재상에임명되고 진사 시험에서 장원급제한 사람이 두 명의 군주를 섬길 수는없다는 확신을 가지고 있었던 문천상은 감옥에 갇혀서도 몽골의 제안을 거절하고 자신은 순교하여 송에 대한 충성심을 지키겠다고 고집했다. 4년의 투옥 생활을 보낸 문천상은 1283년 1월 9일, 몽골의 수도인대도(북경)의 장터에서 몰려든 군중 앞에서 처형되었다. 기록에 따르면 그는 "나는 내 업무를 완수했다"라는 마지막 말을 남겼다.[65]

---

64) 『宋史』, 446:13150; Jay, *A Change in Dynasties*, pp. 137, 137-194.

65) 『宋史』, 418:12540.

5

| 세 가지 가르침 |

송대에는 불교와 도교의 영향 아래, 유학 사상가들이 고대의 중국 사상을 재편하고 '도학道學'으로 알려진 철학 체계의 기초를 창조해내기 시작했다. 결코 한 가지의 철학 학파였다고 할 수 없는 이 사상적 운동은 서구 사회에서 대개 '신유학'이라는 이름으로 불리는데, 일차적으로 사회적·정치적 질서를 수립하는 데 목표를 두었다.[1] 신유학은 합리주의적 인식론이나 근본주의 도덕론 같은 중국적인 가치 체계를 규정하고 재평가하였으며, 이것이 공공 영역은 물론 사적 영역에까지도 송 문화의 중심축으로 작용했다.

이러한 '르네상스'를 책임졌던 사상가들은, 우선 수백 년에 걸쳐 유학에 침투해 들어간 오류들을 제거해냄으로써 불교·도교와의 경쟁에서 유교 철학의 우수성을 재확립하고자 했다. 그러나 유교의 활기를

---

1) 余英時, 『朱熹的歷史世界』, vol.1:183; Hartman, "Zhu Xi and His World," p. 109.

되찾는 과정에서 그들은 불교와 도교의 교리 또는 수행의 특징들을 받아들여 유교에 인간적인 면을 가미했다. 송대를 통해 유교·도교·불교는 세 가지 가르침이라는 뜻의 '삼교三敎'로 알려졌고, 사회의 모든 계층에서 각각의 역할을 수행했다.

유학의 부활

송대는 중국 철학의 황금기였다. 고대 유학의 가치 체계가 12세기 학자들에 의해 새로운 활력을 얻고 최고의 경지로 표현되면서, 제국 시대가 끝날 때까지 중국 지배층의 행동을 지배하고 국가의 대내외 정책을 규제하는 최고의 이념이 되었다.

송대 사대부들이 공자와 그의 제자가 쓴 것으로 알려진 경서들의 원문에서 근본적인 원리들을 검토하고 여기에 자신들의 해석을 더하여 내용을 풍부하게 하며 자신들의 결론을 이끌어내기 시작하면서, 중국의 윤리 사상은 체계적인 철학으로 발전했다. 이러한 재성찰을 거쳐 성장한 인본주의적이며 이성적인 유교는 유학 교리에 대한 이전의 해석과는 크게 차이가 있었다. 따라서 도학道學은 유학儒學의 재창조이자 부활이었다.[2]

철학자 한유韓愈는 '도'의 추종자들, 즉 도학자의 계보에 들어가는

---

2) Bol, "On The Problem of Contextualizing Ideas," p. 62.

첫 번째 인물이었다.[3] 한유에게 신유학은 잃어버린 고대의 윤리 가치의 회복에 헌신하고자 하는, 일종의 문화적 근본주의였다. 한유가 쓴 '도'라는 단어의 의미는 매우 단순하고 쉬웠다. "내가 '도'와 '덕'이라고 부르는 것은 '인仁'과 '의義'의 결합을 의미한다. 천하 만물 모두가 그렇게 말한다."[4] 이 기초 개념에서 출발하여 확장된 사상운동은 지파에 따라서 유학 원리를 사회와 정부의 개선에 적용하는 데 중점을 두는가 하면, 인간의 본성을 규정하고 우주 안에서 인간의 위치를 설명하는 길을 추구하기도 하였다.

당 후기와 송 초기의 많은 유학자들은 중국 문화에 만연된 불교 수용과 도교 영향의 증가로 인해 나타난 새로운 도전과 문제에 적극적으로 대응했다. 11세기 초까지도 불교 사상은 심지어 과거제도에도 침투할 정도로 만연해 있었다. 일부 현대 역사가들은 중국에 불교가 없었다면 신유학도 없었을 것이라는 견해를 피력한다.[5] 개인과 우주 사이의 관계와 통일성에 관하여 새로운 유학의 개념 체계를 구축하게 된 것은 교세의 성장, 정부에서의 영향력 확대, 개인 구원에 대한 약속 등과 같은 불교의 도전에 대한 유학자들의 대응 때문이었을 것이다.

11세기에 다섯 명의 개척자들이 유교 철학을 한결 성숙하게 할 토대를 마련했다. 소옹邵雍, 주돈이周敦頤, 장재張載, 그리고 정호程顥·정이程頤 형제가 그들이었다. 그들의 학문적인 업적을 그들이 겪은 정치

---

3) Fung, *A History of Chinese Philosophy*, Vol. 2, pp. 407-413.

4) 『(韓)昌黎(先生)全集』, 11:2a.

5) Chang, *The Development of Neo-Confucian Thought*, p. 43; Yao, *An Introduction to Confucianism*, p. 97.

적 투쟁과 무관한 것으로 분리하여 볼 수는 없겠지만, 이들은 정치가나 문장가라기보다는 사상가들이었다. 자칭 안락선생安樂先生이라 하며 직접 밭을 갈고 채소를 재배하고 가축우리 같은 집에 은둔자로 살았던 소옹(1012~1077)은 신유학자 중에서 가장 논란이 된 인물이다.[6] 『역경』의 수數 점술 개념에 매료되었던 그는 도를 천지의 근본으로, 천지를 다른 모든 것의 기초로 생각했다. '도'는 세계의 창조자일 뿐 아니라 행동으로 가시화되는 인간 본성 안에 있는 선善이기도 했다. 소옹의 동시대인들은 그를 '원리의 학문' 즉 이학理學의 선생으로 간주했지만, 그의 철학은 공자보다는 도가인 노자의 철학에 더 가까웠다.

주돈이(1017~1073)는 일생의 상당 기간 하급 관리로 근무한 사대부였다.[7] 소옹과 마찬가지로 주돈이도 도교에서 영감을 얻었고, 그의 『태극도설太極圖說』은 우주의 근원을 구상화시켰다. 인간을 포함한 모든 물질이 일체라는 전체론을 발전시키면서도 인류가 우주의 최고 위치에 있음을 확인해주었다.[8] 주돈이에게는 성실함(誠)이 우주의 실체이며, 거기에 내재된 원리가 모든 덕의 원천이었다. 유교 윤리에 대한 주돈이의 강한 사명감은 그가 송대 5대 유교 사상가 중 한 명이 될 수 있도록 해주었다.

장재(1020~1077) 역시 위에 말한 두 명의 동시대인과 같이, 『역경』에

6) Birdwhistell, *Transition to Neo-Confucianism*; Wyatt, *The Recluse of Loyang*.

7) Chan, "Chou Tun-i," pp. 277-281.

8) Yao, *An Introduction to Confucianism*, pp. 98-99.

서 영감을 받았다.[9] 1056년에 개봉에서 강의를 하였고, 그의 강의에는 사마광과 장재의 조카인 정호·정이도 참석한 바 있다. 장재의 철학에 서는, 하늘의 '기氣'와 땅의 '기'가 무한히 상호작용을 함으로써 존재하 는 만물을 창조한다. 기는 그 물리적인 상태에 따라서 보일 수도 보이 지 않을 수도 있다. 모인 기는 물질로 가시화되지만, 모든 물질은 흩어 져 다시 보이지 않게 된다. 물질은 본래 기에서 만들어지고 따라서 보 편적인 원리의 일부이다.[10] 그는 유교의 덕목들을 강조하였다기보다 는 불교의 열반涅槃 개념이나 도교의 불로장생 사상과 분명히 결별했 다고 할 수 있으며, 이 점이 그에게 유교 사상가로서의 명성을 확고하 게 해주었다.

장재의 생질이자 주돈이의 제자, 또 소옹의 친구이기도 했던 정호· 정이 형제는 1057년에 진사 시험에 합격하고 그 이후 도·불교와 유교 의 분리를 완성했다.[11] 관리로서는 형인 정호(1032~1085)가 동생보다 더 성공적이고 높은 명예를 얻었으나 사상가로서는 정이(1033~1107) 가 더 독창적이었다.[12] 정이는, 기원전 4세기 맹자의 시대 이후로 잃어 버렸던 도학을 자기 두 형제가 되찾았다고 주장했다.[13] 정호의 적극적 인 지지로 고전『맹자』가 비교적 짧은 기간 안에 지성과 철학 분야의 주

9) Kasoff, *The Thought of Chang Tsai*를 보라.

10) Fung, *A History of Chinese Philosophy*, Vol. 2, pp. 497, 478-484.

11) Yao, *An Introduction to Confucianism*, p. 103.

12) Bruce, *Chu Hsi and His Masters*, pp. 17-55.

13) Bol, "This Culture of Ours," pp. 302-303.

요 경서로서 완성되었다.[14] 정호·정이 형제가 유학 저서의 중요성을 매우 중시하는 가운데, 『예기』 중에서 발췌된 『대학』과 『중용』 두 책도 유교 경서로서의 독립적인 지위를 갖게 되었다.

정호와 정이 형제는 성격도 서로 많이 달랐고 이념도 여러 방면에서 갈렸다. 동시대인들에게 정호는 봄날의 태양처럼 부드러운 품성을 가진 인정 많고 우호적이며 배려심 많은 타협적인 사람이었던 반면, 그의 동생은 가을의 서릿발처럼 차고 냉혹한 사람으로 여겨졌다. 정이는 정중함과 진지함의 상징으로서 타협하지 않는 정의, 솔직함, 도덕의 삶을 살았던 것 같다. 그의 교만이 신랄하고 매서운 적들을 많이 만들었다.

고전 문장의 해석에 있어서 심학心學의 옹호자였던 정호는 12세기에 육구연이 수립한 이상주의적인 심학파의 선구자였다. 정이는 합리주의 학파에 속했고, 후에 최고의 철학가 주희가 체계화한 유교에 철학적 토대를 제공했다. 정이는 처음으로 고대 유가에서는 별로 중요하지 않았던 '원리(理)' 또는 천리天理라고 불렸던 개념에 체계적인 해석을 가했다. 맹자가 '이'를 도덕적 원리로 해석하기는 했지만 존재의 법칙이라는 중요 개념으로 본 것은 아니었다. 정이는 '이'를 "공통의 형이상학적인 단일 원리이며, 물리적인 '기' 즉 물질과는 대척점에 있는 것"으로서 모든 진리와 가치의 기초라고 생각했다.[15] 정이가 모든 물질에 내재하며 시간과 공간을 통해 영원히 존재한다고 주장한 '이'는

---

14) 『宋史』, 427:12720.

15) Fung, *A History of Chinese Philosophy*, Vol. 2, p. 501.

보편적이며 모든 물질적인 것이나 사건의 양태를 형성한다. 정이의 말을 빌면, "'이'는 하나이지만 또 많은 것으로 발현되고," "어떤 한 가지의 '이'는 만물의 '이'와 하나이다."[16]

정이의 논리에 따르면, 원리, 본성, 운명에 대한 궁극적인 탐구는 하나의 단일 행위가 된다. 그의 생각으로는, 원리에 대한 참 지식이 옳고 그름에 대한 정확한 인식을 갖게 한다. 그러므로 지식이 자기 수양과 행동의 기초를 형성한다. 그리고 지식을 얻기 위해서는 사물 안의 원리를 이해해야 하고 또 사물의 원리를 이해하기 위해서는 그것들을 탐구해야 한다(격물格物). 오랜 기간을 두고 탐구를 했을 때에만 자유로운 이해와 성실(誠)에 대한 지식에 다다를 수 있고, 그 지점에서 감정적 삶과 도덕적 삶이 균형을 이룬다.[17]

정이의 지식과 이해에 관한 이론은 유가 전통에서는 새로운 것이었다. 이것이 송대에 다양한 과학기술 분야의 돌파구가 열리는 기초가 되었고, 무엇보다도 거의 100년 뒤의 인물인 주희가 수립한 이학理學 전체에 영향을 주었다. 정씨 형제의 업적에 대한 숭배자였던 주희는 합리주의 학문을 체계화했다.

정이 자신이 살아 있을 동안에는 그의 동료들 대부분이 합리주의 학파를 지지하지 않았고, 1097년에는 그의 가르침이 금지되기도 했다. 그에 대한 반대가 얼마나 강했던지, 유교의 5대 개척자들에게 "오귀五

---

16) Chan, *A Source Book in Chinese Philosophy*, pp. 544, 551.

17) *Reflections on Things at Hand*, p. xviii.

鬼"라는 딱지가 붙을 정도였다.[18] 정이는 사망하기 바로 1년 전인 1106
년이 되어서야 사면되었다.

주희, 체계적인 유교의 창조자

송대의 위대한 철학가인 주희(1130~1200)가 공자보다 더 뛰어난 인
물이었다는 것이 많은 역사가들의 견해이다. 그는 공자와 맹자를 제
외하고, 중국 역사상 공식 전기문에서 스승이라는 의미의 '자子'로 지
칭된 유일한 인물이다. 주희는 복건성 중부에서 태어났는데, 그의 아
버지 주송朱松(1097~1143)은 그곳 현의 경찰직인 현위縣尉로 근무했
다.[19] 주희가 13세 때 아버지가 세상을 떠나 아들 교육의 책임을 그의
어머니가 맡았다. 주희는 1148년 진사 시험에 급제했고, 그전에 아버
지 친구인 유면지劉勉之의 딸과 결혼했다.

훌륭한 교육을 받은 주희는, 유교의 세 가지 새로운 교리, 즉 원리
인 이理, 사물의 탐색 또는 사물의 원리 이해라고 할 수 있는 격물格物,
성실함 또는 진지함의 훈련인 성誠을 배웠다. 또 11세기의 오자五子 즉
다섯 선구자들에 의한 유교 경서의 재해석에 대해서도 알았다. 여조
겸呂祖謙과 함께한 편찬 활동을 통해서, 주희는 유교의 새로운 형이상

---

18) 『宋史』, 283:9565; van Ess, *Von Ch'eng I zu Chu Hsi*, p. 8.

19) 『宋史』, 429::12571-12770; Bruce, *Chu Hsi and His Masters*, pp. 56-96; Chan,
Chu Hsi, Life and Thought; Chu Hsi and Neo-Confucianism.

학을 논리 정연한 체계로 응축시키고 그 과정에서 유교 근본주의에 더 이론적이며 이성적인 기반을 부여했다.[20] 그 결과물로 1176년에 완성된 『근사록近思錄』은 중국의 철학 지식을 정리한 서적으로는 처음이며 가장 체계적인 저작이었다. 1219년에 황사의黃士毅가 주희 자신의 철학 강의를 주제별로 배열한 『주자어류朱子語類』를 편찬했으며 이것은 1270년에 (여정덕黎靖德에 의해 주희의 다른 어록서들과 함께 140권으로 재편되어) 출판되었다(원서에 황사의의 『주자어류』가 1270년에 출판되었다고 한 것은 오해를 가져올 수 있어서 보충함. – 역주).

'이'의 설명에서 주희는 정이의 이론을 참고했다. 『근사록』 등에서 그는 우주의 근원적 원리를 무엇보다 중시하는 자신의 교리를 구축했다. 태극太極인 '이'는 다섯 요소 또는 다섯 국면으로 해석되는 '오행五行'과 수동적 힘인 '음'과 능동적 힘인 '양'을 지배한다. 이가 없으면 어떤 물체도 존재할 수 없다. 우주에서 창조된 모든 사물은 자연적인 것이든 인공적인 것이든 '이'를 갖고 있으나, '이' 자체는 형상도 그림자도 없다. 그것은 자연의 법칙과 유사하다. 이런 이유로 '이'는 영원불변하며 형이상학적 세계에 존재한다.

그러나 물질의 생산에 원천이 되는 '기'에 의해 결정되는 구체적인 형상의 세계가 또 있다. '기'가 '이'를 물질화하며 또 개별화한다. '이'와 '기'는 상호 보완적이면서 상호 의존적이라는 뜻이다. "인간이든 사물이든 그들이 생산되는 시점에서, '이'를 받아서 그들 자신의 본성을 얻

---

20) *Reflections on Things at Hand*, p. xvii.

으며, '기'를 받아 형상을 갖는다."[21] 『근사록』에서 주희는 인간과 사물의 본성에 대해서, 또 '이'와 지식, 행동을 어떻게 배울지, 그리고 사물의 조사 내지 사물들에 있는 원리의 이해 방법에 대하여 지속적인 논의를 계속하고, 또 불교와 도교가 얼마나 그 과정을 흐리게 만드는지에 대한 담론으로 결론을 내린다. "현실은 상황과 사물을 초월한 어떤 것이 아니다. 오히려 그것은 물 위에서 배를 타고 여행을 하거나 육지에서 수레로 여행하는 것과 같다."[22]

철학적 저술과는 별도로 주희의 『가례家禮』는 중화 세계에서뿐 아니라 이웃한 한국과 일본에서까지 공통적으로 수용되어 주희의 명성을 높였다. 이 안내서는 재상을 지낸 사마광의 저술인 『가범家範』을 기초로 삼고 정이의 사상을 따르되 시대에 맞추어 새롭게 쓴 것이었다. 『가례』의 지침이 널리 채용되었고 많은 사람들이 그 내용을 필사하여 가내의 전례와 의식 행사에 참고하는 없어서는 안 될 권위 있는 참고서가 되었다. 그 인기는 공자의 『논어』에 버금갔다. 주희가 고안하여 명문화한 가족 의례는 이론적으로 본다면 사회 각계각층 사람들에게 유효했지만, 특별히 사회 지배층과 그 지배층을 동경하는 사람들에게 영향력이 커서, 요람에서 무덤까지 그들 일생 동안의 가정생활의 표준이 되었다.[23] 그것은 20세기까지 모든 중국인에게 구속력을 행사하

21) Fung, *A History of Chinese Philosophy*, Vol. 2, pp. 534-546.

22) 『朱子語類』, 15:288; Tillman, "The Idea and the Reality of the 'Thing' during the Sung," p. 74.

23) 상세한 내용은 Ebrey, *Chu Hsi's Family Rituals*, p. 3; Ebrey, *Confucianism and Family Rituals in Imperial China*, p. 6 참조.

는 규범이었고, 그 타당성에 대한 심각한 의문이 제기된 적도 전혀 없었다.

『사서집주四書集註』는 주희가 송대 유교 철학에 공헌한 가장 중대한 업적으로 평가되었다. 공자부터 11세기의 다섯 선구자들까지 망라하여 고전 학문에 통달한 그의 비범함을 보여주는 『사서집주』는 도의 전승, 즉 도통道統에 대한 권위 있는 역사서로 알려지게 되었다.[24] 1313년 몽골 원 왕조의 지배하에서 주희의 『사서집주』가 유교 주석의 표준이자 과거 시험을 위한 교육의 기본으로 인정된 이후, 그 지위는 20세기에 과거제가 폐지될 때까지 유지되었다.[25]

주희가 관리로 활동한 기간은 단지 9년이지만, 그는 행정가로서의 임무를 수행할 때에도 자신이 생각한 성인의 도덕 기준에 부응하기 위해 분투했다.[26] 효종의 부름에 응하여(저자는 이때 주희가 무학武學의 일원이었다고 하였으나, 주희가 국자감 무학박사에 제수된 것은 그 뒤의 일인데다 주희는 사직하고 나가지 않았다. – 역주) 정치 토론에 적극적으로 참여한 적이 있는데, 이 일로 인해 그는 주화파 실세들과 충돌하게 되었다. 1160년대 초에는 여진에게 화북 지역을 빼앗긴 현실과 관련하여, 정부의 고위 관리들에게 자신의 유교 학문과 자기 자신을 알리려 노력했다. 11세기를 이끌었던 고전적인 정치의 이상이 12세기 초에 접어들면서 흔들리고 있었는데, 주희는 도덕 수양과 교육을 되살리면 국가의 정

---

24) Wilson, "Genealogy and History in Neo-Confucian Sectarian Use of the Confucian Past," pp. 6-7; Makeham, *Transmitters and Creators*, pp. 176-177.

25) Li, *The Confucian Way*, pp. 3-4.

26) Schirokauer, "Chu Hsi's Political Career," p. 166.

체성과 자부심을 회복할 수 있다고 믿었다.[27]

　그러나 유교 윤리에 대한 주희의 해석은 너무 고상하여 정부 관리들이 원하는 사적인 이익이나 필요와 동떨어졌고, 황제 효종도 유학의 다양한 학파 중 하나의 주창자에 불과한 주희의 강연을 즐기지 않았다. 그 당시에 주희의 학문은 아직 안정적이지도 않고 공인되지도 않았다. 주희의 유교 교육 방식은, 현실적인 공부를 중시하고 그에 맞는 관리 선발 시험을 원하던 정파로부터 호된 비판을 받았다. 목소리를 가장 높인 반대파는 진량陳亮과 섭적葉適이었다.[28] 섭적은 과거의 실패로부터 배우기 위해서는 여러 가지 제도에 대한 역사적인 분석이 중요하다고 강조하면서 '공리주의적인' 지식, 즉 경세經世를 주장했다. 그에게는 형이상학적인 추상적 개념에 대한 논쟁보다 백성의 복지가 훨씬 더 중요했다.

　진량과 섭적 둘 다 주희의 가르침에 대해 공허한 담론이라고 비판했으며, 장황하게 강연을 하면서 전반적으로 일을 하지 않는 주희의 제자들에 대해서는 더욱 그랬다. 강한 의지력의 소유자였던 진량은 1178년의 상서에서 도학 추종자들을 공격했다. "세상의 평화가 군주와 아버지를 위해 크게 복수하는 것에 달려 있는 상황에서, 그들은 눈썹만 치켜 올리고 수수방관한 채로 인간의 본성과 운명에 대해 말합니다. 그들은 인간 본성과 운명이 진실로 어떠한지를 모릅니다."[29] 진량

---

27) 보다 자세한 내용은 Tillman, *Utilitarian Confucianism*, pp. 2-5.

28) 진량에 관하여는 Tillman, *Utilitarian Confucianism* 참조; 섭적에 관하여는 Lo, *Life and Thought of Yeh Shih* 참조.

29) Tillman, *Utilitarian Confucianism*, p. 113.

의 생각으로는 도학파에 속한 사람들은 아무 데도 쓸모없는 자들이었다. 진량과 섭적은 당대 사회의 현실과 부합하는 정치학적·철학적 사상을 요구했다. 그러나 주희는 개인의 도덕성 함양을 문학적 노력이나 정치적 업적보다 상위에 두었다.

1165년에 주희는 관직을 사임하고 한직인 사묘의 감독직을 받아들였다. 1179년 그가 공직에 돌아왔을 때 일부 동료들은 그를 "세상을 속이고 명성을 훔친다"고 힐난했다. 주희는 논란을 일으키는 인물이 되었고 그의 도학은 설 자리를 잃었다.[30] 이상주의자인 육구연이 주도했던 심학心學의 추종자들은 배움보다 직관적인 지식의 중요성을 강조함으로써 자신들을 주희 학파와 구별했다. 육구연의 "우주는 나의 마음이다. 모든 사람은 이 마음을 가지고 있으며 각 마음은 우주 보편의 원리를 소유하므로, 마음은 보편적인 원리이다"라는 설명에 대해, 주희는 강하게 반대했다.[31]

주희에게 명예 훼손과 수치를 준 정치적 탄압이었던 경원慶元 연간의 당금黨禁은 1195년에 시작하여 1200년 4월 23일 주희가 죽을 때까지도 누그러지지 않았다. 재상 한탁주한테서 가짜 학문 곧 '위학僞學'이라는 비난을 받았던 스승의 장례식에 주희의 추종자 수천 명이 참석하여 애도하며 경의를 표했다.[32] 주희가 사망한 당시에는, 그의 철학과 학파가 살아남고 그의 제자들이 스승 주희를 공자에 버금가는 성인 반

---

30) *Neo-Confucian Terms Explained*, p. 105.

31) 『象山全集』, 11:10a.

32) 『宋史』, 429:12768; Schirokauer, "Chu Hsi's Political Career," p.185; Schirokauer, "Neo-Confucians under Attack," pp. 163-196.

열에 올려놓게 될 것이라고는 그 누구도 예견하지 못했다.

사미원이 한탁주에 이어 재상이 되면서 도학을 받아들일 수 있는 환경이 조성되었다. 주희가 죽은 지 거의 30년 후인 1227년에 이 철학자는 '신국공信國公'으로 추봉되었다. 1235년에는 정이 등도 공자 사당에서 제사를 받는 영예를 얻었다. 1241년에 황제 이종이 주돈이, 장재, 정호·정이 형제에게 사후 봉호를 준 것은 도학의 위상에 결정적이고도 최종적인 변화를 가져왔다. 이제 도학의 모든 유학가들이 공자 사당에 자리를 확보하게 되었고, 그들을 기리는 의례에는 도학을 가르치고 배우는 사람들이 함께 참여하였다.

송이 다시 한 번 오랑캐의 위협에 당면했던 바로 그때에 '위학'이 국가의 정통 학문이 된 것은 우연이 아니었다. 1234년에 금을 무너뜨린 몽골 제국이 유교적인 국가임을 과시하는 요소들을 채택하기 시작했다.[33] 중국에서 유일한 합법적인 정부로 자임하기 위해서 송은 강력한 중국적인 이념이 필요했고, 주희가 당시 시대적 변화에 맞게 갱신한 유학은 이러한 요구에 완벽하게 들어맞았다.

송대의 도교와 불교

도교와 불교는 당대와 송대에 걸쳐 배우지 못한 사람들의 대중적인

---

33) Lo, *The Life and Thought of Yeh Shih*, p. 149: Liu, "The Road to Neo-Confucian Orthodoxy," pp. 483-506.

예배 행위부터 학자들과 승려들 사이에 오가는 가장 세련된 지적 담론
까지 사회 각계각층의 신자들이 원하는 종교적 필요에 꾸준히 응해주
었다. 이러한 종교적 행위는 종종 유학자 한유와 같은 비非신자들조차
매료시켰다. 한유가 8세기에 지은「화산녀華山女」, 즉 젊은 여성 도사道
士를 음유적으로 칭송하는 시에서는 사람들로 꽉 들어차고 밖에까지
많은 사람이 앉아 있는 도관의 분위기를 생생하게 묘사하고, 그 젊은
여성의 종교적 권위가 풍기는 외모며, 도道에 대한 박학한 강해에 대
해 매우 감성적이며 선정적으로 서술하고 있다.

> 화산의 소녀이며 도가의 딸인 그녀
> 이국의 신앙을 내쫓고
> 사람들이 선령仙靈으로 돌아오기를 바라네.
> 그녀는 화장을 씻고 얼굴을 닦고
> 모자와 어깨에 숄을 걸쳤네.
> 하얀 목에 자줏빛 뺨과
> 긴 잿빛의 눈썹,
> 그녀가 이윽고 의자에 올라
> 진리의 비밀을 펼치네.[34]

　도교의 인기 연예인이었다고 할 수 있는 이 여성은 한동안 매력적인
구경거리였으며, 궁녀든 환관이든 누구도 그 공연을 놓치고 싶어 하

---

34) *Chinese Religion*, pp. 173-174에서 인용.

지 않았다. 그녀가 출현해 도강道講을 연다는 소문이 나면, 거리에는 마차가 뒤엉키고 불교 사찰은 텅 비어버렸다. 깜짝 놀랄 만한 특수 효과로 그녀는 검푸른 하늘에서 용을 타고 내려오는 화려한 광경을 연출했다. 무대에서 지극히 아름다운 상연을 보이는 화산녀와 옥황상제는 호기심에 찬 청중을 매혹시키고 즐겁게 해주며, 한편 의구심에 찬 엄숙한 유학자들을 다룰 줄도 알았다. 그리고 400년 뒤까지도 남송대 유학자 진순陳淳은 도교 신자들이 "구름을 몰며 학에 올라타 구천九天까지 날아 올라가기를 원한다"고 비판적으로 말했다.[35]

도교는 진정한 중국의 종교였다. 도교는 기원전 5~3세기 전국시대에 도道라는 개념에 기초한 자연주의 철학에서 유래하였으며, 노자와 그가 지었다고 알려진 『도덕경』의 철학에 따르면 도는 현실의 근본 또는 궁극적인 실체를 가리키는 이름이다. "도는 나이 들지 않으며, 떠서 흘러가며 좌로나 우로 갈 수도 있고, 비어 있고 형체도 형식도 없이 그 임무를 완수하고 자기 일을 완성하면서도, 일과 의무의 주인으로 행세하지 않으므로 계속 욕망 없이 존재하고 천지 만물을 일으킨다. 도가 말로 표현된다면, 그것은 지속적인 도(상도常道)가 아니다." 시간과 공간 너머의 에너지인 그것은 개별 사물 각각에 나타나는 모든 변화의 근원이다. 그것을 따르는 자들에게 도가 요구하는 것은 인위적인 것, 지식, 욕망에서 벗어나 자연 세계에 책임을 갖고 자연과 조화롭게 살아야 한다는 것이었다.

기원후 2세기에 들어 도교가 종교적 운동으로 발전하기 시작하면

---

35) *Neo-Confucian Terms Explained*, p. 168.

서 성직자 계급, 결혼이 허용된 사제, 경전, 신전 등을 갖추어갔다. 장생불사 관념뿐만 아니라 호흡법(태식법), 식이요법, 방중술, 호신무술 등이 당대唐代의 도교와 밀접히 연관되어 있었다. 많은 경우, 공직 생활에 지친 유교적인 관리들에게 도교는 일종의 해독제가 되어주었다. 대중적인 도교는 초기의 황제 정치와 뗄 수 없는 상관관계가 있었는데, 이것은 송대에도 계속되었다. 개봉에 있던 도관은 송의 제2대 황제 태종에게 유리한 결정적인 역할을 해주었다. 거기에서 태종은 흑살장군黑煞將軍으로부터 그가 장차 왕조의 두 번째 황제가 될 것이라는 예언을 받았다. 도교에서 숭배하는 진군眞君의 하나인 흑살장군은 마귀와 귀신들을 진압하고 물리쳤으며, 흑살장군은 성난 눈, 맨발, 엉클어진 머리의 사람 모습이며 칼로 무장하고 있다. 그 예언이 실현된 후에 태종은 상청태평궁上淸太平宮의 건축을 주문하였다.

몇 년 뒤, 역시 도교를 좋아했던 진종 치세에서는 진군에게 익성보덕翊聖保德이라는 봉호를 더하게 되고 옥황상제는 송 왕조의 수호신이 되었다.[36] 1019년경에 건축된 옥청궁玉淸宮은 송 왕조 기간을 통틀어 황제가 세운 가장 거대한 규모의 건축이었을 뿐 아니라 진종이 전국에 건립한 도관 수백 곳 중에서도 최고 지위를 차지했던 것 같다. 그리고 100년 후 휘종은 중국 역사상 도교의 철학적 전통과 주술 행위에 대해 개인적으로나 공식적으로나 가장 열광적인 후원자가 되었다.

불교도 도교와 마찬가지로 송대 여러 황제들의 지지와 보호를 누렸다. 960년 송 왕조가 창건된 직후 태조는 불교 승니 8000명의 체도剃度

---

36) Davis, *Society and the Supernatural in Song China*, pp. 69-74.

를 주관했다. 971년에는 학구적인 불교를 장려하기 위하여『대장경』편찬을 명했다.『대장경』은 13만 장의 목판에 새겨져 983년에 완성되었다. 휘종이 확실히 예외이긴 하지만, 태조의 후계자들은 모두 불교 탄압을 삼갔다.[37] 불교 사찰은 신령한 힘이 집중되는 곳으로 생각되었고, 그래서 송의 원수들로부터 오는 사악한 힘을 막아낼 수 있다고 믿었다.

송 정부는 불교 사묘寺廟에 대해 관에서 편액을 하사하여 합법화한 사액 사묘와 관의 허가를 받지 못한 사묘를 구분하는 정책을 시행했다. 규모가 크고 부유한 경향이 있는 사액 사원의 원장은 지방관이 임명했다. 사액 사원에서 황실과 국가를 위해 제공하는 봉사로는 "그 신성함이 커지는 순서로 열거하자면, 전사자들을 기리고, 황제의 탄신일과 기일을 기념하는 종교적 공간으로의 역할, 황제의 서예 작품을 보관하고 황제의 초상화를 걸어두는 장소" 등이 있었다.[38] 송 왕조는 처음으로 몇 군데 큰 사찰과 도관에 황제의 초상화를 두는 관행을 제도화했다. 이런 숭배 행위는 11세기 초기 몇 십 년 동안 꽃피웠지만, 이러한 황제 사당에 대해 많은 유교 사대부들이 반감을 가졌다. 사대부들은 이것이 전통적인 의례 질서에 대해 결례가 되는 위배 행위라고 비판했다. 왜냐하면 황제들의 영상影像을 진열하고 영예롭게 하는 장소는 본래 황실 조상들의 사당인 종묘라는 것이었다. 1082년에 신종은 새로 11개 동의 건물을 지어 황제 영상들을 궁궐에 모아두게 함으

---

37) Ebrey, "Taoism and Art at the Court of Emperor Huizong," pp. 95-111.

38) Halperin, *Out of the Cloister*, pp. 113-114.

로써 이 분쟁을 해결했다.

오랜 기간 새로운 수입원을 찾던 송 정부는 1067년에 불교 승려의 신분 증서 즉 도첩度牒을 국가가 판매하기로 결정했다. 도첩을 사면 조세와 부역에서 면제될 수 있었다. 실제 승려들과 달리 도첩을 소유한 자는 머리를 밀거나 승려 복장을 하지 않아도 되었으며, 자기 집에 남아 평상시처럼 업무를 계속할 수도 있었다. 처음 발행된 승려 도첩의 가격은 하나에 현금 130관貫이었다. 1161~1170년을 사례로 들면, 매년 12만 장에 달하는 도첩이 팔렸을 것으로 추측된다.

불교 시설들은 착유기, 수력 방앗간, 전당포, 숙소 등을 운영하며 광범위한 영역의 경제 활동에 참여했다. 불교도들이 거대한 토지를 소유하고, 그것을 경작할 소작인들에게 작게 나누어 임대했다.[39] 수도원은 번성했고 수도원의 수도 증가했다. 1221년의 경우 송 전국에는 40만 명의 비구와 6만 1000명의 비구니가 있었는데, 845년에 비구와 비구니 합하여 모두 26만 명이었던 것과 대비된다. 도첩을 받은 승려는 송대 인구의 1퍼센트를 넘지 않았지만, 전 중국인의 종교 생활에 미친 그들의 영향은 소수자의 지위를 크게 넘는 것이었다.

대부분의 절과 수도원은 선종과 정토종에 속했는데, 둘 다 845년의 불교 탄압 이후에 살아남은 불교 종파였다. 선종의 지도자인 선사禪師들은 문답 형식으로 진행하는 공개 토론의 도움을 받으면 직관과 깨달음에 이를 수 있다고 신앙을 전파했으며, 그들은 오랜 기간 조정과 정

---

39) 지역 통계자료는 Liu, "Buddhist Institutions in the Lower Yangtze Region,"
   pp. 39-41 참조.

치 생활에 거리를 두고 지냈다. 진리와 또 그것을 소규모 신도 집단에게 가르치는 소수 정예 방식의 교수법은 스승에게서 제자에게 직접 전수되었다. 송대에는 (정신적 명상의 반대로서) 문학적인 명상이 자연스러움을 얻고 깨달음을 실현하는 방법이라고 널리 알려졌는데, 이는 체계적이고 형식적인 기술을 기초로 한 것이었다. 정토종 추종자들은 '아미타바 부타(아미타불)'의 이름을 반복적으로 부르는 염불 행위가 개인을 구원에 이르게 한다고 믿었다. 송대에는 정토 사회가 도처에 생겼고, 특정한 행사 때면 수천 명의 신자가 모여 1000번씩 부처의 이름을 불렀다. 당시 인기를 얻었던 두 종파의 승려들이 서로 가까워지려고 노력했던 가운데, 연수延壽(904~975)는 처음으로 선과 정토 불교를 모두 가르치는 스승이 되었다.

10세기에는 본래 인도불교의 신이었던 두 신이 무지한 중국인들에게 가까이하기 쉬운 현실적인 숭배의 우상으로 인기를 얻으며 중국 불교의 신으로 변형되었다. 그 신들은 더욱 사람과 같아진 외모로 표현되면서, 개인적인 소원과 희망이 이 사바세계의 삶에서 당장 이루어질 것이라는 믿음을 더 쉽게 갖도록 해주었다. '세상의 소리를 알며' 모두에게 자비로운 '아바로키테슈바라Avalokiteśvara'라는 인도의 보디사바(보살)는 중국에서는 관세음觀世音으로 불렸는데, 중국에 수입된 남성 불교 신들 중에서 유일하게 진정한 중국의 여신으로 탈바꿈했다. 관음을 부를 때는 보통 아미타불과 함께 불렀으며, 정토종의 신전에서 중심적인 존재가 되었다. 아미타불의 이름을 부르고 "아미타불 찬양"을 외치는 사람은 모두 관음의 도움으로 극락인 서방 정토로 인도

받고, 그곳은 환생으로 가는 길에 있는 단계이며 마지막 휴식처로 간주되었다. 관음은 남녀노소 누구든, 또 앉거나 서 있는 수많은 얼굴과 모습을 띨 수 있었다. 많은 벽화와 그림에서 관음은 남성성을 나타내는 콧수염을 가지고 있다.[40] 그녀의 맨발도 원래는 남성이었음을 나타내는 또 하나의 단서이다.

특정 성소를 참배했을 때 환상과 기적을 보았다는 보고가 전해지면서, 관음 숭배는 송대 중국에 뿌리를 내렸다. 이런 이야기들은 신을 표현하는 예술 분야와 밀접한 관련성을 가지게 되었다. 12세기 이후로 백의관음白衣觀音과 함께 수월관음水月觀音이 계속해서 인기를 얻었다.[41] 관음은 연화, 꽃병, 진주, 아이들과 함께 표현되었고, 동아시아 전역에서 자비의 여신, 고통과 괴로움에 처한 모든 이들의 보호자, 어머니를 후원하는 여신, 그리고 아이들을 주는 신으로 숭배되었다. 사람들은 어람魚藍을 들고 있는 관음을 중국적 미인의 이상형으로 좋아했고, 이 매력적인 처녀를 성과 결혼으로부터 해방된 여성의 상징으로 이상화했다.[42] 중국에서 여신 숭배가 등장하는 데에는 관음이 결정적인 역할을 했다.

인도의 불교 요소를 중국적인 것으로 전용한 또 다른 사례는, 미래불인 마이트레야Maitreya가 중국에서 '미륵불彌勒佛', 즉 웃는 부처 '소불笑佛'이 된 것이다. 무겁게 늘어진 턱살과 만면에 웃음을 띠며 쾌활하

40) Karetzky, "The Representation of Women in China," pp. 242-243.

41) Yü, "Guanyin," pp. 151-160, 166-176.

42) Reed, "The Gender Symbolism of Kuan-yin Bodhisattva," pp. 159-180.

게 누워 있는 배불뚝이의 모습은 거의 모든 불교 사찰에 있다. 신원은 알려지지 않고 괴이한 행동을 했다고 전해지는, 주머니를 든 중 '포대화상布袋和尚'을 신격화한 것으로 해석되기는 하지만, 그 외형적 모습과 수수께끼 같은 표현은 아마도 선종에서 유래되었을 것이다. 이 '소불'은 물질적 부유함, 좀 더 풍족한 먹거리, 그리고 자신과 세상에 대한 정신적인 만족감 등과 같은 중국인의 여러 가지 열망을 구현한 것이었다.[43]

신유학과 불교

많은 유교 사대부들과 그중에서도 11세기의 역사가이며 지성인 구양수歐陽脩는 불교의 가르침을 어리석고 망상적이며 중국인의 관습과 실천에 유해하다고 맹렬히 비난했다. 그들은 불교가 1000여 년 동안 문제의 근원이었다고 주장했다. 석개石介는 불교가 중국에 불행을 가져왔다고 지탄하면서 이렇게 정리했다. "나는 하늘과 땅 사이에 세 가지는 확실히 존재하지 않는다는 생각을 갖고 있다. 불멸의 신은 없으며, 금을 만드는 방법은 없고, 부처도 없다."[44] 많은 유학자들이 불교 교리를 터무니없다고 공격하고 승려들의 민머리와 어두운 색의 복장, 그리고 그들이 가족의 유대를 포기하는 것에 대해 비난했다. 그들의

---

43) Ch'en, *Buddhism in China*, pp. 405~408.

44) Forke, *Geschichte der neueren chinesischen Philosophie*, pp. 9~10.

주장은, 불교 철학이 도덕적인 사회를 위한 아무런 근거도 제시하지 못하고, 고대의 '도'를 무시하며, 남녀 승려들의 게으름과 기생적인 생활은 국가의 물질적 이익에 전혀 기여하지 못한다는 것이었다.

정이나 주희와 같은 또 다른 부류의 유학자들은 불교의 존재론을 향해 공격을 퍼부었다. 그들이 보기에 불교는 세상의 실체성과 현실성을 부정하고, 따라서 허무주의로 가게 하는 것이었다. 그렇지만 많은 유학자들은 여전히 불교의 구원 사상을 거부하지는 못했다. 중국에서 불교와 도교를 폐기해야 한다고 강력히 주장한 영향력 있는 주희조차도 자신의 주장대로 실현되지 않을 것임을 경험으로 알고 있었다. 그래서 주희는 노자의 도가 철학을 가르치는 것을 용인하고 예배 의식의 주관자들에게 맡겨두는 것에 대하여는 수긍하였다.

선종의 선사들은 유교, 도교, 불교의 교리가 하나의 뿌리에서 나왔다는 주장을 폈다. 그리고 전진교全眞敎라는 도교 교파의 창시자인 금나라의 왕중양王重陽은 이 세 종교가 하나의 가족을 이룬다는 개념을 강력히 주장했다. 그리하여 제자들에게 도교의『도덕경』과 불교의『반야심경』, 유교의『효경』을 공부하라고 가르쳤다.[45] 이같은 삼위일체론 안에서 불교와 도교는 성실한 개인의 내면적 가르침을, 유교는 외면적인 가르침을 맡았다. 그 외면적인 가르침에 적합한 유교의 관행은 특히 조상제사, 혼례, 장례 등과 같이 승려나 사묘 또는 예배 의식이 없이 진행하는 유교 특유의 의례였다.[46]

---

45) Yao, *An Introduction to Confucianism*, p. 227.

46) Rawski, "A Historian's Approach to Chinese Death Ritual," p. 29.

송대 불교의 교리는 현상적인 세계는 실제가 아니고 다만 환상일 뿐이라는 주장이었다. 유학자들은 모든 현상이 환상임을 강조하는 것에 반대하고, 세계의 공허함이라는 불교의 교리를 원리(이)와 물질적 힘(기)의 개념으로 대체했다. 11세기에 장재는 기가 세상의 시작부터 존재했고 스스로 물질로 굳어졌으며, 모든 물질은 기로부터 일어나서 또 기로 흩어지며, 그리고 또다시 발생한다고 설명했다. 이런 관점에서 보면, 물질적 세계는 불교에서 주장하는 것처럼 무無로 끝나지 않는다. 장재는 사람에게 그리고 사람 관계에도 생명력이 되며 어디에나 존재하는 기의 이론을 아주 요령 있게 설명하였으며, 지치거나 병든 자, 장애인과 불구자, 과부와 고아를 포함한 세상의 모든 인간이 형제라고 결론 내렸다. 유교의 인仁 개념을 지각을 가진 존재 모두를 포함하는 범위까지 확대함으로써, 유학자 각자에게 자신과 타인의 행복을 위한 사회적 책임이 있다는 것을 암시했다. 이는 가족을 떠남으로써 일상의 임무에서 도피할 것을 옹호하는 불교와는 선명한 대조를 보이는 것이었다. 장재는 한편으로 불교를 공격했지만, 다른 한편으로는 불교의 박애주의적 공익 개념뿐 아니라 그 학식으로부터 받아들인 것이 꽤 많다고 할 수 있다.

송대 유학자들은 많은 면에서 불교에 반대했음에도 불구하고 불교의 구체적인 가르침들, 사찰과 불탑, 비구와 비구니 등을 일상의 삶에서 마주쳤으며 불가피하게 대중적인 불교 축제도 목격해야 했다. 유학자들이 직면하고 있던 종교적 현실은, 불교를 무시하는 것이 아니라 불교와 양립할 수 있는 답의 요구였다. 그리하여 그들은 불교 개념의 일부를 자신들의 도덕 체계에 포함시켰다. 그것은 모든 중생에 대한 존중, 동정심, 박애주의, 명상 그리고 실체와 현상의 개념 등인데, 단언컨대 이런 요소들이 유교에 새롭고도 인도주의적인 면을 부여해 주었다.

조상숭배와 효도

조상숭배는 공자보다 훨씬 오래전에 시작되었다. 각 가정이 유교·도교·불교 어떤 것을 믿든 조상숭배는 모든 중국인 가정의 공통분모였다. 조상숭배가 도덕과 윤리의 기준을 규정하고 출생부터 죽음에 이르는 개인들의 정신적 삶을 규제했다. 조상에 대한 제사는 국가나 교단 또는 종족 등이 부과한 외부에서의 명령이 아니라 모든 사람의 마음으로부터 우러나오는 것이었다.

유교의 교리를 따르는 사람들에게 한 개인은 조상으로부터 미래 후손까지의 사슬에서 하나의 연결고리에 불과하다고 여겨졌다.[47] 죽음으로 삶이 끝나면 한 개인은 평온에 거하게 되지만, 그렇다고 죽음이 죽은 자와 산 자의 관계를 단절시키는 것은 아니었다. 무덤 속 시신의 혼령은 제사 의식이 올바르게 행해질 때에 살아 있는 자들에게 유익을 줄 수 있었다.[48] 유교에 있어서 자아는 가족 속으로 사라졌다. 중국

---

47) Nivison, Wright, *Confucianism in Action*, pp. 71-72.

48) Stuart and Rawski, *Worshipping the Ancestors*, p. 36.

불교 신자들에게 자아는 환상이기 때문에 우주로 사라졌다. 불교에서 죽은 자에게 보상이나 위로의 상급으로서 부여하는 환생은 조상 계보의 질서를 엉클어뜨리므로 유교적 관점에서는 적합하지 않았다.

신자나 승려가 되기 위해 남자 가족이 가정을 떠나야 한다는 불교의 사고방식도 조상숭배 사상을 중시하는 유교 사상가들에게는 반대할 일이었다. 유교에서는 가족이나 종족의 장손이 정통성을 지니며, 필요한 의례를 수행하고 조상 사당에 제사를 드릴 수 있는 유일한 존재였다. 또 장례나 상례도 그의 책임이었다.

인간은 조상으로부터 유래했고 과거부터 미래로 이어지는 가족의 연속성이 무엇보다도 우선되어야 하기 때문에 세대 간의 관계에서 가장 중요한 특징은 효孝에 있었다. 효성스런 후손들이 조상 사당의 신위에 제물을 올리는 것으로 조상에 대한 경의를 표현한 것은 공자보다 오래전부터의 일이었다. 그에 대한 보답으로 조상들은 후손들에게 은혜를 내려주는 것으로 효를 보상해주리라 생각되고 또 기대되었다. 유교 신자들에게 효는 죽은 지 오래된 조상뿐 아니라 살아 있는 부모에게도 적용되었다. 그러므로 제사와 조상숭배 차원에서 행해지는 효에 더하여, 효는 가정과 씨족의 연장자들에 대한 존경으로도 표현되었다. 제자 증삼曾參의 질문에 대한 공자의 답을 기초로 엮은 『효경』이 자녀의 부모에 대한 관계를 규율하고 자녀들의 바른 행동 방식을 정해주는 지침서로 여겨졌다. 기원전 5세기에 증삼이 말한 대로, "인간의 근원적 가르침은 효"였다.[49] 자녀가 평생토록 부모에게 순종적으로 봉

---

49) 羅新慧, 「曾子與孝經」, p. 6.

사하는 것이 바른 효의 실천이라고 송대 사람들은 생각했다.

불교 신자들은 중국 사회에서 효의 중요성이 얼마나 막강한지 잘 알고 있었다. 당대에 불교 승려들은 유교의 효에 필적하는 것이자 완결판이라고도 할 수 있는『부모은중경父母恩重經』을 지었다. 11세기 많은 불교 학자들은 불교와 유교의 효에 대한 관념이 일치한다거나, 심지어 불교가 유교보다 효에 더 높은 도덕적 지위를 부여한다고 주장했다. 이런 방식으로 효는 불교의 일상적 수행에서도 중요한 지위를 차지하게 되었다.[50]

『효경』이 유교를 신봉하는 지배층의 가내 윤리적 행동에 대한 확고부동한 이론적 기초였다고 한다면,『여효경女孝經』은 나중에 여성을 위해 쓰인 증보판이었던 셈이다.[51] 그런데 현실에서 적용할 수 있는 모범적 행동을 제시하기 위해서 송은 남성 또는 여성 주인공의 도덕성을 다룬 24편의 모범적인 고사 모음집을 활용했다. 이 이야기들은 전국적으로 인기를 얻었으며, 요와 송 시대 이후로 그중의 어떤 이야기들은 간단한 그림으로 또는 무덤 벽과 공예품에 새겨진 인용문 형태로도 지속적으로 나타났다. 죽은 조상들에게 효를 가시화할 수 있고, 또 적절하면서도 어긋나지 않는 선에서 할 수 있는 효행이라고 일반적으로 생각되었기 때문에 많은 사람들이 그러한 관행들을 따른 것이다.[52]

---

50) 賴永海,『佛學與儒學』, p. 91; Ch'en, *Buddhism in China*, pp. 18, 49; Yao, *An Introduction to Confucianism*, p. 234.

51) Murray, "The Ladies' Canon of Filial Piety," p. 95.

52) Kuhn, *A Place for the Dead*, p.49. 금 왕조 1158년 산서 지역에서는 표와 관련된 22개 장면으로 구성된 효 프로그램의 훌륭한 도상이 완성되었다.

철학자 나종언羅從彦(1072~1135)이 그의 말년에 "자식의 효도가 그 자식의 행복이다"라고 표현한 것과 같이, 예술적인 질이 어떠냐에 관계없이 그러한 모범적인 효행 장면들을 무덤 등에 표현하도록 돈을 쓰는 것 자체가 후손으로서 효도의 보람을 느끼게 했을 것이다.[53]

24편의 이야기는 대부분 그 구성이 단순하고 감상적이며 멜로드라마 같은 내용이다. 일부는 단순히 대중적 입맛에 영합하고 또 어떤 것들은 예의범절의 한계를 벗어나며, 또 약간은 역겹기까지 하다. 이 고사들의 내용에서는 자기희생, 기아, 슬픔으로 죽는 등 놀라움을 주는 위대한 행동들이 마치 아들과 딸의 인생에서 일반적으로 행해지는 일인 것처럼 그려졌다.[54] 충성스런 며느리가 연로한 시어머니에게 자기의 젖을 빨아먹게 했다거나, 어떤 아들은 자기 허벅지에서 살점을 잘라내어 어머니 약에 넣어 먹였다는 할고割股의 사례도 있다. 송대에는 허벅지에서 살을 베어내어 스스로 먹는 것은 금기시되었지만, 할고 자체가 폭력이나 자기혐오의 행동으로 받아들여지지는 않았다. 유교 사회에서 이런 섬뜩한 행동까지도 정당화한 것은 살아 있는 조상을 위한 희생을 불사하는 효도 정신이었다.

이러한 육체적 희생이라는 면에서 유교의 효와 불교의 자기희생이 서로 부합했다. 『묘법연화경妙法蓮華經』에서는 자기 몸을 하루에 세 번 떼어내 부모에게 먹인다 해도 부모 은공의 하루치도 다 갚지 못한다고 말한다. 사람들이 깨달음을 얻기 위해 자기 발가락과 손가락을 잘라

---

53) 『宋元學案』, 39:2b.

54) 더 상세한 내용은 Knapp, *Selfless Offspring* 관련 장 참조.

서 바치는 것도 칭송받았다. 팔을 잘라서 스스로 불구가 되고, 몸에서 살을 깎아내어 부처님께 올리거나, 손가락과 머리를 그슬리고 몸을 태우거나, 골짜기로 투신했다는 중이나 신도들의 사례들이 알려졌다.

955년 후주의 세종 때와 1020년 요 왕조 때와 같이 자신의 몸을 해치는 행동을 금지하는 정부의 명령이 내려지기도 했다. 1189년 유학자 장고張杲는 그가 쓴 『의설醫說』에서 효에 관한 주장을 완전히 반대로 해석하였다. "아! 우리의 몸과 사지, 머리카락과 피부는 모두 부모로부터 받은 것이므로 우리가 그것을 불구로 만들거나 상처 낼 권리가 없다. 아무리 위중한 병을 앓는다 해도 어떤 부모가 자기 자녀들이 사지를 훼손해서 그 뼈와 살을 자기들에게 먹이기를 바라겠는가? 이는 어리석은 사람들의 생각이다."[55] 원대에도 효의 완성으로서 자신의 몸을 희생하는 행동을 "천도를 거스르는" 것으로 비난하는 목소리가 있기는 했지만 이런 관행은 계속되었다.[56]

요와 금의 불교

요 왕조의 지배자들은 남쪽에 이웃하고 있는 중국인들의 문화를 매우 잘 알고 있었고, 거란족은 일찍부터 국가 지배를 위한 이념적 기초로서 유교를 받아들였으며, 유교의 번잡한 의식 절차들도 함께 수용

---

55) De Groot, *The Religious System of China*, Vol. 4, pp. 384-385.

56) Fu, "The Cultural Fashioning of Filial Piety," p. 74.

했다. 그러나 사적인 삶 특히 종교적인 면에서 거란 부족의 샤머니즘적인 의식은 여전히 번창했다. 거란족은 태양을 숭배하고 부족 조상들의 혼령과 여자 조상들에게도 말, 소, 양, 거위 등의 제물을 풍성하게 바쳐 공경을 나타냈으며, 의례적인 사냥 등 여러 가지 집단 행사들을 가졌다. 황제가 상징적으로 재탄생한다는 때에 치르는 재생의再生儀는 12년마다 황제 자신이 재생실再生室이라는 곳에서 거행하였다. 그로써 황제의 통치 권한을 확고히 하고 새로운 12년을 위한 거란 귀족들의 자신감을 갱신해주었다.[57]

불교는 거란족과 요 왕조의 다른 민족들에게 감동을 주기에 충분한 힘을 가진 유일한 외래 종교였다. 가장 인기 있는 교파는 정토, 화엄, 탄트라(밀교), 그리고 비나야(율종律宗)였다. 불경은 청소년 교육에 중요한 역할을 했으며, 요 영토 전역에 부처를 모신 사원이 건립되고, 석가의 탄생일은 중요한 기념일이었으며, 거란 귀족들 가운데 불교식 이름을 택하는 경우들도 있었다.[58]

942년에는 요 태종이 5만 명의 승려에게, 1078년에 도종道宗은 36만 명의 비구와 비구니에게 음식을 대접한 기록이 있다.[59] 1078년까지 요 전체 인구의 약 5퍼센트가 성직자가 되었다. 어떤 날은 하루에 3000명이나 되는 사람들이 머리를 밀고 불교 성직자의 대열에 합류했다.[60] 수

---

57) 『遼史』, 53:879-880.

58) 『全遼文』, pp. 125-128.

59) 『遼史』, 4:52; 11:123; 23:281.

60) Wittfogel and Fêng, Liao, p. 306, n. 45.

계를 받은 불자들이 급격히 늘어나자 제한 조치가 나오게 되었다. 산간에 있는 절에서 사사로이 비구와 비구니에게 수계를 주는 것이 금지되었지만, 어떤 제한 조치도 사태를 완화시키지 못했다. 승려들이 누릴 수 있었던 세제 특권과 요역 면제가 그렇게 놀라운 증가의 이유가 되었을 것이다.

특별히 거란 귀족층 여성들이 불교를 독려하고 후원하는 뜻으로 기부하는 거액의 토지나 현금이 불교 기관들에게는 대단히 큰 수익이 되었다. 1054년에 은으로 불상을 주조한 사례에서 볼 수 있듯이 사찰의 부가 넘쳐났다.[61] 흥종은 다섯 가지 불교 계율을 지키겠다고 맹세하는 특별한 형식의 행사를 행했으며, 그의 뒤를 이은 도종은 불교 교리 토론에 직접 참여하고 태자에게 불경을 필사하라고 명령하기도 했다.[62] 1031~1064년에 중국의 삼장三藏인 북송판 대장경의 요 판본이라고 할 수 있는 거란장契丹藏이 출판되었다.

북경 남쪽 방산房山의 운거사雲居寺에서는 요 황제들의 주관으로 삼장의 경전들을 석판 수천 장에 새기는 거대한 불경 석각 사업이 계속 추진되었다. 재산을 쌓아놓고 있는 불교 사찰들에 대해서는, 지배층 가문들의 선의에 대한 보답으로서 가난한 사람들을 보살피는 책무를 다할 것이라는 사회의 기대가 있었다. 그러나 요나라에 사절로 갔던 송의 관리들은 도처에 급속히 생겨나는 절, 음탕한 승려들 그리고 사

---

61) 『遼史』, 20:247.

62) Wittfogel and Fêng, *Liao*, p. 294.

찰의 고리대가 평민들을 가난으로 몰아넣는다고 비판했다.[63]

요의 영토였던 지역에 불교 관련 목조 건축물이 거의 열두 채 가량 남아 있다.[64] 당과 송의 건축술을 본보기로 삼은 이 최상급의 구조물을 계획하고 건축하는 데에 분명히 중국인 설계자와 건설자가 참여했을 것이다. 요 초기의 건축가와 장인들이 목재 골조의 구조물이 가질 수 있는 건축학적 장점을 최대로 활용했고 심지어 송대 후기의 건축술을 능가했다는 평가가 건축사가들의 공통된 견해이다.[65] 하북성 정정현正定縣의 융흥사隆興寺에는 독창적인 회전식 장경고가 안치된 전륜장각轉輪藏閣이 있는데, 그 형태가 매우 비범하다. 이 전륜장은 팔각 구조물의 기단 위에서 하나의 축을 중심으로 회전하는 구조이다. 또 하나 정교한 장경고인 박가교장경각薄伽教藏經閣은 4면의 벽을 따라 목조 세공이 이어져 있는데, 이는 1038년에 대동의 화엄사 경내에, 정면 5칸 측면 4칸(대략 31미터와 24미터)의 평범한 건물인 박가교장전薄伽教藏殿 내부에 만들어진 것이다. 난간이 있는 다층 건물과 비슷하게 이 장경각은 두 부분으로 나뉘어졌으면서도 그 둘이 구부러진 가교로 서로 연결되어 하단의 5079개 경문과 우묵 들어간 상단의 닫집을 안치하도록 고안되었다.[66]

---

63) 앞 글, p. 296.

64) Steinhardt, *Liao Architecture*, p. 189, 표 4; p. 59, 표 2.

65) 앞 글, p. 194.

66) Liang, *A Pictorial History of Chinese Architecture*, 표 34c-g, 29a-d; Steinhardt, *Liao Architecture*, pp. 127-133; *Ancient Chinese Architecture*, pp. 89-91.

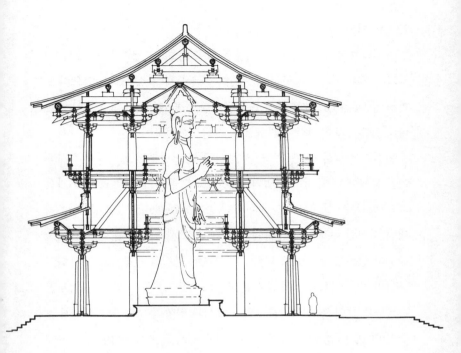

그림 2. 계현 관음각 도안
요대, 984년.

북경의 동쪽이며 천진의 북쪽인 계현薊縣 독락사獨樂寺의 관음각觀音
閣은 984년에 건축되었다(그림 2). 정면과 측면이 5칸−4칸(너비 20.23미
터, 높이 22.5미터)인 이 누각은 잘 다듬은 석재 기초 위에 세워져 있다.
함몰된 우물형의 천장 양식으로는 최초의 건물로 알려져 있으며, 아
직까지 보존된 이 건물의 중앙부에는 16미터 높이의 채색된 소조 관음
상이 자리하고 있다. 이 관음각은 1967년의 당산唐山 지진을 포함하여

28회의 지진에도 무사히 살아남았다.[67]

마지막으로, 북부 산서성 대동의 남쪽 응현應縣에 있는 불궁사佛宮寺의 이른바 석가탑은 중국에 현존하는 목탑 중 가장 오래되었으며 또 가장 높은(높이 67.31미터) 목조 건물이다. 1056년에 건축되었으며, 독락사 관음각과 유사한 목재 골조를 가진 9층 건물이다.[68]

여진족은 그들이 금 왕조를 세우기 훨씬 이전부터 고려에서 전파되어 온 불교에 대해 알고 있었다. 이후로도 그들이 정복한 요와 그 다음 북송으로부터 불교문화를 꽃피웠던 공동체를 물려받았고, 요 왕조가 했던 것처럼 수도원과 승려에 대한 지원도 계속하였다. 금은 남송으로부터 선종을 수입했고 1148~1173년에 불경을 간행하기도 했다.[69] 황실의 많은 여성들이 독실한 불교도로서 토지, 은, 피륙 등을 기부한 기록들을 보면 조정에서 불교의 중요성과 영향력이 얼마나 컸는지 알 수 있다. 남녀 승려의 임명을 황제의 특권으로 제도화하여 엄격하게 정부가 통제했는데, 승려 임명이 때로 수천 명을 헤아리기도 했다. 국고에 돈이 필요할 때면 도첩을 경매에 붙였다. 1160~1190년에 민간의 교파 운동이 백운종白雲宗, 백련종白蓮宗, 밀종, 그리고 두타교頭陀敎(계율 준수) 등으로 활발히 나타났다. 승려가 이끄는 구세주적 성격의

---

67) Liang, *A Pictorial History of Chinese Architecture*, 표 25a-g; Steinhardt, *Liao Architecture*, pp. 40-51; Ledderose, *Ten Thousand Things*, pp. 127-132. *Ancient Chinese Architecture*, p. 80.

68) Steinhardt, *Liao Architecture*, pp. 103-121.

69) Franke, "The Chin," pp. 313-319; Yao, "Buddhism and Taoism under the Chin," pp. 145-180.

반란들이 직접 금 왕조에 저항하는 일도 종종 있었지만, 왕조를 붕괴시키는 데 성공하지는 못했다.

변화에 직면한 유교와 불교

10세기와 11세기의 정치와 사회 변화는 유교와 불교에 즉각적인 영향을 주었다. 새로운 조류의 사상가들은 좋은 유학자가 된다는 것을 이렇게 해석했다. 우선 고대의 진정한 학문을 전파하는 것이며, 동시에 개인에게 구원을 약속함으로써 도교와 불교의 영향력이 커지는 것을 막는 것이었다. 송 황제들이 호의적이라는 점에서 유교는 분명히 경쟁에서 유리하긴 했지만, 불교든 유교든 시대의 도전에 적합한 방법으로 대응하기 위하여 그들의 교리를 합리적으로 체계화하고 설명하기 시작했다.[70]

거대한 건축과 석굴사원 그리고 불경과 주석을 강조하는 학술적 성향이 강한 당대의 사변적인 불교는 송대에는 이미 사라진 지 오래였다. 그 대신 선종에서의 수행처럼 깨달음에 도움이 되는 전례들을 활용하여 쉽게 접근할 수 있는 방법을 추구했다. 1125년에 편찬된『벽암록碧巖錄』등의 모음집에는 그러한 전례들이 기록되었다. 반구어체 산문으로 쓴 강의와 대화를 수록한『어록語錄』부류도 인기를 얻었다. 송대 중국의 승려들이 불교의 중도파 쪽으로 이동하면서 유교적인 사대

---

70) Mote, *Imperial China*, p. 144.

부 계층에 대한 불교의 영향력이 커졌다. 불교의 사안들과 맞닥뜨릴 때, 유교 사대부층은 그들과 토론하며 유교의 윤리 체계를 분명하게 규정해서 유교와 불교의 차이를 외부 세계에 가시적으로 드러내고자 했다. 이러한 지성적 담론은 철학적 설명에서부터 인류애의 추구에 이르기까지 모든 학문적 분야를 망라했다. 이러한 실용주의적 형식들은 불교의 사고와 경험을 조직화하고 또 논변의 공간을 제공함으로써 불교 사상을 풍성하게 해주었다. 송대에 불교는 신유학에게 성숙한 지성계의 이웃이자 경쟁자가 되었다.

불교가 개인의 구원을 약속함으로써 분명 대다수 일반 민중에게 호소력을 크게 발휘하여 다수의 신도를 확보할 수 있었다면, 유교는 왕조와 국가, 사회 전체를 지지하는 사회정치적 질서의 이념적 기초를 제공했다. 신유학 사상가들은 전통과 개인의 사회적 책임 문제와는 무관하게 개인만을 위한 독립적인 철학이나 구원을 위한 교리를 창조하려고 노력한 것이 아니라, 시대의 변동에 꼭 필요한 현실적인 답을 제공해주고자 노력했다. 유교 교리는 유교 경전에 단단히 뿌리를 두고 있었으며, 송대 철학가들의 해석이 종래의 범주를 넘는 일도 가끔 있긴 했으나 고대의 신성한 지혜를 일부러 벗어나는 일은 결코 없었다.

윤리학의 한계가 학자들의 융통성이나 상상력을 제약할 수 있었다 해도, 송대 유학자들의 분명하고 직설적인 해석을 통해 유교는 책임감 있게 일상사와 개인 생활로 돌아왔다. 상위의 지식인 계층에게 유용한 지침서가 되었을 뿐 아니라 중국사상 처음으로 국가의 이념이 되었다. 유교 철학은 사회 모든 구성원을 뒷받침하기에 충분할 만큼 강력한 윤리학적 틀을 형성했으면서도, 다른 모든 중국 왕조로부터 구별되는 송대의 유례없는 변혁 과정에 대응할 만한 여지 또한 충분히 있었다.

6

| 교육과 과거 시험 |

송대 11세기는 인류사상 지성적으로 가장 흥미롭고 고무적인 시기 중 하나였다. 이는 사士 또는 사대부라고 불린 지배층이 이룬 업적이었는데, 사대부는 교육과 시험으로 왕조의 성격을 규정하고 조정의 관리로서 정치에 참여함으로써 자신들의 권력을 공고히 하고 특권을 보전한 자들이었다. 송 왕조가 960년에 건립되었을 때 당대의 귀족적 지배층인 거대 문벌의 시대는 이미 오래전에 끝나 있었다. 문벌 귀족을 대신하여 정부와 행정 부서 요직을 맡게 된 관리들은 더 이상 타고난 특권을 가진 세습적인 귀족이 아니었다. 그들은 세습적이지 않은 신분 집단이었다. 송 왕조는 교육과 시험을 통해서 자기 영속이 가능한 관료 혈통을 이루는 문신 가문의 시대가 되었다.

중국의 역사, 특히 9세기 말에서 10세기에 걸쳐 중세의 귀족정치가 붕괴된 이후 시대의 '지배층'을 정의하는 것은 골치 아프고도 분석을

요하는 문제이다. 이 지배층의 공통분모가 될 수 있는 요소는 그들이
부, 권력, 명성, 특권을 누렸다는 점이다.[1] '사士'라는 용어의 뜻은 시간
에 따라 여러 번 변화를 겪었고 지금까지도 논쟁거리이다. 그러나 이
문文 중심의 문화에서 글을 읽고 쓰는 능력이 언제나 사회적 지위의 표
상이었다는 사실은 분명하다. 기원전 5세기 공자의 시대에 이미 전통
적인 직업별 4계급 제도에서 '사'가 최고의 사회적 지위를 차지하고 그
다음 농민, 공인, 상인의 순서였다. 공자 자신은 낮은 '사' 귀족 출신이
었고 조언가, 학자, 여러 가지 직무의 관리를 역임했다. 9세기 초에 이
4계급 제도가 확장되어 도교와 불교 성직자 두 개 계급을 추가로 포함
하고, 11세기에는 더욱 늘어 사대부, 농민, 공인, 상인, 도관, 불승, 군
인, 부랑자의 부류도 추가되었다.

서방 세계에서 이해되는 '공무원'이나 '행정 사무관' 같은 단어를 가
지고는 송대 사대부들이 누린 지위도, 그들의 지성적 능력과 정치적
영향력 등도 제대로 나타내지 못한다. 송의 군주와 고위 관료들 사이
에 얽힌 관계는, 예를 들어 1040년대 장방평張方平이 인종에게 한 대
담한 발언에서 분명하게 볼 수 있다. "나라를 폐하 혼자서 다스릴 수는
없습니다. 다만 폐하께서 관리들과 협조해야 다스릴 수 있습니다."[2]
1071년 신종이 왕안석의 신법은 '사대부'가 아니라 백성의 이익을 위
한다고 평가하자, 고위 정치가인 문언박文彦博은 냉담하게 황제에게
한 수 가르쳤다. "황제는 백성들이 아니라 '우리' 관리들과 함께 국가를

---

1) Hymes, *Statesmen and Gentlemen*, p. 7.

2) Lo, *An Introduction to the Civil Service*, p. 24.

통치합니다."[3] 송을 창건한 황제 면전에서는 내뱉지 못했을 이 발언은 황제 권위에 대한 달라진 해석을 반영한 것이며, 공자와 다르지 않은 놀랄 만한 독립적인 정신과 자부심이 송대 관리들에게 있었음을 보여 준다.[4]

과거 시험제도

20세기까지 중국에서 다양한 학자 집단이나 지주 가문의 남성들이 생각할 수 있는 전문직은 관료 집단 대열에 진출하는 것이 유일한 길이었다. 과거제도가 개인에게는 그런 직업으로 들어가는 문의 열쇠가 되었고, 송 왕조에게는 관료 조직의 모든 등급과 분야에 관리를 충원하는 정당한 방법으로 여겨졌다. 989년의 칙령은 시험이 '사' 계층에게 독점적이라는 것을 분명히 했다. "과거제도를 수립하는 것은 독서인 계층을 위한 것이다."[5]

당 왕조의 황제들은 군사적 귀족 집단의 정치적 권력을 꺾기 위하여, 수대隋代에 창시된 과거를 정비하여 시행하였다. 7세기 전반 당 고조의 치세에 복무했던 재상 중에는 과거 시험 최고 등급 자격인 '진사' 급제자가 7퍼센트밖에 되지 않았는데 반세기 뒤 측천무후 통치 때에

---

3) 『續資治通鑑長編』, 221:5370.

4) 張其帆, 「「皇帝與士大夫公治天下」試析 – 北宋政治架構探微」, pp. 114-115.

5) 『文獻通考』, 35:332.

는 40퍼센트까지 올랐다. 그러나 당대 관리의 90퍼센트 이상은 시험
을 통해서가 아니라 오랜 전통 속에 발전되어온 추천 제도인 음보蔭補
를 통해 문관의 자리를 얻었다.[6]

송대에는 과거 시험장에 앉은 응시자 수가 당대처럼 수백 명 정도가
아니라 수십만 명에 달했다. 첫 단계의 시험은 초가을에 주급州級 지방
관의 지휘 아래 치르는 향시인 해시解試였다. 이 시험을 통과한 거인擧
人은 지방학교 혹은 가정의 선생, 창고나 사원의 관리자, 또 관리보다
낮은 지위의 지방 행정 실무자인 서리胥吏로 채용될 자격이 있었다. 12
세기 중기까지 해마다 대략 10만 명 정도의 수험생이 향시에 등록했으
며, 13세기 중반에는 그 수가 40만 또는 그 이상에까지 이르렀다. 처음
으로 주 시험 합격증을 따려는 사람들은 현청에서 발급한 보증인 신고
서를 제출해야 할 뿐 아니라 학교에서 최소 300일 동안 공부할 것을 요
구받았다. 만일 이전에 이 시험에 떨어진 적이 있는 수험생이라면 100
일간 더 준비한 이후에 다시 시험을 치를 수 있었다.[7]

오랜 시험 준비 기간과 해시 자체의 엄격함에 그치지 않고 송대 시
험제도가 특별히 괴로웠던 이유는 합격자 수의 제한에도 있었다.
1009년에 진종이 합격자 할당제인 해액解額 제도를 도입했다. 진종은
최고의 자격을 지닌 후보들만 합격시켜 진정한 정예가 관리로 선발되
기를 원했다. 1106년에 이르면, 해시를 보는 사람 중 겨우 3퍼센트만

---

6) Kuhn, *Status und Ritus*, p. 543.

7) 『續資治通鑑長編』, 147:3564.

(어림잡아 8만 명 중에서 2334명) 합격했다.[8] 예를 들어 1090년 복주福州에서 3000명이 시험을 치러 겨우 40명만 합격한 사실을 보면 규제가 얼마나 지독했는지 알 수 있는데, 비율로 보면 수험생 75명당 단 하나의 합격증이 주어졌다는 의미이다. 13세기에는 할당액이 더욱더 엄혹해져서 후보생 중 겨우 1퍼센트나 그에도 못 미치는 인원만 해시에 통과할 수 있었다.[9] 북송 말까지 해시 합격자의 총수는 1만 5000명에 달했는데, 이는 1억 인구 중 겨우 0.015퍼센트였다. 해시 합격증 소지자는 진정한 소수 정예였다고 할 수 있다.

이들 합격자들은 대개 해시 합격 증서와 유대 관계를 활용해 교사나 관리 자리를 얻었던 반면, 그중 비범한 재능이나 야심을 가진 사람들은 계속해서 '진사' 자격을 위해 성시省試에 응시했다. 이 시험은 법제상 3년에 한 번 늦은 봄에 수도에서 시행되었다. 공인, 상인, 서리, 불교나 도교 성직자들, 그리고 전과 기록을 가진 사람들은 진사 시험에 참가하는 것이 금지되었다. 다만 소수의 장인과 상인의 경우 그 재능이나 과업을 존중하는 뜻에서 예외가 인정되기도 했다.[10] 진사 시험 후보자들의 나이는 18세에서 65세까지로 다양했고 평균 나이는 30세 정도였다. 시험에 떨어진 적이 있는 사람들은 그들의 행동이 공공연하게 비난받을 일이 아닌 한, 또 계속 시험 준비를 할 만큼 재정이 허락하는 한 다시 도전할 수 있었다.

---

8)『宋會要集稿』, 책113, 選擧 15:4496.

9) Chaffee, *The Thorny Gates of Learning*, p. 36.

10)『宋會要集稿』, 책113, 選擧 14:4476.

최고 단계의 진사 시험을 치르려면 수험생들은 시험 준비를 위해 다시 한 번 많은 시간, 에너지, 돈을 투자해야 했다. 몇 달에 걸쳐 육로로 또 뱃길로 수도까지 가서 여인숙이나 여관에 머물러야 했는데, 이렇게 필요한 여행과 체류 비용을 가족이나 다른 후원자의 도움으로 충당하는 경우가 대부분이었다. 그러나 집안에 고위 관리가 있다는 것은 최고의 보상을 약속하는 일이었기 때문에 이런 비용을 누구든 기꺼이 대주려고 했다. 재정적 지원뿐만 아니라 각 진사 후보자들은 자신의 인간적 진실성을 보증하는 후원자가 되어줄 관계官界의 인사가 필요했다. 이런 관계는 그 두 사람의 정치적 운명을 함께 묶어주는 상호 간의 신뢰 행위였다. 과거 절차의 마지막 시험인 전시殿試는 황제가 친히 주재했다.[11] 이러한 의식으로 인해 황제는 장래 고위 관료들이 될 그들의 인상을 개인적으로 파악할 수 있고, 군주와 그의 최측근에서 조언하는 관료들 사이의 상호 유대가 그들이 관직 생활을 시작할 때부터 강화될 수 있었다.

11세기 중반에 이르면 몇 년의 해시에서 배출된 누적 합격자 중 5000에서 1만 명의 인원이 특정한 연도에 개최되는 성시에 참가했고, 그중 극히 낮은 비율의 인원만 합격했다. 1002년에는 겨우 1.5퍼센트(1만 4562명 중에서 219명)가 진사에 급제했다. 1109년에는 그 비율이 10퍼센트(7000명 중 731명) 이상으로 오른 적이 있으나, 남송대의 평균치는 6.5퍼센트 근처에서 맴돌았다.[12]

---

11) 『宋會要輯稿』, 책110, 選擧 7:4342; Miyazaki, *China's Examination Hell*, p. 116.

12) 『續資治通鑑長編』, 51:1120; 『宋會要輯稿』, 1109: 책110, 選擧 7:4357; Lee,

지방지의 기록에 따르면 송대 전체 기간 중 진사의 수는 2만 8933명이며 그중 약 3분의 1이 북송대, 3분의 2가 남송대이다. 그러나 다른 권위 있는 자료에 따르면 960년에서 1223년 사이에 그 수는 약 4만이며, 좀 더 높게 추산되기도 한다. 여러 차례 낙방했던 수험생들을 관대하게 인정해주는 제도로 가능해진 특주명特奏名 진사라든가, 여러 가지 특수 부문의 급제자를 포함하면 960년에서 1229년 사이의 총 숫자는 7만까지 올라갈 것이다. 특정 연도에 진사 자격자로서 현직에 있는 관리 수의 범위는 11세기 초의 5000명에서 13세기 초의 1만 명까지였다. 관료 조직 안의 실제 관직 중에서 진사에 급제한 고급 인력으로 채워진 자리의 비율을 살펴보면, 1046년에는 3분의 1 남짓밖에 안 되었는데(1만 8700석 중 7085석), 남송대에는 이런 불균형이 더욱 악화되어 1213년의 경우 3만 8870명의 관직자 중 8260명이 진사였다.[13] 북송 휘종 치하에서는 관직이 5만을 넘을 만큼 관료 조직이 부풀려졌고, 남송대에는 심지어 통치할 영토가 대략 3분의 1이나 줄었는데도 이런 개탄스러운 상황이 시정된 적은 없었다.

정부 조직이 이처럼 과도하게 팽창된 이유는 대개 유력 가문들이 자신들의 눈에 "별 볼일 없는 집안의" 진사 출신자들에게 특권, 지위, 권력을 잠식당하는 것에 맞서서 취한 대응이었다고 이해할 수 있다. 할

Government Education and Examination, p. 148.

13) Chaffee, *The Thorny Gates of Learning*, pp. 196-202. 『文獻通考』, 32:304-307. 송 왕조 말까지 시행된 12회의 진사 시험은 포함되지 않았다. 『宋會要集稿』, 책107, 選擧 1:4217-4231; 960년부터 1223년까지의 시험은 Lee, *Government Education and Examination*, pp. 226, 279-285 참조.

당제 실시가 시험 합격자의 수를 단단히 틀어막았지만, 많은 남송대 관리들은 '음보'라는 뒷문 등용 제도를 통해 정부에 들어갔다. 963년 에 이미 도입된 이 특권은 높은 품계의 관리들에게 아들, 조카, 손자를 문관직에 임명할 수 있도록 한 것이었다. 그런데 1009년 이후에는 개 인의 추천만 갖고는 충분하지 않았고, 후보자들은 국자감에서 수업을 받아야 했다. 정해진 과정을 완수한 후에 지명된 후보들은 시험을 치 렀는데 여기서는 50퍼센트 이상이 합격했다. 조정의 하품직, 특히 수 도의 낮은 직급들에서 필요한 수를 훨씬 능가하는 많은 자리가 남송대 지배층의 자제들에게 주어졌던 것이다. 송대 말기에는 오랜 권세 가 문들이 음보 제도를 이용하여 세력 기반을 회복할 수 있었던 반면, 관 직 경력에서 진사 자격이 갖는 중요도는 시간이 지나면서 다소 침식되 었다.[14] 그럼에도 불구하고 중국 사회에서 진사 출신자가 갖는 지배층 으로서의 위상은 1912년 제정帝政 중국이 끝날 때까지 근본적으로 변 하지 않았다.

지성과 야심을 가지고 있으나 직계 선조 중 관직에 진출한 자가 없 는 평범한 가문 출신의 후보자들에게 과거제도는 관계에 진출할 수 있 는 최고의 기회를 제공했다. 과거 합격 소지자의 관직 점유 비율을 보 면 당대에는 15퍼센트에 지나지 않았으나 송대에는 거의 40퍼센트를 차지했다.[15] 주요 관료 집단에서 차지하는 고위 관리나 문벌대족 출신

---

14) Chaffee, *The Thorny Gates of Learning*, p. 29. 周藤吉之,
　　『宋代官僚制と大土地所有』, p. 66.

15) 孫國棟, 「唐宋之際社會門第之消融」, pp. 279, 283; Lee, *Government Education
　　and Examination*, p. 212.

의 비율을 비교해보면, 당대 후기에는 69퍼센트였던 반면 북송대에는 겨우 19퍼센트였다. 크래키E. A. Kracke가 1148~1256년에 진사 자격을 획득한 사람들의 열전을 통해 밝혀낸 그들의 출신 가문을 보면, 급제자의 57퍼센트가 부, 조부, 증조의 직계 3대에서 관리가 배출된 적 없는 집안이었다.[16]

그러나 과거제도가 가난한 영재들의 사회 이동 상승을 증진시키는 장치로 창안된 것이라고 평가하기는 어렵다. 그것은 능력주의를 지향하는 사회 공학적 도구였다기보다는 오히려 최상층만의 고상한 품격을 지키는 데 유용한 제도였다. 가령 송 왕조가 전 기간에 걸쳐 22만 명의 관리를 임용했고, 특정 연도에 대강 2만 명의 관리가 공무를 보았다고 상정해본다면, 1억 100만의 인구였던 1100년 즈음에는 겨우 0.02퍼센트만 관료 조직 내에 재직했다는 의미가 된다. 어림잡아 볼 때 약 5000명의 최고 자격인 진사 출신 관리는 인구의 0.005퍼센트에 불과했다는 것이며 13세기에도 이런 정도의 수치로 계속 유지되었다. 인구가 6300만 명으로 감소했던 1200년 전후라면 지방시와 수도 시험의 합격자 비율은 0.102퍼센트로 올라갈 수 있을 것이다.[17] 전체 인구에 대한 관직자 수의 비율을 보면 어떤 시기를 잡더라도 몇 백에서 몇 천 가문이 절대적인 지배력을 가졌음을 알 수 있다. 송 왕조시대에도 사회적 불평등은 만연하고 폭넓게 용인되었으며, 이는 서구의 이념이 20세기에 일정 정도 영향을 주기 전까지 중국의 전체 역사에서 일관되

---

16) Kracke, "Family versus Merit," pp. 103-123.

17) Lee, *Government Education and Examination*, pp. 21, 221.

었다.

하트웰Robert M. Hartwell을 비롯한 학자들이 크래키의 자료를 재검토하고 아버지의 형제, 할아버지의 형제까지를 포함하는 좀 더 넓은 방계 가족의 음보권과 영향력을 고려한 결과, 송대 과거 합격자는 거의 모두 집안에 관직을 가진 친척이 있다는 결론에 이르렀다.[18] 집안에 사대부가 없어도 상인 등의 부유한 집안이라면, 딸들을 과거 급제자가 있는 가문과 결혼시킴으로써 사회적 사다리를 올라갈 수 있었다. 변변찮은 집안의 유능한 청년 서생은 과거 시험에서 성공할 가능성이 있으므로 돈 많은 계층의 딸에게 좋은 조건의 남편감이 될 수 있었다. 송대에 사회계층 간 경계를 가로지르는 결혼이 사회적 상향 이동에 중요한 열쇠로 작용했다고 해석할 수 있다.[19]

시골 촌락이나 마을의 가난하고 고생스런 환경에서 살았던 학자라 하더라도 과거 시험에 합격하면 곧바로 최고의 탁월성, 영향력 그리고 권력을 가진 남성이 될 수 있었다. 11세기의 어느 과거 급제자가 귀향했을 때의 광경을 구양수는 이렇게 서술했다. "앞에는 기수, 뒤에는 말 탄 호위대를 거느리며 4필의 말이 끄는 높다란 수레에 올라탄 사대부가 지나가면, 사람들이 길 양편에 몰려와 그를 바라보며 탄식한다. 평범한 남자들과 어리석은 여자들은 흥분 속에 몰려들어 수레와 말이 일으킨 먼지 속에서 몸을 넙죽 엎드려가며 스스로를 낮춘다. 공부한

---

18) Hartwell, "Transformations of China," pp. 417-418; Hymes, "Prominence and Power," pp. 48-55.

19) Hartwell, "Transformations of China," p. 419.

자가 야망을 성취했을 때 누리는 당당한 기쁨이다."[20]

교육 기관

중국 여성들이 고전 교육을 받은 경우는 종종 있었지만 과거 시험을 보거나 황제의 관리로 재직하는 것은 허락되지 않았다. 남편이 먼 타지의 지방관으로 갈 때 함께 간 여성은 어린 아들들의 초기 교사 역할을 맡는 등 가정교육의 원동력이기도 했다. 자식들이 더 성장하면 여력이 충분한 가문에서는 가정교사를 고용하기도 하고 가족 또는 종족이 설립한 학교에 아들을 보낼 수도 있었다. 이들 종족 학교의 일부는 수학, 법학과 같은 특별한 과정을 개설한 서원으로 발전하기도 했다.[21] 그 외 학생들은 지방의 관학에서 교육을 계속 받았는데, 이 학교들은 대개 공자 사당에 있었다. 이같은 노력의 최종 목표는 아들이 해시에 합격하고 어쩌면 더 나아가 성시에 합격하여 관직을 얻게 하는 것이었고, 이것은 궁극적으로 가문 전체에 영예와 부를 가져오는 길이었다.

정부가 배당해주는 토지 즉 학전學田에 세워진 지방학교 설립은 1009년 이후 탄력을 받았다. 1040년대와 1070년대 개혁 시기 동안 수많은 주학州學과 현학縣學이 건립되었다. 개혁가 범중엄과 그의 추종자들은 1035~1046년에 16개 학교를 설립했다. 구양수는 자신의 고

---

20) 번역은 Liu, *Chinese Classical Prose*, p. 175에 기초함.

21) 『宋代文學史』, pp. 94-95.

향 주학의 건축을 위해 150만 관 현금을 기부했고, 한기 역시 그러한 방법으로 교육에 기여했다. 1071년에는 그 다음 세대 개혁의 물결을 타고 주학의 학전 규모를 늘리면서 교육 기관의 재정 기반이 견실해질 수 있었다. 부유한 가정의 아동들도 가난한 환경의 아이들만큼 지방 관학을 많이 이용했다.

관리이자 유교 철학자였던 정이(1033~1107)가 제시한 이 제도의 운용 방식은 다음과 같았다. "남자아이들은 8세에 (사립 초등) 학교에, 15세가 되면 (관립 주) 학교에 입학한다. 발전 가능성을 가진 인재들은 선발되어 주학에 가게 되지만 열등한 자들은 돌아가 농사를 짓는다. 학자와 농부가 일을 서로 교환하지 않기 때문이다. 주학에 들어가면 농지에서 일하지 않을 것이다. 그러므로 학자와 농부는 완전히 구별된다. 주학에 다닐 때의 경비 지원에 대해 보면, 관리의 자식들은 염려가 없다. 하지만 서민의 아들이라도 주학에 들어가면 곧 (나라의) 지원을 받는다." 주희는 자신의 철학 체계에 정이의 생각들을 많이 받아들였지만, 이런 식으로 학교 교육과 농업을 나누는 것에는 동의하지 않았다. 그는 학생들은 "봄과 여름에 농사를 짓고 나머지 시간에 공부를 한다. 정부가 그들을 지원해야 한다는 말은 들어본 적이 없다"고 논평했다.[22]

1044년에는 모든 현과 주에 학교를 설립하라는 정부의 명령이 내려졌고 1102년 휘종 때에도 거듭되었다.[23] 게다가 1043년에 처음 세워진

---

22) *Reflections on Things at Hand*, pp. 264–265.

23) 『宋史』, 11:217, 19:364.

관영 군사학교(무학武學)와 1073년에 건립된 법률학교(율학律學) 등은 학생들에게 특별한 직로를 준비할 수 있게끔 해주었다. "좋은 철이 못을 만드는 데 사용되지 않듯이 훌륭한 사람은 절대 군인이 되지 않아야 한다는" 이유를 내세워,[24] 지체 있는 가문에서는 대부분 그 아들들이 무인이 되는 것을 꺼려했다. 육체적으로 힘쓰는 것은 상류계층 사람들 사이에서 낮게 평가되고, 근육을 쓰는 일은 거칠다고 여겨졌다. 젊은이들은 공손하고 온화하도록 가르침을 받았다.

일반적으로 제국의 최고학부로 알려진 태학의 유래는 기원전 124년으로 거슬러 올라가며 송대에는 960년 태조 치세 때 학사의 증건과 함께 재개되었다. 후에 태학에는 70명의 학생에게 입학 허가가 주어졌는데 그들 대부분은 하급 관리와 품격 있는 평민 집안 출신이었다. 지원자 수가 늘어남에 따라 명성이 덜한 사문학四門學이 1043년에 개교했다.[25] 학생들은 급료, 식사, 기숙사 공간을 제공받았다. 그들은 총 500일 동안 공부해야 했지만, 주에서 보는 시험은 면제되는 특권을 누렸다. 즉 성시에 곧바로 참가하는 것이 허락되었던 것이다. 1040년대 개혁 운동이 실패한 뒤에는 국자감에서 사문학의 재산을 몰수하여 그 연간 예산을 감축했다. 그러나 이러한 모든 어려움에도 불구하고 학교들은 반개혁적 상황을 견뎌내며 1068년까지 등록 청년이 900명에 이를 만큼 성장했다.[26]

---

24) Li, *The Ageless Chinese*, p. 243.

25) 『宋史』, 157:3657; 『文獻通考』, 42:395; 『宋史』, 157:3659.

26) Chaffee, *The Thorny Gates of Learning*, p. 32, 표 6.

태학은 교실과 기숙사 공간의 부족 문제에 시달렸다. 태학의 학생이기도 했던 왕안석은 신법 개혁을 추진하던 1070년대에 태학을 학생 능력에 따라 3개의 학사學舍로 나누었다.[27] 신입생은 외사外舍에 들어가 지내고, 내사內舍로 그리고 마지막에 상사上舍까지 진급할 수 있었다. 1080년 이정李定과 채경蔡京은 태학을 확장하여 80개 동을 갖추어 2400명의 학생을 수용했는데, 그중 2000명이 외사에 있었고 상사에는 단지 100명만 들어갈 수 있었다.[28]

1102년에 채경은 태학의 최상위 졸업생들은 과거 시험을 전혀 보지 않고 정부의 관리로 등용시켜야 한다는 혁신적인 제안을 했다. 그는 개혁된 학교 제도가 과거 시험을 완전히 대체해야 한다는 데까지 자기 생각을 밀어붙이려 했으나, 즉각 조정 관리들의 강력한 저항에 부딪쳐 그의 제안들은 결국 실패했다. 반대자들은, 채경의 개혁안들이 차세대 관리의 교육 방향을 결정하는 자신들의 역할을 직접 공격하는 것으로 받아들였다. 이렇게 차질을 겪었지만 태학에는 새로운 강의동과 기숙사들이 건축되었고, 그 건축 과정은 장작감將作監 부책임자를 지냈으며 『영조법식營造法式』의 편찬자이기도 한 유명 건축가 이계李誡가 맡았다. 1104년에는 3800명의 학생이 등록했으며 그들 중 많은 학생들이 어려운 가정의 자제였다. 입학금은 2000관이었는데 이는 대략 하등호 농부의 4개월 소득, 아니면 하위 관리의 한 달 봉급에 맞먹는 액수였다. 송 왕조가 북쪽을 상실한 뒤 1142년에 태학은 남송의 수도

---

27) Kracke, "The Expansion of Educational Opportunity," p. 11.

28) 『宋史』, 157:3657.

항주에서 다시 개교하여 계속 번성했다.[29]

진사가 되기 위한 시험

수도에서 치르는 성시의 성공에 걸려 있는 이득이 얼마나 대단한 것인지는 시험이 시행되는 방식만 보아도 생생하게 알 수 있다. 1007년에는 공평성이 화두가 되었다.[30] 공정한 채점을 위한 이상적인 조건을 만들어내기 위해 답안지의 응시자 이름을 가린다든가 겉장을 덧씌운다든가 아니면 채점관에게 넘겨지기 전에 사무원들을 시켜 답안을 베끼게 하여 응시자의 필체를 숨기는 등의 여러 가지 방법들이 마련되었다. 응시자들의 시험 부정을 방지하기 위해 몸을 조사받은 뒤에 시험장에 입장하는 해도 꽤 있었다. 시험장 안에는 총시험관이 어느 정도 거리에서 장막 뒤쪽의 자리에 앉았다. 응시생의 이름이 불리면 그들은 정해진 곳의 깔개 위에 자리를 잡고 앉았다. 감시자들이 시험을 감독하는 가운데 응시자들은 서로 말하는 것은 물론이고 외부에서 갖고 온 음식이나 음료를 소지하는 것도 금지되었다. 만약 갈증이 나면 먹물로 쓸 수 있도록 준비된 물을 마실 수는 있었다. 시험장 안이 어두워질 때에라도 촛불 사용은 금지되었다.

이구는 시험장에 앉았을 때의 느낌을 생생하게 묘사하였다.

---

29) 『宋代教育』, p. 70.

30) 『續資治通鑑長編』, 67:1512, 1514.

총시험관이 장막 뒤에 앉아 있고,

보이지만 다가갈 수 없는 곳에,

환관들이 입구 바로 앞에 서서

응시자 하나하나 머리 꼭대기부터 발가락까지 수색한다.

그리고 이름이 불리면,

차가운 바닥 위에 놓인 찢어진 깔개 위에 모두 앉는다.

어릴 때부터 공부 잘하기로 알려졌을 것이고

올바른 처신을 배운 사람이지만

고사장 감옥 안에 갇혀 있을 때는

눈만 크게 뜬 벙어리가 된다.[31]

송 왕조 전체 기간 동안 진사가 되기 위한 시험에서 요구하는 조건들에 큰 변화가 있을 때에는 대개 유력한 상급 시험관들의 정치적인 편향에 따른 영향 때문이었다. 1044년의 시험은 책策, 논論, 시부詩賦 작문의 세 부분으로 이뤄졌다.[32] 유교에서 전통적으로 중시하는 사서(『논어』, 『맹자』, 『대학』, 『중용』)와 오경(『시경』, 『서경』, 『역경』, 『예기』, 『춘추좌씨전』)이 모든 정치와 역사 논의의 기초가 되었고, 응시자들은 이런 경서들에 대한 설명을 통해 자신들의 설득력과 지적 능력을 보여줄 수 있었다. 『논어』와 『맹자』에 나온 긴 문단을 암기하는 능력을 평가받고 또

---

31) 『直講李先生文集』, 35:249. 번역은 Lee, *Government Education and Examination*, p. 167에서 인용.

32) Lee, *Government Education and Examination*, pp. 152-153; 『續資治通鑑長編』, 147:3565.

『좌전』이나『예기』에서 제출하는 10개의 문항에 답을 써야 하는 힘들고 긴장된 시험 과정이었다.[33]

개혁가 범중엄과 한기가 1043년 상주문에서 시문詩文을 시험하여 관리를 등용하는 시험 제도를 비판했던 바와 같이 당대의 전통이던 시문 쓰기는 송대에 들어 계속 쇠퇴하였다. 또 과거 시험에서 기계적으로 외는 공부를 강조하는 것에 대해서도 비난했다. "조정의 사대부 중 상상력을 가진 지식인은 겨우 10~20퍼센트밖에 안 됩니다. 국가가 깊은 위기에 빠져 벗어나지 못하고 있어 인재를 필요로 하는 때에 이런 상황은 특히 위험합니다. 그러므로 학생들에게 나라와 백성을 관리하는 전문적인 기능을 가르치고 바로 이런 능력을 가진 자들만 선발해야 합니다."[34] 1071년이 되면 수험생들은 논리적인 주장의 근거를 경서들에서 끌어내가면서, 오경 중에서 나오는 5개 문제에 답하고, 논論 한 편과 정책에 관한 시무책을 세 편 써야 했다.[35] 이런 글들은 과거 역사의 문제점에 대해 조리 있게 설명하고 그것을 현재에 어떻게 적용시킬까에 관해서 해설하는 경우가 많았다.

마지막 시험인 '전시'는 황제가 친히 지휘했으며 후보 중 극히 낮은 비율만이 전시에서 합격했다. 그들 모두가 목표로 한 것은 전체 5갑甲 중 최상위인 1갑과 2갑에 드는 것, 즉 우등 합격이었다. 최종적인 수석은 전체 합격자 목록에서 맨 꼭대기에 오르며 '장원' 또는 '용두龍頭'로

---

33) 『宋代文化史』, p. 101.

34) 『續資治通鑑長編』, 143:3435.

35) 『續資治通鑑長編』, 220:5334-5335.

불리거나 합격자 명단이 출간될 때 명단의 첫 이름이라는 뜻의 '방수榜首'로 불리는 등 최우수 합격자로서의 영예를 얻었다. 수석인 장원과 2등인 방안, 3등인 탐화는 최고위 관직으로 진출할 수 있는 가장 좋은 기회였다.

1040년대의 개혁가들은 장래 관리들에게 요구되는 자격과 관련하여 분명한 견해를 갖고 있었다. 도덕적 책임감이 있고, 문화적 의식이 있으며, 교양을 갖춘 다재다능한 사람이어야 했다. 기이하거나 모호한 것을 과시하는 글을 쓴 합격자를 관리로 임명하는 것은 원치 않았다. 1057년 수석 시험관이었던 구양수는 그런 글들을 거부하고, 글의 형식보다 내용을 중시했다. 도덕적이고 철학적인 내용에는 고문체의 산문 형식이 더 적합한 것으로 여겨지면서, 수백 년 동안 중국의 시풍을 지배했던 운율적인 변려체駢儷體 시문은 비운율의 고문체古文體 산문에 의해 뒤로 밀려났다. 소식蘇軾이 과거 시험에서 쓴 「충성과 관대함의 궁극적인 표현인 상벌(刑賞忠厚之至論)」이란 글은 새로운 문체의 시대를 알렸다. 시험관들은 그를 차석으로 합격시켰다.

해시와 진사과 시험 외에 각종 과거 시험인 '제과諸科'는 행정직에 나가기가 상대적으로 수월한 길이었다. 왕안석은 1073년에 제과를 폐지했는데, 아마도 오직 하나의 문학 부문을 외는 공부만 가지고서 관리가 되는 사람들을 줄이기 위해서였을 것이다. 개혁가 왕안석의 생각에는 모든 행정 부서와 복잡한 관료 조직의 각계각층에 효율적으로 임용될 수 있는 높은 수준의 박학다식한 지식인이 국가에 긴급히 필요했다. 그의 개혁으로 진사과의 중요성이 더 커졌다.

고문 운동

11세기 송대 관리들은 재정과 호구戶口의 문제 때문에 정치적·경제적·군사적 개혁을 추진했다. 그리고 경서와 유교를 부흥시키는 문제와 단단히 얽혀 있는 철학적·이념적 논리를 전개하기 위해 개혁가들은 진사 시험에서 고문 형식으로 쓴 산문을 수용하는 길을 열었다. 이 세대의 사대부들은 그 이전 누구보다 더 글쓰기 기술에 대해 깊은 관심을 가졌지만, 그들은 중국 사회와 정부에 관련하여 매우 이상적인 이론으로 간주되어온 고대의 이론을 모범이 될 수 있는 중국의 문화적 유산으로 삼아 자신들의 시대에도 활용할 수 있는 방도에 대해서도 고민했다. 개혁적인 사대부들이 언어에 쏟은 관심은 문헌학적 유산遺産과 관련된 문제보다 훨씬 컸는데, 이는 자신들이 당면한 사회적 변혁의 도전에 부합하는 언어적 표현이라는 수단을 만들어내기 위한 것이었다.

소식을 비롯한 사람들에게 그 이전 여덟 왕조의 문학은 쇠퇴한 시대의 표상으로 여겨졌다. 또 많은 사대부들이 한과 당 왕조시대에 중국의 글쓰기를 지배했던 변려체 산문이 유교적 철학과 윤리에서 다루는 절박한 문제들을 논하는 데 과연 적합한가라는 의문을 갖기 시작했다. 그러나 11세기에 고문이 수용될 수 있었던 이유는 비운율적이고 비변려체적인 문체가 갖는 실용성 때문이 아니라 고문 자체가 갖고 있는 유교 정신의 부활이라는 이념적인 의미 때문이었다. 고대 산문체는 외래 불교 사상이 중국의 학문에 침투하기 훨씬 전인 주대周代와 한

대漢代에 쓰였던 문장 형식이다. 사대부들은 의도적으로 자신들의 교재를 유명한 고전들을 본떠 만들고, 이론과 실천, 형식과 내용을 겸비한 진정한 중국의 문체로 돌아감으로써 유교의 근본 가치를 사대부가 숙고해야 할 의제로 삼고자 했다. 문인으로서 진사 시험관의 기대에 부응하는 훌륭한 글을 창작할 수 있으려면 그전에 수년간 문장론을 공부하고 연마해야 했다.

고문체가 11세기 유교 학문과 밀접하게 연관되긴 했지만, 이 운동이 시작된 것은 사실 200년 이상 이전인 8세기 말이었다. 그때의 문장가들은 유교의 세계관과 사회적 관계를 언어로 표현하는 데 특히 잘 맞는 고문의 장점에 고무되기 시작했다. 한유(768~824)는 고문 운동의 중요한 대변자였으며 고문체 산문과 이념으로서의 유교는 바로 그로부터 부흥하기 시작했다.

한때 황세자의 교사를 지낸 한유는 스승과 교육의 힘을 열렬히 신봉했다. 802년에 그는 자기 생각을「사설師說」이라는 글에서 이렇게 표현했다.

옛날에 배우려는 사람에게는 반드시 도를 전하고 교훈을 주고 의문을 해결해주는 스승이 있었다. 사람은 태어나면서부터 아는 것이 있는 것이 아니기에 모두 의문들을 갖는다. …… 자식을 사랑하는 사람은 교사를 골라 자식을 가르치지만 자신을 위해 스승을 갖는 것은 부끄러워한다. 이는 참으로 알 수 없는 일이다. 아이들을 가르치는 스승은 책으로 가르치면서 문장론과 읽기를 익히게 할 뿐이다. 이것은 내

가 말하는 도를 전하고 의문을 해결하는 사람들이 아니다. 의문의 해
결은 가르치지 않고 문장론과 읽기만 가르치는 교사를 갖는다면, 이
는 작은 것은 배우고 중요한 것들은 소홀히 하는 것이다. 이는 지혜로
볼 수 없다.[36]

유교의 도를 전할 때 문장 형식은 그 내용과 불가분의 관계에 있다
는 것이 그의 생각이었다. 내용과 형식 둘 다 직설적이고 분명할 필요
가 있었다. 그는 792년 진사 시험의 동급생인 구양첨歐陽詹을 위해 쓴
애도문의 발문에서 "내가 고문을 쓸 때 단순히 고문이 오늘날의 것과
다르기 때문에 그런 구문 형식에 매달리겠는가? 아니다. 나는 내가 만
나지 못한 고대를 생각한다. 내가 고대의 도를 배운다면 고대인들의
도에 기초를 둔 그들의 문장도 이해하기를 바란다"고 말했다.[37]

이후 200년 동안 많은 학자들이 황제에게 올리는 상주문에서 한유
의 주장을 인용하며 그가 장려한 비운문적인 고문이 유교의 도 안에서
백성을 지도하고 나라를 다스리는 데 잘 맞는다고 주장했다. 공적인
업무에 관한 글은 한·당 시대의 문인들이 선호했던 변려문의 특징—
균형의 제약, 구문론적 대구법, 세련된 표현, 끝없는 문학적 인유법,
운율이 꼭 맞는 화려한 언어 등—에서 자유로워야 한다고 그들은 주
장했다.

---

36) 『(韓)昌黎(先生)全集』, 12:1b-2a; 번역은 Hartman, *Han Yü and the T'ang
Search for Unity*, p. 163에 기초함.

37) 『(韓)昌黎(先生)全集』, 22:4ab.

당송팔대가 중에서도 한유, 구양수, 소식 등의 영향력이 가장 컸다. 1057년에 구양수는 진사 시험에서 형식보다 내용을 중시한다고 선언하면서 고문에 대한 그의 입장을 밝혔다. 그의 담대한 선언은 고문체에 숙달하기까지 몇 년이 걸릴 수 있지만 다른 사람들도 이 새로운 문체에 익숙해질 것을 장려한 것이었다. 구양수는 한유의 고문체 산문이 역사의식을 가진 학자들에게 이상적인 모범적 문체라며 그 위상을 높였지만, 1050년대 이후가 되면 (석개가 이전에 자신의 문체를 묘사한 것처럼) 가공하지 않은 원석의 옥을 닮은 거칠고 괴짜스러운 고문체의 문장은 세련된 문장을 요구하는 시험관들의 기대를 더 이상 만족시킬 수 없었다. 그러나 동시에 구양수는 변려체가 용도에 맞게 쓰일 경우에는 비난하지 않았다.[38]

구양수는 자신의 학문을 한유의 학문과 동일화하면서 "고대의 도를 회복한다"는 이상주의적인 신념을 밀고 나갔다. 능란한 정치가였던 그는 자신의 정치적 영향력을 이용하는 데 주저하지 않았고, 더구나 그가 쓴 숨김없고 솔직한 상서와 항의문은 거의 모두 황제가 받아들였기 때문에 크게 명망을 얻었다. 1091년에 편찬된 구양수의 『거사집居士集』 서문을 쓴 소식은 자기 스승을 당시의 한유라고 칭송했다. "구양 스승님이 나타난 이후 천하의 모든 학자들이 다투어 자신들을 정화하고 교양을 닦았으며, 경전의 철저한 공부와 고대를 공부하는 것을 우

---

38) Egan, *The Literary Works of Ou-yang Hsiu*, p. 17; Bol, "This Culture of Ours," p. 188.

선으로 삼고 도에 따라 행동하여 그들의 시대를 이롭게 하였다."[39]

소식에게는 한유의 문장이 '도'를 가리키며 천하의 모든 것을 침몰로부터 구했다는 믿음이 있었다.[40] 그러나 한유가 도의 전승에 필요하다고 한 문학의 형식과 내용의 합일을 성공적으로 종합한 사람은, 11세기 유교 부활 정신의 화신으로 간주되는 호원胡瑗(993~1059)이었다. 호원에게 도는 불변의 실체(體), 문장의 형식(文), 운용의 기능(用)으로 구성되는 것이었다. 실체란 군신의 관계, 부자의 관계 그리고 시대를 통해서도 변하지 않는 인·의·예·악의 가치 안에서 볼 수 있다. 문장의 형식은 『시경』, 『서경』, 정부에서 편찬한 정사正史들, 그리고 주대周代의 철학에서 구현되었다. 운용의 기능은 실체를 활성화하여 사람의 삶을 풍요롭게 하는 것, 그리고 모든 것을 치리治理하여 국가의 완성에 이르는 것을 포함했다.[41]

13세기에 도학이 용인된 이후로는 도학 철학가들의 글이나 고문의 대가들이 지은 산문도 과거 시험 문화의 중추를 이루는 문학 선집에 포함되었다.[42] 실질적으로 이 엄중하고 고집스런 기준을 따른 사대부들이 많지는 않았지만, 고문체는 송대 내내 존속했다. 1695년에 가면 중국의 학생들에게 가장 유명한 선집인 『고문관지古文觀止』가 출판되었는데, 고문체로 쓴 220편의 교재가 여기에 포함되어 있었다.

---

39) 『蘇東坡全集』, Vol.1, p. 279.

40) 『蘇東坡全集』, Vol.1, p. 593.

41) 『宋元學案』, 1:27; *Sources of Chinese Tradition*, p. 439 참조.

42) De Weerdt, "Canon Formation and Examination Culture," p. 123.

관직 생활, 봉록, 특권

송대 관료 사회의 서열은 최하위 관리자들부터 최고의 재상 등급까지 다양한 품관으로 구성되었다. 이론상 송의 관리들은 과거 시험의 성적, 품성, 도덕적인 행동에 따라 등급이 매겨져야 했지만, 실제로 관리의 경력은 여전히 가족 배경과 황제의 호의에 따른 영향을 받았다. 누구도 이의를 제기할 수 없는 황제의 인사 결정권은 다른 어떤 요소라도 기각시킬 수 있었다. 오랜 전통과 개혁이 교차하기도 하고 겹치기도 하는 가운데 물론 예외도 있었다.[43]

직위를 품계로 등급화하는 것은 9품제를 승인한 서기 265년 삼국 시대에 시작되었다. 송 왕조는 9품제를 18등급으로 세분한 당의 제도를 채용했다.[44] 1080년대 개혁 이전에는 관의 등급이 30개나 되었다. 송의 시조인 태조는 의전상의 관직이라고 이해할 수 있는 새로운 등급 체계를 고안했는데, 이는 모든 지위를 명망에 따라 정렬시킨 것이었다.[45] 기본적으로 여기에는 두 종류의 관직이 있었다. 첫째는 태사, 사공과 같은 명목적 관위인 기록관寄祿官 또는 계관階官으로 이것을 받은 자는 의례 때에 특정한 지위를 갖지만 실무에는 거의 간여하지 않는 것이 보통이었다. 명목적 관위는 재정·군사·행정의 세습적 직위가 일반적이었던 송 이전의 왕조들에서 유래했다. 둘째는 관리로서 수행해

---

43) 林瑞翰, 「宋代官制探微」, p. 199.

44) 『宋史』, 168:3996.

45) 『文獻通考』, 67:595-610.

야 할 실제적인 임무와 그가 감당해야 할 책임이 주어지는, 통판通判의
보조나 지주知州와 같은 기능상의 관직인 직사관職事官 또는 차견差遣
이었다.

1080년대 신법 개혁 동안 수백 개의 새로운 관직을 포함한 관직 체
계가 소개되었다. 이 새로운 제도는 약간의 변화만 있었을 뿐 왕조의
마지막까지 계속되었다. 옛 명목상의 구분을 보전하면서 새로 기능상
의 직함과도 관련되게 한 것이다. 그러므로 기능적 관직 쪽이 좀 더 강
력해진 것이다. 휘종 통치 기간에 몇 가지 작은 개혁이 뒤따랐으며, 또
1131년 이후에 좀 더 큰 규모의 개혁이 이루어지는데, 역시 명목적 관
위보다는 실제 업무인 차견이 강조되었다.[46]

이렇게 둘로 갈린 등급제는 혼란스러울 뿐 아니라 소모적이었다.
한편으로는 아무런 실무를 하지 않는 관직 소지자가 있는 반면 또 다
른 한편으로는 낮은 명예를 가진 관리들이 각계각층에서 정부의 일을
도맡아 해야 했다. 이런 상황을 어느 정도 완화하기 위해 1080년대 이
후로는 차견직에 임명된 관리들에게 문무 기록관을 수여하는 것이 일
반화되었다. 이상적으로는 기록관의 등급이 차견직 등급과 대등해야
했다. 그러나 실제로는 음보제를 통해 관계에 들어간 관리들은, 최하
등급에 가까운 차견과 업무가 주어지더라도 그것보다 한두 계급 높은
기록관의 등급을 받았다. 이런 식으로 하면 이 신참은 보통 과거 급제
자보다 나은 봉록, 혜택, 특권과 더불어 몇 년의 경력이 앞서가는 이득

46) 『宋史』, 168:3991-3996, 171:4109-4112, 169:4064-4069.
　　실직 봉록(직전職錢)에 대해서는 pp. 4112-4114.

을 얻었다. 남송대에 오래된 권세가들은 이러한 전략을 통해 사회적 명성과 영향력을 회복했다.

관리들은 복무에 대한 대가로 매우 후한 보상을 받았는데, 현금으로 받는 월봉뿐만 아니라 양곡, 견직물, 땔감, 술, 소금, 서적과 기타 물품 등 여러 가지 종류의 수당까지 받았다. 현금 지불과 미곡 배당은 당대에도 이미 있던 관행으로, 1080년대 개혁 이전까지 수입의 3분의 1은 동전으로 나머지는 현물로 지급했다. 개혁 이후에는 관리의 봉록을 현금으로, 특히 남송대에는 지폐로 주었다. 하급 관리들의 봉록이 유행을 선도하는 상류 사회 생활 방식이 가능할 만큼 충분하지는 않았겠지만, 이들도 적은 봉록을 받은 건 결코 아니었다. 게다가 관리들은 재정 곤란에 부딪쳐도 많은 경우 뇌물을 받아 쉽게 벗어났다. 송 왕조는 관리들에게 역대 왕조 중에서 최고 수준의 봉록을 지급했지만, 부패는 관료 사회 모든 계층에서 계속되었고 이에 대한 개혁의 요구가 정기적으로 제기되었다.

봉록 체계가 워낙 복잡하다보니 영수증과 지출을 기록하고 소득을 조절하기 위해 관료 체계의 각 계층에는 많은 회계사들이 필요했다. 북송대의 보상 체계는 기록관에 맞추어져 있었지만, 남송대에는 이런 명예직의 봉록이 기능적 임무의 보수에 비해 그 중요성을 상실하게 되었다.[47] 이처럼 소득 체계의 변화가 서서히 나타날 수 있었던 것은 야심 있는 젊은 관리들이 맡은 차견 임무에 대해 금전으로 장려금이 주어졌기 때문이다. 차견 직무에 따른 봉록 편성이 향상됨에 따라 차견

---

47) Lo, *An Introduction to the Civil Service*, p. 160.

직의 매력이 커지고 기록관의 중요성은 자연 감소하게 되었다.

976년 태조가 반포한 칙령에 따라 주현 관리들의 봉록과 행정 업무 비용은 국가에서 지급받은 토지를 소작인에게 임대해서 나오는 수익으로 충당했다.[48] 송대 관리들에게 준 토지는 하급 관리에게 200무(11만 4600제곱미터), 고위 관리에게 최고 2000무(114만 제곱미터) 정도의 규모였다. 11세기 하반기에, 관전 200무에서 거두는 연간 소출은 쌀 31톤이며 시가로는 거의 62만 관이었고 이는 하급 관리가 현금으로 받는 연봉의 일곱 배가 넘었다. 소출은 기후, 지역의 기상 조건, 토질, 경작 방식, 소작인의 기술에 따라 달랐다. 이에 비하면 당대에 관에서 지급한 '직전職田'은 이보다 훨씬 적었다.[49]

행정 업무 인력은 60~80퍼센트가 하급 관리로 채워졌다. 그들은 법규상 자신의 고향이 아닌 주의 현에서 관직 생활을 시작했다. 각 현에서의 근무 기간은 3~4년이었다. 다음에 다른 지방, 다른 자리로 전근했다. 근무지 순환 제도로 인해 많은 관리들이 태어난 고향 현을 떠나 먼 지방에 거주했다. 그들은 높은 고과를 받아 관리직 반열로 일약 승진할 수 있기를 바라며 몇 년씩 힘써 일했다.

관리들 사이의 봉록 차이는 의외로 작았다.[50] 봉록의 등급에 대해 관리들이 잘 알고 납득했으며, 제도의 투명성으로 인해 봉록 제도가 장

---

48) Deng, *The Premodern Chinese Economy*, p. 216.

49) 『文獻通考』, 65:592; Deng, *The Premodern Chinese Economy*, pp. 214-215; 『唐會要』, 92:1669.

50) 『宋史』, 169:4052-4053; 무관武官 계급은 『宋史』, 169:4054-4059; 당대唐代 최고위 관직은 『宋史』, 169:4049-4051.

기간 유지될 수 있었을 것이다. 중앙 정부의 극소수에 해당하는 1품의 최고 관료들은 차치하고라도, 2품 관리들의 월봉은 최하위 관리들이 받는 7000관에 비해 8.5배 높은 정도였다. 과거 시험을 통해서 사대부의 지위를 얻고 낮은 등급의 기록관을 제수받고, 현 단위의 부 장관인 현승縣丞으로 근무한 관리라면 1만 2000관을 받았다. 그의 (양곡 배당을 포함한) 소득을 당대의 동일한 등급의 관리와 비교한다면 두 배 정도 되었다.

업적이 우수하거나 최고 지배층 가문의 연줄을 가진 관리들은 정치·경제적으로 중요한 현이나 특히 경기 지역 현에 임명되는 경우가 많았다. 그런 곳에 임명될 경우 소득은 갑절이 될 수 있었다. 조여괄趙汝适이 1231년 사망하기 몇 년 전에 조청대부朝請大夫에 제수되는 영예를 얻었는데, 그가 받은 보수는 월봉으로 3만 5000관의 현금, 봄과 겨울에 받는 13필의 평견, 봄에 1필의 얇은 견직물, 겨울에 30근의 생사 등으로 매우 높았다. 그러나 송의 제도하에서 최고 소득자들은 중서성의 정책 결정에 참여하는 세 명의 재상들이었다.[51] 그들의 보수는 월급 40만 관(1080년대 개혁 이전에는 12만 관)에다 봄에는 의복을 짓기 위한 얇은 견 3필(이전은 1필)과 견 30필(이전은 14필), 평견 40필(이전은 30필), 그리고 겨울에 의복용 견 30필(이전은 10필)과 견사 200근(이전은 50근)이었다.

대부분의 사료에서 받는 인상은, 1080년대 고정된 봉록이 그 후 전혀 오르지 않았고 그 결과 송 왕조 말기에는 구매력을 상당히 잃었다

---

51) 『宋史』, 171:4110; 『唐會要』, 91:1661.

는 것이다. 그것이 사실이라 하더라도 관리들과 그 가정은 여전히 중국의 다른 모든 사람들보다 부유했고, 이전 시대 관직에 있던 사람들보다 생활수준이 높았다. 급료와 현물 지급 외에 관리들은 모욕적이고 육체적인 요역 의무에서 면제되며, 자신들이 가진 토지에 부과되는 세금도 관품에 따라 부분적으로 감면받았다. 사법 처리의 경우, 7품 이상의 관리들에게는 자백을 강요하는 고문을 가할 수 없었으며, 5품 이상 관리는 그 조부모, 부모, 형제자매, 처, 자손까지도 그러한 특혜 범위에 들어갔다.[52]

관리들에게만 허용된 또 다른 특권은 45일간의 휴일이었는데, 3일·5일 또는 7일간의 단기로 나누어졌다. 대개는 동지나 설, 그리고 황제의 기일과 생일 같은 연례 경축일에 휴가를 썼다. 매 3년마다 고향에 가서 2~4주일 동안 가족과 함께 지내는 것도 허락되었다. 또 아들의 성년을 기념하기 위한 (송대에 부활된) 관례冠禮와 자녀의 혼례 역시 관리가 근무지를 떠나 집에 갈 수 있는 중요한 행사였다. 관직 생활 중에 장기간의 휴식을 갖는 경우는 유일하게 아버지나 어머니가 사망했을 때였다. 그런 경우 3년간 (대부분 그 기간 동안 계속은 아니었지만) 집에 머물 수 있으며, 그 기간 동안 책, 음악, 시·서·화 등 이들 사회 계층이 선호하는 취미에 전념할 수도 있었다.

어떤 교육제도를 궁극적으로 평가해야 한다면 변화하는 사회의 요구에 맞추어 학생들을 얼마나 잘 준비시키는가, 정상적인 조건이든 힘든 환경에서든 그 과제를 얼마나 효율적으로 달성하는가, 그리고

52) 『宋刑統』, 29:7b.

새로운 도전에 당면하였을 때 어떻게 개선하는가 등을 물어야 할 것이다. 11세기와 또 12, 13세기 대부분의 기간에 송 왕조가 매우 오랫동안 평화로운 통치를 했다는 사실을 고려한다면, 왕조 초기에 발전한 송대의 교육, 과거, 관리 등용 등의 제도는 이러한 평가에서 매우 높은 평가를 받을 수 있다고 결론 내려도 무리가 없을 것이다. 송대 사대부들은 이후 1000년 동안이나 더 지속하게 될 관료 제도의 토대를 구축했다.

7

| 평생의례 |

송대 중국인 가정에서 사회적으로나 재정적으로나 무엇보다 중요
한 의례는 혼례와 장례 두 가지였다. 이 밖에 혼약을 앞두고 소녀들이
하는 계례笄禮, 사계절의 제례인 시제時祭, 조상 제사, 그리고 15세 정
도의 청년이 긴 예복을 입고 성인 이름인 자字를 받는 관례冠禮가 평생
의례 중 중요한 의미를 가진 의식이었다. 관례의 경우는 고대의 의례
를 본떠 재창조한 것이었지만, 혼례와 장례는 단순히 공허한 행위가
아니라 송대에도 살아 있는 전통의 일부였다.[1] 개인 가정에서 중요한
것은 물론이고 중국의 문화적 정체성을 규정할 때에 가장 핵심적인 특
징이며, 과거의 가치를 현재에 적용하는 수단이기도 했다.[2]

1) De Pee, "The Ritual and Sexual Bodies," p. 59.

2) *Death Rituals in Late Imperial and Modern China*, p. ix; Kuhn, "Family Rituals,"
    p. 370.

송대의 혼례

중국의 가족은 가부장적이었으며, 이는 아버지나 할아버지가 법으로 인정된 지배권자임을 의미했다. 가령 3대가 함께 살 때 할아버지는 가족 집단 전체와 처첩, 아들과 며느리, 손자와 미혼 딸, 어린 친족이나 하인들을 포함하는 가족 내 구성원들 각자에 대해 법적 책임을 가졌다. 특히 혈통의 영속, 또 결속과 번영의 중심이라고 여겨졌던 조상 제사를 비롯한 가정의 모든 중대사에 대한 지휘권이 그에게 있었다.

사대부 집안의 가장은 가정의 정신적 중심인 조상 사당에서 3대 선조에게까지 봉사奉祀했다.[3] 결혼은 합법적인 남성 후계자를 만들어내기 위해 계획되고, 후계자의 가장 중요한 의무는 조상 제사를 계속하는 것이었다. 제사는 살아 있는 자와 죽은 자 양자 사이의 영적인 유대를 유지시켜 양쪽 모두를 유익하게 하기 때문이다. 권위 있는 문헌 자료였던 『예기禮記』의 「혼의婚儀」편에서는 이렇게 설명한다. "혼인은 연합한 두 성姓에게 좋은 것이다. 위로는 조상 사당에 봉사하며 아래로는 가계를 잇는 것이다."[4]

그러나 좋은 혼인이란 후계자 생산 외에 다른 사회적·경제적인 기능도 충족시키는 것이었다. 이는 가족 관계망을 구축하여 정치적 영향력, 특권, 경제적 번영을 확보하도록 해주었다. 중국 사회에서 가족 내 개인의 지위는, 예를 들어 가장, 형, 아우, 처, 첩, 딸, 며느리 등과

---

3) 『宋會要集稿』, 책14, 17090:555-556.

4) 『禮記註疏』, 61:4b.

같이 상호 관계상의 위치로 규정되었다. 성별보다 가족 내 서열이 더 중요했으며, 살아 있는 가장 윗세대의 부부가 최고 지위를 차지하여 나머지 모두의 복종을 요구할 수 있었다.

비록 국가에 결혼 등록을 담당하는 부서가 있는 것은 아니더라도 동등한 사회적 지위에 있는 가정들에게 혼인은 심각한 사업이었으며, 혼인 관행에 관련된 법령의 제약들도 보편적으로 받아들여졌다. 예를 들면, 중국에서의 일부일처제라는 의미는 한 남성이 (처, 첩, 하녀 등) 여러 여성과 한 집에 함께 살 수 있으나 법적인 처는 단 한 명이라는 것이었다. 처는 여성의 서열 체계에서 꼭대기에 있고 특히 아들이 결혼하여 아내를 데려와 시어머니의 지위를 얻고 난 후에는 특히 더 그랬다. 한 남성이 첫 처와 결혼한 상태에서 다른 처를 취하는 것은 법에서 금지했으며, 위반하면 징역형에 처해질 수 있었다. 처가 사망했거나 이혼으로 혼인관계가 끝났을 때에만 재혼이 허락되었다.[5]

대부분 가정에서는 아들과 딸에게 좋은 결혼을 주선해주기 위해서 여성 중매쟁이에게 의지했다. 중매쟁이는 지역의 결혼 시장을 잘 알고 있어 양가의 소통을 주관하고 마지막으로 신랑 집이 신부 집에 지불할 혼약 선물인 빙재聘財와 신부가 가져가는 지참금 즉 장렴粧奩에 대해 합의하게 해주었다. 협상에서는 신부 집의 재력이 그녀의 미모나 다른 개인적인 자질보다 더 중시되었다. 결혼 당사자인 젊은 신랑감과 신붓감은 이러한 결혼 게임에서 단지 저당물에 지나지 않았으며, 부모가 자녀들의 결혼을 미리 정해두는 것도 매우 일반적이었다.

---

5) Ebrey, *The Inner Quarters*, pp. 47-50.

한족 중국인들은 친인척 관계 내에서 혼인이 이루어질 때 일반적으로 자신과 같은 항렬 내에서만 결혼을 했으나 주변 이민족들의 경우 꼭 그렇지는 않았다. 11세기에 선호되었던 여성의 혼인 연령은 14~20세였고, 청년은 16~30세에 결혼했다.[6] 더 어린 나이의 결혼도 허용되었지만, 나이가 그보다 더 많아질 때까지 미혼으로 있다면 그건 불행으로 여겨졌다.

당 왕조하의 상류층 가정은 며느리를 선택할 때 과거에 특출한 명망을 가졌던 가문을 선호했다. 송대에는 돈 많은 집의 딸이 이상적인 배우자 목록에서 첫 번째로 올랐다. 채양蔡襄은 이런 경향에 대해 불평했다. "요즈음(11세기)에 결혼하려는 남자들은 가문의 지위는 고려하지 않고 오직 집안의 부만 따진다."[7] 신유학 철학자들의 견해에도 새로운 관행의 타락상이 분명히 드러난다. 남자의 재산과 빙재, 아내의 지참금 등이 결혼의 결정적인 요소가 되어버렸다.

지주 지배층이나 상인 계층과 같이 딸들에게 풍족한 지참금을 대줄 수 있는 당시 부유한 가정들은 통상적으로 수도에서 치르는 과거 시험의 상위에 합격한 젊은이들을 최고 사윗감으로 생각하고 그들에 대한 정보를 알아내려 했다. 진사 급제자를 친척으로 두면 전체 가족에게 이익이 될 것이라는 기대가 있었기 때문이다. 또한 딸들을 교육시켜 사서와 문학을 읽고, 시를 지을 줄 알고, 대화에도 뛰어나며, 길쌈과 자수 등 가사에도 능숙하도록 가르쳤을 부유층의 부모들은 사대부

---

6) 『司馬氏書儀』, 3:29.

7) 『宋文鑑』, 108:13.

야말로 부유하고 교육받은 10대 중반의 예쁜 딸들이 행복하고 풍요롭게 살 수 있는 최상의 기회를 줄 것으로 생각했다. 심지어 어떤 집은 장래 사윗감의 교육에 투자를 했는데 "그가 돈을 움켜잡을 때 (그를) 묶어 둔다"는 것이었다.[8]

글을 배운 규수에게 알맞은 배필을 찾는 것이 그리 쉬운 일은 아니었다. 철학가 정호(1032~1085)의 딸이 유명한 사례였다. 충실한 도덕주의자인 숙부 정이는 조카딸의 지적 수준에 못 미치는, 그래서 그녀에게 어울리지 않는 남자에게 조카딸을 결혼시키는 것을 원하지 않았다. 그녀가 쇠약해져 24세의 나이에 죽은 후, 노년의 정이는 "나는 조카딸의 죽음을 깊이 슬퍼하지만, 결혼 못한 것에 대해서는 그렇지 않다"고 했다.[9] 결혼을 못할 가능성을 피하기 위해 북송 시대의 상류층 가정은 친구, 동료, 친척 집안들과 혼인 관계를 맺고자 노력했다. 남송 시대에는 같은 지역 안에서의 결연이 특히 더 중요하게 받아들여졌다.

1147년의 기록에 따르면, 중매쟁이들은 양가에서 실수나 속임수 당하는 일이 없도록 복잡한 협상과 기술을 구사했다. 신랑 될 청년의 집에서 고용한 중매쟁이는 '초안 단자(초첩初帖)'를 건네주는 것으로써 혼인 절차를 시작했는데, 거기에는 신랑 가문의 혈통, 신랑의 가족 관계상의 위치, 생년월일, 어머니의 성 등 모든 종류의 정보 항목이 들어 있었다.[10] 신붓감 집에서 그에게 관심이 있으면 그녀 쪽의 중매쟁이가

---

8) 『萍洲可談』, 1:16.

9) 『二程集』, 11:640-641; 번역은 Ebrey, *The Inner Quarters*, p. 62 참조.

10) 『東京夢華錄』, 5:151-155; 『夢梁錄』, 20:1a-6b.

비슷한 종류의 정보를 담은 초첩으로 회답했다.

신랑 집에서 하는 다음 단계는, 태어난 시각과 신부가 살게 될 세대의 상황을 포함하여 훨씬 많은 개인 정보를 쓴 '상세 단자(세첩細帖)'를 제출하는 것이었다. 여자 집에서도 답을 보내 지참금의 내용과 분량에 관한 추가 정보를 알렸다. 만약 한쪽 집안이나 양가 모두 이 결혼 조건이 만족스럽지 않다고 판단하면, 이 단계에서는 체면 상하는 일 없이 결혼을 취소할 수 있었다. 다음은 신랑 집의 여성 구성원이 신부를 선보는 단계였다. 남송대에는 이 시점에서 신랑이 직접 신붓감을 보는 것이 허락되었다. 장래 처로 괜찮다고 생각하면 그녀가 쓴 머리쓰개에 금제 핀을 꽂아주었다.

신랑의 집에서는 정성스럽게 장식한 술 단지 네 병 또는 여덟 병을 신부 집으로 보내어 배우자로 인정한다는 뜻을 표시했다. 신랑 집에서 신부 집으로 빙재를 보내는 것으로 약혼이 완료된다. 신랑 집의 재력 정도에 따라 음식물, 여성의 의류와 견직물 몇 필뿐 아니라 세 가지 금제품 즉 금팔찌, 금 목걸이줄, 금 목걸이 장식이 들어가기도 했다. 신부 집도 대개는 답례 선물을 보냈는데, 일종의 쌍방적인 의무 관계가 성립된 셈이었다. 이때쯤 되면 양가와 점쟁이가 혼례를 올릴 길일을 이미 정했으며 지참금을 비롯한 모든 것들이 결정되어 있었다.

신랑이 입을 수 있었던 혼례복만 보더라도 혼례식이 갖는 사회적 의미의 중요성이 얼마나 컸는지 분명하게 드러난다. 당대에는, 적장자의 경우 결혼식 날 아버지 관품보다 한 등급 낮게 관복을 입을 수 있는 자격이 있었다. 송대에는 관인의 아들이 아직 시험에 합격하지 못했더라도 9품관의 관복을 입는 것이 허용되었다. 이미 문관 시험에 합격한 신랑이면 혼인식 날 자신의 관복을 입었다. 당송대 평민은 혼인식에 특별한 축제용 의복을 입는 것은 법으로 허락되었지만, 관복은 아니었다.

평민의 혼인 절차는 비교적 간단하여 네 단계만 필요했으나 관인의 자녀들은 육례六禮 또는 그보다도 복잡한 의례를 따라야 했다.[11] 이론적으로는 고대에 행해진 의례와 다를 바 없는 것 같아도, 실제로는 사마광과 주희의 글에서 분명히 드러나는 것처럼 단 100년간의 시간 안에서도 상당한 변화를 보였다.[12] 철저히 연출된 일련의 행사들에는 신부의 작별과 행진, 신부가 완전히 얼굴을 가린 채 장막을 친 가마를 타는 것, 하객들의 왕림과 인사, 어린 신부가 시집에 들어가는 일, 결혼 피로연 준비, 무릎 꿇고 절하기, 반복되는 많은 상투적 문구들, 시부모 명령을 결코 어기지 않겠다는 신부의 약속, 새로 결혼한 부부가 남자 집의 조상 사당에 절하기, 신방의 휘장 닫기, 피로연, 옷 벗기기 의식 그리고 이후에 신혼부부가 신부 집 방문하기 등이 있었다. 이 복잡하게 짜인 의식은 단계 단계마다 전통적인 규율과 지역 관습에 맞춰서 수행되어야 했다.[13]

---

11) Ebrey, *Chu Hsi's Family Rituals*, p.53, n. 17; '육례'에 관해서는 De Pee, "The Ritual and Sexual Bodies," p. 60 참조.

12) 『禮記註疏』, 61:4b; 陳東原, 『中國婦女生活史』, p. 30; 『司馬氏書儀』, 3:30-33; 그리고 *Chu Hsi's Family Rituals*, pp. 48-64.

13) De Pee, "The Ritual and Sexual Bodies," pp. 86-89; *Chinese Civilization and Society*, pp. 84-94; Ebrey, *The Inner Quarters*, pp. 88-98.

여성의 교육과 재산권

"당신의 딸을 사랑한다면 그저 평범한 남자에게 주지 말라."[14] 딸을 다른 집안으로 시집보낼 때 부모들의 염려가 잘 드러난 문구다. 시댁 집안에서 신랑감의 위상과 지적 능력은 신부의 장래에 여러 가지 이유로 중요했다. 결혼한 남자는 그의 생활 방식을 바꿀 필요가 없었다. 부모와의 관계나 바깥 세계와의 관계가 거의 그대로 유지되었다. 그러나 결혼하는 여성은 가족 정체성이 바뀌며 완전히 새로운 삶을 시작해야 했다. 남편의 가족 내에서 그녀의 새로운 지위는 무엇보다도 며느리였고, 그 역할은『여효경』에 잘 기술되어 있었다.[15] 며느리의 삶에서 우선순위 또는 목적은 자기 자신보다 남들을 중시하면서 효도의 모든 규칙을 완수하는 데에 집중하는 것이었다.

예를 들어, 며느리는 의례에 정해진 대로 옷을 입어야 하며, 그녀의 언어는 경서에 있는 대로 해야 하고, 모든 일에서 성실하고 고결하게 행동해야 한다는 식의 규칙들은 일상생활에서 완벽하게 행하기에는 너무나 이론적이고 엄격했다. 또한 시부모를 친부모인 것처럼 존경하며 애정을 가지고 봉양해야 했다. 새벽 수탉이 울 때 손을 씻고 양치하며 옷을 입어야 했다. 물레를 돌리고 옷을 지으며 조상 사당에 제사 음식을 올리고, 겨울에는 시부모를 따뜻하게 여름에는 시원하게 해드려야 한다고 했다. 밤낮으로 시부모의 하녀가 되어야 했던 것이다.

---

14) 『全唐文』, 10:11a~12b; Ebrey, The Inner Quarters, p. 63에서 인용.

15) Murray, "The Ladies' Classic of Filial Piety," pp. 98~99.

상류층 집안의 여성들은 이렇게 엄격한 규칙들을 수정하거나 일부 피할 방법이 있었다. 그러나 시집 식구들이 며느리한테서 타당한 결점을 찾아냈을 때는 이혼을 주장할 수 있었고, 젊은 신랑은 여간 강한 의지가 아니고서는 그 결정에 따르게 마련이었다. 육유陸游도 결혼 후 바로 그렇게 되었다. 그는 겨우 스무 살 때 젊은 아내 당완唐琬과 이혼 했는데 자신의 결정을 훗날 통탄했다. 1155년에 소흥 땅의 심沈씨 가문이 소유한 심원沈園이라는 정원에서 그녀를 우연히 다시 만났을 때, 그녀는 한 잔의 '금으로 봉한 술(황등주黃滕酒)'을 그에게 보냈고 이후 두 사람은 매우 흥미롭고 파격적인 시를 주고받게 된다. 1183년의 시에 서는 거의 30년이 지난 뒤에도 자신의 전 아내에 대한 깊은 애정이 드 러나 있으며, 이혼에 이르게 한 절박했던 상황을 그녀의 말을 빌어서 썼다.

나는 확실히 어리석었지만 그래도 나는 알았어요.
마님, 시어머니 그분에게 순종해야 했다는 것을.
첫 닭이 울 때 침상에서 일어나,
머리를 빗어 묶고, 저고리와 치마를 입었어요.
나는 일을 하고, 대청을 청소하며 물을 뿌리고 쓸고
부엌에서 그들의 음식을 준비했지요,
초록, 초록빛 아욱과 명아주를 따다가.
아쉽게도, 곰발바닥 같은 맛으로 만들 수는 없었지만.
마님의 얼굴에 아주 작은 못마땅함이라도 보이면

내 옷소매는 금세 눈물 얼룩으로 축축해졌어요.

나의 바람은 아들을 잉태하여

마님이 그 팔에 손자를 어르는 것을 보는 것.

그러나 이 모든 바람은 끝까지 이루지 못하고, 아무것도 되지 않았

어요.

불행하게도 그들이 나를 모략하며 들이받고

집에서 쫓겨나도 감히 불평할 수 없어요.

다만 마님의 친절을 배신한 것을 슬퍼할 뿐.[16]

성인 여성과 남성들이 항상 신유학 도덕주의자들에 의해 재창조된

규례를 거울삼아 살았던 것은 아니라는 사실을 육유와 당완의 관계에

서 분명하게 볼 수 있다.

부유한 집안의 딸들은 문학적 교육을 받았으며 특히 여성의 올바른

행실에 관한 저술들을 통한 교육이 많았다. 사마광은 여자아이는 여

섯 살에 여성의 임무를 배우는 것으로 시작하여 일곱 살 때 『효경』과

『논어』를 읽어야 한다고 훈계했다. 아홉 살에는 『열녀전列女傳』과 『여

계女誡』의 해설을 습득해야 했다. 그러나 노래하기, 시 짓기 또는 악기

를 연주하는 것은 허락될 수 없다고 했다.[17] 그러나 만약에 딸 가진 부

모들이 유교적인 원칙의 엄격한 제약을 절대적으로 따랐다면, 송대

의 가장 유명한 여류 시인이자 서적 수집가, 또 골동품 애호가였던 이

---

16) *The Old Man Who Does as He Pleases*, pp. 26-27.

17) 『宋代敎育』, pp. 200-201.

청조李淸照가 순수하고 고상하며 그렇게 감정적 격정이 가득한 시들을
창작한다는 것은 결코 가능하지 않았을 것이다.

실제 일상에서 혼례 의식을 치른 대부분의 가정에서는 어린 신부가
받은 고전 교육이나 본성이 어떤가에 대해서가 아니라, 사마광이 '아
내의 여섯 가지 덕목'으로 정리한 것처럼 그녀의 순종과 현실적 재능
에 대해서 관심을 가졌다. 신부의 읽고 쓰는 능력보다는 집안의 질서
를 잘 지키고 그와 관련된 모든 임무—음식 준비, 식사 올리기, 청소
와 세탁, 아이 출산과 양육, 누에치기와 생사生絲 제사製絲, 실잣기와
천짜기, 수놓기와 바느질—를 잘하는 것이 시집 식구들에게 더 중요
했다. 그런 실용적인 일에 탁월한 솜씨가 있으면 상류층 처녀들은 좋
은 남편감을 찾고 시집 식구들을 만족시킬 수 있었으며, 평민의 경우
에는 하녀, 요리사, 수예가, 세탁부 또는 다른 방면의 전문 기술자로서
부유한 집의 일자리를 차지할 수 있었다.

또한 현실에서는 감정이 전통보다 강한 경우가 많았다. 많은 남성
들은 주변의 여자들과 딸들에게 동정과 애정을 느꼈으며 신유학 철학
자들의 엄격한 관념에 따라 그녀들을 판단하지는 않았다.[18] 예를 들어
많은 학자들이 자기 유모들의 운명을 걱정하는 글을 썼고, 딸이나 조
카딸의 죽음에 극심한 슬픔을 나타내곤 했다. 사대부 가정에서는 어
린 소녀나 젊은 여성에게도 의관을 갖춘 수의를 입혀 매장하였는데,
본래 장례 법도에서는 죽은 자의 항렬을 중시하므로 이러한 행동은 도
리에 맞지 않는 것이었다. 9세기 시인 이상은李商隱은 다섯 살짜리 조

---

18) Su Zhecong, 『宋代女性文學』; Fong, "Engendering the Lyric"도 참조.

카딸 기기壽壽를 재매장할 것인지 아닌지의 문제로 갈등했으나, 예법에서 어린아이에게 허용하는 것보다 더 많이 해주겠다며 아이의 영혼에게 약속했다. "여기저기 돌아다녀도, 아무것도 두려워하지 말고. 와서 내가 가져온 예쁜 옷과 과자, 향기로운 음료를 즐기려무나."[19] 13세기 송의 충신인 문천상은 몽골의 감옥 안에 있을 때 두 어린 딸들에 대하여 쓴 글에서, 생생한 딸들의 모습과 딸들을 염려하는 마음을 그리며 아버지의 애정을 표현했다.

> 내게 두 딸이 있는데 모두 밝고 사랑스럽다.
> 큰애는 붓글씨 연습을 좋아하고
> 작은애는 배운 것을 낭랑하게 읊는다.
> 갑작스런 북풍이 휘몰아쳐 한낮의 해를 어둡게 하니
> 한 쌍의 백옥이 길가에 버려졌도다.[20]

그가 딸들에게 남기게 된 가련한 상황과 그를 기다리고 있는 어두운 운명을 암시하고 있다. 아주 어린 나이부터 모범적인 태도와 행동이 요구되는 사내아이들과 달리 계집아이는 어린애다운 행동을 할 수 있었음을 이 시에서 보여주고 있다. 분명 이런 차이도 딸이 부모의 귀염을 받도록 해준 요인이었을 것이다.

---

19) Wu, "Childhood Remembered," pp. 141-142. 해당 글은 「祭小侄女壽壽文」의 일부임(역주).

20) 번역은 Wu, "Childhood Remembered," p. 144에서 인용함.

    남편이 죽었을 때 가족들은 그의 처가 평생토록 과부로 남아 있기를
바랐다. 유교 도덕주의자들은 수절을 택하는 것이 보편적으로 바른
길이라고 생각했지만, 많은 재혼 사례들을 보면 그들의 제약이 너무
엄격하여 현실과 동떨어진 것이었음을 알 수 있다. 이론적으로는 젊
은 과부가 재혼을 함으로써 새로운 부부의 삶을 누리고 자녀들에게 보
다 풍족한 생활을 제공하는 것 등의 이득보다는 도덕성을 가장 중요한
것으로 보았지만, 실제로는 도덕성보다 생활에서의 요구와 기회를 택
하는 경우가 많았다.

    처와 과부의 경제적 독립을 결정하는 요소는 지참금에 대한 법적 자
격이었다. 여성에게 재산을 소유할 자격을 준 송의 법령은, 며느리의
소유는 모두 시부모에게 넘겨야 한다는 유교적인 사대부들의 주장과
분명 모순되었다. 사마광을 비롯한 유학자들은 여성에게 재산권을 주
지 않는 것이 가족 유대를 강화한다고 주장했다.[21] 그러나 국가에서는
젊은 과부, 고아가 된 소녀와 이혼한 여성에게 일정한 재정적 보호를
마련해주는 데 관심을 가졌으며, 송대 이전에도 여성의 재산권은 유
교의 부계父系 혈통주의가 내세운 이상과는 거리가 먼 방향으로 나타
났다.[22]

    여성은 그녀가 결혼할 때 '장렴'이라고 부른 지참금의 형태로 자기
상속분을 받았고, 부유한 가족의 경우는 지참금에 상당한 토지 소유,
은괴, 금은 패물, 견직물 수백 필과 의복, 가구와 기타 다양한 물품들

---

21) 『司馬氏書儀』, 4:41.

22) Birge, *Women, Property, and Confucian Reaction*, pp. 1-2.

이 포함되었다. 이것은 이른바 '처재妻財'라 하여 항상 남편 가족의 다른 재산과 구별되며 시가의 공동자산에 흡수되지 않았다.[23] 여성이 소유한 토지 자산은 그녀 개인의 사유재산으로 간주되었는데, 그녀의 남자 형제들이 조상에게서 내려온 토지를 보유하더라도 그것은 개인의 것이 아니라 가족 이익을 위한 공동재산으로 간주된 것과는 달랐다. 처재에 대한 권리는 영구적으로 그녀에게 있었고 이혼하거나 과부가 되어 새로 결혼할 때에는 가지고 갈 수 있었다.

여성이 재산을 소유하고 관리했다는 사실은, 전통시대 중국은 언제나 부계 혈통주의 이상만을 고수했다고 보았던 전체적인 인상을 수정하도록 한다. 전체적으로 볼 때 송 사회가 부계 혈통주의 노선에 따라 기능한 것은 맞지만, 여성들이 자기 재산에 대해 상당히 독립적인 관리권을 행사한 것도 사실이다. 게다가 여성이 대가족을 거느리고 또 남편이 관직 임무로 멀리 떨어져 있을 때에는, 거의 대부분의 시간은 그의 아내가 가산을 관리하는 재정적인 일을 맡곤 했다. 때로는 부녀자가 직접 사업에 참여하여 가문의 재산을 늘리기도 했다. 주희의 의견으로도, 남자들은 자기 수양과 학문 추구에 종사하는 것이 더 유익했다.

몽골이 침입하여 남송을 멸망시키고 몽골의 혼인법을 중국 여성에게 강요함에 따라 젠더 관계에 근본적인 변화가 발생하게 되었다. 자신들의 유목적인 관습을 보전하고자 했던 몽골은 1260년을 시작으로 여성의 법적·재정적·개인적 자율권을 박탈했고 따라서 여성이 가족

---

23) 앞 글, p. 37; *Family and Property in Sung China*, p. 117.

의 처분 아래 속박되게 만들었다. 몽골의 이러한 조치는, 오히려 부계 가족의 강화를 주장하는 정통 신유학 이념과 맞아떨어지며 이용될 수 있었다. "모든 권위와 경제권은 가장에게 있다"는 송대 가부장권 주장 자들이 바라던 생각은 그들의 왕조가 무너진 후에야 현실이 되었다.[24] 과부에게 수절과 시가에 대한 봉사, 자신의 개인 재산 관리를 포기하라고 했던 고대의 훈계가 몽골 통치 아래에서 처음으로 법으로도 지지를 받았다.[25] 수절 숭배가 번성하기 시작하고 재혼에 대한 비난이 심해졌으며 여성의 재산권과 재정적 독립성이 증발해버렸다.

거란과 여진의 혼례

요 왕조 때에는 야율耶律 가문이 황실의 씨족이었던 반면에 황제의 아내는 모두 소씨蕭氏 씨족 출신이었다. 그 밖의 모든 거란족이 속한 부족은 지명만 가지고 있을 뿐 성은 없었다.[26] 야율씨와 소씨의 통혼은 왕조 이전 시대부터 이루어졌을 것이며, 통혼 관계에 있던 이 두 혈통이 다른 거란 부족들을 지배했다. 배타적이라는 점에서 이와 유사했던 금 왕조의 지배 씨족인 완안부는 그들의 배우자를 여진 전체의 씨족 99개 중 다만 8개 씨족에서 택했고, 나머지 여진족은 법에 따라 그

---

24) Birge, *Women, Property, and Confucian Reaction*, p. 197.

25) 앞 글, p. 200.

26) 『契丹國志』, 23;1a.

씨족 내부에서 결혼해야 했다. 축첩은 합법적이었고 간통도 용인되었다. 거란의 지배 씨족과 여진의 지배 씨족 사이의 교차 결혼은 일반적이었고 그 밖의 부족 가문 또는 이웃 간에도 역시 서로 결혼이 이루어졌으나, 송과의 통혼은 아니었다.

요 왕조는 중국 문화의 여러 특징들을 자신들의 사회에 통합시켰다. 야율 씨족은 조상 숭배 관습을 채용하고 사망한 황제들의 혼령에 제사하긴 했지만, 결혼 제도의 경우는 중앙아시아와 북아시아의 유목민과 목축민들이 수백 년간 행하던 것을 그대로 지속했다.[27] 거란족은 자기와 세대가 다른 사람과도 결혼을 했고, 과부가 된 형제의 아내와 결혼하는 것도 허용되었다. 중국인에게는 형제의 과부와 결혼하는 것은 근친상간이었으며 자기 항렬 밖의 사람과 결혼하는 것 역시 충격적인 금기였다. 그러나 요 왕조의 황실 혈족은 그들의 정치적 지위를 안정시키는 데 그런 방식의 결혼이 유리할 수 있었다.

941년 중국 방식의 행정 부서를 운영한 남부 지역의 거란족은 중국인 여성과 결혼할 수 있다는 허가를 받았지만, 유력한 씨족들은 유목적인 규범에서 벗어나는 것을 장려하지 않았다.[28] 요의 세종이 중국 여성을 황후 지위까지 승격시킨 유명한 사례도 있듯이, 통치 가문인 야율씨가 중국 여성과 결혼하는 일이 드물지는 않았다. 한족 여성이 거란족 남성과 결혼할 경우, 그 부부의 딸들은 한족 고위 관리들에게 시집가는 경우가 많았다. 한족 관리가 자진하여 거란 여성과 결혼하는

---

27) 『契丹國志』, 23:3b.

28) 『遼史』, 4:49.

것이 허락되었는지는 확실하지 않다. 변경 지역에 사는 거란족이 다른 이민족과 결혼하는 것을 금지한 것은 1095년이 되어서였다.[29]

여진족 역시 민족 간의 결혼에 반대했다. 여진족과 한족 사이의 통혼이 언제 금지되었는지는 알 수 없지만, 어쨌든 항간에서는 그런 결혼이 일반화되고 있었던 것 같다. 황제의 비빈궁녀 중에도 한족 여성이 많이 있었고, 결국 1191년에 금 장종은 민족 간 통혼을 허락했다.[30] 그래도 요와 금 두 이민족 왕조하에서도, 한족 신민들은 여러 세대가 함께 사는 대가족 안에서 여전히 자신들의 결혼 전통을 지키며 살았다.

거란에 대한 중국인의 자료에는 궁중 내의 결혼은 기록되어 있지만 일반인의 결혼에 관한 정보는 없다. 연인을 데리고 도망치거나 처녀의 동의하에 이루어진 약탈혼의 관습이 거란족이나 여진족의 전통적인 결혼 방식이었을 것이다. 중국인들은 그 두 가지 방법 모두 야만적이라고 보았다. 왕조 초기의 야율 씨족이 그랬던 것처럼 거란족 평민들과 하급 귀족들은 아마도 같은 항렬 안에서 결혼했을 것이다. 그러나 3대 황제인 세종부터 시작하여 야율씨의 황제들은 소씨의 윗세대와 결혼하는 관행을 채택했는데, 즉 어머니나 할머니와 같은 항렬과 결혼했으므로 그들의 아내들인 소씨 여자들 입장에서 본다면 아들이나 손자와 같은 항렬들과 결혼했다는 뜻이 된다.[31] 예를 들어 도종이 결혼한 선의황후宣懿皇后는 도종의 아버지 외사촌인 고모뻘(말하자면

---

29) 『遼史』, 25:303; Wittfogel and Fêng, *Liao*, p. 266.

30) 『金史』, 9:218.

31) Wittfogel and Fêng, *Liao*, p. 207, 표 9.

도종의 어머니와 같은 세대)이었다.[32] 이러한 결혼 제도는 정치적 지원을 얻고 황실 씨족의 패권을 강화하는 데 기여했다. 일부다처제는 거란 상류계급에서는 일반적이었지만, 동시에 그들은 중국 방식으로 한 명의 합법적인 처와 많은 첩을 둘 수 있는 제도를 받아들였다.

요대 공주의 결혼을 보면 중국의 의례가 거란 귀족의 혼인 의식에 어떻게 영향을 주었는지 어렴풋이 알 수 있다. 공주의 삼촌뻘인 아저씨 중 한 명이 혼주를 맡았다. 존경받는 여성이 '월고與姑'가 되어 거란족 여자 선조의 역할을 했다. 혼인식을 올릴 길일을 택하는 것으로부터 혼례가 시작되었다. 이른 아침에 매파가 신랑 집으로 갔다. 황제와 황후가 개인 별관에 도착하여 그의 씨족들과 함께 들어가 접견할 때까지 신랑은 조정에서 기다렸다. 술이 제공되고, 양측 친족들이 짝을 지어 마셨다. 다음날 공주와 신랑이 참여한 가운데 다시 접견이 이루어졌다. 황제와 황후가 그들에게 연회를 베풀고 그 다음에 작별 선물이 있었다. 공주는 푸른 휘장을 치고 은으로 장식한 용머리와 덮개가 있는, 낙타들이 끄는 수레 두 대를 받았다. 또 소가 끄는 장례용 수레도 하나 받았다. 신랑에게 주는 선물은 조복, 사계절의 의복, 안장과 말 등이었다. 황실의 종친宗親이 부마를 그의 집으로 호위해갔다.[33]

거란 사회는 구조상 가부장적이며 부계 혈통주의였지만, 유목 생활을 하며 특히 남자들이 수렵과 전쟁에 집중해야 했던 현실에서 여성들이 상당한 경제적·정치적 영향력을 발휘했다. 요 왕조의 시조인 야율

---

32) 『遼史』, 71:1205.

33) 『遼史』, 52:864-865.

아보기의 부인인 술율평述律平(순흠황후淳欽皇后)은 그녀의 예리한 생각과 전략적인 계획으로 명성을 얻었다. 그녀는 자기 자신의 군대를 후대하고, 부족의 반란을 진압하기 위해 군사작전을 폈으며, 임시 섭정으로서 권력을 장악하기도 했다. 걸출했던 그녀는 다른 여성들에게도 선례가 되었다. 경종景宗의 아내였던 소작蕭綽(승천황태후承天皇太后) 역시 자신의 군대를 소유했고 남편이 살아 있는 동안에도 영향력을 가지고 있었다. 그리고 경종이 죽은 뒤에는 아들인 성종聖宗(야율융서耶律隆緒)에 대해 정치적·물리적 통제권을 완벽하게 장악했다. 소작은 바로 송과의 전쟁과 1005년 전연의 맹약을 추진한 인물이었다. 중국 측 여성들과 달리 거란족 귀족층 부인들은 비교적 쉽게 남편과 이혼하고 다시 결혼할 수 있었다. 어떤 거란 공주는 네 번이나 결혼했다. 요 시대에 거란족 여성은 남성으로부터 침범당하지 않는 자율적인 영역을 만들어내는 데 성공하였다.

한족의 장례 관습

중국인 가정의 가장이 사망하면 그 가족들은 거의 끝없이 많은 규제를 지키고 또 무덤을 조성해야 했다. 1191년에 부모를 매장한 어느 무명의 아들이 쓴 비문에서 그가 수행했던 준비 과정이 어떠했는지 또 그렇게 한 동기는 무엇인지에 대한 좋은 정보를 얻을 수 있다. "벽돌묘는 무덤 주인을 오랫동안 보호해주므로 유익하고 효성스런 작업이다. 나의 아버지와 어머니는 근면하고 정이 많고 효성이 깊으셨다. 나는 자금을 마련하여 전문 장인에게 부탁했다. 이제 나는 부모님들의 몸을 여기에 재매장하니, 두 분에 대한 기억이 후손에게 전해질 것이다. ”34)

시신을 씻고 수의를 입혀 바르게 누이는 염습을 한 뒤, 상복을 입고 매장을 준비하며, 묘비명을 짓고, 묘 자리와 매장 날짜를 택하고, 조문객 행렬을 관리하고, 여러 가지 제사를 올렸다. 그러한 절차는 모두 확고하게 정해진 의식을 따랐는데, 『예기』와 『의례』에 기술되어 있는 이러한 의식들은 아마도 기원전 동주東周 시대로부터 시작하여 매우 오랜 기간에 걸쳐 정착된 것으로 생각된다. 사마광이 저술한 『사마씨서의司馬氏書儀』는 사대부답게 예절에 맞추어 고인을 공경하고 사회적 위계를 존중하여 장례를 치를 수 있도록 현실적인 지침을 제공했다. 35) 구양수는 이러한 의례가 사람들에게 주는 가르침이 “문란함을 방지할 뿐 아니라 대인과 소인, 윗사람과 아랫사람, 사회적 관계의 윤리를 분별하도록 하는 것이다”라고 밝혔다. 36)

1세기 후의 주희가 『가례』에 서술한 장례는, 복잡한 의식을 거행하는 것에 관심을 두지 않고 이상적이면서도 간소하여 사용하기 편한 형식이었다. 주희는 형식적인 절차를 설명하긴 하지만 왜 그가 기술한 그 방법대로 장례 의식을 행해야 하는가에 대한 설명은 한마디도 없

34) De Pee, "Material Ambiguity and the Hermetic Text," p. 85.

35) Kuhn, "Family Rituals," p. 371.

36) *Sources of Chinese Tradition*, p. 443.

다. 아마도 주희의 『가례』가 수백 년 동안 의례서 중에서 단연 최고의 표준으로 인정받게 된 것은 그의 책이 안내서처럼 간략하게 구성되어 있었기 때문일 것이다.

송대 유교 근본주의자들이 쓴 가정용 지침서나 관에서 출간한 의례 서를 보면, 마치 모든 사람들이 경서에 쓰인 장례 규례들을 그대로 따른 듯한 인상을 받는다. 그러나 분명히 그렇지 않았다. 유학자들이 공 공연히 자신들의 영역이라고 주장했을 뿐, 사실은 불교의 의식들이 이미 장례에 침투해 있었고, 꽤 돈이 되는 이러한 장례 시장에 도교 성 직자들도 진출해 있었다. 불교의 '물과 육지에서 헤매는 굶주린 영혼 을 위로하기 위한 수륙재水陸齋'와 도교의 '(선조의 구원을 위한) 황록재黃 籙齋'는 둘 다 10세기부터 시작했는데 엄청난 인기를 얻으면서 널리 확 산되었다. 귀신들을 위해 흐르는 물에서도 또 땅에서도 행사를 벌여 신들에게 음식을 공양하는 불교 의식은 송대의 현상이었고, 이처럼 초교파적·평등주의적·보편적 성격을 띠고 구원을 약속하는 불교의 의식들이 수없이 많았다.[37]

중국에서 묘분에 매장하는 것은 언제나 교육을 받은 정치 지배층에 게나 해당되는 사치와 특권이었다. 송대 대부분의 평민들은 무덤으로 쓸 땅과 관을 살 만한 형편이 못 되었고, 적절한 장례와 매장 절차에 들 어가는 엄청난 돈을 쓸 수도 없었다. 그들은 극빈자나 나그네 그리고 전쟁, 학살, 전염병, 자연재해에 희생되어 이름 없이 죽어간 사람들과 마찬가지로 다양한 종류의 공공 묘지에 묻혔다. 그런 곳들은 이른바

---

37) Davis, *Society and the Supernatural in Song China*, pp. 171-172, 227-241.

'자선 묘원', '자선 무덤길(義阡)' '의총義冢' 또는 '자비의 정원(누택원漏澤園)'이라 불렸는데, 대개 울타리로 둘러싸였으며, 성문 밖 황무지 아니면 더 바람직하게는 불교 수도원 부근에 위치했다. 남송의 수도 항주만 해도 열두 곳의 누택원이 운영되었다.

불교뿐 아니라 유교의 근본적인 원리이기도 했던 자비의 가치가 타인에 대한 사회적 의무로 나타났고, 정부도 이런 용도의 재정 지출을 해야 한다는 요구가 아주 오래전부터 있었던 것이다. 물론 '자선 묘지'의 관리는 상평창에서 맡았다 하더라도, 모든 장례 절차의 수행을 맡아 해주는 불교나 도교 승려를 위한 비용까지 공공 재정에서 대주지는 않았다. 사회적인 책임감을 가진 지역의 유력 가문들이 그 공백을 채웠으며, 많은 지방 관리들은 토지를 사서 수만 명의 시신과 유골을 묻는 자선 묘지로 기부함으로써 자애로운 행정가라는 명성을 얻었다. 그러나 이런 좋은 의도가 있었음에도 불구하고 송대 사회는 대규모의 시신을 처리해야 하는 급박한 문제를 해결하는 데 동시대의 유럽 사회만큼이나 비효율적이었다.[38] 전쟁, 전염병 또는 자연재해 이후 신원 미상인 사람들의 사체는 보통 공공 묘지나 물을 뺀 수로에 묻었다. 1131년 남경(건강부建康府)에서의 학살 이후, 이곳의 사령관 엽몽득葉夢得은 온전한 시신 3687구와 7만이 넘는 훼손된 사체들을 권역 내 8개 묘지에 묻도록 명령하였다.[39] 남자와 여자를 따로 구분하여 허가받은 공공

---

38) Ebner von Eschenbach, *Die Sorge der Lebenden um die Toten*, pp. 54-55.

39) 『義冢』, 43:44a-49b; 번역은 Ebner von Eschenbach, *Die Sorge der Lebenden um die Toten*, pp. 253-266.

묘지에 매장하였다.

1104~1116년에 이용되고 관리가 잘 되었으며 완벽하게 보전된 훌륭한 누택원 한 곳이 현재 하남성 삼문협三門峽 남쪽에서 발굴되었다.[40] 남북 방향으로 행과 열에 따라 일정하게 배열된 849개 수직갱 무덤이 발굴단에 의해 세상에 드러났다. 대부분 사체들은 이 용도를 위해 만들어진 옹기 통 안에 각기 다른 자세로 담겨서 묻혔다. 명문이 새겨져 있는 정사각형과 직사각형 모양을 한 372개의 묘비명이 죽은 자들과 이 묘지에 대한 정보를 제공한다. 거기에는 사망자의 이름, 나이, 죽은 장소, 매장 일자뿐 아니라 누택원의 구조를 보여주는 무덤 기호도 적혀 있다. 간혹 매장을 관장했던 개인이나 집단의 이름도 있다.

사망자 대다수는 이 지역 주둔군의 병사들과 하찮은 노동을 하던 사람들이었다. 이 묘지에 묻힌 사람들의 신원을 보면, 그 지방 빈민을 위한 공공 병원과 70세 이상의 남녀를 보호하는 양로원에 있었던 사람들이 많으며 나이의 분포는 9세에서 82세까지였다. 이곳에 매장하는 것은 모두 지역 관청의 찬조에 의해 이루어졌다. 모든 묘비명이 (가끔은 간략화하여) "매장 기록을 규례에 맞게 작성함"이라고 씌어져 있다.

시체와 유골을 묻지 않고 두는 것은 유교의 윤리에 위배되었지만, 묘지로 쓸 만한 농지 아닌 토지가 부족하여 공공 매장조차도 꽤 비싼 편이었다. 도성과 마을 밖에 개방된 들판이나 도랑에 시체를 버리는 것은 위법이지만 종종 있는 일이었다. 공공의 건강과 위생을 위해서일 뿐 아니라 매장의 재정적 부담과도 관계되는 일이기 때문에, 제대

---

40) 『北宋陝州漏澤園』.

로 된 매장만을 강요할 수 없었으며 다른 대안들도 용납할 수밖에 없었다. 가난한 사람들의 시신은 관에 넣어진 다음 수천 구의 시체를 담는 일종의 대규모 창고에 보관된 채 매장을 기다리기도 했다.

신유학자들은 이민족들의 화장 관행이 신체를 파괴하는 행위라고 간주하여 경멸과 분노를 거듭 표현했다. 그들이 화장을 반대한 이유는, 가난한 자와 부자 또는 노동자와 학자 간의 구별이 없으며 따라서 사회적 질서를 혼란케 한다는 것이었다. 그럼에도 불구하고 화장은 10세기에 시작하여 962년 법으로 금지될 때까지 장례 형식으로 널리 받아들여졌다. 불교 시설들에서는 화장과 골분의 보관을 담당하였다. 규칙에 따라 시신을 앉아 있는 '부처' 자세로 놓고 온몸을 전소시켰다. 화장 대신에 시신을 햇볕에 노출시키는 방법도 있는데, 이런 관행은 중앙아시아 이란인들에게서 유래한 것이었다. 불이나 태양의 작업이 다 끝난 뒤 남은 뼈는, 조상으로부터 후손이 받는 양기를 공급해준다는 믿음이 있었다.[41] 뼈는 절 마당이나 건물에 쌓아두었다.

사마광은 "고대에 천자는 7개월 후에, 제후들은 5개월, 경대부들은 3개월, 사士는 1개월 후에 매장되었으며 머리를 북으로 하고 북쪽에 묻혔다"라고 주장하였는데, 이는 『예기』에 쓰인 매장 규례를 따랐으나 그대로 베낀 것은 아니다. 주희는 "3개월 후에 사체를 매장한다. 그전에 매장을 위한 알맞은 장소를 고른다"고 서술했다. 가능한 빨리, 단 대부분의 경우 사망 이후 3개월까지 매장을 해야 한다는 것이 일반적인 상식이었다. 그렇지만 실제로는 적절한 시간 안에 매장하는 것을

---

41) Ebrey, "Cremation in Sung China," p. 417.

어렵게 하는 세 가지 요인이 있었다.[42]

첫째, 대부분 관리들은 집에서 먼 곳에 가서 사망하여, 대개 망자의 고향에 있는 매장 장소로 시신을 운구하는 데까지 시간이 필요했다. 둘째, 풍수 관행에 따라 상서로운 매장지를 골라 구입하고 또 매장할 길일을 정하기까지 얼마간의 시간이 걸렸다. 셋째로 가족은 무덤을 만들고, 목관과 목곽을 꾸미고, 부장품을 준비하고, (죽은 관리에게 주어 지는 특권인) 비문을 짓거나 그것을 돌에 새길 사람을 찾고, 수백 명의 손님을 초대하고 대접하며, 그들의 참석을 영예롭게 할 보답 선물을 마련하고, 또 마지막으로 실제 의식을 수행하기 위한 장례 절차를 짜는 일도 모두 치러야 했다.

사마광에 따르면 "천자는 (관실로 가는) 지하 통로를 만들 수 있지만 그 밖에는 (묘도 없이 무덤 안에) 하관하고 묻었다."[43] 또 사마광은 주석에서 이렇게 썼다. "요즈음은 흙이 거친 지역에서는 관 구덩이를 아래 수직 방향으로 만든다. 무덤은 돌이나 벽돌을 써서 관을 넣을 만큼의 크기로 만든다. (사람들은) 돌로 관을 덮는다. 그 위에 한 자(尺) 두께로 흙을 뿌려 덮고 그때마다 발로 쿵쿵 다져서 단단하게 한다. 다섯 자(약 150센티미터) 내지 그 이상의 두께가 되면 몽둥이로 다져넣는다."[44] 후에 발행된 주석에서도 "이것이 오늘날 따라야 하는 방법이다"라고 하

---

42) 『司馬文正公傳家集』, 27:381; Ebrey, *Chu Hsi's Family Rituals*, pp. 200, 103; Kuhn, *A Place for the Dead*, pp. 362-370.

43) 『司馬氏書儀』, 7:78-79; Kuhn, *A Place for the Dead*, p. 14.

44) 약간 다른 번역은 Ebrey, *Confucianism and Family Rituals*, p. 91 참조.

여 사마광의 설명을 확인해준다.[45]

이러한 수직갱 무덤들은 당대 귀족들이 축소판 저택처럼 조성했던 지하 묘지의 규모와는 비교도 안 되는 수준이었다. '묘실'이라 해봐야 관, 그리고 묘비명과 그것을 덮는 판을 넣을 수 있는 정도의 공간이었다. 묘비명과 판은 모두 돌로 만들어 관 가까이 또는 관 바로 앞에 두었다. 묘비명은 가능한 충실하게 망자를 표현하여 저세상의 계층 사회에서도 같은 지위를 허락받을 수 있도록 그가 생전에 어떠한 사람이었는지 소개하는 기능을 했다. 송대 무덤에서 발굴된 수많은 토지 증서 역시 묘비명과 마찬가지로 망자를 소개하고 저승에서 그의 지위를 확고히 하려는 의도를 지닌 것이었다.[46] 토지 문서는 묘비명을 갖출 자격이 없는 모든 계층에서 비문을 대신했다.

전형적인 사대부 부부의 무덤들은 매우 단순했고 송대 규칙상 부부를 각각 따로 매장하였다. 돌, 벽돌, 나무로 만들어졌으며 중국의 거의 모든 지역에서 발견되는 형식이다. 변형된 유형으로 하나의 무덤에 여러 관을 두는 것도 있었다. 『송사宋史·예지禮志』에서는 "(품계를 가진 관인을) 매장하는 데 속 널과 겉 널 그리고 묘실에 석재를 쓸 수 없다. 관은 (장식을) 새기거나 채색 그림을 그리거나 측면에 문과 창문을 표현할 수 없으며, 관에 금, 보물, 보석과 옥을 담아서도 안 된다"고 서술하고 있다.[47]

---

45) Ebrey, *Chu Hsi's Family Rituals*, p. 107.

46) Asim, *Religiöse Landverträge aus der Song-Zeit*, pp. 32-44; Asim, "Status Symbol and Insurance Policy," p. 310.

47) 『宋史』, 124:2909.

송대 무덤의 주인들은 대다수가 당 왕조시대 분묘의 경우처럼 귀족에 속했던 사람들이 아니고 중국 사회에서 또 다른 부류의 지배층, 특히 사대부 집단의 구성원들이었다.[48] 이 지배층은 한대와 당대 귀족 계급의 무덤에 쓰였던 건축 전통을 버렸다. 더 이상 혈통을 의식하는 귀족 정치에 주도당하지 않고, 좀 더 능력주의적인 새로운 정치 사회적 질서에 기반을 두는 사회의 규율과 유교 원칙을 따랐다고 할 수 있다. 송대 사대부는 당 왕조시대 분묘 건축의 사치와 낭비를 문제 삼았고 그 해결책으로 고대 주周나라 때의 단순한 무덤을 모방하고 재연하였다. 이런 단순한 무덤은 대부분의 사대부 가정에서 감당할 수 있었다는 사실도 유교적 방식의 장례가 일반화되는 데 도움이 되었을 것이다. "죽어서도 살아서와 같이"라는 개념에 걸맞게 여러 개의 방을 갖추고 돔 형식의 내쌓기 구조를 갖추어 망자를 위한 지하 저택처럼 짓는 호사스런 무덤은 사대부들에 의해 거부되었다.

그러나 가장 단순한 무덤이라 해도 그 안에 관을 안치하기 전과 후에 여러 준비 단계가 필요했다. 널에는 시신을 담는 속 널과 그것을 둘러싸는 겉 널이 있었다. 속 널 즉 관棺이라는 한자는 그것이 관리(官)를 위해 고안되었고 목재(木)로 만들어야 한다는 인식이 반영되었다. 외부를 둘러싼 곽은 다양한 모양과 스타일로 할 수 있었으나 규칙상 머리 쪽이 크고 발쪽이 작으며 반듯한 목재 판자로 만들어야 했다.[49] 그러나 고고학적 증거들을 통해서 특히 강서성과 사천성에서 석재 무덤

---

48) Kuhn, "Decoding Tombs of the Song Elite," p. 11.

49) Kuhn, *A Place for the Dead*, pp. 18-20, 27-33.

과 석관이 계속 만들어졌다는 사실을 알 수 있다.

송대에는 이미 전통으로 정착된 매장 방식들이 대부분 그대로 지켜졌다. 겉 널은 좁다란 구덩이 안에 숯, 석회나 석회석을 층층이 깔고 그 위에 앉혔는데, 목재를 물과 벌레로부터 보호하고 부식을 늦추기 위해서였다. 그리고 그 좁은 구덩이에다 고운 모래, 석회, 황토로 만든 특별한 시멘트로 채워넣었는데 이것은 금속이나 돌처럼 강하고 단단해졌다(그림 3). 견고한 재료로 관을 만든 데에는 효성스런 자식은 부모의 시신을 온전히 보전하는 의무를 다해야 한다는 인식이 깔려 있었다. "돌아가신 부모의 양기가 그 아들들에게 전해지고" 따라서 자식들이 번영하도록 도와줄 것이라 믿었기 때문에 부모님의 신체에 어떠한 해도 끼쳐서는 안 되었다.[50]

사대부의 무덤에 장식을 쓰지 않으며 구조가 단순했다는 것은 그들의 사회적 지위나 영향력과는 현저한 대조를 나타낸다. 그러나 이러한 무덤은 신유학자들이 의례에 관한 글을 써서 전파했던, 장례에서의 절약, 겸손, 소박함의 정신과 일관된 것이었다. 강고함과 영구성에 주안점을 둔 고대 분묘의 전통이 당대에는 거의 사라졌지만, 송대 사대부 지배층에게는 문화 의식을 통해 국가 정체성을 창조하고 사대부로서 사회적 의무와 특권을 규정하는 데 도움을 주는 소중한 전통이었다. 묘비명의 문장에도 드러나듯, 그들의 사회적·문화적 노력은 참으로 주목할 만하며 이로써 귀족적인 무덤 건축은 거의 완전히 끝나게

---

50) 「記葬用柏棺事」, p. 626; Ebner von Eschenbach, "Public Graveyards of the Song," p. 230.

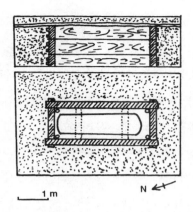

그림 3. 손사낭자孫四娘子 부인(996~1055년) 묘의 나무로 만든 겉 널(목곽)의 윤곽과 종단면도
겉 널을 자갈로 둘러싸고 흰 점토층으로 덮었다. 북송, 강소성 강음현江陰縣.

되었다. 화북 지역의 발굴 자료에 따르면 관리가 아닌 지주층들의 경우 여전히 귀족식 무덤을 선호하여 그런 귀족적 무덤이 한동안 지속되었다는 것도 알 수 있지만, 그래도 사대부들은 귀족층, 지주, 상인을 포함한 중국 사회 전체에다 자신들의 문화적 가치와 윤리적 표준을 각인시키는 데 궁극적으로 성공하였다.

송대 이후로 고위 귀족과 황실 가족을 제외한 전 중국인에게는 간소한 무덤이 표준이 되었다. 전 제국을 통해 이처럼 빠르게 채택되고 확산된 것은, 사대부 계층이 가졌던 문화적 가치와 또 결과적으로는 정치적으로도 이상적인 것으로 받아들여진 가치가 세습적 귀족의 것에 대해 승리했다고 해석할 수 있을 것이다.

거란과 여진의 장례 관습

한족 중국인들에게 거란족의 장례 관습은 너무나 다르고 이해할 수 없게 보였을 것이다. 요 왕조 초기의 한동안 거란인들은 조상의 관습 그대로 사체를 산에 있는 나무에다 올려놓았다. 그리고 3년 후에 가족들이 모여 뼈를 화장하였다.[51] 부모의 죽음을 울며 슬퍼하는 거란인은 약골이라고 여겨졌던 반면, 중국인들은 그러한 극기적 행동은 효성을 나타내지 않는 것이라고 비난했을 것이다. 거란 귀족층에 속하지 않은 사람들은 중국의 보통 사람이나 극빈자들과 마찬가지로 화장되거나 별 요란스러움 없이 매장되었다.

907년 거란이 칸의 제국을 수립한 뒤로 거란 귀족들의 장례에서는 화장과 다르게 시신을 처리하는 방법들이 행해졌다. 1055년 이후에 기록된 한 가지 방법은 시체를 거꾸로 매달고 피부 전체에 밀짚으로 구멍을 뚫는 것이었다. 그러면 체액이 빠져나갈 수 있고 따라서 탈수 건조 상태가 되었다. 그다음 시신을 백반白礬으로 처리하는데 그러고 나면 몸이 쪼그라들어 거의 뼈밖에 안 남게 되었다. 그리고 해골에 수의를 입혀서 무덤에 매장하였다. 또 다른 방법은 칼로 복부를 열어 내장을 제거하고 빈 몸통을 깨끗이 씻어낸 뒤 거기에 향이 좋은 약초, 소금, 백반을 채워넣는 것이었다. 그런 다음 오색실로 꿰매어 보존하였다. 이 장례 의식은 요 왕조가 끝난 뒤에도 여전히 시행되었다.[52]

---

51) 『新五代史』, 72:888.

52) 『虜庭事實』, 8:173.

　시체가 적절하게 준비된 다음에는 망자의 계급에 따라 전통적인 방법대로 옷을 입혔다. 또 죽은 자의 얼굴에는 하나하나 다른 모습으로 만든 금·은 또는 동제 가면을 씌우고, 몸에는 금·은, 기타 금속제 사망絲網으로 만든 특별한 수의를 입혔다.[53] 죽은 사람에게 금속제 그물로 만든 정장을 입히는 관습은 중국의 옥제 수의에서 유래했거나 아니면 일부 학자들의 견해대로 중앙아시아로부터 소개되었을 것이다.[54]

　동시대 중국인들에게 거란의 장례 관습은 혐오스러웠음에 틀림없다. 한족이 생각하는 조상 대접의 올바른 방법을 따른다면 시체는 손상되지 않은 채로 매장되어야 했다. 그렇지만 유해의 크기를 줄일 필요에서 나온 거란인의 관습은 중부 유럽의 14세기 관행과 크게 동떨어진 것이 아니었다. 시체를 사냥물을 다루듯 뼈를 해체하여 끓인 다음 살을 뼈에서 제거하는 방법도 있었다. 또 다른 방법은 내장과 장기를 제거한 뒤에 매장하는 것인데, 이것 역시 중부 유럽인들 사이에서 행해졌다. 중부 유럽에서 시신을 그대로 두는 방법을 선호하게 된 것은 18세기 후반이 되면서였다.

　북송의 일곱 황제와 22명의 황후 그리고 1000명이 넘는 황족은 개봉과 낙양 사이의 구릉지대인 공현鞏縣(현재 공의시鞏義市)에 있는 황실 묘지에 안장되었다. 그와 대조적으로 여덟 명의 요 황제 능묘는 4개 지역의 산비탈지에 분산되어 있다. 요 왕조 창시자인 야율아보기가 926년에 죽고 1년 뒤 매장될 때 그의 후궁 수백 명이 죽음을 당했는데, 저

53) Kuhn, *Die Kunst des Grabbaus*, pp. 207-215.

54) *Grand Exhibition of Silk Road Civilization*, no. 158; nos. 150, 151.

세상까지 황제를 따라가게 하려는 이유에서였다.[55] 반면 송에서는 황제의 능묘에 사람을 채워넣기 위한 목적으로 인간을 희생하는 일은 없었다. 거란인들 사이에서도 인간 희생의 관습은 점차 쇠퇴했지만 완전히 사라지진 않았다. 14세기 명 태조의 장례를 위해서 인간 희생이 재연된 바 있는데 이는 몽골의 관습을 따른 것이었다.

송과 달리 요의 무덤 건축가들은 한대와 10세기 당대의 방식을 채택하여 새로운 방향으로 발전시켰다. 야율씨 종족과 소씨 종족, 그리고 고위 관리를 지낸 한족들도 반구형 천장을 가진 인상적인 지하 무덤을 조성했다. 죽은 자들 사이에서도 사회적 서열을 보존하기 위해서였다. 내쌓기 지붕을 가진 다실多室 구조는 가운데 축을 중심으로 대칭을 이루었다. 진입 경사로가 전실前室을 향해 있고 다음 묘실로 이어졌다. 전실의 양쪽에는 측실이 있는데 똑같은 높이의 지면에 보통은 둥글거나 사각형, 육각형, 팔각형 등의 동일한 모양으로 하며 또 천장은 일치하거나 서로 다른 형태의 반구형으로 지었다.

이 방들 중 한 곳의 내부는 대개 나무와 석재 구조물로 꾸며져 시신을 위한 묘실 또는 곽의 기능을 했다. 이런 구조에서 몇 가지 요대만의 고유한 특징을 볼 수 있다. 예를 들면, 나무로 만든 곽실(목장木帳)인데, 문이나 창문이 없는 돔 지붕의 통나무 오두막집 같은 형태로 만들어졌다. 평면과 입면에서 보아 그것은 묘실의 내부 벽에 가까우며, 높이와 지름은 수 미터가 되었다. 이 폐쇄된 방에 매장 준비를 마친 개인 또는 부부 시신이 안장되었다. 죽은 사람은 정장을 갖춘 채로 나무 벽장에

---

55) 『契丹國志』, 13:1b.

눕혀지는데, 일반적으로 관 속에 넣지 않고 관대棺臺 위 또는 장막을 둘러친 일종의 받침대인 침상 위에 놓였다.

10세기의 것으로 추정되는 목장이 현재까지는 가장 이른 시대의 것이며, 야율아보기의 사위였던 초굴렬肖屈列의 무덤에서 발견되었다. 그 이후에 지어진 것들은 거의 모두가 8각형의 모양이다. 다만 가장 잘 알려진 목장은 원형이며, 이것은 11세기 초 진국陳國공주(1001~1018)와 그녀의 남편 소소구蕭紹矩를 위해 제작된 것이었다(그림 4). 공주 부부는 은사망의 수의를 입고, 각자 얼굴을 본뜬 순금 가면을 얼굴에 쓰고 있었다. 놀랄 만한 내부 설비를 갖춘 거란의 무덤은 중국의 귀족적 무덤 건축의 최종판이며 최고 절정판이라고 할 수 있을 만큼 인상적이며 신비스럽다.

『대금국지大金國誌』를 보면 금 왕조의 여진족은 그들 고유의 장례 관습을 지켰다는 것을 알 수 있다. 여진족은 병에 걸려 온갖 약초로 치료를 해도 낫지 않을 때, 무당이 환자를 위해 돼지와 개를 희생물로 바치고 누군가 그 환자를 싸서 수레에 실어 깊은 산속의 큰 계곡으로 갔다. 친척과 친구들은 환자가 죽을 때까지 피해 있다가 나중에 친척들은 자신들의 이마를 칼로 베어 피와 눈물이 함께 흐르도록 하였다. 송혈루送血泪, 즉 피와 눈물의 송별이라는 의식이었다. 그 후에 관이나 곽 없이 주검을 매장했다. 여진족의 매장식 장례 관습에 변화가 있긴 했으나 일반적으로 시신을 화장하거나 또는 간단한 무덤과 돌로 만든 묘분에 매장하였다.[56]

---

56) 『大金國志』, 39:1b; 劉曉東, 楊志軍, 「試論金代女眞貴族墓葬的類型及演變」, pp. 124-136.

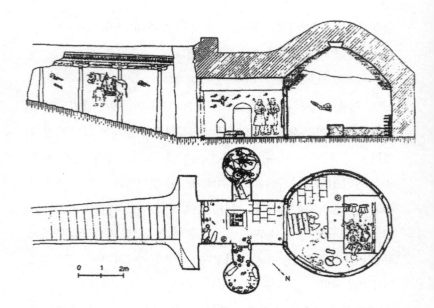

그림 4. 진국공주(1001~1018년)와 그녀의 남편 소소구의 묘
요대, 1018년. 내몽골 나이만기奈曼旗.
위: 측실과 나무 실내 텐트를 갖춘 복합 묘분의 종단면과 평면.
아래: 묘실과 정장을 갖춘 부부의 상세도.

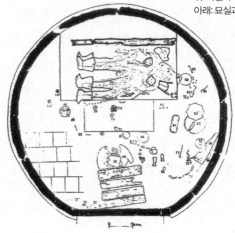

금 왕조 지배하의 한족은 송 이전 선조들의 모델을 따라서 내쌓기 돔 형식의 무덤을 계속 지었다. 이들의 무덤 대부분은 요의 무덤과 같은 거대한 구조, 치밀한 구성, 복잡한 특징은 없는 반면 꽃무늬 장식과 유교적인 효도의 표현이 많고, 내부 실내 장식으로서는 단연코 최고의 수준이었다.

혼례, 장례 그리고 중국의 정체성

결혼과 장례 관습에서 송대 한족은 북부의 거란이나 여진 사람들과 크게 달랐다. 이웃하고 있었지만 일상생활에서 그들은 서로 다른 세계에 살았다. 두 개 씨족 사이에서만 이루어진 거란족의 결혼과, 상당히 제한된 선택 범위를 가진 여진 씨족의 결혼은 정치적 권력의 보전에 기여하였다. 반면 송 사회에서 결혼은 조상 숭배를 이어가는 것을 최고의 의무로 삼는 합법적인 후손을 생산하는 데 초점이 맞춰져 있었다. 송대의 혼례 의식에는 기원전 주 왕조시대의 유교와, 가족 연대를 구축하여 특권과 영향력 또 경제적 번영을 확보하려는 사대부 계층의 이익이 융합되어 있었다.

거란은 자신들의 독특한 전통을 계속 지켜나가며 매장 방식을 존중함과 동시에 당대 스타일의 귀족적인 묘분 건축을 최고의 수준으로 표현하여 지하 건축물을 조성했다. 송에서는 지속적이고도 의식적으로 올바른 행동의 모범을 탐구하던 송대 사대부들의 정신이 상고시대 주

나라의 경전에 서술된 소박한 매장 관습을 부활시켰다. 고대의 문화를 존중하는 송대인들의 관념이 신유학 사상운동의 지지를 받아 타당하며 당연한 것으로 인식되면서, 한족 중국인들의 문화적 정체성은 더욱 강화되었다.

8

| 내면과 외부 세계의 탐험 |

중국인들은 극소수의 전유물이던 문학을 하나의 예술 분야로서 대단히 존중하였다. 글쓰기에 기초한 모든 문화가 그렇듯이, 중국인들의 사고와 판단의 방식 그리고 사실, 이론, 사건, 감정 등을 산문이나 운문으로 표현하는 방식은 모두 글쓰기의 형식과 단어에 반영되어 있다. 중국은 역사 초기부터 시 짓기가 사회의 모든 계층에게 교육과 소통의 일부가 되었다. 당과 송 왕조시대에는 시험을 위한 암기 교재로서도 시는 무엇보다 중요하였다. 소옹邵雍의 말을 바꾸어 정리하면, 역사도 그렇지만 시는 사건이 아니라 의도를 기록하기에 좋으며, 시는 또 회화繪畵와 마찬가지로 사물이 아니라 감정을 묘사하기에 좋다. 그러므로 시는 역사의 본질인 동기와 회화의 본질인 감정을 둘 다 담아내는 것이었다.[1] 송대에 시는 어떤 상황과 변화에 내재한 모습을 드

---

1) Fuller, *The Road to East Slope*, p. 39에 근거함.

러내기 위하여 쓰였고, 위태로운 정치 영역을 포함한 인식과 존재의 모든 방면을 다루었다. 다양한 유형으로 훌륭한 시를 지을 만큼 재능이 있다는 것은 뛰어난 정신세계를 가진 것으로 간주되었다. 그러므로 송대 작가들에게는, 내면세계의 본질이 시에 응축되었으며 그와 동시에 그 본질은 외부 세계와 자연의 현상들에 대한 인식과 이해와도 복잡다단하게 연관되었다.

시는 회화로 안내하는 자연스런 가교가 되었으며, 제사題辭로 쓰였을 때 특히 그랬다. 송대에 사대부들은 분위기 있는 풍경화, 풍속화, 인물화, 새와 곤충의 생생한 스케치 그리고 꽃과 과일의 정물 등으로 이루어진 예술 속에 세속화된 세계를 창조하였다. 일상적 존재의 사소한 근심을 넘어 영원한 진리를 모색하는 가운데, 명상과 또 보이지 않는 정신의 상상물인 형이상학적 탐구를 위한 가상의 장소들을 표현한 작품이 많았다. 또한 일상생활의 현실에 주목하고 또 자연현상에 대한 예술가의 관찰을 담은 작품들도 있다. 자연과 물질세계를 관찰하고 연구하려는 바로 이러한 자세 안에서 화가와 과학자의 지적 호기심은 합치점을 찾았다. 그들은 각각 특정한 기술을 통해서 공통의 관심에 접근했지만, 송대에 내부 세계와 외부 세계에 대한 탐험은 서로 연관되어 있었다.

나단 시빈Nathan Sivin의 말에 따르면, 중국의 과학은 "자연에 대하여 체계적으로, 추상적으로, 객관적으로 생각되는 모든 것"을 포괄하였다.[2] 조셉 니담Joseph Needham은 중국 과학기술사에 대한 그의 방대한

---

2) *Chinese Science*, p. xv.

연구를 통해서 "중국 문헌에서 과학사 혹은 기술사의 어떤 특정한 분야를 추적할 때마다 그것의 중심점이 되었던 시대로 확인되는 시대는 늘 송대이다"라고 결론짓는다.[3] 니담의 의견에 따르면 중국 고유의 과학을 최고로 꽃피웠던 시대가 송이었다. 서양인이 중국과 관련짓는 3대 기술, 즉 활자 인쇄, 화기 제조, 나침반 발명도 송대와 밀접히 연결되어 있다.

송 사회 자체에서도 인쇄술은 출판업의 성장을 가능하게 하고, 공적인 관심 분야와 사적인 관심 분야 모두에서 특히 교육제도는 큰 도움을 받았다. 9세기 화약의 발명과 뒤이은 화기의 발달은 수만 명의 기술자와 노동자를 고용하는 무기 제조업으로 이어졌다. 나침반의 발명이 중국 사회를 변화시키지는 않았지만, 항해 도구로서 유럽에 소개되면서 유럽 왕국들을 세계적으로 활약하는 해상 세력으로 변화시켰다. 서구 과학 시대의 여명기였던 1620년에 프란시스 베이컨Francis Bacon은 이 세 가지의 진보가 "전 세계적으로 모든 형세와 상황을 바꾸어버렸다"고 말했다.[4]

시, 내면을 드러내는 예술

송대 중국에서 시는 엄격하게 5언 또는 7언의 행으로 맞추는 규율을

3) Needham, *Science and Civilisation in China*, Vol. 1, p. 134.

4) Bacon, *Novum Organum*, p. 131.

가진 운문 시詩와, 중국 언어의 모든 수사적 자료를 써서 짓는 시가詩歌 또는 노래 가사라고 할 수 있는 사詞를 포함하여 다양한 형식으로 유행 했다. 8세기 당대의 천재 시인 이백과 두보, 그 밖의 영향력 있는 시인 들은 율시의 '고전적' 표준을 정립하였고, 이 전통은 다양한 형식으로 수백 년 지속되었다. 1200년경, 비판적 시각을 가졌던 엄우嚴羽는 "송 왕조 초기 시인들이 여전히 당대 대가들을 그대로 모방하였다"고 밝 혔다.[5]

가장 많이 알려진 형식은 작가의 박학함을 과시할 수 있는 수식과 암시의 언어를 사용하여 대구對句를 이루는 서곤체西崑體 시였다. 이 시 형식은 운문을 통해 유교적 도덕성을 전달하지 못한다는 이유로 비 판을 받았다. 이 이탈적인 유파보다 훨씬 더 영향력이 컸던 것은 율에 맞춘 운문 시였는데, 이는 약간 시대에 뒤떨어지긴 했지만 송대 문학 의 거장인 소식과 같은 문인들이 썼듯이 계속 우세한 위치에 있던 시 형식이다.[6] "11세기 송의 위대한 시인 매요신梅堯臣(1002~1060), 구양 수(1007~1072), 소식(1037~1101), 왕안석(1021~1086)은 중국 시 전통 전체를 통달한 마지막 시인들이었다"고 찰스 하트만Charles Hartman은 논평하였다.[7]

매요신은 이 넷 중에서 가장 윗세대 인물인데, 그는 죽기 겨우 9년 전에서야 마침내 진사 시험에 합격하였다. 동시대 시인들과는 달리

---

5) Chaves, *Mei Yao-ch'en*, p. 51.

6) 소식의 시에 대해서는 Fuller, *The Road to East Slope* 참조.

7) Hartman, "Poetry," p. 71.

그는 단순하고, 하찮고, 평상적이며, 추하기까지 한 일상의 사물과 사건들을 예리한 눈으로 관찰했다. 그는 진흙 구덩이 안에 우글거리는 지렁이나 구더기, 이 등 운문에는 거의 출연 못하는 매력적이지 않은 미물들에 대해서도 시를 썼다. 심지어 차분하고 단조로운 문체인 그의 초기작은 회화법에서 새롭게 나타난 사실주의와 꼭 맞았다. 나이가 들수록 그의 시는 점점 더 강력해졌고, 사회나 사회 지배자들을 비판하는 시가 많았다.[8]

「밭 가는 소(경우耕牛)」라는 시에서 매요신은 지주와 가난한 자, 나태함과 지루한 일의 차이를 지적했다. 이 시에서 소가 농부를 상징하였다면, 「모기 떼(취문聚蚊)」라는 제목의 시에서 모기는 가난한 자를 착취하고 부자를 비호하는 부패한 관리들이었다. 해가 지자마자 벽 틈에 숨어 있던 모기들이 날아 공중에 떼를 이루어 연막처럼 춤을 춘다. 부자들은 고운 비단 망으로 침대를 둘러 자신들을 보호하지만, 가난하고 굶주린 자들은 자기 증식을 위해 피를 빠는 이 곤충들에게 희생되었다.[9] 매요신과 동시대인이며, 왕안석의 지원을 받았던 똑똑한 청년 왕령王令도 사회적 폐해에 관한 감상적인 시를 지었다. 그중 하나인 「메뚜기 떼 꿈(몽황夢蝗)」에서 이 끔찍한 벌레들은 시인에게 가르친다. 인간이야말로 인간애를 해치는 진정한 해충으로 보아야 한다고.[10]

소식은 왕안석의 개혁을 반대하는 정치 당파에 속했지만, 이 두 사

8) Chaves, *Mei Yao-ch'en*, p. 115.

9) Leimbiegler, *Mei Yao-ch'en*, pp. 88-89; Chaves, *Mei Yao-ch'en*, p. 188.

10) Pease, "I Dreamed of Locusts," pp. 215-222.

람이 유머 감각과 동정심, 상호 존경의 감정을 나누었다는 것을 소식의 1084년 작인 「전 재상 왕안석에게 주는 답(次荊公韻四絶)」에서 알 수 있다.

> 당나귀를 타고 나는 멀리서 당신을 방문하러 오며
> 아직도 내가 알던 때 당신의 건강함을 생각합니다.
> 당신은 나보고 당신의 옆집을 사라고 권하였는데,
> 내가 당신의 말을 따르고자 하나, 10년이 늦었습니다.[11]

소식은 이른바 '소식 문하 네 명의 학자(소문사학사蘇門四學士)'로 알려진 장뢰張耒, 조보지晁補之, 진관秦觀, 황정견黃庭堅으로 이루어진 영향력 있는 문인 집단을 창립하였다. 소식의 정치적 운과 반개혁가로서의 성공과 실패에 그들의 정치적 운명과 시인으로서의 경력도 영향을 받았다.

음악 연주를 위해 쓰인 노래 가사인 사詞는 당대에 이미 있었으며 9, 10세기에 크게 유행하였다. 사는 문인들이 짓고 소녀 가수들이 연주를 했는데, 송대에 이르면 최고의 유행이자 가장 표현력 있는 시 장르가 되었다. 스튜어트 사전트Stuart H. Sargent가 말한 대로 "사는 바로 그 형식 자체에서 감정의 체험을 구현하였다. …… 그 특유한 운율 체계는 그 장르의 기원이 음악적이라는 것과 그것이 한때 뛰어난 공연 문

---

11) *Su Dong-po*, p. 162.

학이었다는 사실을 상기시켜준다."[12]

사는 기존의 곡조에 맞추어 작사되었다. 가사와 곡조의 상호작용이 이루어지도록 하기 위해서, 또 완벽한 연주를 해내기 위해서, 사 장르는 엄격한 음조의 조건에 의해서 또 운문 형태와 각운 체계에 의하여 통제를 받았다. 곡조 형태가 모두 2300가지가 넘을 만큼 많은 변주곡이 있었다. 이중 어느 하나의 가락도 보전되지 않았지만, 「서강 너머의 달」, 「솔밭을 지나는 바람」에서와 같이 자연을 관찰하는 내용부터 「속마음을 이야기함」, 「뽕따기 노래」, 「영원한 결합의 기쁨」 등과 같은 춤노래에 이르기까지 다양한 관심을 다루었다는 사실을 이들 제목에서 알 수 있다. 사는 구어체 언어를 써서 음악적 연주로 표현했다. 아주 초기부터 사람들은 그 노랫말을 적어두고 또 후에는 인쇄를 해서 사의 유통을 확대시켰다.

사는 두 가지 형태로 구분할 수 있다. 술 마시기 놀이에서 쓰였던 듯 본래 '명령'이라는 뜻을 가진 짧은 형식의 '소령小令'과, '길어진' 혹은 '느린 속도의 곡조'라는 문자적 의미를 가진 긴 형식의 '만사慢詞'이다. 짧은 형식인 단편사短篇詞는 보통 각각 3~6행이 있는 두 개의 연으로 구성된다. 긴 형식인 장편사長篇詞는 대략 두 배 정도 길며 운율 체계는 그 행의 길이에서 (짧게는 2음절에서 길게는 10음절까지로) 아주 다양함을 보여주는데, 더 불규칙하고 길게 늘여서 율동적인 조화를 이룰 수 있게 한다.[13] 중국어의 사를 (압운의 틀 안에 넣어지지 않는) 외국의 언어로

---

12) Sargent, "Contexts of the Song Lyric in Sung Times," p. 226.

13) Lin, *The Transformation of the Chinese Lyrical Tradition*, p. 127.

번역한다 해봐야 그 원본의 소리와 리듬은 결코 전달할 수 없다. 다만 그 시의 예민한 감수성을 전달하고, 그 분위기를 만들어내고, 또 어쩌면 그 창작품의 아름다움에 대한 인상을 전해줄 수는 있을 것이다.

사를 구성하는 행의 길이는 율시와 대조적으로 각기 다르다. 그것은 마음의 상태, 당시 도시 생활의 빠른 변화와 분투, 가슴 아픈 고독, 사랑에 대한 그리움, 선정적인 접촉, 낭만적인 욕망, 자연의 아름다운 장면이나 영상, 떠나감과 작별을 묘사하기 위해 선택된 운문 형식이었다. 사는 개인적이고 은밀하며 모호한 뜻을 전달하면서도 또한 공공의 상황에서 전달될 수 있는 도발적인 의도 역시 전달해주었다. 그 은유적인 복잡성과 상징주의는 문자를 선택하고 구성하는 시인의 재능에 따라 상당히 달랐다.

관리이자 시인이며, 940년 사천성에서 사 모음집인 『화간집花間集』의 서문을 쓴 구양형歐陽炯(896~971)은 사가 아름다움, 고상함, 감정적 쾌락, 그리고 상실에 대한 미학적인 사색을 표현한다고 말했다(저자는 구양형이 『화간집』을 편찬하고 서문을 썼다고 했으나 오류이다. 『화간집』에는 구양형의 서문과 17수의 사가 있으나 그 편찬자는 동시대인 조숭조趙崇祚로 알려져 있고 편찬 연대도 941년이다. - 역주). 사는 유교 도덕의 이상을 강조하지 않으며 정치적 풍자로 읽혀질 리도 없었다.[14] '비경飛卿'이라는 이름(자字)으로도 알려졌던 온정균溫庭筠(추정 생존 연대는 812~870)은 『화간집』에서 단연코 뛰어난 인물이다. 진사 시험에는 떨어졌으나 혁신적인 시인이었던 이 이단아는, 유명한 시인이자 기녀이며 도교 여관이

---

14) Wagner, "Hua-chien chi," pp. 441-442.

었던 어현기魚玄機(844~868)와 한동안 교제했다. 물론 어현기가 그녀의 하녀를 살해한 죄로 수도 장안에서 공개적으로 참수될 즈음에는 더이상 그녀에게 빠져 있었던 것 같지는 않다.

온정균의 시 재능과 상상력 풍부한 창의성에 대해 비평가들은 동의하지 않았고 특히 그의 선정적인 침실 묘사에 대해서는 비난도 했지만, 그의 동료들이나 유영柳永을 비롯한 후대의 시인들에게 오래도록 영향을 끼쳤다는 사실은 의심할 여지가 거의 없다.[15] 시인 이청조는 유영에 대해 존경도 거리낌도 숨김없이 나타냈다. "유영은 옛 음악을 새로운 것으로 바꾸었다. …… 그의 사는 음악적 선율과 조화롭지만 그 언어는 통속적이다."[16]

오대십국의 남당은 그림만큼이나 시에서도 남달랐다. 남당의 시인들 중 가장 유명한 사람은 바로 남당 왕조의 마지막 군주인 후주 이욱李煜이었다. 그는 송에 항복하고 포로로 있다가 978년에 죽었다. 그는 사의 내용을 연애사로부터 정치적이며 철학적인 사고에까지 확대하였으며, 일상의 언어를 훌륭하게 구사했다. 「기사의 춤」(이 시의 제목은 「파진자破陣子」이다. - 역주)이라는 곡에 맞춘 그의 짧막한 운문 가사에서 그는 첫째 연은 한때 영광스러웠던 과거를, 그리고 둘째 연에서는 암울한 현재를 대비시켜 그려냈다.

하루 밤새 나는 항복하여 죄수가 되고,

---

15) Lam, "A Reconsideration of Liu Yong and His 'Vulgar' Lyrics."

16) Chang, "Liu Yung," p. 594.

　　점점 야위고 머리카락은 희어지네
　　우리가 긴박하게 서둘러 종묘에서 이별한 날,
　　작별의 노래가 울렸고,
　　나는 눈물을 흘렸다, 나의 궁녀들 앞에서.[17]

　자신의 잃어버린 왕국에 대한 향수를 표현한 그의 다른 가사「우미인虞美人」 중 "봄의 물은 동쪽으로 흘러가네(春水向東流)"라는 행이 송 황제의 의구심을 일으켜 결국 포로의 생을 마치도록, 그의 운명을 결정해버렸다.[18]

　일반적으로 사에 비치는 모습(또는 목소리)과 시인 자신의 의견을 구분하기 어렵다는 사실이 정적들에게 이용될 수 있었다. 특히 낭만과 사랑이 사의 내용을 온통 차지하고 있던 11세기에 더욱 그랬다. 구양수가 저명한 사 작가일 뿐만 아니라 지조 있는 인물로 명성이 있는 점을 이용하여, 반대자들은 구양수의 이름으로 남자 주인공이 어린 소녀에게 빠져 있는 내용의 가사를 지어냈던 것 같다.[19] 구양수는 그의 관직 생활 중 한때는 그의 가족과 살던 조카딸 장양과 내통했다고 피소되었는데, 유영이 쓴 구양수에 관한 사가 바로 이러한 개인적인 명예훼손 형태의 사례이다. 희생자는 자신을 변명할 기회도 없이 견뎌야 했다.

---

17) 번역은 Hoffmann, *Die Lieder des Li Yü*, pp. 129-130에 기초함.

18) Liu, *An Introduction to Chinese Literature*, p. 105.

19) Egan, *Word, Image and Deed in the Life of Su Shi*, p. 314.

「소진서小鎮西(작은 장터의 서쪽)」 곡에 부쳐

나는 누군가를 생각하네

사랑스러운 얼굴, 겨우 16세

아름답게 태어난.

그녀는 깍쟁이라네.

그녀가 가장 돋보이는 데는

웃으면 보조개가 보일 때이다.

그녀의 백 가지 방법과 천 가지 매력으로,

그녀를 안을수록

더 사랑스럽고 더 매끄럽다.

오랫동안 그녀를 못 보아

간밤 꿈에는

우린 사랑을 나누었네

옛날처럼.

바로 내가 행복했던 그때처럼.

옆집의 수탉이 나를 깨우네.

모든 것이 조용하지만

다시 잠으로 돌아갈 수가 없네.

창 밖 멈춘 달도 아무 소용없네.[20]

구양수는 저자 미상의 시들이 수도에 유통되어 충직하고 유능한 관

---

20) Hightower, "The Songwriter Liu Yong: Part I," pp. 350-351에서 인용함.

리들의 관직 생활에 해를 주거나 파멸에까지 이르게 하는 상황에 항의
하였다. 어린 소녀에 대한 낭만적인 사랑, 은근한 선정성, 욕망 따위는
격렬하게 비판되고 심지어 금기가 되었지만, 문인들은 여전히 묘령의
소녀가 주는 아름다움과 매력에 넋을 잃었고, 은밀한 묘사 또는 은근
한 성적 쾌락의 느낌으로 가득한 도발적인 사의 작시를 멈추지 못하였
다.[21] 대개 어린 소녀들이었던 전문 가수들 사이에서 선정적인 주제와
은유가 인기를 누렸음이 분명하다.

느리게 움직이는 가락에 맞춘 긴 형식의 만사는, 대부분 덜 공격적
인 주제를 다루었고 섬세한 풍경과 분위기가 담겨 있었다. 송대에는
물론이고 아마 중국 역사 전체에서도 가장 위대한 여류 시인이었던
이청조는 편견이나 구습에 얽매이지 않는 사대부 가정에서 성장했으
며, 10대의 나이에 이미 자기 재능을 발견했다.[22] 두 편의 시에서 전하
는 그녀의 삶을 보자면, 몇 십 년이 지난 1133년에는 그때까지 유명했
던 그녀의 가문이 쇠하여 가족들은 뿔뿔이 흩어져 변변치 않은 사람들
과 섞여 살게 되었다. 여진족이 산동 지역에 쳐들어왔을 때, 그녀와 남
편이 10개의 창고 방에 가득 수집해두었던 장서와 골동품이 모두 불에
타버렸다. 피난 중에 그녀는 남편과 헤어졌고, 1129년 남편이 요절한
후에 외롭고 고통스러운 만년을 보내야 했다.

그녀의 절망감에도 불구하고 이청조는 자신의 시가 기억될 거라는

---

21) Egan, *The Literary Works of Ou-yang Hsiu*, pp. 168-177.

22) Wixted, "The Poetry of Li Ch'ing-chao," pp. 145-168.

믿음이 있었던 것 같다.[23] 그녀는 은유와 반복을 사용하여 자신의 고통을 시에 쏟아내고, 또 구어와 의성어의 표현을 고전적인 한문 시어에 주입했는데, 이것이 그녀의 사가 독보적인 강렬함과 솔직함을 갖게 하는 요소였다. 그러면서도 그녀는 지켜야 할 규칙을 잘 알았고 그녀의 시는 "사라는 시 분야뿐만 아니라 여성에게 가질 수 있는 기대의 지평을 새로 열었다."[24]

> 「성성만聲聲慢(모든 소리 느리게)」곡조에 부쳐
> 찾고 찾고 구하고 구하지만
> 차갑고 차갑고 맑고 맑을 뿐,
> 처량 처량, 비참 비참, 적막 적막.
> 잠깐 따스했다 갑자기 추워지는 때
> 정말 휴식하기 어렵구나.
> 석 잔, 두 잔의 묽은 술
> 어떻게 그에게 가나, 저녁 늦게 오는 갑작스런 바람처럼?
> 기러기 날아가니, 내 마음이 쓰리다.
> 정말 우리는 옛적부터 서로 알았구나.
> 온 마당에 노란 꽃이 쌓이고,
> 초췌하게 사라지는구나.
> 이제 누가 있어 그것들을 딸까.

---

23) *Oeuvres poétiques complètes de Li Qingzhao*, p. 123.

24) Fong, "Engendering the Lyric," p. 119.

홀로 창가를 지켜서 있다.

어떻게 어두워졌을까?

오동나무는 가늘게 뿌리는 비에 섞여서

황혼이 내려앉을 때까지. 점, 점, 방울, 방울.

이런 때 어찌 시름이라는 글자 하나로 될까?[25]

남송대 최고 시인들은 송 제국과 중국 문화에 대한 애국심과 영웅적인 충성심으로도 잘 알려진 사람들이다.[26] 신기질辛棄疾은 겨우 스무살이었던 1161년에 금 영토에서 쫓겨난 2000명 농민 의병의 지도자로 활약했고, 1181년 강제로 면직될 때까지 비호군飛虎軍을 맡았다. 그는 송 왕조 전체에서 송사宋詞를 가장 많이 쓴 작가였다. 그 시대 사람들은 신기질의 시가 거침없는 활력과 세심한 감성을 지녔다고 칭찬했다. 무장이었던 신기질은 여진에게 화북을 상실한 그 악몽을 재현해냈다. 노래에서 그는 수사적인 질문을 던졌다. "북탑 너머 바라보나 중원은 어디에 있나", "잃은 지 오래인 서북쪽 땅을 멀리 바라보노라", 어떻게 "황제를 위해 잃어버린 영토를 회복할까" 등이다.

그의 친구인 철학자 진량陳亮은 "아직도 도처에 북쪽의 말들이 있다"고 불평하며 "원수들의 양고기 냄새가 퍼져 있는데, 그들에게 굴복하는 것이 잘못이라고 생각하는 사람이 아무도 없는가?"라고 물었다. 또 다른 신기질의 추종자인 유과劉過는 "언제 잃어버린 중원을 회복할

---

25) 『李淸照詩詞文存』, pp. 89-94.

26) 程千帆, 吳新雷, 『兩宋文學史』, pp. 349-389.

수 있을까? 우리들이 연합하여 지금 이 자리에서 시작해야 한다"고 부르짖었다. 북송 때의 근심 걱정 없던 생활로 다시 돌아가고 북부 영토를 재정복해야 한다는 부담이 충신들과 장군들을 무겁게 짓눌렀다.

조국에 대한 사랑과 충성심은 송의 시인과 관리에게만 국한되지 않았다. 금 왕조의 모든 지성인들이 그랬듯이, 분단의 시대에 금의 정치적 적법성에 문제가 있음을 잘 알고 있던 원호문元好問은 진지하고 심각한 분위기의 시들을 남겼다.[27] 그의 시는 "성실(誠)이 없으면 실체(物)도 없다"는 공자의 『중용』을 구현하였다. 금 왕조가 붕괴하고 마지막 금의 황제가 자결한 지 5년 후, 원호문은 「1239년 설날」이라는 제목으로 5언 율시를 지었다.

> 나이 50이면 진짜 노인은 아니다
> 그러나 나의 외모는 계속 나빠진다.
> 머리카락은 점점 가늘어지고
> 그렇게 거울 속의 모습도 변화하네.
> 내가 쓰는 역사는 이제 막 윤곽을 잡았는데
> 그러나 내가 물러날 장소는 정해지지 않았네.
> 내 수척한 말을 타고
> 세상의 붉은 먼지 속으로 다시 들어가진 않을 것이다.[28]

---

27) Chan, *The Historiography of the Chin Dynasty*, pp. 67-119.

28) Yoshikawa, *Five Hundred Years of Chinese Poetry, 1150-1650*, p. 37.

이 시기에 그는 계속해서 후원자들의 집들을 이리저리 전전하며 역사서 『금사金史』의 초안을 작성하기 시작하였고 이는 약 100년 뒤 원의 조정에서 완성되었다.[29]

자연과 일상생활을 보여주는 회화

송대에는 네 가지의 기술, 즉 서예, 회화, 바둑, 비파에 조예가 있어야 교양 있는 신사紳士라고 할 수 있었다. 서예와 회화는 소통의 기술이며, 지식인들이 무형의 세계를 가시화하기 위해 이용하는 수단이었다. 개인의 내면에 있는 자아의 마음 상태를 한자의 형태와 물리적인 사물의 형상으로 표현하는 것이었다. 예술 작품의 질은 그 소통에 살아 있는 정신이 있는지 없는지에 의해 평가되었다. 중국에서는 전 역사를 통해 언제나 선비들이 진정한 예술가로 간주되었다. 그들은 특별한 붓을 사용해 종이나 비단 횡권橫卷 위에 다양한 구성 방식으로 그림을 그렸다. 횡권은 말아서 쉽게 휴대할 수 있었다. 작가들은 그 밖에도 부채와 화첩에 그림을 그리기도 했다.

지식인 지배층에 의해 또는 그들을 위해서 창작된 예술 작품과는 별개로 뿌리 깊은 대중적인 전통을 가진 채색 벽화도 사원, 궁전, 무덤 등에서 볼 수 있었다. 전통적으로 이러한 벽화는 기술만 있고 대개 이

---

29) West, "Chilly Seas and East-flowing Rivers," pp. 281-304; Wixted, "Yuan Haowen," pp. 953-955.

름이 알려지지 않은 전문 미술가들이 그렸으며, 그들은 그림 주문을 받아 생활비를 벌었다.[30] 지금까지 보존된 그림들을 보면 송의 부유한 지주 가문과 거란 귀족 계층의 일상이 생생한 느낌으로 전달된다.

아무래도 무덤에 있는 벽화의 진위 여부에 대해서는 의심할 바가 없지만, 문인들 그림의 경우는 그렇게 분명하지가 않다. 10세기에 중국 산수화의 초기 창시자들이 자연과 풍경을 독특하게 이해하는 모범을 창안해냈는데, 그들의 예술 세계에 대해서는 오직 그들 작품이라고 알려진 그림과 그들 작품의 모사본을 통해서만 알 수 있다. 중국의 관행으로는 앞 시대 대가의 스타일이나 정신을 모방하는 것은 예술적 품질에 대한 일종의 보증이며 하나의 확립된 전통을 합법적으로 지속시키는 것으로 여겨졌다.[31] 현재로서는 959~986년경에 살았던 지방의 무명 대가의 손에서 나왔을 것 같은, 산수화 축화 한 점의 진위만 연대 측정으로 확인되었다. 그렇지만 그 시대 예술적 조류를 대표하는 화법의 그림은 아니다.[32]

당대 이전의 회화에서는 관심의 초점이 인물화에 있었고 자연과 풍경 묘사는 그에 비해 부차적이었다. 당대의 풍경화는 교훈적인 기능을 가졌으며 유식한 관람자라면 그림 안에 있는 풍광과 인물의 묘사를 '역사적' 기록으로 읽을 수 있었다. 산수화가 서사적이어야 한다는 그 일차적인 기능으로부터 벗어나게 된 것은, 9세기 말과 10세기에 중

---

30) Kuhn, *A Place for the Dead*, p. 470.

31) *Issues of Authenticity in Chinese Painting*에서 동원董源의 「계안도溪岸圖」에 관한 토론을 참조할 것.

32) 「法庫葉茂臺遼墓記略」, pl. I ; Fong, *Images of the Mind*, p. 25.

국의 문화적 중심이 북에서 남부와 서부 지역으로 이동한 것과 불가분의 밀접한 관련성이 있었다.[33] 인간상, 역사적 사건, 종교 의식은 재해석의 대상이 되고 그런 과정에서 회화에서 갖는 중요성이 풍경에 비해 쇠퇴하였다. 산수화는 자연 자체를 모두 아우르는 '유기적 통일체'로서 묘사되었다.

'산수화'로 일컬어진 풍경화의 근본적인 혁신은 몇몇 화가들과 관련이 있다. 북부에서는 '진경眞景' 개념의 창시자인 형호荊浩(약 870~930)가 모범이 되었던 것 같다.[34] 남부에서는 화가 동원董源(활동 연대 대략 937~962)이 주목할 만한 풍경들을 그렸는데, 11세기 수집가들과 그의 제자인 불교 승려 거연巨然으로부터 절찬을 받았다. 거연(활동 연대 대략 960~980)의 그림은 하나도 남아 있지 않지만, 다행히 그와 한 명의 동료가 북송 한림원의 장식을 의뢰받은 바 있다. 이들 벽화의 특징은 산안개에 둘러싸인 높은 봉우리와 작고 부드러운 바위가 있는 아침 풍경이었는데, 착시적인 효과를 연출해냈다.[35]

송대 풍경화에서 가장 중요한 변화를 하나의 축화軸畵에서 확인할 수 있는데, 전통적으로는 이 그림이 10세기의 대가였던 이성李成의 것으로 전해지지만 그보다 1세기 후에 그려졌을 확률이 크다(그림 5).[36] 높이 치솟은 산과 갈라진 구름 가운데 홀로 있는 불교 사찰이 작품의

---

33) Sullivan, *Chinese Landscape Painting*, pp. 44-45, 56-57, 74-75와 비교 참조.

34) Fong, "Monumental Landscape Painting," p. 125.

35) Jang, "Realm of the Immortals," pp. 81-96.

36) Fong, *Images of the Mind*, p. 43.

그림 5. 「청만소사도(맑게 갠 산봉우리 가운데 홀로 있는 산사)」
북송대 이성(919~967년)의 그림으로 전해진다. 견직물 위의 먹과 엷은 채색의 두루마리. 미국 미주리 주 캔자스시티 넬슨―아킨스 미술관 소장.

중심 주제이다. 산과 안개 속의 계곡, 폭포, 하나씩 따로 자리 잡은 나무와 건축물들은 자연에 내재한 정연한 원리에 대한 화가의 신념을 나타내려고 의도된 것인데, 이는 유교적 우주론과 천인합일 이론에 부합되었다. 즉 "사람의 마음을 확장하면 전 세계의 사물을 구현할 수 있다"라는 믿음이었다.[37] 북송의 대가 곽희郭熙 등, 이성 이후 화가들의 영웅적이고 활기 넘치는 풍경화들에 확연히 나타나는 과장되고 극단적인 효과가「청만소사도晴巒蕭寺圖」에는 전혀 없다.

남송대에 산수화가들은 대개 화첩과 부채와 같은 화본에 그리는 좀 더 작은 구도를 선호하였고, 그림으로 그릴 만한 대상이나 소재를 더욱 친숙하고 선택적인 장면으로 골랐다. 특히 유명한 것이 13세기로 접어들던 시기에 활동했던 마원馬遠과 하규夏珪의 '변각구도邊角構圖'였다. 마원과 하규의 작품은 본질로의 축소, 관점의 순수성이라는 관념을 반영하였다. 몇 차례 단순한 붓질로 묘사한 화면 아래쪽 아주 잘 보이는 모퉁이에 있는 한 무리의 나무들, 학자의 오두막 같은 것들이 첫 눈길을 끄는 초점이 되고, 여백의 시사적인 분위기라든가 안개나 수증기를 통해 표현되는 깊은 사색이 극히 좁은 화면 안에서도 놀라운 개방성을 만들어낸다.

많은 송대 화가들이 과감하게 축소된 화면에다 산수화의 진수를 포착하고자 노력하던 바로 그때, 실제 생활에 대한 묘사가 회화에 나타나기 시작했다. 이 새로운 감수성의 표현은 회화의 주제와 화법 양면에서 나타났으며, 유교를 일상생활과 관련된 생동력을 가진 것으로

---

37) Fung, *History of Chinese Philosophy*, Vol. 2, p. 491.

되돌린 주희의 『근사록』과 동시대에 발생했다. 주희의 『근사록』은 상세한 일상 경험의 구조와 분석에서 본질론적인 통찰력을 얻을 수 있음을 예증한 것으로, 회화의 변각구도에 비교될 수 있다.

평범하고 사소한 것에 주목하면서 풍속화로 규정될 수 있는 또 다른 작품군이 등장했다. 예를 들면, 꽃과 새를 그리는 데 특별히 중점을 둔 화가 집단이 성도와 남경을 중심으로 활동했다. 오대십국 시대에 촉蜀의 성도에 살았던 가장 유명하고 영향력이 큰 화가는 황전黃筌이다. 그는 50년 가까이 촉의 군주들 치하에 있다가 965년에 송 개봉의 한림도화원의 일원으로 임명되었다. 황전의 인생과 작품은 당말과 송초 사이의 기간을 연결해주었다. 이 시기에는 그때까지 유행한 환영幻影 같은 주제들이 물러나며 자연에서 관찰될 수 있는 실제 동물과 꽃과 같은 주제들에게 자리를 내주었다. 황전의 자연에 대한 묘사를 누구도 능가할 수 없다는 것이 동시대인들의 평가였고, 후에 심괄沈括과 같은 수집가들은 '살아 있음의 묘사' 또는 문자 그대로 번역한다면 '살아 있는 것을 그대로 그리는 일'이라는 뜻으로 '사생寫生'이라고 불렀다.[38] 지금까지 남아 있는 그림들은 12세기 초반의 것으로 보아야 하겠지만, 그와 그의 아들의 작품으로 전해지는 「사생진금도寫生珍禽圖」라는 제목을 가진 화권畵卷에서 그의 우수성이 분명히 드러난다(그림 6). 세부에 대한 그의 생물 분류학적인 접근은 어떤 면에서는 사실 자체보다 더욱 사실적으로 보였으며, 11세기 중기에 이르기까지 내내 도화원에서 권

---

38) 『夢溪筆談』, 17:173, no. 293.

그림 6. 「사생진금도」
황전(903~968년)의 작품으로 전함. 12세기 초 모사본. 화권畫卷, 비단에 먹과 채색.
북경 고궁박물원 소장.

위가 있었다.[39]

남당의 수도였던 남경에서는 꽃, 새, 고양이, 대나무 등의 주제들을 전문적으로 그리는 많은 화가들이 975년 무렵까지 활약하였다. 성도의 황전이 정확한 윤곽, 그림자, 색깔을 통해 실제 생물과 똑같은 충실성을 위해 분투했다면, 남경의 서희徐熙는 굵은 화필로 종이나 비단에 강렬하고 자유로운 획을 휘둘렀다. 그의 거칠고 자유로운 화법은 형식적인 상세함보다는 자연의 힘을 포착한 것 같다. 그에게는 충실함, 사실주의, '사생'으로는 충분하지 않았고, 이것이 후대의 해설가들이 그의 작품은 '생명의 근원(생동감)'을 표현하며 '활력'을 품고 있다고 주장했던 이유이다.[40] 송 태종이 그의 그림을 열광적으로 좋아하긴 했지만 11세기가 되어서야 비로소 최백崔白과 같은 화가들이 그의 화법을 받아들여 개방적이고 자유로운 풍경 안에서 좀 더 자연스러운 표현으로 동물과 식물을 되살려냈다.

아주 특이한 수금체瘦金體 서예로 잘 알려진 휘종은 궁정화가들의 화조도를 높이 평가하였다. 그 자신도 이런 주제들을 꼼꼼하고 정확하게 묘사하였는데, 이미 유행에서는 몇 십 년 뒤떨어진 방법으로 자연을 그렸지만, 그래도 그의 그림들이 그 당시엔 독특함과 감탄을 자아냈다. 궁정의 취향이나 개인의 능력보다는 기능상의 실용성 때문에 휘종의 그림들은 그 그림이 전하는 메시지에 따라 '상서로움의 전조' 또는 '상서로운 현상'의 그림으로 분류되었다. 휘종이 통치하는 데 매우 중요했던 상서로운 조짐이 1112년 2월 12일 저녁 등롱제 중에 그에게 나타났는데, 무지개 빛깔의 구름이 궁궐 남쪽 선덕문宣德門 지붕 끝에 드리워졌던 것이다. 길조를 알리는 선학仙鶴들이 하늘에서 내려와 그중 둘은 지붕에서 쉬고 나머지 열여덟 마리는 한참 동안 하늘을 맴돌았다.[41] 메리 빅포드Mary Bickford의 해석에 따르면, 그 학들은 "송의 도성에 있는 휘종의 조정과 신선들이 사는 도교의 영원한 세계가 유사하다는 것을 축하하기 위한 사절이었다."[42]

---

40) 『夢溪筆談』, 17:173, no. 293.

41) Sturman, "Cranes above Kaifeng," pp. 33-68.

42) Bickford, "Huizong's Paintings," p. 463.

그림 7. 휘종의 「서학도」
휘종(재위 1100~1126년). 수권手卷, 비단에 먹과 채색. 심양 요녕성 박물관 소장.

휘종은 직접 쓴 제문과 시로 이 사건을 묘사하여 짤막한 두루마리 그림인 「서학도瑞鶴圖」에 첨부하였고, 여느 때처럼 '천하일인天下一人'이라고 제문을 넣었다(그림 7). 이렇게 볼 때 그의 예술 작업은 단순한 취미 이상이었던 것으로 보인다. 그는 정치적 기능과 문화적 기능의 통합에 목적을 두었고, 따라서 자신의 책무를 100년 전 진종이 행했던 많은 도교적 행사들과 연결시키려 한 것 같다.[43]

남경의 남당 정부에서 예술 르네상스가 가능했던 데에는 남부의 오랜 창의적 전통이 있었다. 친숙한 집안 내부뿐만 아니라 일터나 바깥

---

43) 앞 글, pp. 454-455, 485-487.

그림 8. 「한희재야연도」 상세 부분
남당 고굉중의 10세기 중반 작품으로 전해짐. 북경 고궁박물원 소장.

세상으로의 여행과 같은 새로운 주제들이 점점 더 유행하게 되었다. 10세기 중반에 제작된 서사적 횡권 그림인 「한희재야연도韓熙載夜宴圖」는 전통적으로 남당의 궁정화가 고굉중顧閎中의 작품이라고 전해졌다 (그림 8). 그러나 그림 중 배경에 있는 산수화의 묘사법으로 시기를 측정해본다면 송대 후기의 모사본일 가능성이 더 크다.[44] 한희재는 축하 연회를 벌이고 창기들과 노는 데 전 재산을 탕진하고 거지가 되어 생을 마쳤다. 두루마리 그림의 묘사처럼, 그가 즐긴 낭비 생활은 악기 연주부터 침상 장면까지 다양하다. 한희재가 침상 위에서 여유롭게 황궁 극장 연예 감독의 누이가 뜯는 비파 소리를 듣고 있는 장면이 있고, 침상 장면에 보이는 한 여성의 발이 전족을 한 금련으로 보이긴 하는 데 아주 흐릿하여 분명하진 않다.[45] 장면들을 개별적으로 표현한 것

---

44) Weng, *Palastmuseum Peking*, pp. 159-161.

45) 「江蘇邗江蔡莊五代墓淸理簡報」, pl. 5:1-2와 비교 참조.

과 인물들의 초상화 같은 특성이 그림의 서사적인 내용을 강조하고 있다. 등받이 있는 의자에 앉아 있는 손님 두 사람의 모습에서는, 적어도 신흥 부자나 유행을 쫓는 사람들의 경우 이제 더 이상 바닥의 방석에 앉지 않는 쪽으로 생활의 변화가 일어났다는 것을 보여준다.[46]

남당의 궁정화가인 조간趙幹의 것으로 전해지는 횡권 그림은 '강행 초설江行初雪(첫눈에 강을 따라 감)'이란 제목이 그림 앞에 있으며, 여기 에는 중국 그림 수집가로 유명했던 금 장종의 글씨가 있다(그림 9).[47] 주 제, 솜씨, 사실적인 세밀함이 뛰어나 송대부터 청대까지의 황궁 수장 품 중에서도 중요한 위치를 차지하였다. 이 독특한 작품은 물길 여행 의 어려움과 특히 열악한 조건에서 삶을 꾸려가는 어부들의 고투를 그 려낸다. 여기저기 눈에 덮인 겨울의 강 풍경 안에서 이들은 바람 몰아 치는 물살을 가르며 납작한 배를 부리고, 복잡한 기술을 써서 올렸다 내렸다 할 수 있는 열려진 그물 안의 내용물을 살피기도 하며, 또 나무 기둥 위에 골풀로 짜서 만든 원통형 움막 안에서 매서운 바람을 피하 고 있다.

자연의 힘과 싸우는 인간에 대한 조간의 묘사는 철학적 사색을 위 한 소재를 제공하며 유교적이면서도 도교적인 영향도 시사한다. 낚싯 대를 드리워 고기를 잡는 일은 무언가를 선택하는 행위로 간주되었으 며, 비유적인 느낌으로는 정치적 결정이란 의미에 해당될 수도 있었 다. 이와 대조적으로 그물 고기잡이는 천망天網(하늘의 그물)이라는, 즉

---

46) 陳增弼,「千年古榻」, S. 67.

47) 『故宮宋畵精華』, vol.1, pl. 4; Hay, "Along the River," pp. 294-302.

그림 9. 「강행초설도」 상세 부분
조간(활약기 961~975년), 남당. 수권, 비단에 먹과 채색. 대만 국립고궁박물원 소장.

세계의 통합과 전체성을 말하는 도교적 개념에 부합하는 것이었다.

망자에게 영원성을 부여하고자 무덤 안에 그린 그림에 종종 나타나는 주제로 유흥과 여행이 있다. 요의 묘는 특히 한대에서 당대까지 화북과 내몽골 지역에서 이용된 양식의 전통적인 중국 무덤 건축과 벽면 장식을 발전시켰으며, 이런 건축은 벽화를 그리는 데는 최적의 기회를 제공하였다. 그림은 무덤의 묘도墓道, 묘실의 벽과 돔형 천장에 그려졌다. 무덤의 그림으로 다룬 주제는 사계절을 묘사한 풍경과 동물과 꽃 그림부터 (무덤 천장의) 28개 태음 별자리인 이십팔수二十八宿, 중국의 상징적 동물들인 십이수十二獸, 서양 십이궁도의 상징들까지 매우 광범위하며 다양한 종교적인 것, 신들의 형상들, 그리고 (주로 묘실에서 발견되는) 일상생활의 장면들도 있다.

중국의 이십팔수와 중국과 서양의 상징들을 모두 그린 훌륭한 천문도가 요대 1117년에 지어진 장공유張恭誘 무덤의 돔형 천장에서 발견되었다(그림 10). 서양의 십이궁도는 6세기 말경 중국에 소개되었을 것으로 추정된다.[48] 말, 수레, 수행단을 거느린 대규모 집단 여행객들, 그리고 어딘가로 출발하거나 어떤 풍경 안에서 이동 중이거나 아니면 집으로 돌아오는 좀 작은 무리의 그림들이 있는데 모두 떠남이라는 주제가 담겨져 있다. 이런 주제들은 특히 무덤 내 긴 묘도의 벽화로 인기가 있었고, 연회 등의 주제는 묘실에서 종종 볼 수 있다.

예술적 솜씨라는 면에서 볼 때, 연회 준비나 사소한 집안 행사들을 묘사한 최고의 그림들은 화북 지역 도처의 무덤들, 그중에서도 하북성 선화宣化의 장씨 가족묘에서 발견되었다.[49] 거기에는 공식적인 도우미들, 술을 데워 올리는 한 여자와 한 남자, 그리고 학자의 서재에서 차가 준비되는 동안 놀고 있는 아이들과 같은 유쾌한 장면들도 보인다. 다른 방에서는 (말할 필요도 없이 그 집이 학자 계층에 속했음을 표시하려는 의도로) 필기구들을 그렸다. 그릇을 들고 있는 하녀는 개한테 뛰어오르지 말라고 경고를 하고 있는 것이 분명하다. 장공유의 무덤에는 그림이 풍부하게 많은데, 그중에는 가구가 잘 갖춰지고 아름답게 장식

---

48) Kuhn, *Die Kunst des Grabbaus*, pp. 184-197; Little and Eichman, *Taoism and the Arts of China*, p. 137.

49) Kuhn, *How the Qidan Reshaped the Tradition*, p. 15.

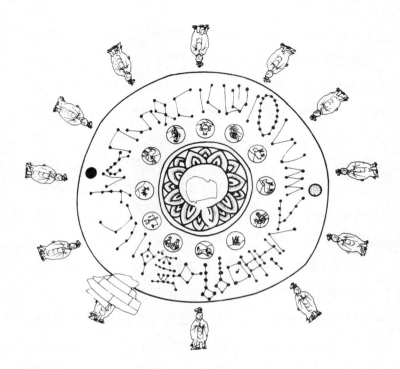

그림 10. 요 왕조 무덤에 있는 천장화
가운데 거울이 있는 연꽃 문양을 둘러싸고 배열된 메소포타미아의 십이궁도 상징물, 태음 이십팔수, 중국의 십이지수를 그린 천장화의 도안. 요대 1117년 무덤의 주인 장공유(1069~1113년), 하북성 선화 요묘遼墓 no. 2. 도종이陶宗冶 등.

된 방에서 무덤의 주인이 아내와 아들과 함께 미술 소장품을 보고 있는 친밀한 분위기의 장면도 있다.[50]

무덤 안 장면의 구성과 특히 각 인물들의 얼굴에 대한 뛰어난 표현법은, 요대 말기 전문적인 무덤 화가들의 예술성이 상당한 수준이었

---

50) 陶宗冶, 「河北宣化下八里遼金壁画墓」, col. pl. 1:1.

음을 보여준다. 이는 그 당시 송 쪽에서 같은 일을 하던 화가들은 미치지 못했던 높은 수준이다. 그 이유는 이렇게 추측해볼 수 있다. 거란에서는 아마도 귀족 무덤의 그림을 성당盛唐 시기 수준으로 유지하고 싶어 했을 것이고, 전문적인 무덤 화가에게 돈을 들이는 것은 그만큼 지출할 만한 가치가 있는 일이었다. 그렇지만 송에서는 고위 관리들과 주요 학자들이 건축학적으로 의미를 둘 만한 무덤을 만들지 않았다. 공을 들여 무덤을 조성하는 일은 거의 돈 많은 지주들에게만 국한되었다. 이들은 무덤을 이용하여 자기 가족의 지역에서의 위신을 강조하고자 했다.

이들 송의 부호 지주층의 무덤에 있는 화상 기록들은 대부분 벽돌이나 돌에 새겨진 부조이며, 가끔은 채색하여 강렬하게 하거나 더 분명하게 대비되는 윤곽선을 나타내기도 했다. 수호신이나 용맹스러운 전사, 그리고 효도의 대표적인 24개 장면 이외에 지주 향신들의 생활 방식인 평화롭고 한적하며 고상한 분위기를 나타내는 것이 많다. 마치 규칙인 양 부부는 길고 넓은 웃옷 소맷자락에 손을 감춘 채 테이블 양쪽 의자에 서로 마주하고 앉아서 며느리 또는 하인의 시중을 받고 있는 모습을 그리고 있다(그림 11).

죽은 사람들의 얼굴 생김새는 분명하고 특징적이다. 여성의 얼굴을 가리지 않고 '그녀 모습대로 그리는 것'은 엄격한 유학자라면 옳지 않은 일로 여겼겠지만 사망한 남성의 초상화를 그리는 것은 꽤나 보편적인 관습이었다.[51] 사대부의 정통적인 견해로는, 처의 초상화는 개별화

---

51) 『司馬氏書儀』, 5:54.

그림 11. 조대옹趙大翁 부부의 벽화

딸과 하인들의 시중을 받는 모습을 그린 벽화. 북송대, 1099년. 하남성 우현 禹縣 1호묘의 벽화(하남성 우현 백사진북白沙鎮北에 위치하여 일반적으로 '백사송묘白沙宋墓'라고 부른다.-역주) 슈바이宿白(발굴보고서).

시키지 않고 이상적인 모습으로 그리는 것을 더 좋아하였다. 그러나 지방 유지들의 생각은 그와 달라서 죽은 자의 초상화가 그 개인의 모습을 정확히 표현해야 한다고 주장했던 것 같다. 그렇지 않았다면, 개성을 살려 그린 부부 벽화가 그렇게 많이 남아 있지 않았을 것이다. 많은 무덤들 안에는 흉내만 낸 가짜 문이나 창문, 탁자와 의자, 옷을 얹는 시렁, 거울, 옆 가지에 등잔을 놓게 한 스탠드 같은 가구들도 있다. 이러한 전통의 시작은 아마 한대까지 거슬러 올라갈 것이다.

집안에서 일하는 여성의 모습을 엿볼 수 있게 해주는 매우 뛰어나며 보기 드문 그림 자료가 있다.[52] 벽화의 오른쪽 멀리로는 한 소년이 장

---

52) Kuhn, *A Place for the Dead*, pp. 271, 289.

대에 매달린 물통을 나르고 있다(그림 12). 중심에는 두 여성이 견직물을 잡아당기고 있고 또 다른 여성이 그 표면을 매끄럽게 하고 있다. 견직물 생산 과정 중에는 천을 부드럽게 하기 위해 두드림이 필요하다. 천을 매끈하게 하는 단계를 묘사한 그림으로 현존하는 것 중 가장 이른 때의 것은 8세기 장환張萱이 원본을 그리고 후에 송 휘종이 모사하였을 것으로 추측되는 「도련도搗練圖」가 있다. 벽화의 좀 더 왼쪽으로 또 다른 여성이 나지막한 받침대에 올라서서 커다란 궤에서 옷감 필 아니면 옷가지 같은 것을 꺼내고 있다. 배경에는 옷과 천들을 횃대에 걸쳐놓고 있는데 아마도 말리든가 아니면 공기를 쏘이기 위해서인 듯하다. 이 그림은 당 왕조 때 이미 유행했던 주제를 계속 썼음을 알려준다.

건축물 구조를 갖춘 송대 무덤에는 관리들 무덤의 전형인 묘비명이 대부분 없다. 묘비명이 없다는 사실 자체에서 확인할 수 있는 사실은, 그 무덤의 주인공이 여러 세대에 걸쳐 부를 축적한 지주 가문에서 떵떵거리며 살다가 거창한 방식의 무덤에 묻힌 사람이었다는 것이다.

그림 12. 비단 천을 두드리고 매끄럽게(도련) 하는 여인들 벽화
12세기 초, 하북 정형현井陘縣 시장柿莊 6호묘 벽화.

사물에서 이치를 파악하다

송대 300년 동안 사물 탐구 또는 유학자들의 표현대로 사물에서 이치를 파악한다(격물格物)는 것은 윤리학이나 개인의 도덕적 수양을 넘는 그 이상의 영역이었다. 자연 세계 안에서의 사물, 사건, 행동에 대한 철저한 탐구를 통해서만 얻어질 수 있는 현실에 대한 통찰력도 포함되었다.[53]

이미 수백 년 이전부터 중국의 학자들은 하늘을 관찰하고 그것을 기록했다. 근대의 과학적 개념으로 결론을 내리지는 않았다 하더라도, 그들의 정확한 기술이 천문학 역사에 기여한 바는 대단히 컸다. 896년 천문학자들은 중국에서 '이동하는 별'로 불린 혜성 하나가 해체되었다고 보고했다. 1064년 어느 저녁 시간에, 심괄은 천둥 같은 소리를 듣고 남동쪽 하늘에서 달 정도 크기로 보이는 물체를 보았다. 주먹만큼 큰 운석이 어느 집 정원에 떨어졌다. 그것은 온기가 느껴졌고 철과 같은 색과 무게를 가졌다.[54] 1112년에 한 관찰자는 밤톨 크기의 태양 흑점이 보인다고 기록했는데, 그가 기름 대야에서 태양의 반사를 살펴서 알아낸 관측이었다.

근대 이전 중국에서는 객성客星이라고 부른 신성新星이 대략 90개 보고되었는데, 1054년에 보고된 태양계로부터 6500광년 떨어진 황소자리 부근의 초신성은 가장 놀랄 만한 것이었다. 이것은 23일 동안 낮

---

53) Tillman, "The Idea and Reality of the 'Thing' during the Sung," p. 75.

54) 『夢溪筆談』, 20:198, no. 340.

에도 육안으로 보였으며 2년 후에 사라졌다. 1839년에 천문학자들은 망원경을 이용하여 천체의 같은 위치에서 초신성의 잔재를 재발견하였으며, 1921년에는 1054년의 거대한 별 폭발의 잔재를 게성운이라고 명명했다.

11세기의 여러 가지 다양한 자료에는 자성을 띤 얇은 쇳조각, '지남어指南魚'의 사용이 기록되어 있다. 물그릇 안에 띄우면 지남어의 머리가 남쪽을 가리켰다. 어설픈 물고기 모양을 띠다가 결국은 자철석으로 문질러 자성을 띠게 한 바늘, 지남침으로 변화했다. 지남침의 발견에 대한 심괄의 보고가 전 세계 문헌에 알려진 나침반에 대한 최초의 서술이다. 그는 실험을 통해 지남침이 항상 정남에서 약간 왼쪽을 가리킨다는 결론을 내렸는데, 지구의 지리학적 극과 자극의 차이를 그가 발견한 것이었다.[55] 송대에 주술사, 점쟁이, 풍수가들이 사용했던 접시에 놓인 자석 바늘은 근대 선원들이 사용한 자석 나침반의 원형이었다. 중국의 뱃사람들은 1090년에는 이미 항해용 나침반을 이용했다. 이것은 그 다음 세기에 유럽으로 건너갔고, 1190년에 파리에서 공부하고 있던 영국 수도사 알렉산더 네캄Alexander Neckam이 항해용 자석 나침반의 사용에 대해 기술했다.[56]

관직 생활 중 여러 해 재판관을 지냈던 송자宋慈는 1247년에 『세원집록洗冤集錄』을 출간했는데 이는 최초의 법의학에 관한 체계적인 저작이었다. 이 설명서는 살인이나 다른 의문사를 심문하는 관리들에게

---

55) 『夢溪筆談』, 24:240, no. 437; p. 330, no. 588.

56) Needham, *Science and Civilisation in China*, Vol. 4. 1 p. 246.

금세 채택되어 활용되었다.[57] 그의 생각과 설명 중 특히 시신의 조사에 관련해서는 미신에 근거한 것이 많지만, 다른 것들은 완전히 합리적이었다. 송자는 동료들에게 부검 기술을 가르치고, 황화물 독성 실험을 서술하고, 비소 독살을 경고하고, 일산화탄소 중독 증상을 이해하였으며, 또 뱀의 독이 혈류를 통해 퍼지는 것을 막기 위해 사지를 묶으라고 권고하였다.

송대에 과학적 현상을 기술한 단일 저술로서 가장 중요한 것은 심괄이 1086~1093년에 지은 『몽계필담夢溪筆談』이다. 그의 지식 탐구는 유학에 기초한 송대 계몽주의로 이어졌고, 이것은 모든 개체의 사물과 전체 우주 안에 있는 원리를 이해할 수 있도록 해주었다. 그는 고위층에 의식을 가진 행정 관리이자 조정의 정치인이며 또 영향력 있는 과학기술 전문가이기도 했다. 비록 당시에 제도화된 과학자 공동체가 존재하지는 않았지만, 그는 과학과 기술을 좋아하는 면에서 뜻이 맞는 전문 관리들 무리 중 한 사람이었다. 심괄의 책에서 가장 유명한 내용들은, 구텐베르크의 발명보다 400년이나 앞섰던 1040년대에 필승이 발명한 활자 인쇄에 대한 항목이 등재된 것, 그리고 지도 제작 기술에 대한 서술과 화석 유물에 대한 설명 등이다. 달이 차고 기우는 방식을 보면 해와 달이 공 모양의 형태임을 알 수 있다고 한 내용도 있다. 달은 빛을 내뿜지는 않고 은으로 만든 공처럼 빛을 받을 때만 빛나며, 빛이 달의 측면에서 올 때 사람 눈에는 초승달처럼 보인다는 것이다.

심괄은 기이한 일을 즐겨 썼으며 그가 쓴 내용의 항목이 모두 최고

---

57) *The Washing away of Wrongs.*

의 수준이거나 또 동일한 목적을 가지고 쓴 것도 아니었다. 나단 시빈의 논평대로 "사소한 교훈주의, 법정의 일화들, 덧없는 호기심들"도 포함되었다.[58] 자연현상에 대한 설명은 오행五行, 번역하자면 금, 목, 수, 화, 토의 다섯 가지 국면 또는 다섯 가지 요소의 주기적인 순서로 설명하는 기존의 우주 이론에 기반을 두었다. 소금 호수 위로 바람이 불어 소금 결정체가 생기는 것에 대해 심괄은 그 과정을 증발율의 증가로서가 아니라 상생적인 순환의 원리로서 설명하기도 했다. 불이 (여기서는 바람이지만) 흙(소금)을 생산했다는 것이다.

물시계를 이용하는 것, 그리고 1년 열두 달 매 월별로 1350개의 별이 태양과의 상대적 위치가 어떠한지에 대해서도 언젠가부터 이미 알려져 있었다. 976년 사천감司天監의 학생인 장사훈張思訓은 수력 천문 시계인 혼상渾象을 제작하여 개봉성 내에 정교하게 지어진 10미터 높이의 3층 누각에 안치하였다. 그러나 이전에 있던 시간 측정 장치를 완성시킨 사람은 이부吏部 관리까지 지낸 과학자 소송蘇頌이었다. 고리 형태인 이 시계의 제작 의도는 세 가지로, 천문 표시(혼상渾象), 천문 관측(혼의渾儀) 그리고 시간 기록(보시報時)에 있었다.[59] 시계의 기계 장치를 통해 시간 측정과 고리 형태의 구인 혼의渾儀의 회전이 연결되고, 또 천구天球와도 연결되었다. 고리형 구는 별의 위치 관측에 이용되고, 천구는 정확한 시간을 알려주며 또 해, 달, 오성五星 등 천체의 움

---

58) Forage, "Science, Technology, and War in Song China," pp. 165-172; 『夢溪筆談』, 7:83, no. 130; 전체 번역은 Forage, "Science, Technology, and War in Song China," p. 194; Sivin, "Shen Gua," p. 374.

59) Needham, *Science and Civilisation in China*, Vol. 4:2, p. 465.

직임과의 연관성도 보여줌으로써 역법 체계를 확인할 수 있었다. 이로써 시간과 공간이 화합을 이루었고 그런 뜻에서 이 장치를 '우주 기관(천문의기天文儀器)'이라고 불렀다.

유례없는 거액의 비용을 들여 천문의기 제작을 시행하게 된 동기는 시간을 거슬러 올라가 1077년에 소송이 요나라 황제의 생신 축하 사절로 갔을 때 발생했다. 송 달력이 요 달력보다 하루 앞서간다는 사실을 알게 된 소송이 송 황제 신종에게 이 사실을 보고했고 이로 인해 사천감의 모든 관리들이 벌을 받게 되었다. 1086년에 철종은 분명 정치적인 이유에서였겠지만, 소송에게 기존의 어떤 것보다 정확성이 뛰어난 혼천의 시계를 제작하라고 명하였다. 1088년에는 테스트용 작은 목제 시계 모형을 완성했고, 청동으로 주조된 구와 지구본을 포함한, 복잡한 기능을 모두 갖춘 실제 크기의 구조물이 1090년에 개봉 황궁에 설치되었다(그림 13).[60] 소송은 1094년에 완성한 『신의상법요新儀象法要』에서 자신의 발명품이 어떻게 작동하는지에 대하여 설명했다.

목탑의 높이는 12미터이고 그 꼭대기 단에 혼의가 있었다. 날씨가 괜찮을 때면 천문학자들이 이것으로 하늘과 별자리를 관찰할 수 있었다. 위층에 있는 회전하는 천구와 혼의가 시계태엽의 추진 장치에 맞추어져, 천문가들은 날씨에 상관없이 천체의 위치를 계산할 수가 있었다. 이 방 아래에는 시간을 알려주는 5층의 탑과 같은 구조물이 있었다. 수많은 나무 인형이 글씨가 있는 판자를 가지고 작은 창에 나타나 밤낮으로 한 시간, 15분 등의 간격으로 시간을 알렸다. 그렇게 시각

---

60) Needham, Wang, and Price, *The Heavenly Clockwork* 참조.

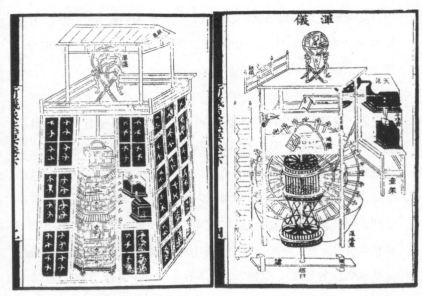

그림 13. 수운의상대水運儀象臺
개봉 황궁에 설치된 수력 작동 천문 시계 장치. 북송. 1094년. 소송.

적으로 보여주는 것뿐 아니라 종을 울리고, 징을 치고, 북을 두드려 청각적으로도 시간을 알렸다. 전체의 작동 기제는, 수조에서 물이 일정하게 흘러나와 채워지는 물바가지(수두水斗)가 끼워진 물레바퀴(수차水車)에 물려 있었다. 수차는 그 직경이 3미터를 넘었다. 조셉 니담의 의견에 따르면, 시계의 탈진기와도 같은 특별한 장치가 물레바퀴의 움직임을 조절함으로써 시간을 연속적으로 정확한 '순간'들로 나눌 수 있게 했다.

이 거대한 물시계가 완성되고 나서 얼마 되지 않았을 때, 정부 보수파와 개혁파 사이의 정치적 논쟁이 기술과학의 영역까지 침범하더니,

급기야 1094년에 일부 정치가들이 이념상의 이유를 들어 이 천문 물시계를 파괴하라고 요구하였다. 재상 장돈은 이 재난을 피해갈 수 있게끔 하는 역할을 했다. 장돈은 그 뒤 1100년에 조길趙佶(휘종)이 황제로 즉위하는 것에 대해 경고했던 인물이다. 천문 시계 장치가 겨우 재난을 피한 지 약 30년 후에, 전쟁에 승리한 여진인들이 모든 천문학 장치를 그들의 수도로 실어 갔다. 그러나 15톤짜리 고리 모양의 천의만 겨우 원래의 형태를 유지하다가 1195년에는 강력한 폭풍우 속에 번개를 맞았다. 고리 모양 천의는 보수되어 천문대에 설치되었다가 금이 쫓겨난 후 그곳 북경에서 몽골인들이 발견했다.[61]

소송은 천체의 위치와 움직임을 관측하는 전문가들을 훈련시키기 위하여 천천히 회전하는 천체 모형도 발명했다. 이 '평면천체도'는 1092년에 설치되었고 수많은 천문학자들과 역법 전문가들이 그것이 작동되는 것을 보려고 몰려들었다. 하나의 축을 둘러싸면서 구형의 구조로 설치되었기 때문에 이것은 최초의 천체관이라고 일컬어지곤 한다. 그 축은 수직으로 23.5도 기울어져서 지축의 기울기와 일치한다.[62] 거의 600년쯤 뒤에 독일인이 러시아 표트르 대제를 위해 만든 천체관이 유럽에서는 최초였다.

자연현상의 관측과 기록 특히 천문학, 시간 측정, 지도 제작, 지학, 의학, 동식물학 등의 발전은 어떻게 시각적 실재를 그림으로 재생산하느냐, 말하자면 산수, 인물, 모든 생물과 사물을 어떻게 그리느냐에

---

61) 『金史』, 22:523-524.

62) Needham, *Science and Civilisation in China*, Vol. 4. 2, pp. 495-497.

대한 새로운 인식과 함께 진행되었다. 자연 세계에 대한 탐구, 내적 세계와 바깥 세계 사이의 관계, 그 시각적 실재에 대한 묘사 등이 이전에는 알려지지 않았던 '만물'의 상호 의존관계에 대한 통찰력과 하늘과 땅 사이에 존재하는 인간의 역할에 대한 새로운 이해를 가능하게 했다. 과학 분야뿐 아니라 예술과 미학 분야에서 보인 사대부들의 활약이 이후 시대의 모든 발전에 기초를 놓았다. 도학道學의 영향력이 커지는 것과 일치하여 나타난 세속화의 과정에서 송대 엘리트층이 촉매 역할을 했다는 주장을 뒷받침해준다.

9

| 도성의 혁신 |

중국의 도시들은 기원전 마지막 1000년기가 끝나기 훨씬 이전부터 이미 일반 취락과는 다른 도시로서의 기준들을 만족시켰다. 사람들은 제한된 공간에 거주하고, 비혈연적 조직 집단 안에 속하며, 문자를 사용하고, 예술품을 창작해내고, 상품을 사고팔았으며, 특정한 공예품 제작을 전문화하고, 문제 해결을 위해 합리적 혹은 최초의 과학적 사고를 적용하였고, 통치를 위한 사회 구조를 창안했으며, 공공 건축물을 건립했다.

고대에 그리고 20세기까지도 줄곧 중국의 모든 도시는 성벽으로 그 골격을 갖추었다. "성벽이 없는 도성은 없다."[1] 성벽은 방어선이 되었을 뿐만 아니라 도성은 여러 용도의 부지와 주거군群으로 구획되었다. 중국인들은 도시와 성벽을 같은 단어 '성城'으로 쓴다. 성곽 도시는 본

---

1) Sirén, *The Walls and Gates of Peking*, pp. 1-2.

래 조상 숭배와 토지 신에 대한 종교적인 제사를 올리던 장소에서 성장했다. 그중 일부가 점차 정치 중심지로 발달하고 궁극적으로 도읍지가 되었던 것이다. 중국인들은 하늘은 둥글고 땅은 네모지다고 생각하였기 때문에, 하늘 및 자연과 조화를 이루는 도시의 생활공간을 만들어내려면 수도의 공간 배치도 오로지 정사각형이어야 했다.[2]

장안, 천자의 도성

전체 제국 역사에서도 영화로웠던 당대의 수도 장안長安(지금의 서안)은 늘 탁월한 중국의 수도로 인정되었다. 당 왕조의 황제들은 위수渭水 분지의 이 도시를 주도主都로 선택하고 수나라 때의 이름인 대흥大興(위대한 번영) 대신 그때까지 거의 1000년 동안 알려진 이름대로 장안長安(장구한 평안)이라고 다시 바꾸었다. 거의 정사각형에 가까운 이 도시 배치는 남북으로 8.6킬로미터, 동서로 9.7킬로미터에 이르는 거대한 규모였다(지도 7). 도성의 계획은 고대의 우주론적 이상형을 따랐다. 즉 도성은 황제 권위의 중심지로서 하늘과 땅 사이의 조화와 천자의 절대적 통치를 나타내야 했다. 도성 건축의 격식에 맞춘 엄정함과 강고함은 온 세상에 퍼져 있는 황제법과 공공질서를 구현한 것이었다.

도성의 성벽은 제도용 컴퍼스의 격자 판처럼 정렬되어 있었다. 각

---

2) 모든 도시계획의 모범이 되었던 중국 도시의 배치에 대한 전거는 기원전 1세기의 『考工記』에서 발견된다. 『四庫全書精華』, Vol. 3:768-769. Xu, *The Chinese City in Space and Time*, p. 34.

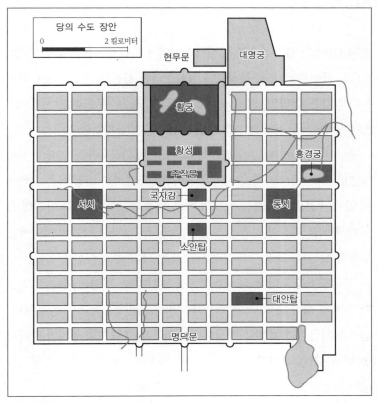

지도 7. 당의 수도 장안

변에 세 개씩 있는 대문으로 출입하게 하였다. 세로 방향의 간선도로가 9개, 가로 방향의 간선도로가 12개 있었다. 중국의 숫자에 관련된 의미를 보면, 3이라는 수는 자연의 세 가지 힘인 하늘·땅·인간을 가리켰고, 숫자 9는 전설적인 우임금(대우大禹)이 나누었다는 구주九州의 표현이었으며, 12는 한 해의 열두 달에 해당했다. 그 밖에 양 방향의 도로와 길들은 주요 간선도로들과 평행을 이루었고, 길로 나누어져 형

성된 110개의 정사각형 또는 직사각형의 구역인 방坊들은 모두 위장圍
墻으로 둘러싸였다. 규칙적이며 질서정연한 경관의 군데군데에 대개
누각을 갖춘 각 방의 대문들과 주요 사원의 탑들이 두드러졌다. 동시東
市와 서시西市 두 시장은 지역 주민의 필요를 공급해주었다.

장안은 온 천하의 중심으로 생각되었고, 황제는 하늘과 땅의 중재
자였다. 황성에서 가까운 위치에 즐비한 2, 3층짜리 대궐 같은 저택에
서 살았던 문벌 귀족들은 황제의 바로 아래 계급이었고, 그 아래에 훌
륭한 족보를 가진 관인층 집안들이 있었다. 그 아래 사회적 계급에는
부유한 상인과, 불교 수도원과 사찰 또는 다른 종교 시설들에 있는 주
요 성직자들을 포함한 식자층 사람들이 있었다. 평민의 가옥은 그 수
가 수만을 헤아렸지만 도시 건축의 멋진 경관에 들어가지는 못했다.
엄격한 계급 차별에 맞추어 정해진 구획들은 그 규모와 위치가 달라서
귀족들은 관리와 분리되며 또 관리들은 평민들과 멀리 떨어져 살도록
되어 있었다.

9세기 중반에 장안을 방문했던 아랍인 여행가 이븐 와합Ebn Wahab
에 따르면, "황제, 재상, 군인, 대법관, 환관, 황족에 들어가는 사람들
은 모두 도성의 오른편 동쪽 부분에 살았는데, 일반 사람들은 그들과
소통할 방도가 없었다."[3] 동편에 있는 방들은 격구擊毬 경기를 하고 활
쏘기 연습을 하기에 충분할 정도로 넓었고, 오직 특권자들만 접근 기
회가 있었던 대명궁성과 황성을 포함하는 제국의 심장부와 가까이에

---

3) Al-Sirafi, Abu Zayd Hasan bin Yazid, *Ancient Accounts of India and China*,
  p. 59. 또 Heng, *Cities of Aristocrats and Bureaucrats*, p. 1 참조.

있었다.

각 방을 둘러싼 황토색 위장圍墻은 도로 양편에 있는 배수 도랑에서 몇 미터의 거리를 두고 세워졌다. 흙을 다져 만든 위장은 높이가 3미터이며 기초 부분의 두께는 2~3미터였다. 각 방과 교차로에는 경비를 두었다. 방과 방은 물리적으로 분리되어서 별개의 생활 단위로 기능했을 뿐만 아니라, 다른 방과의 사회적 접촉은 공무 시간에만 할 수 있도록 제한되어 있었다.

방의 우두머리인 방장은 이장里長이라고도 불렸으며 100호의 세대를 관리하였다. 질서를 유지하고 자신의 '이里' 주민의 조세와 요역이 완수되었는지 살피는 것이 그의 책임이었다. 도성의 방에 산다고 해도 대부분 시골에서의 삶과 비슷했다. 특히 시장에서 먼 곳에 위치한 구역에서는 그러했다. 각 방의 대문들은 새벽과 일몰에, 방장의 명령에 따라 파수꾼들이 열고 닫았다. "해질 녘에 북이 800번 울리고 문이 닫혔다. 거리 보안을 맡은 관리들이 고용한 기마병들이 묵묵히 순찰을 다녔다. (동트기 전부터) 3000번 북을 치다 밤이 낮으로 바뀌고 나면 그때 멈추었다."[4]

평민들은 방의 내부에 살았다. 일반적으로 이들의 가옥은 어떠한 장식적인 요소도 없이 낮고 단순하였다. 관리들의 주택도 크기와 건축 방식에 규제를 받는 일종의 사치 규제법이 있었다. 831년에 어떤 순찰원이 쓴 보고서를 보면, 고위 관리들은 자신이 속해 있는 방의 위

4) 『新唐書』, 49 上: 1286. 번역은 *Traité des fonctionnaires*, Vol. 2, pp. 536-537에 기초함.

장에다 개인 문을 만들어서 간선도로로 직접 드나들 수가 있었다.[5] 한 방의 8분의 1이나 될 만큼 거대한 저택을 지닌 귀족들의 경우나, 그리 고 방 하나를 온통 다 차지하기도 하는 사찰에도 동일한 특권이 인정 되었다. 이들 특권층의 저택이나 사찰은 대부분 일가족이 일용할 작 물을 재배하기에 충분할 만큼의 넉넉한 땅이 있었다.

당대 도성의 이방제里坊制는 주민의 이동과 활동을 엄격히 통제하기 위해 고안되었으며, 번잡한 시장과 널찍한 사찰을 제외하면 사람들 은 그들 자신의 집단 안에 제한된, 꽤나 격리된 삶을 살았다. 몇 백 년 을 도시에서 살았던 가족은 이 정도의 감시, 제약, 통금 등에 익숙해졌 고, 또 이방제에 의해 개인적인 보안과 화재로부터 보호를 받을 수 있 는 혜택도 누렸다. 물품 구매나 교역 활동은 이른바 실크로드의 시발 점이자 종점이었던 서시와 부유층의 취향에 맞추어져 유행에 더 앞서 갔던 동시, 이 북적댔던 두 곳 시장에 집중되어 있었다. 9세기에 서시 는 상인들의 교역 중심지였다. 수천 개의 좌판과 점포가 좁은 골목에 줄지어 있었고, 비단, 칠기, 바구니 제품, 도자기, 향수, 술 또는 노비 등, 이중 어느 하나를 전문적으로 파는 상인들은 작은 구역에 함께 몰 려 있었다. 시장에는 음식점, 간식 판매대, 술집, 숙소, 매춘업소, 가 축 시장, 마구간, 정육점, 생선 가게, 화가나 공예가의 가판대 등도 끝 없이 늘어서 있었다.

동시와 서시는 그 당시의 도심지였다. 방방곡곡에서 온 남녀, 내국 인과 외국인 모두가 이 빽빽한 공간에 몰려와서 서로 새로운 소식들을

---

5) 『唐會要』, 86:1576.

교환하였다. 5품 이상의 고위 관리에게는 시장에서 평민들과 어울리는 것이 허용되지 않았다.[6] 두 시장 모두 정오에 개장되는데 이는 북을 200번 두드려 알렸고, 일몰 때의 폐장 신호는 300번 북치는 소리였다. 시장에서 일하는 대부분의 사람들은 자신들의 점포 안이나 뒤 또는 그 부근의 상상할 수 없을 정도로 비좁은 환경에서 살았다.

서시에서 가까우며 황성의 남서쪽 모퉁이에 접해 있던 '독류수獨柳樹'라는 한 특별한 장소가 있었다. 이는 관리를 포함한 형사범이나 기타 범죄자들을 공개적으로 참수 또는 요참으로 처형하여 그 머리를 효수하는 곳이었다. '구척령狗脊嶺'라는 이름을 가진 또 다른 처형장은 동시의 북서쪽에 위치해 있었다. 공개 처형은 교육적 가치가 있다고 여겨졌다. 수도의 관리들에게는 참관이 필수였고, 평민들은 이 전율스러운 구경거리에 이끌려 나왔다.

9세기에 접어들면서 도성 방리의 상황이 변화했다. 혹자는 쇠퇴라고 할 수도 있는데 엄격했던 사치 규제법이 해이해졌거나 아니면 치안 담당자들이 그것을 강제할 능력이 안 되었을 것이다. 통금 시간이 무시되고 교역 장소가 주거 지역까지 번져가고 밤낮없이 상거래가 행해졌다. 공인되지 않은 시장이 무수히 생겨났으며 817년에는 황성 가까이에 신시新市가 개장하였다.[7] 주거구의 담장에 불법으로 구멍을 파내거나 승인받지 않은 대문을 설치하는 사람이 있는가 하면, 아예 점포나 좌판과 같은 고정된 구조물을 주요 간선도로에 세우기도 하였다.

---

6) 『唐會要』, 86:1581.

7) 『唐兩京城坊考』, 1:30.

840년에 야간시장에 대한 금지령이 내려졌지만 효과가 없었다. 종교 사원에서 밤새도록 음악이 연주되는 것도 그리 특별한 일이 아니었다.

당 황제가 제국에 대한 정치적 통제력을 잃게 됨에 따라 수도를 철저히 단속하던 능력도 천천히 그러나 되돌릴 수 없이 쇠퇴해갔다. 장안은 100만이 넘는 인구를 가진, 중세 세계에서 가장 큰 도시였으며, 일본의 나라奈良와 교토京都의 새로운 도성을 비롯해서 동아시아 세계에서 도시 발달의 모범이 되었다. 그러나 주전충이 모든 건물을 파괴하고 그 건축 자재들을 낙양으로 옮기라고 명령했던 904년에 이르렀을 때, 거의 1000년을 지켰던 이 도시는 존재의 한계점에 이르렀다. 그곳 귀족 지배층의 전멸과 함께 장안의 회복은 불가능하게 되었으며 두 번 다시 중국 왕조의 수도가 되지 못했다.

개봉, 도시의 새로운 체계

오대 왕조의 황제들은, 한때의 영광을 잃어버린 당대의 도시들을 장악하여 자신들의 군사력과 정치력을 강화하기 위한 거점으로 이용했다. 황하 주변의 개봉은 이 시대 4개 왕조의 수도가 되었고, 오직 후당(923~937)만이 낙양을 수도로 선택하였다. 도시 지역에 활기를 불어넣기 위해 오대의 군주들은 민간의 주도적인 투자를 장려함으로써 도시의 빈 땅에 사람들을 끌어들여 정착시키고 도시를 재건설하고자 하였다. 이방 제도가 이론적으로는 여전히 존재하고 군사 조직에서 따온 명칭인 '상廂(자치구의 의미)'이 방坊의 상급 행정단위로 설치되기도 했다.[8] 그러나 현실적으로 도시의 일반적인 토지 소유 실태나 자산의 경계 구분은 문란한 지경이었던 게 확실하다.

도시 경계 내에서 자산을 상품으로서 사고팔 수 있는 권리가 새로 생김으로써 중국의 전통적인 부동산 개념을 바꾸었다. 부동산 가격은 이제 상업적인 매력과 그 부지의 용도에 의해 결정되었다. 사업상의 판단에 따라 도시 중심 구역의 모습이 결정되었으며, 교역과 상거래 는 시장으로 불리는 특정한 장소로 제한한다는 1000년 이상 유효했던 원칙이 무시되었다.

개봉성의 본격적인 보수 공사는 951년이 되어서야 비로소 행해졌 다. 그 사이 구성舊城(또는 내성內城)은 복잡해졌으며, 길은 좁고 눅눅했 으며, 열기와 습기가 사람들을 고통스럽게 했다. 후주의 세종은 "수만 명의 백성 모두가 편하고 안락한 생활을 원한다"는 것을 알고 955년에 "나라와 백성의 편리를 위하여…… 도시를 확장해야 한다"고 명령을 내렸다.[9] 전설에 따르면, 세종이 (후에 송 왕조를 건립하는) 조광윤에게 주작문에서 남쪽으로 곧장 향하여 말이 지친 기색이 보일 때까지 전속 력으로 달려가라고 명령했다. 옛 성벽에서 2킬로미터 떨어진 바로 그 지점이 도성의 새로운 경계가 되는 지점으로 표시되었다.[10] 황제의 명 령에 따라 외성外城(신성新城 또는 나성羅城이라고도 했음)을 새로 건설하

8) 『玉海』, 139:2587; 周寶珠, 『宋代東京研究』, p. 74.

9) 『五代會要』, 26:317-320.

10) 『宋東京考』, 1:2.

는 데 10만 명 이상이 징발되었다. 그 총 길이는 27킬로미터이며, 하천
과 운하로 나가는 9개 수문을 포함하여 전부 21개의 성문이 마련되었
다(지도 8, 개략적 도면). 12미터 이상의 높이로 위풍당당하며 흰 칠을 한
외성 성벽에는 방어 누대를 설치하여 방호 능력을 갖추도록 건축되었
다. 도성을 둘러싼 해자는 호룡하護龍河라고 불렸는데 그 폭이 30미터
이상이었다. 1080년대 초에는, 폭이 그 두 배가 넘는 또 다른 해자가
도성 주변에 부설되었다. 너비 75.8미터, 깊이 4.6미터의 놀라운 규모
의 이 해자에는 물길을 따라 버드나무가 심어져 있었다.[11]

　황제의 계획에 따라 도성의 규모가 네 배로 커지고 거대한 도시형
방어 요새로 변모되었을 뿐 아니라, 내성의 성장城牆 바로 밖에서 일
을 하며 살던 엄청나게 많은 교외의 인구를 아우를 수 있게 되었다. 토
지를 어떻게 사용할지를 정하는 데에는 여전히 조정과 그 모든 관부官
府들이 우선 선택권을 가지고 있었지만, 이후로는 이전 왕조들과 달리
관리나 상인, 장사꾼이나 수공업자와 장인을 포함한 모든 도시 주민
들이 자금력이 허락하여 구입할 수 있는 곳이라면 어디든지 자리 잡고
집을 짓고 살 수 있었다.[12]

　결국 당대 후기부터 오대 초까지 벌어졌던 내부의 혼란이 역설적이
게도 전에 알던 것보다 더 개방적인 도시계획으로 변화하게 했다. 담

---

11)『宋會要集稿』, 7699:7305;『東京夢華錄』, 1:1, 대문의 이름과 수에 대하여 다른
　　기록은『東京夢華錄』, 1:26을 보라.; Kracke, "Sung K'ai-feng," p. 59와 비교 참고.;
　　周寶珠,『宋代東京研究』, pp. 61-63; 丘剛,「北宋東京三城的營建和發展」, pp. 35-
　　40;『宋會要集稿』, 7699:7313; Kuhn, Die Song-Dynastie, p. 225.

12) Heng, Cities of Aristocrats and Bureaucrats, pp. 87-90.

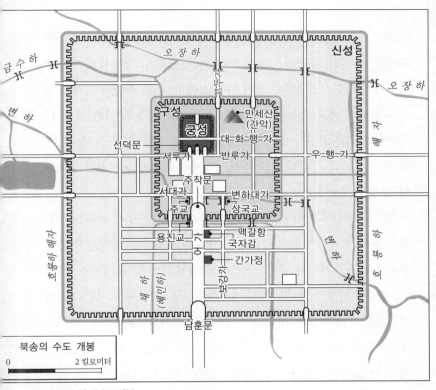

지도 8. 북송의 수도 개봉

장으로 둘러싸인 이방이 아니라, 도로를 향해 개방된 주택과 점포로 가득 찬 크고 작은 거리가 등장했다. 심지어 외성의 성문 너머까지도 상업적인 교외 지역이 번성하기 시작했다.[13] 그리하여 로버트 하트웰 Robert Hartwell의 말에 따르면, 개봉은 "19세기 이전 세계의 어떤 대도

---

13) 加藤繁, 「宋代における都市の發達について」, pp. 93-140; Skinner, "Introduction: Urban Development in Imperial China," pp. 23-24.

시에도 뒤지지 않는 다기능적 중심 도시가 되었다." 개봉은 권력자와 부유층, 지식인, 유행을 이끄는 사람들이나 또한 고향에서 쫓겨난 방랑자들까지 도시인으로서 섞여 사는 곳이며, 돈과 재산과 경제적 성공을 통해서 중국인다운 생활문화 방식을 보여주는 곳이며, 또한 단시간에 거액을 벌거나 쓰거나 또는 잃을 수도 있는 그런 곳이었다. 마크 엘빈Mark Elvin은 "당시 중국은 세계에서 최고로 도시화된 사회였다"고 결론지었다.[14]

개봉은 이전에는 한 번도 수도로 채택된 적 없는 곳에 건립된 새로운 종류의 수도이며 전례 없는 도시 배치와 생활 방식을 보여주었다. 중국 심장부에 육로와 강과 운하가 사통팔달로 연결되는 위치의 개봉은, 비옥한 남부와 동남부 지방에서 나는 모든 종류의 먹거리와 기타 생필품들이 쉽게 도시 주민들에게 다다를 수 있는 곳이었다. 그러나 수도로서의 개봉은 송 태조와 그의 관리들이 잘 알고 있던 바와 같이 몇 가지 불리한 점을 가지고 있었다. 첫째, 황하 범람의 위험이 있는데다가 북방 이적의 군사 공격으로부터 방어가 어려운, 말 그대로 이전 중국 역사에서 결코 수도로 선정된 적이 없는 개방된 화북 평원이라는 점이었다.

둘째, 도성의 전체 배치 면에서 대칭 구도가 불가능하고, 정남북 방향의 정렬도, 성곽으로 구분되는 엄격한 경계선도 없었다. 개봉은 성벽으로 둘러싸인 내성에서부터 외성의 성곽으로, 또 궁극적으로는 새

---

14) Hartwell, "A Cycle of Economic Change in Imperial China," p. 125; Elvin, *The Pattern of the Chinese Past*, p. 177.

로운 외성 너머 농촌 근교로까지 바깥쪽으로 계속 확장되었다. 개봉 가까운 곳에 있던 '망우강望牛岡'이라는 언덕에서 볼 때 개봉은 완벽한 사각형이 아니라 '와우臥牛(굽어 엎드린 소)'의 형상이었다.[15] 이런 모양 은 전통주의자들을 만족시키기 어려웠고, 분명히 우주론적으로 볼 때 상서로운 상징성을 갖지 못하였다. 그러나 968년에 외성을 확장한 송 태조는 방어 문제를 이유로 들어 그 불규칙성을 고집했다. 그 결과 거 리도 격자형의 구조를 갖지 못했다. 이 점 역시 당대 수도 장안과는 뚜 렷한 대조를 보였다.

크고 작은 도로가 불규칙하게 배치되어 있고 그 길 양쪽으로는 각양 각색의 주택들이 길 쪽으로 난 문을 내고 늘어서 있어서 여기에 방제 를 도입하는 건 적합하지 않았다. 송대 초기 몇 십 년 동안 내부의 담 장은 무너지든가 아니면 개방되었고 또 시장 제도가 확장되어가면서 개봉은 마치 벌집 같은 시장이 되어갔다. 965년에 태조는 통금 시간 을 새벽 1시로 늦추고 이러한 사업의 발전을 장려하였다.[16] 100년 뒤에 는 결국 통금이 모두 폐지되었다. 수많은 점포들이 하루에 거의 24시 간 동안 장사를 했다는 의미이다. 그리고 이때가 되면 도시 주민들에 게 이렇게 부산스러운 낮과 밤의 활동은 당연한 것으로 여겨지게 되었 다. 소규모 사업이 번영하자 도시 재산에 대한 평가도 새로워졌다. 상 업용 건물이 개인 주택보다 비싸게 된 것은 아마도 중국 역사상 처음

---

15) 『宋東京考』, 20:339(원저에 24:339라 한 것은 착오이므로 수정함-역주).

16) 『宋會要集稿』, 책158:6239.

이었을 것이다. [17]

976~984년에는 약 89만 명의 인구가 전체 개봉부에 살았으며 1103년에는 그 수가 130만 명 정도였다. [18] 이 수치가 정확하다면 북송대 개봉은 19세기까지 전 세계에서 인구가 가장 많은 도시였다. 인구가 급증하면서 건물의 높이도 올라갔다. 식당의 누각이나 사찰의 탑들이 주요 지형지물의 기능을 했다. 이 성곽 도시는 대략 49제곱킬로미터의 면적을 차지하고 있었는데, 이는 1292년 중세 시대 파리의 면적에 비하면 거의 13배였다. 그러나 84제곱킬로미터였던 당대 장안과 비교한다면 대단할 것 없는 규모였다.

'대내大內'로 불렸던 송대 황성에는 정부의 가장 중요한 부서뿐만 아니라 황궁 자체도 수용하고 있었다. 황성의 규모는 962년에 성장城墻의 길이를 3.3킬로미터로 늘려서 약 0.7제곱킬로미터로 확장되었다곤 하지만, 그 크기의 일곱 배였던 장안의 당대 황성이 보여준 위엄성에는 비할 바가 못 되었다. [19] 당대 황궁은 황성과 따로 분리되어 있었으나, 송대 황제가 거주하던 공간은 황성의 북서쪽 사분면에 끼어 있었다. 조정과 행정부의 운영이 비좁은 환경에서 이루어지다가 휘종이 황성의 크기를 두 배로 늘리면서 사정이 다소 나아졌다.

10세기 후기에는 구성과 신성의 동부 쪽에 특히 인구가 밀집되고 복잡해졌다. 구성의 북동부 방면의 상廂에는 7만 9500명의 주민을 수

---

17) Heng, *Cities of Aristocrats and Bureaucrats*, p. 101.

18) 周寶珠, 『宋代東京研究』, p. 346. 1호5구에 기초하여 추정한 숫자임.

19) 『宋史』, 85:2097; 張勁, 「開封歷代皇宮沿革與北宋東京皇城範圍新考」, pp. 87-94.

용하고 있었으며, 신성의 동부에 있는 상城들에도 13만 4000명의 주민이 거주하고 있었다.[20] 미등록 호구와 신원 불명자의 수를 빼더라도 1000제곱미터당 50명 이상이 가가호호 이웃하여 살고 있었던 셈이다. 1292년 프랑스 파리에 5만 9200명의 주민이 3.78제곱킬로미터(1000제곱미터당 16명)에 살았던 것과 비교하면, 송대 수도의 인구밀도가 2~3배 높았던 셈이다.[21]

도성 내 각 구역의 중심지마다 언제나 각계각층의 사람들로 가득 찼으며, 거리든 점포든 그들이 오가면서 내는 소음, 냄새와 악취가 대기를 채우고 있었다. 여성의 영역을 자녀 양육과 시부모 봉양과 가사일로 제한하려고 노력했던 유교 도덕가들의 언명에도 불구하고, 대도시 대다수 여성들의 삶은 상류 계층 남성들이 가훈과 가족 규례에서 허용하고자 했던 것보다는 다채롭고 자율적이었다. 이는 「청명상하도淸明上河圖」라는 유명한 그림이 주는 거리 풍경의 인상이 매우 남성 지배적인 것과도 다른 모습이었다. 결혼한 여성이 그 남편의 재산이 된 것은 아니었다.[22] 이론적으로 여성은 가정 밖의 일에 참여하지 않아야 했지만, 실제로는 직물, 여성용 의류와 신발을 파는 점포뿐만 아니라 간식 판매대, 음식점, 숙박업소, 미용원 등을 여성들이 운영하고 있었다.

학자 남편들이 자기수양, 학업, 정부의 문제, 자신들의 직업에 집중하는 동안 여성들이 도시 가구의 재정을 관리하기도 했다. 여성들이

---

20) 孔憲易, 「北宋東京城坊考略」, p. 367.

21) Kracke, "Sung K'ai-feng," pp. 65-67.

22) Ebrey, *The Inner Quarters*, pp. 114-151; Hansen, *Negotiating Daily Life in Traditional China*, p. 103.

토지 거래 협상에 나서고, 집짓기를 감독하고, 임대와 조세 장부를 관리했으며, 기타 가외의 상업이나 재정 활동을 맡아 처리했다. 여성의 지참금에 상당한 규모의 토지자산이 종종 포함되며 과부들에게는 남편의 재산을 보전할 자격이 분명히 있었기 때문에, 돈의 관리법을 아는 것은 매우 중요했다. 여성들은 가산을 지키고 불려야 할 책임을 가진 가정의 회계 담당자로 인식되었다는 것이다. 집안 대소사를 효율적으로 경영하는 것도 여성 덕목의 하나였다.

전족 풍습이 시작된 13세기 이전까지의 여성들은 꼭 탈것의 필요 없이도 도시에서 자유롭게 돌아다니며 많은 일들을 수행했다. 엄격한 유학자 사마광조차도 규방을 나가는 여성들은 가리개로 얼굴을 가려야 한다는 것만 요구했을 뿐이다.[23] 사실 사생활 또는 한적함 같은 것은 극소수만 누릴 수 있는 특권이자 사치였고, 일반인들은 대부분의 시간을 길거리와 골목에서 보냈다. 그럼에도 불구하고 도시는 전체적으로 매력적이었고 생계를 꾸려가기에는 어디에도 비할 수 없는 기회의 터전이었다. 출장 요리, 유흥 사업, 편의를 제공하는 기관, 상업 활동 등이 호황을 이루었으며, 적극적인 여성은 남성과 마찬가지로 큰 돈을 벌 수 있었다. 이런 재정적 유익이 복잡한 도시 생활에서 오는 모든 고충들을 보상해주었다.

수도는 농촌의 인구들을 끌어들였고, 이런 현상은 중국 동남 지역에서 번성하고 있던 도시들에서도 나타났다. 그리고 개봉은 외성을 건축한 지 얼마 되지 않아서 내성과 외성 성벽 사이의 지역까지도 주

---

23) Ebrey, *The Inner Quarters*, p. 24.

거와 일하는 데 적합한 공간이 부족해지는 문제에 봉착했다. 관리들을 위해 마련된 거주지나 농촌에서 밀려오는 무지한 평민들의 거처, 그 밖에도 각종 작업장, 여인숙, 온갖 종류의 음식 가게와 시장 등이 신성의 성벽 바로 바깥에 우후죽순으로 생겨났다. 시골에서의 삶에 익숙한 신참 이주민들에게는 좀 더 값싼 곳이 있기만 하다면, 도성 문안 지역과 같은 안전감이 없는 성벽 밖의 공간이라도 지내는 데에 문제가 없었다.

11세기 말쯤 한림도화원의 일원이었던 장택단張擇端이 그린 「청명상하도」를 보면 초막과 작은 마을, 잘 다듬어진 밭, 관개수로가 있는 시골이 점차적으로 개봉의 성 밖 근교 지구와 합쳐진다는 것을 알 수 있다.[24] 여전히 계절에 따라 생활의 흐름이 결정되는 저 멀리 고요한 풍경의 묘사는, 거대한 창고, 주점과 식당, 상업 시설과 오락거리들이 성문 근방을 가득 메우고 있는 복잡한 근교와는 극명한 대조를 보인다 (그림 14).

경제적 관점에서 볼 때 근교 생활은 그 장점이 위험을 상쇄하고도 남았지만, 행정 관리상으로 볼 때는 신성의 안이나 밖 할 것 없이 인구 과밀한 지역의 상황은 이상적인 세계와 너무나 동떨어진 것이었다. 애초부터 정부는 수도의 통제력이 모리배들 수중에 넘겨질까 걱정했다. 상인과 자산가들 그리고 특권층인 사대부 중에서도 더 이상 서재

---

24) Tsao, "Qingming shanghe tu," p. 159, n. 7; Hansen은 "장택단은 …… 이상적인 도시를 창작해내기로 선택하였다"고 했다. Valerie Hansen, *The Beijing Qingming Scroll*, p. 5; 다른 견해는 Johnson, "The Place of Qingming Shanghe Tu," pp. 145-182를 보라.

그림 14. 개봉의 성문, 거리 생활 그리고 주루
11세기 말, 장택단의 「청명상하도」 상세 부분. 북경 고궁박물원 소장.

에만 틀어박혀 있지 않고 야심차게 나서는 부류는, 온갖 종류의 사업에 가담했다. 이들은 부동산을 넘어 이례적인 투자를 감행하는 등 재정적 이익을 위한 새로운 기회를 모색하기 시작하였다. 대리자 자격으로 활동하는 사람들의 도움을 받아, 그들은 부동산 임대, 숙박업소 운영, 기업 설립 등에 참여하여 돈을 벌었다.

식자층에 속한 사람들의 사사로운 행동, 도덕적 인식, 상업 활동 등에서 나타난 변화는 전통적인 사농공상의 서열적인 구분이 유연해지고 새로운 사회적 질서가 형성되고 있음을 분명하게 보여주었다. 977년 태종은 옛 질서를 회복하려는 시도로서, 관리들이 대리인을 통해 상업 활동에 참여하는 것을 금지하는 칙령을 반포하였다.[25] 이는 거의 효과가 없었는데 이유는 단순했다. 관련 직무를 맡은 정부의 가옥·점포 관련 사무소인 점택무店宅務의 존재에서 알 수 있듯이, 조정 자체가 도성의 최대 지주여서 부동산과 임대업에 깊이 개입하고 있었기 때문이다. 빚이 쌓이는 일이 없도록 임대를 일수로 매일 지불하게 했고, 정부는 이 수입을 가볍게 쓰기 일쑤였다. 예를 들어 989년 황실 여성들이 쓰는 하루치 화장품 비용이 10만 전에 달했다.[26]

태종은 구성과 신성의 80여 개 방坊을 좀 더 합리적이고 조화로운 방법으로 재정리하도록 재상 장계張洎에게 명함으로써 이전의 행정 체제를 재수립하기 위한 진지한 노력을 시도했다.[27] 그때까지 개봉은 내

---

25) 『續資治通鑑長編』, 18:392-393.

26) 龐德新, 『宋代兩京市民生活』, p. xxxvi.

27) 『續資治通鑑長編』, 38:823.

성의 남북으로 뻗은 어가를 따라 두 개의 부府, 즉 동쪽의 개봉부와 서쪽의 준의부浚儀府(1008년 이후로는 상부祥符)로 나뉘어져 있었다. 이러한 대도시 조직으로는 도시 호구의 세입 확보, 공공질서의 유지, 방화 설비 보장 등을 통제하기 위한 황제의 명령이 충족될 수가 없었다. 장계는 수도 전체를 8개의 상廂과 121개 방으로 나누기로 결정하였다.[28] 내성은 4개의 상에 총 46개 방으로 이루어졌는데 4개의 상은 각기 그 규모가 달랐다. 외성 역시 4개의 상으로 나뉘었는데 총 방의 수는 75개였다. 더 엄격하고 격식을 갖추게 된 이 수도의 상방 제도는 적어도 이론적으로는 이전의 혼란을 개선한 것이었다.

그러나 인구가 엄청나게 증가하자 효율적인 조세 징수라는 과제는 더욱 복잡해졌는데, 이런 현상은 급성장하는 외성 성벽 밖의 근교에서 특히 심했다. 1009년 1월 진종은 신성 밖의 근교에 8개의 상을 두어 행정조직을 확장시켰다. 1021년에도 또 하나의 상을 증설하여 9개의 상에 총 14개 방이 속하게 되었다.[29] 새로운 행정단위인 방 제도가 이론적으로는 치안을 단순화하고 질서와 안전을 증진시켜야 했지만, 현실에서는 내부의 담장이 없어진 도시에 더 이상 적합하지가 않았다. 당대에 귀족층과 평민을 분리시키며 방을 둘러쌌던 기나긴 담장들은 좁은 골목, 운하, 물길, 교량, 크고 작은 가옥, 누각을 올린 성문 등에 의해 이미 무너져버렸다. 거리는 이제 모든 계층의 도시 주민들이 공

---

28) 周寶珠, 『宋代東京硏究』, p. 72; 『宋會要輯稿』, 7699:7310; 周寶珠, 『宋代東京硏究』, pp. 75-77에 유용한 목록이 있다.

29) 『宋會要輯稿』, 책173:6788-6789; 7699-7311.

유하였으며, 민가는 도로, 운하, 교량이나 성문 가까운 곳에 형성된 담장 없는 방, 불교 사찰이나 사묘, 도로 주변이나 도로와 나란히 모이게 되었다. 이런 동네들을 통제하기란 여간 어려운 것이 아니었다. 1021년의 행정 개혁 내용을 보면, 관리 172명의 인력이 법과 질서를 유지하는 책임을 맡았는데, 이는 (근교를 포함하지 않아도) 각 방마다 겨우 한두 명이었다는 뜻이 된다.[30]

도성 동부의 새로운 방 중에서도 변하汴河 주변의 청명방淸明坊은 최고로 꼽혔다. 변하는 운하로 조성되어 개봉성을 남쪽으로는 회하와 대운하에 연결시키고, 또 북쪽으로는 황하와 연결시켜주었다. 이는 개봉에서 가장 중요한 물길이었다. 남동쪽 성벽의 두 개 수문을 통해 외성으로 들어간 다음, 단선의 넓은 운하였을 것으로 생각되는 물길이 되어 내성을 통과해가다가 다시 두 줄기 운하로 갈라져 외성 서쪽 성벽의 두 개 수문을 통해 도성을 벗어났다. 이 물길로 수도에 도착한 여행객들은 근교에 다다르면 일단 배에서 내린 다음 그들을 실어 날라줄 작은 배를 빌어 타고 도심으로 가야 했다. 낮 시간이면 수문 중 하나를 통해 들어가고, 철봉으로 된 문으로 이 입구가 닫히는 저녁 시간에는 강의 양편, 수문 가까이 있는 대문 중 하나로 걸어 들어갈 수 있었다.

변하는 수도의 생명줄이며 일종의 순환 체계였다. 엄청난 쓰레기와 폐물을 도성 밖으로 내보내고 수만 척의 대형 바지선이나 소형 배로 생필품을 대량으로 실어 나를 수 있게 해주었다(그림 15). 계절에 따라 수위가 달라졌기 때문에 도시로 들어가려면 도성 진입 직전에 대부분

---

30) 『宋會要集稿』, 책173:6789.

그림 15. 개봉 근교의 변하에 떠가는 대량 운송 바지선
송대, 11세기 말. 장택단 「청명상하도」 상세 부분. 북경 고궁박물원 소장.

상품을 창교倉橋 부근의 창고에 보관하든가 더 작고 평평한 배에 다시
실어야만 했다. 정기적으로 강을 준설하여 수심을 2미터 정도로 유지
하는 것이 배가 다닐 수 있도록 하는 적정 조건이었다. 위태로운 황하
의 물이 변하로 들어와 합류하는 것을 막기 위해 1079년에 변하의 물
을 운하를 지나 낙수洛水로 연결되게 한 뒤로 변하의 운항 가능성이 상
당히 개선되었다(지도 5 참조).[31]

천가天街로도 불렸던 어가御街는 구·신성에서 남북 방향의 중심축

---

31) 이미 당대에 변하는 낙수와 회수를 연결하였다.; 『송사』, 7:2319-2320; Johnson
"The Place of Qingming Shanghe Tu," p. 166; 『夢溪筆談』, no. 457; Tsao,
"'Qingming shanghe tu'," p. 176.

을 형성하였다. 어가는 내성 성벽의 주작문朱雀門에서 신성 성벽의 남훈문南薰門으로까지 연결되었다. 전체 어가의 길이는 약 4킬로미터였다. 특별하게 표시된 가운뎃길은 황제 전용 도로인데, 때때로 간가정看街亭 앞에서 가두행진을 펼치는 말과 사람들이 이용하기도 하여 황제는 이 간가정 누각에서 다채로운 장관을 바라보았다. 어가를 따라 그 양편에는 상가, 관리들의 저택, 조밀하게 들어선 평민들의 집들이 늘어서 있었다. 약 450미터 간격으로 배치되어 있는 병사들이 밤낮으로 순찰하였다.[32]

어가의 동쪽은 숙약혜민남국熟藥惠民南局, 국자감, 태학이 있고 그 가까이에 혜민하惠民河라는 운하가 외성의 중남부 지역을 통과하여 넓게 굽이돌아 흘렀다. 주작문 바로 남쪽에 있는 용진교龍津橋는 운하를 건너는 13개 교량 중 하나였다. 용진교를 건넌 다음, 주작문을 통하여 구성 안쪽으로 들어가면 어가에서도 가장 붐비는 구역을 만나게 되었다. 주작문은 좌우 너비가 150미터도 넘는 데다 성벽 위에 누대를 세워서 웅대하고 화려하기가 이를 데 없었다. 각종 음식 가판대와 식당들이 주교州橋에까지 계속 이어져 있었다. 개봉의 중요한 지형지물이었던 주교는 길이 17미터, 최대 30미터의 폭을 가진 석축 교량으로 천한교天漢橋라고도 불렸으며, 그 아래로 변하가 흐르고 있었다. 변하의 강폭은 어림잡아 15미터쯤 되고 도성을 서에서 동으로 가로질러 흘렀다. 주교도 그렇고 또 주교 동쪽에 그와 비슷한 방법으로 지어진 상국교相國橋도 좀 낮은 구조여서 오직 평평한 배만 그 아래로 지나

---

32) 『東京夢華錄』, 2:52; Heng, *Cities of Aristocrats and Bureaucrats*, p. 123.

갈 수 있었다. 도성에서 가장 유명했던 불교 사찰인 상국사相國寺가 그
가까이에 있었다.

어가를 따라 북쪽으로 수백 미터를 걸으면, 동쪽으로 황제의 종묘
제사를 담당하는 태상시太常寺와 황실 음악을 담당하는 대성부大晟府
그리고 서쪽으로 외국의 빈객과 사절들을 수용하는 도정역都亭驛을 비
롯한 여러 관부 건물들을 지나게 되었다. 옆으로 난 길을 건너면, 서
쪽으로 약간 떨어져 천지제단과 가까이 있는 상서성으로 이어지게 되
고, 그 다음에 곧 황성 남쪽의 주 입구인 선덕문宣德門 앞의 거대한 광
장에 이르게 되었다. 다섯 출입문은 주홍색의 옻칠에다 황금색 못들
로 장식이 되었으며, 그 문들 위로 문루門樓가 솟아 있었다.[33]

송 왕조의 3대 황제인 진종 치세에는 선덕문의 길이가 300여 미터나
확장되고 광택 나는 벽돌로 웅장하게 장식되었다. 매년 설 축제 기간
의 마지막 날과 같은 특별한 때에는 황제가 그 장엄하고 호화롭게 꾸
며진 대문 꼭대기 누대에서 도시를 굽어보기도 했다. 그런 행사가 있
을 때면, 대문 위로 황제 옥새가 찍힌 황금색 비단 덮개들을 둘러치고,
이른 아침 시간에 붉은 빛깔의 어의를 입은 황제가 친히 군중 앞에 모
습을 나타내는 의식이 있었다. 음악이 연주되는 가운데 황제는 계단
을 올라가서 양옆 수행원의 호위를 받으며 탁자 뒤편에 착석하였다.
최고위 귀족들과 관리들은 휘장을 드리우고 칸으로 나눠진 좌석에 앉
고, 평민들은 대문 앞에 서서 이 장관을 지켜보았다. 대문 꼭대기에 있
는 붉은색 비단 등롱들이 공중으로 당겨 올려지면 사람들은 황제가 궁

---

33) 『東京夢華錄』 1:26.

으로 돌아갔음을 알았다. 곧 철썩 하는 채찍 소리가 들리고, 모든 비단 등롱이 한꺼번에 꺼졌다.[34]

그 지역에 있는 갖가지 종류의 식당들에서는 각양각색 손님들의 입맛에 맞춘 온갖 요리를 제공했다. 주교의 남서쪽에는 부침개를 파는 유명한 장씨네 유병油餅 집이 있었다. 서쪽으로 조금 더 가서는 청풍루淸風樓라는 주루가 있었다. 여기에 모인 주객들은 느긋한 시간을 보내고 또 더운 여름엔 더위를 식혔다. 72개나 되는 최고급 주점들은 고객을 맞이하는 입구의 문을 여러 층으로 높이고 호화스럽게 장식하여 저마다 자기 가게의 특색을 나타냈다.[35] 그곳들 중 어떤 곳은 독립된 방이 110개까지 있어서 손님들은 몇 시간 아니면 몇 날씩 머물면서 연회를 열든가 매춘녀를 부를 수도 있었다. 맥갈항麥秸巷 근처의 학교들 바로 북쪽에 있던 장원루壯元樓라는 식당은, 몇몇 사창가들이 그런 것처럼 학식 있고 부유한 고객들이 원하는 바를 충족시켜주었다. 아주 호사스럽지는 않은 작은 주점들에서는 손님을 끌기 위해 주酒라고 쓴 색색의 깃발을 펄럭이거나 빗자루를 진열했다. 어떤 곳에서는 종업원들이 음료와 음식을 갖다 주기 전에 물 한 사발과 수건을 준비해 손님들이 얼굴의 먼지를 닦아낼 수 있게 해주었다.

수천 마리 돼지를 잡는 도축장이 살저항殺猪巷 길 신교新橋 남쪽에 자리하고 있었고 거기서 가깝지만 구역이 다른 곳에는 사창가가 있었다. 상가 지역이 여러 곳 있었으며 각 지역마다 의류나 장신구, 진주,

---

34) 『東京夢華錄』 6:180: Idema and West, *Chinese Theater*, p. 35.

35) 『東京夢華錄』 2:60, 2:72.

칠기, 금은 제품, 향과 약품 등을 전문으로 하는 공방과 점포들이 들어서 있었다.[36] 방직 제품을 사는 곳이나 의료 시술을 받는 곳이 늘어선 거리들도 있었다. 남녀 노비를 고용할 수 있는 인력시장이 68군데에 있었고, 일자리를 찾는 갖가지 업종의 일꾼과 종업원들을 등록해둔 곳도 여러 군데 있었다. 주교 남쪽의 시장 같은 곳들은 밤에도 영업을 계속했는데 특히 이곳은 돼지고기, 사냥한 짐승 고기, 새 종류의 고기와 기타 별미로 이름이 났다.[37] 용진교 야시夜市의 눈부신 불빛은 저명한 11세기 시인 소식에게도 대단히 인상적이었다.

도성은 쉬는 일이 없었다. '와자瓦子'라고 불렸던 오락과 향락 시설들에는 공연장, 주점, 식당, 사창가들이 들어서 있었고 그 가격과 서비스는 천차만별로 다양했다. 가장 번잡한 곳 중의 하나인 한 교차로에는 토산품을 파는 시장이 유명했는데, 여기서는 상상할 수 없을 정도로 다양한 대나무 장대를 팔았다. 동쪽으로 그 다음 교차로에는 찻집들이 있어 손님들을 접대하였다. 초롱으로 불을 밝히고 새벽이나 되어야 폐장하는 귀시자鬼市子라는 이름의 시장에서도 옷, 그림, 화환, 영말領抹(스카프) 등 수많은 물품들을 사고팔았다. 중산정점中山正店이라는 잘 알려진 주점이 그 근방에 있었다.

맹원로孟元老(원서의 Yuan Menglao는 오타임. - 역주)는 송대 도성에서의 오락에 대해 다음과 같이 기록하였다.

---

36) 『東京夢華錄』3:119; Kuhn, *Die Song-Dynastie*, p. 231.

37) 『東京夢華錄』3:66.

(반루가審樓街에서) 동쪽으로 가면 서씨네(徐家) 호갱점瓠羹店(박고지로 만든 국)이 있고 그 길 바로 남쪽으로 상씨네 와자(桑家瓦子)가 이웃하고 있다. 또 북쪽으로 가까이 중와中瓦, 그 다음에 이와裏瓦(내와)가 있다. 그 안에 50여 개의 크고 작은 구란勾欄(공연장)이 있다. 중와에는 연화극장(蓮花棚)과 모란극장(牡丹棚)이 있고, 이와의 야차극장(夜叉棚)과 코끼리극장(象棚)이 있는데 이곳들이 가장 크며 수천 명의 청중을 수용할 수 있다.[38]

오직 남성 고객들만 자주 드나든 이런 와자 안에는 눈썹을 그리고 분을 바른 여자와의 쾌락, 세련된 유흥과 낭만, 그리고 성관계도 살 수 있었다. 약장사, 괘점卦占을 보는 점쟁이, 헌옷 행상, 도박꾼, 음료와 간식 장사, 종이를 오려 그림을 만드는 공예 기술자, 온갖 종류의 가수들이 그곳을 찾아와 태평스럽게 즐기는 고객들 덕에 먹고살았다. "이곳에서는 날이 저무는 것도 모른 채 온종일 지낼 수 있었다."[39]

개봉의 지치지 않는 활력과 번영, 복지와 상업, 사치와 유행, 유흥과 퇴폐는 166년의 평화로운 기간 동안 지속되었다. 그러나 1127년 1월 9일 여진군의 침입 이후 곧바로 개봉의 매력은 사라지고, 한때 제국 전체에서 문화적·상업적인 발전을 주도하던 개봉의 도심은 순식간에 개인의 일기나 다른 문학 자료 안에서 겨우 기억되는 처지가 되었다. 천막에서의 삶에 익숙하며 도시가 필요하지도 또 그 기능에 대한 이해도

---

38) 『東京夢華錄』 3:67; Idema and West, *Chinese Theater*, pp. 15-16.

39) 『東京夢華錄』 2:67-68.

없는 여진족에게 점령된 후, 송의 동경東京이었던 개봉은 정치적으로
나 문화적으로나 후미진 곳이 되어버렸다. 12세기 후반이 되면서 이
도시는 금 왕조의 통치 아래 한족 인구를 회복하긴 했으나 옛 영광을
다시는 되찾지 못했다.

한족의 수도와 달리 거란 제국의 (여진족도 차지하게 되는) 도성들은
계절에 따라 체류하려는 목적에 맞춘 것이었다. 유목민 거란과 정주
민 한족 사이의 차이가 다음 글에 정확히 포착되어 있다. "(중국인이 사
는) 장성의 남쪽은 비가 자주 내리고 여름에는 덥다. 그곳 사람들은 밭
갈고 씨를 뿌려 먹을 것을 얻고, 뽕과 마를 길러 옷을 입으며, 궁궐과
주택 안에서 살며, 도성에서 통치를 한다. (거란족이 사는) 광활한 사막
사이의 지역은 대개 춥고 바람이 강하며, 사람들은 동물을 기르고 물
고기를 잡아서 먹으며, 짐승의 가죽과 털로 옷을 만들고, 계절마다 이
동하는 생활을 하며, 수레와 말이 그들의 집이다."[40]

거란은 918년에서 1044년까지 다섯 곳에 수도를 세웠다. 정치적으
로 가장 중요한 곳은 상경上京이었는데 요 왕조를 창건한 야율아보기
의 명령으로 918년에 중국인 건축가 강묵기康默記와 한연휘韓延徽가 건
설하였다. 도성의 배치는 성벽으로 둘러싼 중국의 이상적인 도성을
따랐다. 다만 거란인들을 수용하는 바얀골 강 북부 구역과 중국인을
비롯한 기타 비非거란 주민이 거주하는 강남의 작은 구역 양쪽으로 도
시가 나누어졌는데, 동서 방향으로 난 성벽이 그 경계가 되었다. 도시
를 나누는 정책은 1912년 만주족의 청 왕조가 물러날 때까지 모든 이

---

40) 『遼史』, 32:737.

민족 왕조들도 따랐는데, 그 기능은 소수민족 지배자들을 한족 신민들로부터 분리시키는 것이었다. 각 수도에는 북쪽 구역에 황성 및 많은 행정 관청과 종교 건축물들이 있긴 했지만 거란족 자신들은 천막에서 생활하였다. 요와 금의 도성들은 송대 중국의 도시에 필적할 만한 것이 아니었고, 여전히 유목적인 사회가 행정상의 필요에 의해 따라한 모방일 뿐이었다.[41]

'행재' 항주

화북 평원에 살던 한족의 관점으로 남부 절강성의 임안(후에 항주)은 세상의 변두리 즉 '동떨어진 시골구석'에 있었고, 송 왕조는 중원으로부터 나오는 정신물리학적인 에너지(기氣)를 더 이상 받을 수 없게 된 것이었다.[42] 항주는 893년에 20만 명 이상이 동원된 확장 사업으로 약 35킬로미터 길이의 방어 성벽을 갖추었으며, 10세기에 잠시 오월 왕국의 영토가 되면서 처음으로 수도로 선택된 바 있었다(지도 9).

1127년에 개봉이 여진에게 함락된 이후 고종은 1129년에 임안을 그의 '행궁行宮'지로 결정하였다. 송 조정을 따라 남쪽으로 이주한 사람을 비롯해서 정통을 중시하는 학자들은 항주를 도성으로 받아들일 수

---

41) Steinhardt, *Chinese Imperial City Planning*, p. 124; 다음에 있는 계획과 비교할 수 있다. 田村實造, 『中國正服王朝』, Vol. 1, p. 320(상경), p. 336(중경).

42) Tillman, *Utilitarian Confucianism*, pp. 173-174; Wright, "The Cosmology of the Chinese City," p. 63.

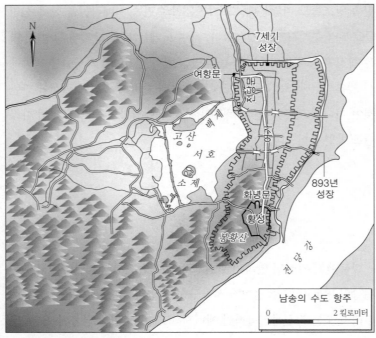

지도 9. 남송의 수도 항주

없다고 생각했다. 거리는 좁고 너무나 복잡하고 시끄러우며 온통 상인들과 장사꾼, 수공업자들로 가득 차 있었다. 더 중요한 것은, 도시의 배치 면에서 풍수 요건은 충족시켰으나 중국 도성의 전통인 사각형 포국布局에는 맞지 않는다는 점이었다. 그러나 혼란한 시기에 항주는 수로, 호수, 논, 구릉 등 천연의 장벽 뒤에 안전하게 위치했기 때문에 여진군이 공격하기 어렵다는 전략적인 장점이 있었다. 사대부들의 반대에도 불구하고 고종은 1138년에 임안을 그의 '행재'로 결정했다. 이용어에는 언젠가 화북을 수복하고 개봉의 도성으로 돌아갈 수 있을 것이라는 송 왕조의 소망이 반영되어 있었다. 송 왕조가 1279년 3월 19일에 완전히 멸망하기 15개월 전이었던 1277년 12월 11일까지 항주는 공식적으로 남송 제국의 국도國都였다.

1085년까지 항주에는 20만 이상의 호, 또는 적어도 약 100만 명의 인구가 등록되었다. 한 목격자에 따르면 "임안성은 엄청나게 팽창하고 인구 과다로 어려움을 겪었다. 주택은 높고 빽빽하게 지어졌다. 지붕들이 서로 맞닿고 처마와 처마 사이에는 한 치의 공간도 없을 만큼 붙어 있다."[43] 이렇게 공간이 협소한 환경에서 2층짜리 건물을 짓는 것이 건축의 표준이 되었으며, 이 때문에 항주의 외관은 일반적으로 나지막한 스카이라인을 가진 다른 도시들과 달리 독특함을 보였다.

간선도로와 기타 중심부 지역들은 상업 활동으로 꽉 들어차 있어서 궁궐이나 행정관서, 수천 명에 달하는 관리들의 주택 등이 들어설 곳은 거의 남아 있지 않았다. 황제는 봉황산 북쪽 기슭 임안부 치소治所의 수수한 건물들로 이사를 했다. 그 후 황성도 이곳으로 옮겼는데 관청 건물의 개수도 제한적일 수밖에 없었다. 황궁의 전각들이나 숙소들은 나무가 우거진 조금 높은 비탈에 지어졌다.

황제가 도시의 남부 쪽에 산다는 사실은 어색한 것이었다. 황제가 조회를 주재하거나 공식적인 임무를 수행할 때 남쪽을 바라보는 것이 예에 맞았으므로, 항주에서의 현실은 황제가 도성을 등지고 앉는 상황이 되었다. 그 어색하고 불편한 도시 배치를 모호하게 보이려는 의

---

43) 『夢粱錄』, 10:9ab.

도이겠지만, 도성의 원칙에 맞춰 전체 도성을 좀 각색해서 그린 항주 지도들이 있다. 여기에는 도로, 운하, 방들을 모두 포함한 전체 도시가 장방형으로 배열되고, 황궁이 남쪽 성벽과 나란하게 자리 잡아 좀 억지스런 긴 사각형 안에 맞게 들어가 있다. 남쪽 성벽도 실제로는 온통 굽은 곳이 많았는데 지도에서는 곧게 그려져 있다.[44] 도성의 포국이 기하학적으로 완벽하다는 것을 나타내려는 생각이었지만, 실제는 전혀 그렇지 않았다.

도성의 축인 어가御街는 황성의 주 대문인 화녕문和寧門과 도성 북쪽 성벽의 여항문余杭門을 연결하였다. 그러나 개봉의 어가처럼 남북으로 곧게 뻗어 도시를 동부와 서부로 똑같이 양분하는 것이 아니라, 항주의 어가는 서쪽으로 치우쳐서 동부가 서부의 두 배가 되었다. 어가는 대운하 항구 지역의 상업 구역을 피해야 했기 때문에 도시 성벽의 서북쪽 모퉁이 쪽으로 날 수밖에 없었다. 항주 도성의 지도들은 남송 시대에 이상적인 수도가 존재했다는 인상을 후대에 남기려고 만들어진 허구였다.[45]

"킨사이(항주)는…… 이 세상에서 가장 큰 도시일 것이며, 거기에 있으면 즐거운 일이 너무 많아 낙원에 있는 것 같다"라는 것이 1298년 마르코 폴로의 주장이었다.[46] 그의 감격적인 태도는 "하늘에 천당, 땅에는 소주와 항주"라고 한 중국인들의 말을 확인시켜준다. '세상의 중심'

---

44) Heng, *Cities of Aristocrats and Bureaucrats*, p. 142.

45) Steinhardt, *Chinese Imperial City Planning*, p. 147.

46) Marco Polo, *The Description of the World*, Vol. 1, p. 326.

항주의 활기찬 도시 생활은 1241~1275년에 쓴 오자목吳自牧의 열정에 찬 글에서도 포착된다. "인구가 넘치며, 상인과 장사꾼은 전대에 비해 열 배나 많으며, 모든 운송이 이곳으로 모여든다. 여기 같은 곳은 아무 데도 없다." "항주는 없는 것이 없는 행재이다. 화녕문의 통행 차단 시설 바로 밖에서부터 관교觀橋까지 줄지어 선 온갖 종류의 행行과 수백 개 점포를 보아도 매매업을 하지 않는 집은 단 하나도 없다."[47]

중국 역사를 통해 상인은 필수불가결하면서도 불명예스러운 존재로 여겨졌고, 그 결과 상인 가족들은 많은 제약에 시달려야 했다. 공자는 "군자의 마음은 의義에 밝으며, 소인의 마음은 이利에 밝다"고 말했다. 1044년에 구양수는 계급의 차이에 기초하여 우정의 품격을 규정함으로써 공자의 그 말을 확증하였다. 그는 『붕당론』에서 엄중히 선언했다. "대개 군자는 군자와 더불어 우정의 (근거로서) 도를 공유하고, 소인들은 우정의 (근거로서) 이익을 함께한다."[48] 이 견해에 따르면, 보잘것없는 사람은 시장의 방식을 따르고 이익을 바라며 부를 좇는데, 이는 모두 잘못이고 부정직하며 그러한 사회적 관계의 기반은 충실하지 않았다.

송대 사회에서도 이론적으로는 상인의 지위가 이전 왕조 때보다 별로 좋아지지 않았을지 몰라도, 현실적으로 보면 개봉과 특히 항주에서 상인들은 도시의 생활과 문화적 삶에서 빠지지 않고 적극적으로 참여하였다. 그들 가족은 사대부 가족과의 결혼을 통해 사회적 지위를

---

47) 『夢梁錄』, 13:1b, 13:3a.

48) 번역은 Liu, *Chinese Classical Prose*, p. 141에 기초함.

향상시켰으며 부유한 상인들은 여러 가지 면에서 사대부들의 부러움을 샀다. 1187년에 육유가 지은 시는 어떤 항주 상인의 지위 상승과 그 도시에 사는 사대부들이 겪는 궁핍에 대한 것이었다. 다음은 그 일부이다.

> 기녀 누각에서 주사위 놀이를 하면, 한 번 던지는 데 백만 전,
> 깃발이 날리는 정자에서 술을 시키면, 한 통에 만 전이네.
> 관리나 감독관? 그들 이름 알지도 못하고
> 궁궐에서 권세 부리는 자들이 우리에게 무슨 상관인가?
> 하늘이 (관리인) 내게 준 것은 종잇장같이 초라한 행운이니,
> 이제 알게 되네. 상인들이 가장 복 많은 사람들인 것을. [49]

이 남쪽 수도에서는 매일 아침 절에서 범종이나 목어를 두드려 새 날을 선포하고 날씨 상태를 알리면 모든 관리와 평민들은 일 나갈 준비를 하고 집을 나섰다. 길가에는 장사치들이 나와서 일찍 일어난 사람들의 활기찬 아침을 도와준다는 물약이나 알약을 팔았는데, 각 사람의 필요에 따라 기를 자극하거나 낮추어서 몸과 마음의 균형을 알맞게 해준다는 약이었다. 관리들의 삶이 그들의 전문적 직업에서의 경력과 승진에 초점을 두었다면, 평민들은 가능한 많은 돈을 벌기 위해 나섰다.

관리들이나 평민들이나 모두 '오늘은 어디에서 무엇을 먹지?'라는

---

49) *The Old Man Who Does as He Pleases*, p. 33.

근본적인 문제를 해결해야 했다. 항주의 어떤 곳들은 대단히 정교한 요리로 유명했다. 예를 들면 잡화 시장에 있는 달콤한 콩탕, 과戈가네 꿀대추, 광光가네 걸쭉한 국(갱羹)집, 전당문 바깥쪽에 있는 송오수宋五嫂 물고기탕집, 직職가네 양고기 식사, 장張가네 경단, 묘아교猫兒橋에 있는 위대도魏大刀(『몽양록』에는 위대도인데 원본에 Wei Dali로 된 것은 오류임. - 역주) 고기요리집, 오간루五間樓 앞에 있는 주오랑周五郞네 꿀전병 집 등이 있었다.[50] 그리고 주간 시장이 폐장할 때가 되는 저녁 식사 시간이면, 아직도 성이 안 찬 사람들은 특별한 음식 가게로 가득 찬 복잡하고 시끌벅적한 야시장으로 지칠 줄도 모르고 모여들었다.

도성 전체에 시장이 펼쳐져 있었지만 특별히 어가를 따라서 발달하였으며 상업 활동은 거의 제약을 받지 않고 번창했다. 북송 말까지 항주는 대운하의 종점이었지만, 남송대에는 운하의 남쪽 기점이 되었다. 광범위한 수로를 따라 농산품이나 상품들이 내륙 지역으로부터 수입되었으며, 이 수로는 각 지역 조선소에서 완성된 매우 효율적인 선박과 바지선의 운영 시스템을 갖추고 있었다. 도시 북쪽에 운하 변을 따라 설치된 거대한 창고들에는 쌀, 돼지고기, 신선한 해산물, 가금류, 염장 생선, 차, 채소, 과일, 설탕, 주류 등의 풍부한 음식과, 건축 자재, 목재, 땔나무, 목탄, 석탄, 피륙, 철 등이 저장되어 있었다.[51] 송 왕조의 재무부서에서는 조세 수입을 위해서 특히 높은 세금을 부과한 소금, 술, 차와 같은 전매품의 유통에 깊은 관심을 가졌다.

---

50) 『夢梁錄』, 13:3b-4b.

51) 상세한 지도는 斯波義信, 『宋代江南經濟史の硏究』, pp. 324-325를 보라.

공방, 시장, 가족 사업이 어느 곳에서나 유례가 없을 만큼 급격히 늘어났다. "모든 방과 거리, 교량, 성문, 외딴 곳 그 어디에나 생필품을 파는 점포와 가게가 있다. 이유는, 사람들에게 땔나무, 쌀, 기름, 소금, 간장, 식초, 차 그리고 필요한 사치품까지도 없어서는 안 되기 때문이다. 무엇보다도 밥과 국은 아주 중요하여 가난한 사람이라도 그것 없이는 살 수 없다."[52] 이런 필수품 외에도, 다양한 사적 영역에서 사치품을 즐기는 까다로운 고객들의 수요를 위해 특성화된 도자기 가마, 옻칠 공방, 무두질 공장, 돗자리 제작자, 밀납과 양초 생산자들도 있었다. 꾸준한 서적 수요와 인쇄업의 성장에 따라 고급 품질의 종이와 먹의 생산도 발달했다.

항주에는 상업 조합이 활성화되었다. 송대 조합 제도의 기원은 당대로 거슬러 올라가는데, 상품을 매매하거나 제작하는 동종업의 상인과 수공업자들이 특별히 설계된 사업 장소에 함께 모인 것이 그 시작이었다. 조합의 우두머리는 가격 협상을 통해 집단의 직업적·재정적 이익을 확보하고 국가와 조합 사이의 중개자 역할을 했다.[53] 조합들의 이름은 특정 상품 품목에 대한 국가의 과세 분류와 일치했다. 남쪽 수도에서 올리브 상인의 조합인 청과단靑果團은 니로泥路에, 오렌지 거래상의 조합 감자단柑子團은 후시가後市街에 있었으며, 또 건어물 상인 조합 상단鯗團은 혼수압渾水閘에 있었다. 심지어 점쟁이, 일반 노동자, 넝마주이도 조합에 들어 있었다. 건어물 가게, 선어 가게, 게 장수,

---

52) 『夢梁錄』, 16:14b.

53) 楊德泉, 「唐宋行會制度之硏究」, p. 220; 『夢梁錄』, 13:2a-3a.

돼지 상인, 닭과 거위 매매인, 채소 소매상, 호두 거래상, 주류 상인들의 조합도 있었다. 빗, 보석, 고급 의류와 모자 등과 같이 유행에 앞서는 사치스러운 물품들을 제작해 파는 상인들을 위한 조합들도 많이 있었다. 칠보, 즉 금, 은, 에메랄드, 수정, 루비, 호박(또는 산호나 다이아몬드), 마노의 상인들은 이른바 '골동행骨董行'에 함께 가입했다. 진주를 꿰는 보석상은 자신들을 분리기 조합이라는 뜻으로 산아행散兒行이라 불렸고, 제화공들은 스스로 겹줄 조합 즉 쌍선행雙線行이라고 불렸다.

12세기 초에 수공업자들이 모여 조합을 형성하기 시작한 유럽의 경우와 다른 점을 들자면, 중국의 공예가들은 종종 징발되어 고도로 전문화된 작업장으로 차역을 가야 했다. 이른바 공역工役 또는 작분作分이라고 불린 차역에는 다음과 같은 수많은 업종이 포함되었다. 참빗 제작자, 의복 제작자, 혁대 제작자, 상감 작업을 하는 금은 세공자, 옥 연마자, 두루마리를 배접하거나 여러 겹의 천을 한데 붙이는 표구업자, 기름종이와 장례에서 태우는 종이 제품 생산자, 밧줄 만드는 사람, 목수, 벽돌공과 벽돌 쌓는 사람, 석수장이, 죽제품 장인, 기름 짜는 사람, 못과 경첩 대장장이, 통 제조업자, 돗자리와 바구니 짜는 사람, 비누 생산자 등등.[54]

그러나 항주에서 상업 활동의 주축을 이룬 것은 전국을 무대로 상품을 팔거나 제공하는 가족 기업 형식의 교역소, 점포, 식당 등이었다.[55]

---

54) 『夢梁錄』, 13:2b; 『武林舊事』, 6:14a-17a.

55) 제시한 상세 내용은 모두 다음에서 인용함. 『夢梁錄』, 13:3b-6b; 『都城紀勝』, pp. 14-15; Kuhn, *Die Song-Dynastie*, pp. 256-257.

시서방市西坊 가까운 곳에는 금·은 신용 거래 신청을 취급하는 은행의
일종인 침沈가와 장張가네 교인포交引鋪가 있었고, 매우 다양한 색깔의
비단 채백彩帛을 파는 유劉·여呂·진陳가네 점포, 그리고 대마·아마·면
직물 상점이 평진교平津橋 가까이에 있었다. 시서방 북쪽에는 유鈕씨
가족이, 청하방淸河坊(『몽양록』 원문은 청하방인데 저자는 청화방淸和坊으로
오해한 듯하다. - 역주)에서는 고顧씨 가족이 채색 비단을 팔았다. 여성
들은 유행하는 옷을 사기 위해 선宣가네로 찾아갔고, 최고의 남성복은
서徐가와 시柴가네 가게에 있었다.

시남방市南坊에는 심沈씨 가족이 품계 없는 평민들이 입을 대마, 아
마, 목면으로 만든 흰 옷을 만들었다. 그 근처에 유鈕씨 가족은 폭을 넓
게 짠 요대腰帶를 팔았다. 보우방保佑坊의 앞에 있는 공孔가네 점포는
다양한 종류의 두건들을 진열해놓았으며, 공팔랑孔八郎은 사피항沙皮
巷 골목에 두건 점포를 가지고 있었다. 이李씨네 구름다리 비단신가게
(운제사혜포雲梯絲鞋鋪)는 사치스런 비단신을 전문으로 하는가 하면, 팽
彭씨 가족은 기름 먹인 방수 신발인 유화油靴를 취급했다. 서무지徐茂之
가족의 부채 가게가 와자 바로 앞에 있었다. 유행에 민감한 고객들은
접이부채(절접선折摺扇)를 사려면 주周씨네 상점을 찾고, 둥근부채(화단
선畫團扇)는 진陳씨네 가게의 것을 선호하였다.

수많은 가족 경영 업소들에서 진주, 목걸이, 꽃 모양의 보석, 또한
물총새의 아름다운 깃털도 팔았다. 태묘太廟 앞에 있는 진陳씨 엄마네
가게는 바람으로부터 피부 결을 보호하기 위한 얼굴 가리개를 전문으
로 했으며, 장고로張古老에서는 화장품과 연지를 전문으로 취급했다.

상아 머리빗은 관항官巷에 있는 비飛씨네의 특화 상품이 있었다. '염홍 왕染紅王 미용실(연지포)'은 아마도 모르는 사람이 없었을 것이다. 고사顧四는 후조문候潮門에서 피리를 팔았고, 구邱씨 가족은 대와자大瓦子에서 대나무 관악기 필률觱篥을 내놓고 팔았다. 장례 때 태우는 종이 제품인 지찰紙札을 전문으로 파는 점포로 서舒가네와 서徐가네가 있었고, 동童씨네 점포에서는 오구나무 수지로 양초를 제조하였으며, 오吳씨, 하夏씨, 마馬씨 가족들은 온갖 종류의 향, 양초, 머리쓰개를 내놓고 있었다.

장張씨 가족은 철물 거래로 유명했고, 유游씨네 옻칠 가게는 대단히 인기가 있었다. 청호하淸湖河 아래의 척戚씨네는 마치 코뿔소 가죽처럼 보이도록 만들어진 칠기 제품을 팔았으며, 팽彭가네는 온주溫州에서 제작된 지방 칠기 용기만을 거래했다. 등鄧씨네는 이박사교李博士橋 근처에 금은방을 열었고, 왕汪씨네 점포는 금색 무늬가 있는 종이를 팔았다. 또 다른 가게들은 청백자기, 바구니, 종이 그리고 평민들의 일상생활품 또는 상류 계급의 사치스런 생활 방식을 흉내 내기 위해 사용하는 물품들을 팔았다. 전국의 지역 상품은 물론, 중국 밖에서 수입되는 값비싼 물품들(상아, 약초, 향신료, 목재 등)도 살 형편만 된다면 구할 수 있었다. 전문적으로 온갖 종류의 약재를 구비해놓은 약방들이 매우 많았다.

가족 점포와 기업들도 많았으며 점차 제조업과 상업이 고도로 전문화되었다. 수도에는 모든 것에 대해 수요가 있었고 또 그 모든 수요가 충족되었다고 오자목이 1275년의 글에서 한 주장을 뒷받침해준다. 변화하는 도시의 유행과, 극소의 생필품 수준을 넘는 그 이상의 상품에 대한 욕구가 도성의 소비자 시장을 확대시켰으며, 국가 권력이 효율적으로 통제할 수 있는 한도를 훨씬 넘었다. 도시 공간이 개방되고, 중국 역사상 처음으로 도시 기능이 행정지가 아니라 교역 중심지로 변화하게 되자 남부 수도에 사는 주민들의 삶도 달라졌다. 항주는 상업 중심지로서 중국 역사상 독보적이었다. 오자목의 평가에 따르면, 항주는 "세계의 중추이며, 그와 맞먹을 만한 곳은 아무 데도 없었다."[56]

장안, 개봉, 항주의 운명

당 왕조의 장안은 도시 귀족 문화를 위한 모델이 되었으며 우주론적으로 이상적인 장場을 구현한 도성 설계로 동아시아 전체에 영향을 주었으나, 904년 파괴 이후 수백 년간 하찮은 존재로 추락했다. 도시 설계에 관한 당대의 표준이 중국에서 살아남은 것은 단지 요 왕조의 남경(오늘날 북경)에서 그것도 여진 군대가 점령한 1122년까지뿐이었다. 개봉이 대규모의 교외, 24시간 활동, 다양한 사람들이 섞여 사는 동네들, 도시 의식을 지닌 주민들을 특징으로 한 개방된 도시로 변모하였던 반면, 요의 남경은 여전히 담장과 문을 갖춘 방들로 구획되었다.

1127년 1월 9일에 여진 군대가 북송의 개봉을 탈취한 이후, 여진은 거의 즉각적으로 도시를 해체해버렸다. 금 왕조는 변하 운하도 메우

---

56) 『夢梁錄』, 13:6a.

라고 명령하고 주거 지역으로 바꾸어버렸다. 1214년에 금 정부가 몽골의 압박을 받아 북경에서 개봉으로 도망갈 수밖에 없었던 그때까지, 외성의 성벽은 이미 붕괴된 지 오래였고 도시 자체가 내성 규모로 축소되어 있었다. 1233년 봄 개봉은 몽골 군대로부터 대대적인 약탈을 당하며 초라한 도시로 쇠퇴하고, 1370년 명 태조 주원장이 그곳을 북경으로 지정했으나 겨우 7년 만에 철회했다. 1642년 말 이자성 반란군이 황하 제방을 무너뜨려 개봉이 침수되고 백만이나 되는 인구가 목숨을 잃었다. 도시는 진흙과 토사에 묻혀버렸고 1662년에야 비로소 다시 살 만한 정도가 되었다.

1276년에 몽골이 항주에 진입하면서 이 활기에 찼던 남부 도시가 차지했던 '세계의 중추'라는 지위도 끝나버렸다. 그래도 항주는 유혈 사태 없이 함락되었으며, 계속 생기 있는 상업 중심 도시를 유지했다. 몽골은 후에 강절江浙 행중서성行中書省의 치소治所를 항주에 두었다.

10

| 변화하는 산업 세계 |

농업 생산과 조세 수입에 대한 송 왕조의 통제 능력은 이전 왕조들과 마찬가지로 효율적인 호구 등록 제도에 달려 있었다. 자영농가가 단위 경지당 높은 생산율의 수확을 얻고 식품과 다른 원자재를 효율적으로 시장에 운송할 수 있는 때라야 제국의 경제가 번영할 수 있었다. 송대에 정교한 방직기의 발전과 농사일의 기계화가 생산을 증가시키고 생활수준을 향상시켰으며, 한편 잘 발달된 운송 체계가 수도와 조정에 식품은 물론 새로운 도시 생활의 일부가 된 기타 생필품을 공급해주었다.

농업 생산

북송은 260만 제곱킬로미터를 통치했는데, 이 전체 영토 즉 '천하' 는 황제의 토지였다. 이러한 이념 체계에 따르면, 황제는 땅을 소유하고 백성 편에서 행동하며, 백성들은 황제를 자신들의 이익과 복리의 후견자로 여겼다. 이론상으로는 황제가 마음대로 땅을 수여하거나 팔거나 수용하거나 몰수할 수 있어야 했지만, 실제로는 황족들에게 거대한 장원을 분배하는 것 말고는 고유의 특권을 거의 행사하지 못하였다.

중국에서 지주란 그들의 토지가 호적에 등록된 사람들이었다. 그들은 땅을 경작하고 그 수확에 대한 조세를 납부했다. 그들은 자기들이 보유한 자산을 가족과 타인에게 물려주거나 팔거나 임대할 수 있었다. 20세기 이전에 농사일, 농산물 판매 또는 농구 제작 등을 제외한 다른 일로 먹고 살았던 중국인의 비율은 무시해도 좋을 만한 극소치였다. 송대에는 군사비가 지속적으로 상승했기 때문에 국가 재정은 어느 때보다도 더 많이 농가로부터의 안정적인 세수에 의존해야 했다. 양호한 농업 생산이 북쪽 유목 국가로 곡물을 수출하고 평화를 살 수 있게 해주었다. 유목민 농업의 평균 소출은 풍년이라 해도 그 인구를 가까스로 먹일 수 있는 정도였다.

송 왕조가 건립되기 1년 전인 959년, 농업 경지로 등록된 전체 면적은 약 1억 800만 무畝(1무=573제곱미터) 또는 어림잡아 6만 2000제곱킬로미터였다. 세금 징수자의 관점에서 보면 이 수치는 실제 경작되는 토지 면적에 훨씬 못 미치는 것이었다. 각 현마다 행정적인 노력을 쏟은 결과 1021년까지 959년 면적의 다섯 배인 5억 2400만 무가 등록되었으며, 이는 송대의 징세 가능한 농지로 기록된 것 중 최고 수치였다[1] 몇 가지 유형의 농지는 세금 면제였다. 우선 국가의 공적 용도에 충당되는 관영 토지가 약 630만 무였다. 또 황제와 황족이 대략 370만 무를 보유하고, 사원의 소유지가 대략 3500만 무로 추산된다. 전부 합하면 5억 7000만 무 또는 약 33만 제곱킬로미터의 농지라고 할 수 있다. 따라서 북송 시대에는 국토의 13퍼센트 남짓한 면적이 농경지로 일구어졌으며, 참고로 비교하자면 2004년 중화인민공화국의 경우는 10퍼센트였다.

1022년에 송 조정은 당대唐代에 9개였던 농가 등급, 즉 호등을 5개로 줄였다. 이 다섯 등급은 모두 국가의 농지를 소유하고 경작하며 조세와 부역 등록부에 포함된 자작 농가들이었다. 이전과 같이 이들 '세호稅戶'의 농지는 등기된 소유주가 매매, 임대, 유증遺贈할 수 있었다.[2] 1등호는 300에서 1만 무를 소유하였다. 정부 측 계산에 따르면, 이들 농지의 1무당 곡물 생산량은 토양의 질과 벼 품종에 따라 20킬로그램 미만부터 200킬로그램이 넘는 정도로 그 범위가 넓었다. 2등호와 3등호는 100~300무를 소유했다. 200무 경지에서 연 평균 1무당 100킬로그램의 수확을 얻으면, (한 사람당 하루 소비를 0.5킬로그램으로 상정할 때) 이는 110명이 넘는 인구가 1년을 먹기에 충분한 양이었다. 이들 세 가

---

1) 『中國歷代戶口田地田賦統計』, p. 6.

2) 邢鐵, 『中國家庭史 · 宋遼金元時期』, p. 90.

지 상위 등급에 포함되는 경우는 오랫동안 명망을 가진 지주 가문의 특권층이 많았다. 11세기 말경에 관호와 3등호 이상의 농가를 포함한 14퍼센트 정도의 인구가 약 78퍼센트의 경작지를 소유했다는 통계 추산이 있다.[3] 그렇지만 호구 등록 수치를 기초로 토지 소유 실태를 볼 때, 말하자면 4등호와 5등호의 경작 토지를 모두 계산에 넣으면, 징세 대상으로 등록된 토지의 절반 정도를 4, 5등호의 농가에서 보유했다고 볼 수 있다.

4등호는 자작농의 절대 다수를 차지했으며 20~100무 정도의 토지를 갖고 있었다. 최고 토질의 농경지 50무(약 2만 9150제곱미터)에서는 최대 1만 킬로그램의 곡물이 산출되는데, 이는 1년 동안 거의 60명의 식량으로 충분한 양이었다. 고대인들은 이 정도를 농부로서 먹고 살기에 이상적인 규모로 간주했다.[4] 특권도 면세 혜택도 없는 소규모 자작농인 4등호는 11세기 말의 경우 총 경지 중 겨우 30퍼센트를 보유했지만, 현금과 현물로써 그들로부터 징수한 세금, 그들이 제공하는 부역負役, 투자, 또 지역 행정 업무의 보조 등은 송대 농업 경제의 중추이자 국가 재정 체계 전체에서 가장 중요한 기반이었다.

송대 농민 중 5등호는 3~20무의 토지(대략 1만 1500제곱미터)에서 농사를 지었다. 만약 극히 좋은 조건에서 땅 20무를 일구는 농부의 가족이라면, 5인 가족의 하루 필요량을 단지 2.5킬로그램으로 가정할 때

---

3) Golas, "Rural China in the Sung," pp. 300-305.

4) 『宋史』, 422:12605.

가족의 연간 쌀 소비량의 다섯 배 이상을 수확했을 것이다.[5] 오늘날에는 이 정도 수준의 수입이 커 보이지 않지만, (하루에 0.25킬로그램이었던) 9세기의 1인당 곡물 소비에 비하면 두 배의 증가가 된다. 하지만 평균 토질과 평년작의 조건에서라면 10무 이하의 토지를 경작하는 5인 농가의 경우, 소출의 대부분을 먹는 데 소비하며 겨울이나 기근 때를 대비하여 충분한 식량을 비축한다는 건 거의 어려웠을 것이다. 이런 경우 한 개인의 연 소득은 도성 개봉에 있는 하인이나 고용인의 연봉보다 적었다. 빚을 지지 않고 최저 생활수준 이상의 소득을 확보하기 위해서 이들 농가는 과외의 농지를 임차하여 경작지를 늘리거나, 아니면 머슴으로 벌이를 하러 나가야 했다.

송대 전체 농가 중에서 가장 큰 부분인 5등호는, 전토 전부를 빌려 농사짓는 전호佃戶(소작농)와 자작농 사이에 걸쳐 있어서 사실상 반半 자작농으로 분류되어야 했다. 전체 농가의 약 3분의 1을 차지했던 전호는 생활수준과 사회 지위의 측면에서 자작농에 훨씬 못 미치는 등급이었다. 토지도 생산 도구도 없이 그들은 국가 토지 또는 개인 지주의 땅을 일정 기간 동안 빌렸다. 적어도 이론적으로는 지주의 소작농은 세금과 요역에서 면제된다는 한 가지 이익이 있었다 해도, 지주·전호 관계는 많은 경우에 전호가 지주에게 완전히 종속되었다. 지주는 세금과 요역의 책임이 있었다.

인구가 적은 중남부 지역의 지주들은 믿을 만한 소작농에게 의존하

5) 邢鐵, 『中國家庭史·宋遼金元時期』, p. 28; 柳田節子, 「宋代の下等戶似ついて」, p. 131에 근거함.

는 정도가 컸다. 소작인의 노동 없이는 수확할 수도, 수익을 올릴 수도 없었다. 농지를 묵혀둔다는 것은 심각한 재정 손실을 말하는 것이고, 따라서 노련한 지주들은 소작농에게 좋은 조건, 아니면 적어도 괜찮은 조건을 제시하고 적절한 값으로 농기구와 가축을 제공했다. 그럼에도 불구하고 중국의 대다수 소작농은 형편없는 환경에서 겨우 살아가는 수준이었고, 흉작이라도 되면 그들의 생활 형편이 더 악화되어 소작을 포기하고 일용 품삯으로 살 수밖에 없는 지경으로 내몰리곤 했다.

980년대에 자작 농가의 수는 전체 농가의 58퍼센트인 350만 호를 헤아렸으며 이에 비해 전호의 수는 250만이었다. 조세 등록이 좀 더 효율적으로 되었든가 아니면 경제 조건이 개선되었든가, 또는 그 두 가지 조건이 다였는지, 989년 이후로 자영농 대 전호의 비율은 천천히 자영농이 커지는 쪽으로 이동했다. 1067년까지 자영농 계급은 약 980만 호까지 증가했는데, 비율로 보면 69퍼센트로 송대의 최고 기록이었다. 송 왕조의 통치 때 자영농의 평균 비율은 65퍼센트 전후였다.[6]

1078년까지 전호를 포함하여 전국의 모든 농가 총수는 어림잡아 1660만이었다. 이중 45퍼센트 정도가 14개의 노路 지역에 살았다. 그런데 자영농만 따지면 개봉부를 포함한 이 권역에 총 자영 농가의 70퍼센트가 살았으니, 국가 농업 생산에서 결정적인 비율을 담당했다. 수도로 향하여 끊임없이 흘러들어가는 세입의 물량, 특히 이 14개 지역에서의 조세 유입이 수도에 사는 상류층이 누리던 고도의 소비와 사

---

6) 『中國歷代戶口田地田賦統計』, pp. 150-151; Kuhn, *Die Song-Dynastie*, pp. 196-197, 199; 邢鐵, 『中國家庭史·宋遼金元時期』, p. 89.

치스런 생활을 떠받쳐주었다. 자기 소유지를 경작하는 농가들이 바로 송대 번영의 원천이었다. 자영 농가의 비율이 증가하는 현상과 생산율이 평균 이상으로 향상되는 변화가 동시에 진행되었다. 세율을 농업 생산의 약 10퍼센트로 잡는다면 1085년의 연간 곡물 수확의 총합은 2억 4500만 석(=1870만 톤) 정도였을 것으로 추산된다. 각 개인이 하루에 0.5킬로그램을 소비한다고 볼 때, 적어도 이론상으로는 7000만여 명이던 송의 전체 인구를 먹이기에 충분했다.[7]

한랭한 북부에서는 조, 보리, 밀이 주식 작물이었다. 소립 종자인 조는 화북 지역에서 식량으로 재배되고, 촉서蜀黍(사천 기장)로 더 잘 알려진 수수 또는 '고량高粱(키 큰 기장)'은 풍미 있고 맑으며 도수가 높은 술을 만드는 데 쓰였다. 단단한 알곡인 밀은 가루로 빻아 국수와 빵을 만들었고 보리는 대부분 죽으로 소비되었다. 그러나 무엇보다 송대 중국인들은 "인간에게 알려진 가장 다양하고 가장 적응력 있는 작물"인 쌀을 먹었다.[8] 다양한 품종이 있었는데 그 대부분은 중국 중부와 남부의 온난하고 다습한 기후에서 재배되었다. 6세기까지 열두 가지 끈기 없는 벼 품종과 열한 가지 끈기 있는 품종이 재배되었다. 이국적인 변종으로는 향합에 쓰는 향기 나는 벼, 염분 토지를 되살리기 위해 재배되는 붉은 벼, 증류주 또는 떡을 만드는 데 적합한 다른 품종들이 있었다.

---

7) Deng, *The Premodern Chinese Economy*, p. 180.

8) Bray, *Science and Civilisation in China*, Vol. 6:2, pp. 434-495, 인용 부분은 p. 478.

그러나 농부들에게 가장 중요한 구분은 갱粳(일본형 품종)과 선秈(인도형 품종)의 차이였는데 그것들은 모양과 재배 요건이 서로 달랐다. 갱도는 입자가 짧고 둥근 단원립인 반면 선도는 입자가 길고 가는 장립종이었다. 제3의 종류인, 조생 품종인 점성도占城稻(참파쌀)가 가뭄에 잘 견디고 비옥도에 관계없이 어떤 토양에서도 재배할 수 있었기 때문에 특히 경제적 중요성을 갖게 되었다. 점성도는 1년에 두 번, 즉 모를 옮겨 심은 지 60일 후와 120일 후에 수확하는 경우도 많았다. 1012년에 진종이 베트남에서 이 품종을 중국에 도입하라고 명령을 내렸다. 점성도의 보급은 즉시 식량 공급을 증가시키고 국고를 충실하게 했으며 농민의 쌈지에 여웃돈을 넣어주었다. 1021년에 토지세로 거둔 곡물이 3270만 석(대략 260만 톤)이라는 천문학적 숫자에 달했다. 신품종 도입 후 단지 몇 십 년 만에 강서에서 재배된 벼의 70퍼센트가 점성도였으며, 11세기가 끝날 무렵 양자강 하류의 수도水稻 중 80~90퍼센트가 점성도를 개량한 품종이었다.[9]

중국에서 경작되는 거의 모든 벼는 둑을 쌓고 물을 댄 논에서 기르는 수도였다. 수도 재배는 경험과 지식을 필요로 하고 노동 집약적인 일이다. 농부는 모판을 준비하고 싹을 관리해야 하며, 모내기를 하기 전에 논에 잡초를 없애고, 땅을 갈고 써레질로 고르게 해둬야 한다. 수확 시기까지 끊임없이 벼에 관심을 쏟고 논에 물을 대야 한다. 벼농사를 통해 여러 가지 새로운 농기구의 발명이 이루어졌는데, 예를 들면 돌아가는 쟁기와 새로운 써레와 낫 등으로 이런 기구의 사용에는 특별

---

9) 앞 글, p. 493.

한 작업 기술이 요구되었다.

주요 벼 재배 중심 지역에서는 자체 수요를 충당할 뿐만 아니라 다른 지역으로 대량의 생산품을 수출하기에 충분할 만큼 수확이 높았다. "소주와 상주常州에서 수확하면 나라 전체에 양식이 충분하다"라는 말이 있었다. 쌀 교역은 항주, 건강(남경) 그리고 호북성 악주鄂州(즉 무창武昌)의 시장에서 활발했다. 전국적인 쌀 시장이 성장하면서 곡물로 납부되어 조정으로 운송되는 납세의 양이 987년까지 620만 석(47만 1000톤)으로 증가하고, 조세 수입이 보통 수준이었던 1077년 경우에는 1780만 석(135만여 톤)에 달하였다. 그러나 이러한 거액의 현물 납세도 정부의 필요를 충당하기에 충분하지 않아서, 정부는 해마다 시장에서 쌀을 추가로 구입해야 했다. 981년에 변하汴河의 바지선들이 개봉으로 운송한 쌀과 조는 거의 240만 석(18만 2400톤)에 가까웠다. 정부에서만 연평균 150만 석(11만 4000톤)을 필요로 하였는데, 그중 거의 절반은 시장에서 구입해야 했다. 수도 항주의 주민은 매년 110만에서 140만 석(10만 6000톤) 정도를 쌀 시장에서 구입하여 소비했다.[10]

토지도 작고 내다 팔 만한 잉여 수확도 극히 적은 쌀 재배 농민들의 경우, 쌀 교역과의 연관성이 가장 미약할 수밖에 없었다. 그들이 파는 가격은 그들이 생산한 쌀의 품질뿐 아니라 공급과 수요의 변동에 따라 정해졌다. 그들은 남은 쌀을 등짐으로 지든가 장대로 메고 시장까지 가서 쌀 상인에게 팔았다. 이 중개상들은 대개 이 마을에서 저 마을로

10) 『文獻通考』, 4:59; Aoyama, "Le développement des transports fluviaux sous les Sung," pp. 283-284.

다니며 비교적 적은 양을 구입했는데, 더 많이 살 수 있는 현금이나 운송 수단이 없었기 때문이다.

보다 일반적으로, 쌀 재배 농민들은 부유한 집 곡물 저장고에 쌀을 모으거나 부자들에게 자신의 수확을 직접 팔았다. 소주 지역의 부유한 지주들은 수천 톤의 용적량을 갖춘 저장고를 소유하였다. 더 큰 쌀 시장까지의 운송은 이른바 미선米船으로 이루어졌다. 수송을 주선하는 거간꾼들은 6.6킬로그램당 10~20전의 중개료를 부과했는데, 이것은 상품 가치의 5~10퍼센트에 해당했다. 쌀 중개인들은 쌀을 점포에 팔거나 소비자에게 직접 팔았다. 곡물이 농부로부터 소비자에게까지 이동하는 전체 과정에서 수익을 얻는 수많은 쌀 관련 사업자 중에서, 쌀 시장 중심지로부터 멀리 떨어진 곳에서 벼를 생산하는 농촌의 노동자들이 가장 적은 이익만을 얻을 수 있었다.

쌀 시장은 계절 사업이었고 상인들이 실제 수익을 올릴 수 있는 시기는 농민들이 논에서 벼를 거둔 뒤 몇 주 동안뿐이었다. 쌀 공급이 급증하는 8월에서 9월 사이에는 쌀 가격이 잠시 떨어졌다. 쌀 상인들에게는 이때가 쌀을 사들여 저장고를 채우기에 가장 좋은 때였는데, 보관소가 없거나 또는 자금이 바닥난 농민들은 수확한 것을 즉각 팔아야 했기 때문에 가능했다. 상인들은 소농민에게 시장가격 이하로 팔도록 압박을 가하고, 씨앗, 농기구, 역축, 소금, 차 등을 구하느라 빌린 대부금을 갚느라 현금이 절실하게 필요한 농민들은 이 불리한 조건에 대부분 동의했다. 한 달 뒤 그해 소출은 상인이나 부유한 지주의 저장고에 보관되고, 이들은 가격이 정상으로 회복될 때까지 공급을 보류했다.

콩 종류 작물은 사계절 내내 파종하고 수확할 수 있었기 때문에 송대 사람들이 건강을 유지하는 데 매우 큰 역할을 했다. 981년 변하의 바지선들은 80만 석에 가까운 콩류를 수도로 수송하였다. 식품으로 재배된 콩류 중 가장 중요한 것이 대두였는데 여기에서 필수적인 단백질과 비타민 A, 비타민 B를 상당 부분 얻을 수 있었다. 대두는 척박한 토양에서도 자라기 쉽고 질소를 배출하기 때문에 토양의 비옥도를 향상시켜서 다른 작물을 교대로 재배하기에도 유리했다.[11] 그러므로 대두는 기근 때는 물론이려니와 호황기 때에도 가치가 매우 큰 식물성 식품이었다. 다양한 종류의 대두를 이용해 죽이나 미음을 조리하고, 두부를 만들며, 발효시켜 맛좋은 장류를 만들기도 하였다. 또 소나 말의 사료로 사용되었다. 완두콩, 껍질콩, 잠두 혹은 누에콩 같은 소두小豆는 신선 채소로 조리되거나 국수·만두를 만드는 데 쓰였다.

텃밭이나 정원에도 매우 다양한 채소를 길렀다. 예를 들어 물에서 자라는 물밤, 마름, 연근 등과 함께 다양한 양배추, 멜론 종류, 박, 마늘, 부추, 양파 등이었다. 중국인들의 음식 곳간에는 죽순, 버섯, 무, 생강 등도 들어 있었다. 복숭아, 자두, 살구, 배, 감과 같은 북중국 원산인 과일에다 남쪽에서 재배되는 많은 과일들―오렌지와 감귤 종류들, 바나나, 여지, 올리브, 비파, 용안―도 북쪽 도시에서 구입할 수 있었다. 1161~1189년의 평화 시기에는 이들 음식과 과일이 회하의 변경 마을인 사주泗州 시장에서도 팔리고 이곳에서의 무역을 통해 금

---

11) Bray, *Science and Civilisation in China*, Vol. 6:2, p. 514.

제국으로 팔려 갔다. [12]

송 왕조에 들어서 차는 더 이상 사치품이 아니라 평민 가정에서도 마시는 일상의 음료로 간주되었다. 11세기 중반 무렵에 관료 채양蔡襄은 차 식물 자체뿐 아니라 그 맛, 색깔, 향, 음차로부터 얻는 심미적인 즐거움, 음차 용법까지 기술한『다록茶錄』을 출간하였다. 차 주산지에서는 각각 600여 톤씩 생산하였고 어떤 해에는 2000톤까지도 생산하였다. 차 상인들이 운영하는 사업은 규모가 컸으며, 국고 재정은 차 전매와 차세茶稅로부터 수익을 올렸다. [13]

방직기와 물레방아

생사生絲 제사製絲는 수백 미터나 되는 길이로 이어지는 실을 생산하는 기술이었다. 젓가락 또는 붓을 이용하여 대야의 뜨거운 물이나 찬물에 담가두었던 누에고치로부터 생사를 뽑아냈다. 6킬로그램의 고치에서 약 480그램의 생사를 얻을 수 있었다. 이 생사 섬유를 얼레에 합쳐서 감아 한 줄의 실로 만들었다. 명주 얼레를 손으로 돌려가며 가늘고 둥글며 고르면서 또 적당한 장력을 갖도록 실을 자았다.

생사를 잣는 일은 송 왕조 건립 때까지 이미 2000년 이상 시행되어

---

12) 張家駒,『兩宋經濟中心的南移』, pp. 11-12; Kuhn, *Die Song-Dynastie*, pp. 154-156;『金史』, 50:1114-1115; Franke, "The Chin," p. 299.

13) 이외의 관련 정보는 다음을 참조. 朱重聖,『北宋茶之生産與經營』; 佐伯富,『宋代茶法研究資料』; Ukers, *All about Tea*.

그림 16. 북송대 명주실 감는 소사기
송대 13세기 양해梁楷의 작품이라고 전해지는 「친잠도」 상세 부분. 횡권橫卷, 비단에 먹과 채색. 오하이오 클리블랜드 미술박물관 소장.

왔다. 그러나 실잣기 기술을 상세하게 서술한 현존 문헌 자료 중 모든 언어를 통틀어 가장 이른 시기의 것은 사대부 진관秦觀이 1090년 즈음에 쓴 『잠서蠶書』이며, 이 책에서는 제사製絲 관련 도구들과 기계 등에 관하여 알 수 있다.[14] 진관의 아내가 실잣기에 썼던 소사기繅絲機는 고도의 정교함을 갖춘 기계로 탁월한 공학적 성과였다고 할 수 있다(그림 16). 어떤 두루마리 그림에 묘사된 것을 보면, 여러 개의 생사 얼레를 두 사람이 운전하며, 발판이 있는 기계였다. 만일 두 대의 소사기를 이용하여 제사 작업을 하면 하루 생사 생산이 2869그램까지도 가능했

---

14) Kuhn, *Science and Civilisation in China*, Vol. 5:9, pp. 358-362.

다. 이는 19세기 증기기관 동력으로 방적기를 이용한 공장 노동자의 하루 생산과 비교해도 뒤지지 않는 양이다. 진관의 소사기와 같은 특정 형식의 방적기 사용에 관해서는 11~20세기의 자료들에서 확인할 수 있다.

견직물은 송 관리들의 전용물이었다. 평민들의 의류로 사용된 직물 재료는 일 년에 여러 번 비교적 대규모로 수확되는 다년생 식물인 모시와 삼베였고, 원대元代에 목면이 성공적으로 중국에 유입되기 전까지는 변함이 없었다. 어떤 재료의 실이든 베틀에서 천으로 짜기 위해 탄성과 강도를 높이기 위한 꼬기 과정을 거쳐야 했다. 1313년에 간행된 『농서農書』에는 두 가지 방식의 대형 방적기 방차紡車가 있는데 하나는 손이나 동물로, 다른 것은 수력으로 작동시키는 것이었고, 이 둘 다 삼베와 모시 섬유를 꼬는 데 매우 적합한 기계였다(그림 17).[15] 13세기가 되면 이 두 가지 기계 모두 북중국 중원 지역의 많은 농촌에 설치되어 이용되었다. 방적할 섬유 재료가 많을 때는 여러 농가가 함께 모여 작업을 했으며, 생산된 방적사의 분배는 각자 가져온 재료의 무게를 달아서 그 투입량의 비율에 따라 정해졌다.

기계의 크기는 길이 620센티미터 남짓, 너비 155센티미터 정도였다. 작동 부품들은 모두 세 개의 추진 벨트에 의해 움직이고, 작동 속도는 커다란 동력 바퀴의 회전력에 의해 좌우되었다. 기계의 전반적인 구조와 작동 부품들은 견사 기계에서 본뜬 것이었다. 꼬아서 감는

---

15) 『農書』, 26:6a-7b; 20:17ab; Kuhn, *Science and Civilisation in China*, Vol. 5:9, pp. 225-236.

그림 17. 수전대방차水轉大紡車
13세기의 수력 인피섬유 방적기. 『농서』, 20:17ab.

방적 작업을 기다리는 재료를 32개 원통형 나무 상자에 둥그렇게 겹겹이 놓으면, 20시간 안에 약 60킬로그램의 약연사翕撚絲를 생산할 수 있었다. 모시의 경우 강물이 어는 겨울의 몇 주를 제외하고 일 년 내내 수력 기계로 작업할 수 있었다. 이 연사는 여름 옷, 속옷, 모기장 등에 쓰였다.

　이 방차들은 상자형 방적기의 선구자였으나, 중국에서 직물 산업의 혁명을 이끌어내지는 못했다. 그러나 몇 세기 이후 상업시대의 유럽에서는 중국 제사기와 방적기의 모든 특징들이 이탈리아의 견직 산업이라든가 영국의 면직 기술에 채택되었다. 중국의 기계들이 유럽 산업혁명의 기계적 기초가 되었던 셈이다.

물레방아는 한대漢代까지 거슬러 올라갈 만큼 중국에서 긴 역사를 가지고 있다. 기록으로 전하는 바로는 10세기 건축 화가였던 곽충서郭忠恕와 위현衛賢의 물레방아 그림이 가장 이른 것으로 볼 수 있지만 그들의 원작이 전하지는 않는다. 벽화와 서책의 삽화에서도 물레방아를 볼 수 있다.[16] 그러나 가장 유명한 물레방아 그림은 13세기 초반 작품인 횡권橫卷이다(그림 18). 그것을 펼쳐보면 방앗간의 생산 작업 순서를 따라갈 수 있다. 오른편의 한 남자는 곡식을 운반하려 배로 강을 건너, 두 개의 키가 매달려 있는 알곡을 까부르는 곳에서 쉬었다가, 맷돌에 곡식을 빻아서, 꽤 커다란 구조의 개방형 방아에서 체로 걸러낸다. 맷돌과 키는 작업실에서 한참 아래, 수면 바로 위에 자리한 물레방아의 동력으로 움직인다. 마당의 조금 높은 곳에서 밀가루를 햇볕에 말려 자루에 담아 다시 배를 타고 강을 건너간 다음, 짐수레에 싣고 그림 왼편으로 사라진다.

이 그림에는 작업 중인 40명의 일꾼 외에 관복을 갖춰 입은 것으로 보아 관리임이 분명한 두 사람과 수행원 세 명이 있다. 장부를 점검하고 인력을 관리하며 생산을 감시하는 관리의 존재를 보건대 이 제분소가 관에서 소유하고 운영하는 곳이라는 것도 분명히 알 수 있다. 제분업은 수익성 있는 사업이었고, 정부의 제분업 참여는 송대에 나타난

---

16) Liu, "Painting and Commerce in Northern Song Dynasty China"; Liu, "The Water Mill and Northern Song Imperial Patronage," pp. 566-595; Kuhn, *Die Song-Dynastie*, pp. 179-180. 벽화에 관하여는 潘絜玆,「靈巖彩壁動心魄-巖上寺金代壁畫小記」, pl. 4를 보라.; 서책 삽화는 『農書』, 20:14, 30:6에 들어 있다.; Kuhn, *Die Song-Dynastie*, pp. 177-180을 보라.

그림 18. 물레방아를 그린「갑구반거도閘口盤車圖」
위헌(960~975년 활약)의 작품으로 전해지며, 13세기 초기의 모사본이다. 횡권橫卷, 비단에 먹과 채색, 대만 국립고궁박물원 소장.

새로운 현상이었다. 970년에 태조는 개봉의 동부와 서부에 하나씩 수력 제분소를 설치했다. 두 곳에서 각각 방아기계를 돌려 황궁과 도성 주민들에게 밀가루를 조달했다.[17] 각 제분소마다 관리 두 명이 지휘하고 총 205명의 작업자들이 직원으로 일했다.

이후에 수력 제분소는 더 많이 세워졌다. 태조와 태종은 수백 명의 내관, 관리, 하인들을 동반하여 수력 제분소를 방문함으로써 황제의 영광을 드러내는 거창한 공개 행사를 모두 11회나 거행했다. 관영 제분소는 엄격하게 통제되어 사사로이 밀가루를 거래하거나 횡령하는 경우는 중벌에 처했다. 제분소를 관영으로 할지 사영으로 할지의 문제는 송대에 개혁 문제로 열띤 논쟁이 벌어질 때마다 자주 등장한 의제였다. 그러나 정부가 운영하는 수력 방앗간에서 나오는 40만 관의 현금이 매년 조정의 금고를 채우는 이상, 그것을 폐지하자는 제안은 수사적 발언으로 그칠 뿐이었다.

상품과 사람의 운송

송 제국은 공적 또는 사적인 소통, 상품과 사람의 교통을 모두 가능케 한 생명선인 육로와 수운 망을 통하여 지리적·경제적 조화를 유지했다(지도 10). 송대에는 지도 제작 기술이 고도로 발달하였다. 대운하를 통한 곡물의 이동 경로를 보여주는 996년과 1006년의 지도들을 통

---

17) 『宋會要集稿』, 책147:5748.

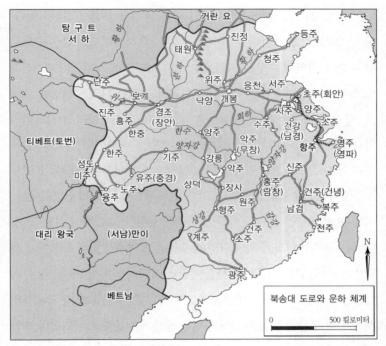

지도 10. 북송대 도로와 운하 체계

하여 여행과 수송에 이용된 또 다른 통로들의 노선도들이 있었음을 알 수 있다.[18]

진秦 왕조(기원전 221~207)는 중국 도로 건설의 황금기였다. 그때 너비 11.5미터의 직도直道가 수도 함양(현재 서안 부근)을 중심으로 건설

18) 남송대부터의 개인 여행기가 다수 현존하지만 여행기는 중국의 문학 규범 안에서 주변적인 장르이다.: 『樊城集』, 41:12a; Needham, *Science and Civilisation in China*, Vol. 3, p. 518; 青山定雄, 『唐宋時代の交通と地誌地圖の研究』, p. 546; Brook, *Geographical Sources of Ming-Qing History*, p. 5.

되었으며, 좁은 길들까지도 수레의 차축 너비에 맞춰서 정리되었다. 판석으로 포장되고 단단한 갓길까지 갖춘 옛 진대의 도로망은 수도로 부터 화북 지역의 수많은 지점을 이으며 사방으로 퍼져 있었다. 전적으로 황제의 정기적인 순행에 이용하려고 건설한 진의 도로망을 토대로, 당 왕조에서는 우역로郵驛路를 건설하고 도로를 따라 20킬로미터마다 또는 그보다 더 자주 역참을 설치했다.[19] 배송원인 역부驛夫들은 시속 15킬로미터 정도로 말을 타고 달려가다가 역참에서 말을 교체하고 지친 몸도 회복할 수 있었다. 당대 역로 제도에는 쉽게 건널 수 없는 강에 석재 교량을 놓거나 배로 건네주는 업무도 포함되어 있었다. 송대에는 정부의 역참 주위에 다양한 부류의 여객에게 맞춰 음식이나 세탁 시설 등 편의를 제공하는 사설 여관과 식당이 발전했다.

북송대의 도로망은 당대만큼 조밀하지 않았지만, 송 초기 황제들의 지원 아래 교통 흐름을 개선하기 위한 많은 조치들이 시행되었다.[20] 안전한 여행을 위해서, 특히 그들이 지닌 상품 가치의 2퍼센트를 통행세로 지불했던 상인들을 위해서 길을 따라 2.5킬로미터마다 누각이나 망대가 있는 둔덕을 세웠다. 망대는 대개 흙과 나무 또는 돌로 지었다. 1012년에 진종은 공공 도로의 좌우를 따라 느릅나무와 버드나무를 심도록 명하여 하북의 변경 지역을 오가는 여행객들에게 쾌적함을 주었다. 아주 오래된 사천성 재동현梓潼縣의 역참로를 보면 포장이 되어 있고 그 도로 양변에 거대한 백향목이 늘어서 있는데, 이처럼 다른 곳에

---

19) 『後漢書』, 51:2328. 『中華古文明大圖集』, Vol. 4, pp. 113-114, 123-124.

20) 『中國古代道路交通史』, pp. 299-312, 336-339, 344-350.

서도 역참로와 공공 도로에 가로수를 심는 것이 매우 일반적이었다. 1116년경 복건성 주현의 도로변에는 모두 33만 8600그루의 전나무와 소나무가 있었다.[21]

화북 지역의 도로는 바퀴 지름이 180센티미터였던 대형 우차가 통행하면서 대량의 물품을 개봉으로 운송했다. 좀 더 먼 거리까지 갈 때에는 노새 20마리가 필요할 정도로 거대한 우차도 다녔다. 그러나 황하 북쪽으로 난 길들은 특히 이른 봄이나 겨울에 도로 조건이 험악해지는 일이 많았다. 왕우칭王禹偁(954~1001)은 「대설對雪」이라는 그의 시에서 그러한 상황을 알려 준다.

> 변경 마을에 물자를 보내는
> 황하 북쪽의 사람들을 떠올려본다.
> 수레마다 수십 곡의 곡물을 무겁게 실었는데,
> 길은 수백 리 멀기만 하도다.
> 여윈 말은 추워서 움직이지도 못하고
> 얼어붙은 바퀴가 꿈쩍도 않는다.

---

21) 예를 들어 태행산맥을 따라 낙양에서부터 태원까지 이어지는, 돌로 포장된 3미터 폭의 도로가 960년에 건설되었다는 기록이 있다(『續資治通鑑』, 1:20). 또 962년부터 시작하여 현재 하남성의 공현鞏縣, 낙양, 섬현陝縣 사이에 도로 연장 사업이 반복적으로 있었음을 알 수 있다(『中國古代道路交通史』, pp. 308-309). 더 많은 정보는 다음을 보라. Lewin, "Gewerbe und Handel im China der Song-Zeit, Teil I," p. 68; "Teil Ⅱ," p. 152; 『續資治通鑑長編』, 79:1806; 『中華古文明大圖集』, Vol. 4, p. 125(사천 역참로); 『宋會要集稿』, 책191, 14749:7462.

밤이 오면 이들은 어디서 묵을까.[22]

최초의 여행일기로 알려진 자료들 중 11세기 송의 사신들과 요의 관리들이 나눈 대화 기록이 있다.[23] 말하자면 첩보 활동을 기록한 이런 자료 중에서 소철蘇轍이 1086년 요에 갔던 사행使行을 서술한 것도 있는데, 길 사정이 너무 나빠 하루에 30킬로미터 이상 가는 것은 불가능했다고 푸념하고 있다. "내가 일행과 함께 북조北朝로 파견되었을 때, 기밀의 공공 물품을 운반하는 여섯 대의 수레를 그쪽 사람들이 각각 책임지고 맡았다. 낮고 작은 수레들은 겨우 한두 차례만 가도 부서져 버렸다. 해변도로 건설이 아직 끝나지 않아서 …… 이 나라 안에서 이동할 때 커다란 수레를 이용하면 안 된다. 계속해서 날씨 조건이 나빠서 (길들이 온통) 진창이 되었다. 아주 잠깐씩만 수레를 타고 워낙 많이 걸어야만 했기 때문에 완전히 기진맥진했다."[24]

요 지역은 주요 도시들을 연결하는 길도 겨우 몇 개밖에 안 되었으며 그곳의 도로 건설에 대해 알 수 있는 현존 자료는 극히 드물다.[25] 가령 산을 지나는 도로를 건설하던 984년 어느 날에는 20만 명의 일꾼이 동원되었다는 기록이 있다. 5년 뒤에는 요의 남경(지금의 북경)과 새로 정복한 하북성 북부 연운 16주 지역의 다른 지점들을 연결하는 도로들

---

22) Chaves, *Mei Yao-ch'en*, p. 61에서 인용함.

23) 傅樂煥, 「宋人使遼語錄行程考」, pp. 725-753.

24) 『欒城集』, 41:12a.

25) 『遼史』, 79:1271, 12:134, 17:201.

도 건설되었다. 1027년에는 주요 공공 도로에 대해 도로 양편을 정리하여 도로 폭을 30보로 확장하라는 명령이 내려졌다. 이렇게 넓은 길을 따라 거란족들은 그들의 거대한 '양탄자로 덮은 수레'를 타고 이동할 수가 있었다. 거란의 도로는 흙, 모래, 자갈로 만들어지고, 판석으로 포장되진 않았던 것 같다. 물이 노면에서 흘러 나가도록 설계되지 않아서 대부분의 길이 물에 씻겨 나가고 해마다 다시 수축해야만 했다. 여름에는 먼지가 일고 우기에는 진흙길이 되어서 그 길로 여행하는 일은 아주 불편하였다.

송의 수도와 먼 지역의 행정 중심지라든가 기타 중요 지역을 연결시켜주는 간선도로가 잘 유지되었던 북중국과 비교할 때, 중부와 남부 중국의 도로 체계는 미발달 상태였던 것으로 보인다.[26] 그러나 중남부의 사람들은 물길로 다니는 것을 선호했다. 작은 마을들을 잇는 도로들은 아마도 20세기 초반에 외국인 관찰자들이 시골길에 대해 서술한 것과 비슷했을 것으로 짐작할 수 있는데, 그들은 도시에서 벗어나면 온통 좁다란 샛길뿐이라서 수레가 지나는 건 어림도 없고 보행자들이 다닐 만한 정도라며 불평을 했다. 송대 사대부들은 일반적으로 말을 타고 종을 데리고 다녔지만, 자신들의 겸손함을 나타내기 위해 당나귀나 노새를 선호하는 경우도 많았다. 평지 지역에서 농부들은 바퀴가 있는 손수레를 이용해서 물건을 날랐다. 그러나 산지 지역은 산마루의 가파른 길을 오르고 계단식 논 사이의 미끄러운 땅으로 걸어야 했기 때문에 그런 곳을 지나려면 상당한 체력이 필요했다. 남송 시대

---

26) 『中國古代道路交通史』, pp. 308-312.

에는 동남 지역에 집중적으로 도로가 건설되면서 전반적인 상황이 다소 개선되었지만, 육로로 여행하는 것은 대단히 지치는 일이었다. "장거리 여행을 해보면 길이 얼마나 험한지 알게 된다."[27]

절벽 면에 나무판자를 고정시켜서 만드는 특이한 길 잔도棧道는 섬서성 서부 위수 계곡의 지방들과 한수 계곡의 진령산맥 남쪽과 사천의 마을들을 이어주었다. 그 길이 아니라면 이 지역들은 걸어서 갈 수가 없고 오직 돛배를 타든가 배를 끌어당기는 방법으로 양자강을 거슬러 삼협三峽을 지나서 갈 수밖에 없었다. 가장 긴 잔도는 100킬로미터가 넘었다. 그 위로 걷거나 말을 달리거나 물건을 운반할 수 있을 만큼 견고한 이 나무 잔도는 당대 황제들이 수도 장안에서 사천의 안전한 피난처인 성도로 도망쳐야 했을 때에도 도움이 되었고, 여진과 몽골 군대의 침략 때 피난길에 나선 감숙성과 섬서성의 한족들에게도 구명의 길이 되었을 것이다.[28]

그러나 어떤 유형의 도로라 해도 그것보다는 작은 배나 너벅선을 타고 대운하든, 개봉과 회수를 잇는 변하든, 또 양자강이나 황하, 또 중국 중·남부의 수많은 하천이든 물길로 이동하는 것을 사람들은 더 좋아했다. 배가 특히 협곡과 급류의 지옥 같은 곳을 지날 때는 뒤집힐 수 있는 위험이 있었음에도 불구하고, 무겁거나 부피가 크게 나가는 대량 물품을 수송하는 데는 우차나 당나귀보다 빠르고 편리했으며 훨씬

27) *The Old Man Who Does as He Pleases*, p. 55, 1202의 시; 더 많은 정보는 Zhang, "The Culture of Travel in Song China."

28) 『中華古文明大圖集』, Vol. 4, pp. 118-122.

더 안전했다.

605~610년에 수 양제의 명령으로 엄청난 규모의 운하망이 구축되었다. 이것이 국고에는 큰 압박이 되었으나, 동남부 지역의 곡창과 비단, 차의 주요 산지와 인구가 밀집된 북쪽 지역이 연결되게 해주었고, 군대와 군 장비의 효율적인 수송로가 되었다. 수십만 명의 평민과 재소자들이 강제 징발되어 곳곳에 수위 조절용 수문을 갖춘 인공 수로 수만 킬로미터를 건설했다. 통제거通濟渠로 양자강과 황하가 연결되고, 영제거永濟渠를 통해서 황하와 발해만을 연결시켰다. 이 운하 체계는 나중에 양주에서 남쪽으로 연장되어 항주까지 연결되었다.[29]

회남로淮南路 전운부사轉運副使였던 교유악喬維岳이 983년 처음으로 갑문閘門에 대해 기술했다. 수위의 차이가 있는 물길로 가려면 경사지게 만든 석조 선가대船架臺 위에서 너벅선을 끌어당겨야 했는데, 그 대신 이제는 갑문 방식을 이용했다. 갑문은 너벅선의 길이에 충분히 맞는 거리의 간격을 두고 양쪽에 현문懸門을 설치하는 것이었다. 갑문 안으로 흘러든 물이 원하는 수위로 바지선을 높이거나 낮추었다. 이것은 강을 따라갈 때 나타나는 고도의 차이를 극복하는 가장 빠르고 가장 안전한 방법이었다.

송대 중국 중남부의 육상 교통은 형태나 용적 면에서 다양한 선박과 너벅선으로 거의 대체되었다. 내륙의 물길들은 쌀과 콩 등을 운반하는 수송선들로 가득했다. 변하가 황하와 만나는 변량 하구에 위치

---

29) 『宋史』, 93:2316; Kuhn, *Status und Ritus*, p. 499, 지도 22; 朱偰, 『中國運河史料選集』, pp. 16-22.

한 곡물 창고는 당시 전국 최대급 규모의 창고였다. 이고李翺는 809년 2월 11일자 여행일기에서 이렇게 썼다. "낙수洛水를 떠나 황하를 타고 내려와 변량 하구에 섰다. 그 다음에는 변하의 흐름을 따라 갔다. 변하가 황하와 회수 사이의 통로가 되어준다."[30] 토사가 많은 황하를 피하여 변하의 운하가 낙수의 맑은 물과 직접 연결되도록 변하의 수로를 바꾸어 연장하는 공사가 1079년에 완성된 뒤로는 변하의 교통이 일 년 내내 안전할 수 있었다.

운하의 너벅선은 길이가 거의 30미터 되는 것도 있었고 한편 여객선의 경우 어떤 것은 길이 90미터로 700~800명의 승객을 실어 나르는 배도 있었다. 황하의 격류를 거슬러 가는 운반선은 길이가 20미터 넘고 폭은 약 6미터였다.[31] 강과 운하의 배를 건조하는 방식은 선주와 선원의 경험과 개성을 기초로 하면서도 지방 전통에 따라서, 또 수송하려는 물품이나 승객에 맞추어 정해졌다. 선박을 움직이는 추진 방법도 매우 다양했다. 양자강의 사공들은 외륜선을 이용했다. 강남의 좀 더 작은 강에서는 비선飛船이라고 불린 소형 선박 또는 평저선平底船을 썼다. 어떤 것은 노를 저어서 또 어떤 것은 삿대를 써서 움직였으며, 어떤 배들은 밑바닥이 평평한 반면 수심이 얕은 곳의 바닥을 긁고 가도 괜찮도록 배 밑면에 못을 박아 보강한 것도 있었다.

양자강 계곡의 까다로운 물길과 한수의 급류에서는 노와 굵은 밧줄

---

30) Hargett, *On the Road in Twelfth Century China*, p. 26; Tsao, "Unraveling the Mystery of the Handscroll 'Qingming Shanghe Tu'," pp. 175-176.

31) 斯波義信, 『宋代商業史研究』, pp. 68-69.

을 이용하여 사공들이 배를 상류로 끌어당겨야 했다. 시인 육유陸游는 1170년에 삼협을 통과해 양자강을 거슬러 올라갔던 일에 대해 서술하였는데, 이런 방법은 20세기까지도 계속되었다.

> 백 사람이 한 번에 소리치니, 노가 우르르 소리를 낸다.
> 배 안에 얼굴을 마주하고 있으나 우리들끼리의 말도 들을 수가 없다.
> 별안간 사람들이 흩어진다, 더 이상 다투는 소리도 없이 조용하고;
> 오직 길이가 100발 되는 견인줄 감아올리는 두 대의 권양기 소리뿐,
> 후후, 화화, 권양기가 풀어지는 건 얼마나 빠른지.
> 사공들은 벌써 저기 강기슭 모래밭에 서 있다.[32]

강 따라 높다란 절벽을 파내어서 만든 좁은 길을 따라가며 배를 끌어당기는 일은 사공들에게 위험천만한 도전이었다. 어떤 때는 거리가 수백 미터나 되는데 일하는 동물을 부릴 수도 없었다. 큰 강의 다른 구역에서는 갈대나 대나무 멍석으로 만든 돛을 세워 바람을 타고 편안하게 가는 곳도 있었지만 그래도 배로 여행하는 일은 고단하고 요란스런 일이었다. 양자강의 깊은 협곡에서 이른 저녁 어둠이 들면 사공들이 강변에 배를 대어주었다. 승객들이 기대할 수 있는 것은 양념이 강한 탕면과 딱딱한 침상이 전부인 소박한 안락이었고, 각계각층의 온갖 사람들이 한데 모여 그 밤을 보내야 하는 열악한 상황이었다.

수도나 대도시의 식품을 비롯한 각종 물품을 조달하기 위한 운송 규

---

32) *The Old Man Who Does as He Pleases*, p. 6.

모와 장비가 어떠했을지는 당시 화물 수송량 기록을 통하여 가늠해 볼 수 있다. 981년에는 변하로 수송된 쌀과 조가 300만 석(약 22만 8000 톤), 콩이 100만 석이었고, 변하·황하·혜민하·광제하의 수송량을 합치면 550만 석(약 41만 8000톤)에 달했다. 1065년까지 변하의 화물 수송은 570만 석(약 43만 3000톤)으로 증가하고 다른 강들의 수송량을 합한 수치는 670만 석(50만 9000톤)이었다. 전체 조세로 거둔 쌀의 3분의 1 정도가 연안 지역에서 수도로 옮겨졌다. 어림잡아 1만 2000척의 곡물 수송 너벅선이 강서성에서 18톤, 안휘성에서 60톤, 대운하에서 100톤, 양자강에서 600톤의 배수량을 기록했다는 계산이 나온다. 약 500년 후인 1588년, 영국에서 가장 큰 화물선의 배수량은 단 400톤이었다.[33]

개인 소유의 너벅선과 다른 선박의 수는 앞에 본 세곡 수송용 너벅 선보다 몇 배나 많았다. 13세기 말에 양자강 하류에만 1만 5000척이나 되는 선박이 운행했다. 연안 해역의 배들은 보통 그 배수량이 180톤 이상이었다. 길이 24.2미터에 너비 9.15미터인, 300톤 용적의 송 선박 이 복건성 지역에서 발굴되었다. 선체에 13개의 격실이 있고 대마와 동유桐油 반죽으로 나무 격판을 밀봉하여 방수 처리를 하였다. 이에 비해 1492년 콜럼버스의 기함 '니나'호의 최대 적재 배수량은 약 110톤이었다. 복건성 천주泉州에는 해선을 건조하는 선창이 열한 군데 있었다. 너벅선도 조선 기술 방면에서 독창적인 특성들이 많았는데, 예를 들면 사각형의 선체, 선미재 키, 세로로 치는 돛, 그리고 수밀창水密艙

---

33) 漆俠, 『宋代經濟史』, Vol. 2, p. 957; Hobson, *The Eastern Origin of Western Civilisation*, p. 58.

등이다. 바다를 가르고 나가는 물고기처럼 유선형이었던 유럽의 선박과 달리 중국의 배들은 수면을 헤엄치는 오리 같은 형태였다. 이 뱃집 큰 너벅선을 본 시인 이청조는 "오직 이익을 목적으로 항해하는 거대한 배들"이라고 표현했다.[34]

1021년경, 정부에서 51곳의 조선소에 쌀과 조 등 곡물 전용의 너벅선 2915척을 건조하라고 명령한 기록이 있다. 아마도 이 숫자는 매년 교체해야 했던 배의 수를 나타낼 것이다. 그중 42곳의 조선소가 중국 중부와 남부 지역에 있었고, 5곳은 사천성에 그리고 단 4곳이 화북 지역에 있었다.[35] 명령한 배의 숫자와 조선소의 위치를 볼 때 조선업은 대부분 목재와 못, 동유, 석회, 대마 등 필요한 원자재의 공급처와 가까운 곳에서 이루어졌다고 추정할 수 있다. 중남부 지역 사람들은 배 없이 살 수가 없었다. 배는 일상생활의 필수품이었다.

천연자원의 개발

한 사회의 광업과 야금 기술의 숙련도는 그 사회의 경제 발전에 관하여 많은 것을 알려준다. 송대 동전과 철전 주조, 금은 주괴는 화폐에 기반을 둔 경제 성장과 전국적인 무역 번성을 가능하게 했으며, 또 이 두 가지가 정치적 통합에 기여했다. 그러나 화폐 주조는 송대 금속

---

34) *Li Ch'ing-chao: Complete Poems*, p. 67.

35) 斯波義信, 『宋代商業史研究』, pp. 72-73.

이용량에서 빙산의 일각이었다. 11세기에 생산된 철은 무기, 갑옷, 말굽, 차축, 칼, 끌, 못, 자물쇠, 조리 솥, 손도끼, 괭이와 가래, 쟁깃날, 도끼, 망치 머리 그리고 노동자와 소비자들에게 절대적으로 필요한 기타 공구들의 제작에 쓰였다.

가장 수익성이 좋은 광산들은 정부의 통제하에 있었다. 그 외의 모든 광산에 대해서는 국가가 철과 구리에 10퍼센트, 금과 은에는 20퍼센트의 조세를 징수하고 광산주가 생산한 금속을 정부에 팔도록 요구했다. 1065년경 중국 내에는 271개 금속 가공장이 있었고 그중 123개소 또는 44퍼센트가 철과 구리의 제련·주조 공장이었으며 은 제련소도 84곳이 있었다. 조세가 부과된 철의 연간 생산량 평균치는 5000~1만 톤 범위였고 1078년을 전후한 최고 전성기에는 1만 7000톤에서 2만 톤에 이르렀다.[36]

생산량이 넉넉하여 철의 시장가는 낮게 유지되었고 따라서 완성품에 대한 구매 가능성을 높여주었다. 철과 쌀의 가치 비율을 보면 1080년에 사천성에서는 177 대 100, 섬서성에서는 135 대 100이었다. 물론

---

36) 『宋史』, 184:4525. 로버트 하트웰Robert Hartwell의 추산에 따르면, 1078년에 조세 대상이 된 철의 연간 총 생산량은 7만 5000톤이거나 심지어 그것을 상당히 웃도는 양이었다. 피터 골라스Peter Golas는 그 자릿수에 의심을 가졌으나, 근래에 도널드 와그너Donald Wagner가 다시 확인해주었다. 치샤漆俠는 농가들에서만 소비되는 연간 철 생산을 7만 톤으로 계산하였다. Robert Hartwell, "A Revolution in the Iron and Coal Industries during the Northern Sung, 960-1126," pp. 153-162; Hartwell, "Markets, Technology, and the Structure of Enterprise in the Development of the Eleventh-century Iron and Steel Industry," pp. 29-58; Peter Golas, Science and Civilisation in China, p. 170, n. 475; Donald Wagner, Science and Civilisation in China, pp. 279-280; 漆俠, 『宋代經濟史』, Vol. 2, pp. 552-553. 劉森, 「宋代的鐵錢與鐵産量」, p. 90.

철 생산이 가져온 부정적인 면도 있었다. 제련용 용광로에 엄청난 양의 연료가 필요했기 때문에 근처의 숲이 줄어들고 그 결과 침식 사태를 가져왔다. 11세기에 숲이 줄어들자 주조 공장들은 목탄을 석탄 코크스로 대체하기 시작했다.

중국에서 금과 구리는 일찍부터 채굴되었으나 송대에 비교적 효율적인 채굴 방법이 등장하면서 놀라운 결과를 가져왔다. 북송 정부뿐 아니라 민간 부문에서의 구리 수요 증가로 인하여 생산이 급격하게 증가하였다. 구리로 할당된 연간 조세 액수가 997년의 2460톤에서 1070년 1만 2982톤으로 다섯 배 이상 증가했다. 이는 1800년 세계의 구리 총 생산보다 훨씬 많으며 1952년 중국의 생산 총액을 넘는 것이었다. 신법 개혁 시기가 끝난 1078년 이후로 구리 생산은 급감하였고, 매장량의 과잉 개발이 부족 사태를 야기했다. 남쪽으로 이주한 이후의 생산은 거의 총체적인 붕괴에 처했던 것 같다. 1162년의 구리 생산은 157톤이라는 초라하고 대단히 형편없는 양에 그쳤다.[37]

은은 깊은 지하에서 발견되는 은황화물 광석에서 은을 성공적으로 분리해내는 기술이 있어야 귀금속이 될 수 있었다. 그 생산의 기술적 어려움 때문에 은이 금에 비해 상대적으로 희소 상품이 되었다. 9세기 중반 연간 은 생산이 14톤 정도에 이르면서 중국사상 처음으로 은이 금보다 경제적으로 더 중요해졌다. 송대 연간 은 생산량은 15~60톤

---

37) Vogel and Theissen-Vogel, "Kupfererzeugung und -handel in China und Europa," pp. 14, 57; Golas, *Science and Civilisation in China*, pp. 90, 376-383; 漆俠, 『宋代經濟史』, Vol. 2, p. 573.

정도였다.[38] 이 시기에도 은의 일부가 분명히 수입되었을 것이고, 몇 세기 뒤에는 은 수입이 큰 사업이 되었다.

금은 시베리아, 그리고 중앙아시아 실크로드상의 다른 지역에서부터 물물 교환 무역을 통해 수입되었다. 9세기 초에 쓴 백거이의 글에 따르면, 많은 농민들이 자기 땅을 떠나 사금 채취꾼이나 은 광부가 되었다. 은은 멀리 촉 지방 산지에서 오고 금은 강서성 파강鄱江 강변에서 채취되었다. 또 광부들은 자신들을 돌보지도 못한 채 오로지 수입을 올리기 위하여 일 년 내내 자갈을 옮기고 바위를 쪼아야 했다. 그러나 금과 은은 사람들이 먹지도 입지도 못하는 것이니, 굶주림과 추위에 시달리는 사람들에게 도움이 못 된다고 백거이는 훈계했다.[39] 소수의 전문적인 채굴꾼을 제외하면, 광산에 관계된 일이나 주조소 일을 하는 사람들은 대개가 농한기에 생활비를 보태려는 농부, 빈민, 땅 없는 사람들이었다. 이런 일들은 실제적인 전망이 없는 비천하고 곤궁한 일이었다.

종합적으로 볼 때, 송대의 뛰어난 경제적 성취는 몇 가지 요소로 설명될 수 있다. 첫째는 조세 등기상의 농업 경작지가 959년에 국토의 2.5퍼센트였던 것에서 1021년 13퍼센트로 크게 증가한 것이며, 이것이 송대의 번영을 보장해준 요인이었다. 토지 등록은 과세 호구에 대한 개혁과 함께 추진되었고, 이를 기반으로 (1078년 총 농가의 66퍼센트였

---

38) Golas, *Science and Civilisation in China*, p. 134, n. 352; 王文成,
　　『宋代白銀貨幣化研究』, p. 21.

39) Waley, *The Life and Times of Po Chü-i*, pp. 61-62.

던) 자영농이 송대 농업의 중추가 될 수 있었다. 농업 경제의 번창에는 모든 종류의 기술적 개선, 특히 새로운 도구의 사용이 필요했고, 이것은 다시 더욱 효율적인 채광 방법과 철·구리의 높은 생산을 요구했다. 이러한 금속의 이용이 쉬워지면서 막대한 규모로 화폐를 주조할 수 있었다. 전국 시장에서 가장 중요한 교환 수단인 주전에 대한 요구량은 거의 무한정이었다.

11

| 화폐와 조세 |

양송 시대에는 상업, 금전 대출, 조세제도 그리고 대외 정책에도 현금 통화가 중요한 역할을 하였다. 801년에 당대의 학자이자 관리였던 두우杜佑는 금속 주전 형태의 현금이 상거래에 만족스럽게 쓰일 수 있는 유일한 매개 수단이라는 금속주의적인 입장을 발표했다. 곡물이나 견을 화폐로 쓰기에는 너무 양이 많고 상하기 쉬우며, 한편 금과 은은 희소성과 가치가 너무 크다고 했다.[1] 주전 한 닢의 액면가가 그 금속의 실질 가치에 상응해야 한다는 이론이었다.

진·한 시대에 네모 구멍을 낸 둥근 형태의 동전 1000개를 한 줄에 꿴 1000전짜리 한 꿰미를 현금 통화의 최고 단위인 관貫이라고 하였다. 송 황제는 국가를 통일하자마자 그때까지도 여전히 유통되고 있던 이전 정권들의 다양한 화폐들의 사용을 폐지시키고 '송원통보宋元通寶'라

---

1) Von Glahn, *Fountain of Fortune*, p. 42.

는 명문을 새겨 넣은 송 자체 화폐로 대체하였다. 983년 이후로는 화폐 주조 시점의 연호를 동전 면에 표시했다.

820년에는 동전 주조량이 15만 관이었으며, 1관에 1000개씩의 동전을 꿰었다. 1007년에는 주조량이 183만 관까지 증가했으며 몇 십 년의 '전황錢荒(통화 기근)'을 겪고 난 1080년에는 500만 관이라는 유례가 없는 수치에 이르렀다. 같은 해에 철전 80만 관도 유통되었다. 17개소 주전감에서 (구리 65퍼센트, 납 25퍼센트, 주석 10퍼센트를 함유한) 동전을, 9개 주전감에서 철전을 생산했다. 구리 공급이 모자랄 때면 구리 대신에 납을 더 많이 넣는 바람에 동전의 가치를 떨어뜨렸다. 남송대에는 동전에 납이 60퍼센트까지 쓰였다.[2]

1077년에서 1088년 사이 송의 중부 지역에는 동전을 770개 꿴 것이 표준 1관이었고 그 무게는 4.5근(2.85킬로그램)이었다. 철전의 교환 환율은, 철전 1020~1100개를 꿴 1관이 동전 1관과 맞먹었다.[3] 10세기 말에서 11세기 말까지 화폐 공급이 상당히 증가했다는 사실은 송대 화폐경제의 중요성이 커졌음을 뚜렷하게 보여준다. 752년에는 겨우 1인당 평균 6개 정도의 동전이 유통되었는데, 995년쯤에는 17개로, 1080년에는 212개로 증가했다. 북송 전체에 유통된 동전의 수는 2억 관으

---

2) 『宋會要輯稿』, 4676:4982; 漆俠, 『宋代經濟史』, Vol. 2, p. 602, 漆俠, 『宋代經濟史』, Vol. 2, pp. 602-603과 비교해보라.; Hartwell, "The Evolution of the Early Northern Sung Monetary System," pp. 280-289. 徐東升, 「北宋鑄錢諸問題考辨」, p. 92. 『宋史』, 180:4375. 『文獻通考』, 9:93.

3) 『宋史』, 180:4385.

로 추산된 바 있는데, 이것은 대략 1450억 개 동전의 무게였다.[4] 중국 제국 역사상 이런 규모의 동전 공급은 전무후무한 일이었다.

종이 통화: 교자, 전인

근대의 화폐 이론으로는 돈의 기능을 수행하는 모든 것은 돈이다. 비록 송대 학자들은 현실을 인정하려 하지 않았지만, 이 정의에 따르면 현금 통화 즉 '통보通寶'뿐만 아니라 널리 통용된 다양한 종류의 종이 통화 역시 화폐였다. 당시의 진품으로 오늘날까지 남아 있는 지폐는 한 장도 확인할 수가 없지만, 송의 지폐는 세계 역사상 국민경제에서 쓰인 최초의 자립 지폐 제도였다.[5] 몽골인들은 송을 멸망시키기 약 20년쯤 전에 지폐를 채택하였다. 그들이 1260년에 견사絹紗를 본위로 하여 발행한 '사초絲鈔'는 1294년에 페르시아에, 그리고 1296년에는 한국에도 전해졌다. 일본은 1334년에 자체 지폐를 만들고, 베트남은 1396년에 지폐를 받아들였다. 서방 국가들의 지폐 사용은 꽤 늦은 편이었다. 1661년에 스웨덴에서 시작하여 1690년에 미국이, 프랑스는 1720년, 러시아는 1768년, 영국이 1797년, 그리고 독일이 1806년에 받아들였다.

송대에 지폐가 사용된 것은 몇 가지 전제 조건이 충족되었기 때문

---

4) 袁一堂,「北宋錢荒」, p. 131; Golas, *Science and Civilisation in China*, p. 380.

5) Von Glahn, "Re-examining the Authenticity of Song Paper Money," p. 80.

에 가능하였다. 첫째, 국민경제의 번영으로 인하여 온갖 제품 생산에서 구리나 철의 수요가 높아졌으며, 지폐의 등장은 이러한 금속을 제조업에 사용될 수 있도록 풀어주었다. 둘째, 지폐를 다량으로 또 (위조가 어렵도록) 높은 품질로 인쇄할 수 있을 만큼 인쇄 기술이 발전했다(그림 19). 셋째, 송대 학자들은 화폐제도에 주목하며, 화폐가 금이나 은의 가치처럼 그 자체로 가치 있는 것이 아니라 지불과 교환의 수단이라는 것을 아주 잘 이해하고 있었다. 섭적葉適(1150~1223)은 이렇게 설명했다. "사람이 창조한 요물 중 하나인 돈은 그것이 지속적으로 유통될 때에만 이를 만든 사람들에게 유용하다. 그것이 시장에서 벗어나 철궤에 갇혀 있을 때에는 그 존재 의미를 상실한다."[6] 유통의 용이함이 바로 돈의 기능이고, 지폐가 주전보다 이 기능을 더 잘 수행한 것이다.

지폐의 성장에 작용한 가장 결정적인 요소는 송 왕조의 대외 정책과 관련이 있었을 것이다. 정부는, 구리 함유율이 높고 주조에 들어간 실제 금속보다 액면 가치가 낮은 송의 동전이 유통권을 벗어나 특히 송의 북쪽과 서쪽의 주변국으로 유출되는 것을 늘 두려워했다. 그로 인한 현금 부족은 국가 경제에 악영향을 주고 이민족 정부를 강화시킬 수 있었다. 특히 요 왕조의 경제 안정은 송으로부터의 화폐 수입에 상당히 의존하고 있었다. 금속을 통제하고 그 유통의 안정성을 유지하기 위하여 송 정부는 국경 지역에 차별화된 통화 구역을 설정했다.[7] 1040년대에 요나 서하와 접한 모든 변경 지방으로 철전을 확대하

6) *The Essence of Chinese Civilization*, p. 329에서 인용함.

7) 『宋史』, 180:4375~4376.

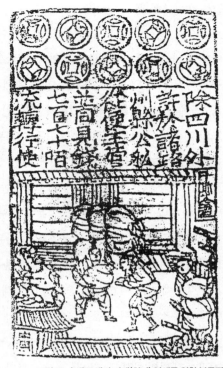

그림 19. 송대 12세기 지폐(회자) 인쇄를 위한 볼록판
열 개 동전 아래의 문자 내용은, "사천을 제외한 모든 노路, 주, 현에서 공적이고 사적인 지불에 편히 쓸
것을 허락하며, 동전 770짜리 1관을 제시하는 것같이 통용할 수 있다." 팽신위彭信威.

고 동전은 금지하였다. 12세기 중반에는 금 정부도 국경 지방, 그중에
서도 부유했던 회수 남부 지방에서의 동전 사용을 금지함으로써 자신
들의 통화제도를 지키려 노력했다. 국경 양편의 저가 통화 구역 설정
은 이 지역 평민들의 삶을 더욱 어렵게 했을 뿐 아니라 모든 전국적 상
업 활동과 조세 행정을 복잡하게 만들었다.[8]

　민간에서 약속증서 또는 교환권으로도 불린 '교자交子(지급 요구)'의

---

8) 蕭淸, 『中國古代貨幣史』, pp. 222-224. Von Glahn, *Fountain of Fortune*, p. 52.

발행에 관해서는 994년부터의 기록으로 확인할 수 있다. 이 지폐 또는 증권은 민간의 약정 문서였고, 이에 대해서는 사천성 지역에서 기술자, 공예가, 농민들이 일으켰다가 얼마 안 되어 진압된 이순李順의 봉기와 관련되어 전해지고 있다. 이들의 폭동은 30년간 작은 동전이 아니라 무거운 철전을 사용해온 것에 대한 항거였다. 그러나 한동안 행정적인 변칙들을 더 겪고 나서야 이러한 동요에 대한 대응으로서 1023년에 현재의 사천성 성도에 교자무交子務를 설치하고 공인된 교자를 발행했다. 교자는 상품과 용역을 팔고 사는 일에 매우 뛰어나고 효율성이 높으며 수익성과 편리성까지 제공해주는 발명품이었다.

교자무에 가서 이 인쇄된 종잇조각을 제시하면 그 표면에 인쇄된 수만큼의 주전 꿰미를 받을 수 있었다. 본래 증권 한 장의 가치는 1관이며 유통 유효 기간은 3년이었다. 후에는 인쇄된 환전 가치가 1관에서 10관까지 다양해졌고, 770전 또는 그보다 적은 동전을 펜 관으로 환전하는 것이 일반적이었다.[9] 상품 구매를 위해 거액의 현금이 필요한 상인들에게, 종이 증권은 한 곳에서 다른 곳으로 자금을 이전시키는 일을 이전과 비교할 수도 없을 만큼 쉽게 해주었다. 이제 부피가 크고 무거운 철전 더미를 지니고 위험한 산길을 넘어가지 않아도 되었다. 상품의 수송과 대가 지불에 관계된 많은 문제들을 해결할 수 있는 교자의 효과를 상인들과 관리들이 알게 되면서, 이 새로운 교환 수단은 이내 북부 지역으로 퍼져나갔다.

지폐는 닥나무 껍질로 만들었기 때문에 저폐楮幣라고도 불렸다. 지

9) 『宋史』, 181:4403; 劉森, 『宋金紙幣史』, pp. 8, 10.

폐는 원자재 준비부터 제조와 발행, 그리고 유통까지 모든 과정을 정부가 관리했다. 지폐 위조를 가능한 어렵게 하기 위하여 대개 견이나 기타 섬유를 혼합해 만들었다. 북송과 남송 지폐 모두 복제를 어렵게 하기 위해 정교한 도안을 넣었는데 특히 그 돈이 공인된 진품임을 입증하는 정보들을 나타내는 것이 많았다. 예를 들면 발행 일자와 발행 순차, 일련번호, 태환할 수 있는 관전貫錢 가치, 계界(통용 기한을 의미함), 관인官印 등이었다. 지폐 위조에 대한 처벌도 대개는 그 지폐 면에 인쇄되어 있었는데, "칙령에 의거하여 지폐를 위조하는 범인은 참수형에 처한다. (신고자) 포상금은 1000관이다"라는 내용이었다.[10] 정부가 운영하는 인쇄소가 1068년 성도에 설립되었고, 12세기 말 항주 부근에 있던 곳에는 204명의 장인이 고용되어 있었다. 지폐 한 장의 크기는 11×19센티미터였다. 교자, 후에는 전인錢引이라고 부른 당시 지폐는 복합 판인법을 써서 여러 색깔로 인쇄되었다.[11]

이용과 배포를 효율적으로 통제하기 위하여 정부는 교자의 발행과 유통에 관한 특정한 제한과 요건을 정했다. 1023~1107년에 송 정부는 43회(계界) 발권하였으며 1계당 즉 교자의 유통 기간(1069년까지 3년) 동안 발행 한도액을 125만 6340관으로 제한했다. 유통 기간당 36만 관(즉 28퍼센트)의 유동성 보증금을 준비하여 지급 불능을 피하도록 해주었다. 3년 뒤에 구권 교자는 신권 교자로 대체하거나 현전으로 교환해야 했다. 지불액 1관마다, 그리고 신권으로의 갱신을 요구할 때마다

---

10) Von Glahn, "Re-examining the Authenticity of Song Paper Money," p. 90.

11) 彭信威, 『中國貨幣史』, 그림 58.

30전의 수수료를 부과하였다.

지폐 제도 시행 초기의 성공과 후기의 실패 모두 결정적인 요인이 된 것은 유동성 확보였다. 11세기 말쯤 일부 학자들은 100퍼센트의 유동성 보증금을 주장했는가 하면, 또 다른 학자들은 태환성 문제는 지폐를 현금으로 교환하든가 또는 그 반대의 경우에도 고정환율제를 시행하면 해결될 수 있다는 잘못된 생각을 가지고 있었다. 정부가 유동성 보증금으로 현금 준비금을 유지해야 한다고 주장하는 학자들도 있었다. 반면에 신종은, 세입과 세출이 사람들에게 돈의 가치를 신뢰하게 해주기 때문에 지폐 환금을 위한 유동성 보증은 불필요하다고 생각하였다.[12] 놀랍게도 그는 국가 경제의 경제력이 지폐 보증에 충분하다는 근대적 견해를 펼쳤던 것이다. 하지만 그의 조언자들은 동의하지 않았다.

왕안석의 재정 개혁이 일부 시행된 이후인 1071년에 교자 수요는 두 배로 늘었다. 그러자 유통 기한 6년짜리의 계가 잠시 시도되었고, 1093년에는 1330만 관의 현금에 해당하는 교자가 발행되기에 이르렀으며, 지폐 제도가 총체적으로 정부 통제력을 벗어나기 시작하였다. 1105년에 교자를 전인으로 대체하기로 한 개혁안은 1107년에 인쇄된 제44계 발권 통화로서 발효되었다. 따라서 발행소의 이름도 전인무錢引務로 고쳤다.[13]

1127년 북송의 종말 때 통용되던 구권 교자의 총액은 약 7000만 관

---

12) 葉坦, 「宋代紙幣理論考察」, p. 134; 『續資治通鑑長編』, 272:6663.

13) 劉森, 『宋金紙幣史』, pp. 24-26; 『宋史』, 181:4404.

에 달했던 것으로 추산된다.[14] 송의 한인들이 남쪽으로 이주하기 시작했을 때 이전 신용 한도로는 더 이상 수요를 충족시킬 수 없었다. 전인의 총액가를 188만 6340관전까지 30퍼센트 증액해야 했으며, 1141년 제60계 발권액은 통화 팽창으로 인해 588만 6340관까지 올라갔다. 송이 금과 화의를 체결하게 되고 북쪽 국경선의 정치적 안정이 국가 재정의 긴장을 완화시킬 수 있게 되자, 1145년에 정부는 전인의 발행을 1127년의 액수로 감축했다.

그러나 오래가지 못했다. 1161년, 금이 남송을 침공한 그해에 전인의 발행은 2300만 관전으로 치솟더니 12세기가 다 가도록 대략 그 액수에 머물렀다. 13세기에는 유통 기간이 4년, 6년, 9년, 급기야 10년까지로 연장되었으며 발행 액수 역시 증가했다. 몽골이 금을 완전히 멸망시킨 1234년, 그해의 제99계 발행이 마지막이 되었다.

교자와 전인 외에 송대 상인들은 정부로부터 빙증憑證 또는 수령 증서인 교인交引을 구입하고, 그것을 소금, 차, 명반明礬, 유향 등의 전매 물품으로 교환하였다. 교인은, 그것을 소지한 자가 정해진 장소에서 특정한 양과 품질의 전매품을 획득할 수 있는 자격을 주었다. 교인에 그런 혜택이 있었다는 것은, 상인들이 대량 물자의 원거리 수송을 맡아 위험을 감수해야만 했다는 사실을 암시한다. 그래도 교인을 소지한 자들은 수도와 그 밖의 교역지에 있는 지정된 상점에서 전매 물품을 얻고 가격 차이를 조절하고, 업무를 협상하면서 이익을 얻었기 때

---

14) Yang, *Money and Credit in China*, p. 53.

문에 장거리 운송의 위험들을 보상받을 수 있었다.[15] 그러자 상인들은 위험은 낮추고 더 큰 이익을 얻기 위하여 전인과 물품을 사고파는 장소를 두게 되었다. 교인의 거래를 안정되게 조종하고 또 상업에 참여하기 위하여 정부 역시 교인을 사는 '교인포交引鋪'를 자체적으로 설치하였다. 교인 제도는 군수품을 확보하고 북방 국경의 군대에 군량을 공급하기 위해 매우 중요했다.

지폐: 회자

금나라와의 전쟁으로 빚어진 현금 부족 사태를 완화하기 위하여 1160년 송의 관리들은 또 다른 종류의 지폐를 창안해냈는데, 그것은 이전의 교자, 전인, 그 외의 종이 증서와는 구별되는 회자會子였다. 회자의 도입은 완전히 새로운 것은 아니고 당대의 '비전飛錢'을 본떠 고안된 것으로, 사용에 편리한 일종의 환어음이었다.[16] 비전, 즉 '날아다니는 돈'은 상인들이 사용한 현금 증서였다. 812년에는 장안의 당 정부가 증서 발행을 인수하여 지방의 조세 수입을 수도로 보내게 하기 위한 수단으로 삼았다.

회자는 1020년대에 이미 사천의 상인과 민간인 사이에 유통되고 있었다. 이 화폐 증서가 교자 또는 전인보다 좋은 장점은 이론적으로는

---

15) 繆坤和,『宋代信用票據研究』, pp. 131-135.

16) 『宋史』, 181:4403.

온전히 경화硬貨로 전환된다는 점이었다. 회자 액면에 인쇄된 29개의 문자가 나타낸 뜻은 이렇다. "사천을 제외하고, (이것은) 여러 노, 주, 현에서 유통하여 공적으로든 사적으로든 동전 770개짜리 1관에 해당하는 금액을 지불할 수 있다."[17] 그러나 현실적으로는 회자 소지자가 지폐의 현금 액수만큼의 권리를 주장할 수 없었고, 얼마 지나지 않아서 교환 비율의 불일치 현상이 나타났다.

처음에는 종이돈 한 장의 액면가가 현전 1관이었는데 얼마 후 200, 300, 500전의 소액권 회자도 발인되었다. 1169년에는 3년의 유통 기간과 1계당 1000만 관으로 발행 한도액이 정해졌다. 초기 몇 해 동안 지폐의 현금 가치는 매우 좋았는데 이는 북송대에 생각했던 '현금 없이 돈을 이동하는' 어떤 방법보다도 좋은, 크나큰 발전이었다. 상업에 종사하는 사람들이 회자를 받을 때 약간의 유보금을 받았지만, 지폐에 대한 신뢰를 창립하려고 한 정부의 노력은 몇 십 년 동안 성공적이었다. 회자는 목판 또는 동판을 이용하여 단색으로 찍기도 하고, (적, 흑, 청) 세 가지 색으로도 인쇄하였다.

지폐의 문제점이나 그 이익에 대한 송 정부의 해석과 이론, 특히 1160년 이후의 해석은 중국에서 오랜 전통을 가졌던 '실實'과 '허虛'라는 이론을 거스른 것 같아 보인다. 한대에는 물품은 '실'인 반면 현금은 '허'로 간주되었다. 경제 성장 속에서 '허'인 현금 통화가 '실'인 물품 지불을 없애버릴 것이라는 공포가 퍼져 있었다. 현금 통화가 국가 경제의 기반으로 잘 구축되어 있던 송대에는 '허'와 '실'의 개념이 지폐('허')

---

17) 彭信威, 『中國貨幣史』, 그림 58.

대 현금 통화('실')로 옮겨갔다. 당시 화폐와 관련된 어려운 문제들을 이해하며 지폐 발행을 지지했던 양관경楊冠卿(1139~?)은 '허'와 '실'의 개념을 가지고 반대자들의 관점을 이렇게 설명하였다. 지폐 반대자들의 생각에는, "지폐는 허이고, 그것이 초래하는 폐해는 말로 표현할 수도 없다. 전폐는 실이며, 그건 손해 없이 저장될 수 있다. 그런데 지폐는 위에서 제한 없이 발행한다. 사람들은 (지폐를 사서) 정부에 (그들의 조세를) 납부하고 있기 때문에 동전이 귀하게 여겨지는 이유이다. 내가 뭐하러 '실'을 써서 '허'를 얻겠는가? 매일같이 옛 현금은 부족해지고 종이돈은 가치가 떨어진다."[18]

양관경은 현금 결핍을 이렇게 설명했다. "오늘날 부유한 가정과 상인들이 수익을 내려고 동전을 저장해두고 그것을 헐값으로 쓰려 하지 않기 때문에 매일같이 동전이 부족하다."[19] 그의 말이 옳았다. 사람들이 동전을 비축했기 때문에 일상적인 사업과 부채 지불에 지폐가 쓰이고 있었다. 특히 전쟁 기간에는 부유한 상인 가족과 지방 행정관들이 땅에 동전을 묻는 바람에 무수한 동전이 유통되지 않고 사라졌다. 지난 30년 동안 섬서성 보계寶雞 지역에서 열세 무더기나 되는 철전이 발견되었는데, 총 합계가 약 28톤이다.[20] 비축의 결과는 '악화'가 점차 '양화'를 몰아내는 것이었다. 11세기 중국의 이런 관측은, 훗날 16세기 영국 엘리자베스 1세 여왕의 경제 고문이었던 토머스 그레셤 경

---

18) 『客亭類稿』, 9:500(사고전서, Vol. 1165).

19) 앞 글.

20) 延晶平, 「寶雞地區發現的北宋鐵錢窖藏」, pp. 32-42.

(1519~1579)이 발표한 이른바 '그레셤의 법칙'으로 알려지게 되는 내용이었다.

회자 발행 이후 잠 못 이루는 10년을 보냈다고 이야기되는 효종이 화폐제도를 안정시키기 위한 조치들을 추진했다. 심지어 효종은 1166년에 유통 중인 회자를 은 200만 냥 가치만큼 사들여 소각했다. 게다가 세금과 수수료 납부에도 지폐를 받아야 한다고 칙령을 내렸다. 그는 지폐의 유통량을 제한함으로써 그 시장 가치를 조절하고자 노력했다. 인플레이션을 억제하려는 시도도 효과를 보여서 1175년이 되면 회자의 가치가 안정되었다. 한편으로는 시장을 만족시킬 만큼 현금이 충족되지 않았기 때문에 회자의 수요가 증가하였고, 또 다른 한편으로는 정부가 회자의 배포를 억제하고 유통 기간을 다양화하여 그 환전 가치를 조절하려 노력했다. 1171년 이후에는 회자의 유통 기간이 6년짜리에서부터 30년짜리까지 있었다.

지폐 가치와 유통되는 지폐 수의 상관관계는 오래전부터 알려져 있었다. 1178년에 황주약黃疇若은 황제에게 올리는 보고에서 이렇게 설명하였다. "(회자가) 적으면 비싸고, 많으면 값이 싸집니다." 1186년에는 2000만 관전 넘게 회자 발행액이 증가했고, 이어서 금나라와의 전쟁이 다시 일어나게 되면서 1209년에는 무려 1억 1000만 관 이상으로 치솟았다. 유극장劉克莊(1187~1209)은 "회자의 값이 먼지만큼 떨어져 발행을 멈췄다"고 논평하였다. 객상들은 회자를 동전으로 교환하지 못했고 물품을 사려 해도 종이돈은 받지 않았다. 1168년 1관짜리 회자

가치는 동전 770전이었으나 1208년에는 600전으로 떨어져 있었다.[21]

이번李燔은 1209년 이후 화폐의 문제점을 적절하게 설명하고 해답을 제시했는데 그의 진보적이고 균형 잡힌 이해를 볼 수 있다. "현전現錢이 부족하고 지폐는 쏟아져 나온다. 자식(지폐)과 어머니(현전)가 서로 균형을 유지하지 못한다. 전폐가 지폐에 균형을 못 맞추기 때문에 지폐를 통용시켜서는 안 된다. 지폐가 통용되지 않도록 하여 사람들이 비축하는 것을 막아야 한다. 이것은 낭비이다. 조심해서 사용되어야 한다. (균형을 맞추기 위한) 수단으로 우선 곡물이 있다. 사람들이 지폐를 받지 않아도 될 때가 되어야만, 지폐가 진정으로 실제 유용한 것이 된다."[22]

1224년이 되면 액면가 약 2억 4000만 관의 회자가 유통되었다. 내부 환율은 더욱 떨어져서 1236년 이후로는 관당 240전 이하의 비율로 환전되었다. 1246년에는 6억 5000만 관이라는 천문학적인 액수의 회자가 시중에 풀려 있었다. 송 국가 경제에 미치는 파괴적인 영향을 더 이상 무시할 수 없었지만, 화폐제도를 개혁하는 것보다는 돈을 더욱 많이 찍어내는 편이 쉬웠다. 이제 정부는 위폐 유통도 막지 못하였다. 현재까지 남아 있는 회자 인쇄판을 보면 거의 모두가 위조꾼들의 것임이 명백하며, 13세기에 횡행했던 화폐 위조가 그 당시 얼마나 골치 아픈 문제였는지 확실히 알려준다.[23]

---

21) 『宋史』, 415:12448. 劉森, 『宋金紙幣史』, pp. 80-81. 『後村先生大全集』, 51:10;
　　『宋史』, 415:12448.

22) 『宋史』, 430:12784.

23) Von Glahn, "Re-examining the Authenticity of Song Paper Money," p. 106. 漆俠,

1264년에 지폐 회자, 그리고 지불 수단으로서의 회자 가치를 살려내기 위해 창안된 지역별 대체 수단까지 모두 극적인 가치 하락을 피하지 못했고, 지폐 유통 과제는 총체적으로 붕괴했다. 몽골의 원 왕조는 전통적인 현금 통화에서 완전히 벗어나 교환 수단으로서의 지폐에 의존하는 것으로 문제를 해결하려 노력하면서 1287년에 1차 통화개혁을 단행하였다.

통화 팽창과 대금업

9세기 초, 최저 생활수준으로 살아가는 중국 농가의 연소득은 5000전 이내 혹은 한 달에 대략 416전 정도 되었을 것으로 본다. 송대 농부의 생활 여건도 이 수준에서 크게 달라지지 않았을 것이다. 중국에서 농사일은 항상 열등한 일로 여겨졌고 제대로 대가를 받지 못했다. 하층 계급의 하루 소득은 10~100전 범위였던 것으로 추산된다. 송대에 수익성이 좋은 편이던 사천성의 차 농원이라 해도 일꾼 한 사람의 한 달 급료는 약 1800전이었는데, 개봉의 고용인이나 하인은 3000전을 벌 수 있었다. 11세기 후반에 개봉에서 받는 이 정도의 월 소득으로는 약 200리터의 쌀을 샀고 이것은 어림잡아 5인 가구 쌀 필요량의 두 배 정도였다. 이와 대조를 보이는 것이 관리인데, 최하 등급인 9품 관리는 한 달에 1만 2000전 봉급을 받을 수 있었고 또 현물로 받는 그 외의

『宋代經濟史』, pp. 1082-1085.

급료도 있었다. 수십만 전의 월급을 받는 고위 관리들은 수십 명의 친족들을 불러 접대할 수 있으며 하인과 그 외 다른 고용인을 수십 명씩 둘 수 있었다.

국가가 비교적 안정되고 경제적으로 번영하던 북송 시대에 현금 1관의 동전 수는 지역에 따라 대개 700~800개였고, 그 동전의 수가 교환 시세이며 1관의 가치를 결정하였다. 동전 수가 클수록 관의 수가 작아지고 동전 수가 낮을수록 관의 수는 커졌다. 그러나 안전이 위협받던 시기에는 1관당 동전수가 급감하고 일용품의 가격은 비례해서 증가하였다. 남송대에는 1관의 가치가 1168년의 770전에서 1230년대 몽골의 1차 침입을 전후한 때에는 240전 미만까지 떨어지기도 했다.

1007년에는 (농민에게서 조세로 거두어 비농민에게 파는) 조미租米 한 말 (약 6.6리터) 값이 20전이었는데, 이는 개봉에서 음식점 손님이 일반적인 식사를 하고 내는 동전 액수와 같았다. 1043년 서하와 전쟁이 발발한 이후 한 말 가격이 100전으로 올랐다. 북송이 붕괴한 뒤 1131년에는 같은 양의 쌀에 600전 넘는 값이 매겨졌다. 점차 쌀 한 말 가격은 300전에서 500전까지의 범위 안에서 안정되었다. 그런데 몽골이 송 영역을 침입한 직후에는 쌀 시장이 결국 무너졌으며 정부는 1두에 3400전을 부과했다. 쌀 시장가격의 실패와 더불어 소금, 술, 차와 같은 전매품 가격 역시 급격히 증가하였는데, 그래도 쌀값 상승만큼의 큰 규모는 아니었다.

1필의 견 가격 인플레이션도 유사한 양상을 따랐다. 980년에는 세금으로 내는 견 1필은 1000전으로 평가되었다. 이 가격이 대략 1107

년까지는 안정을 유지해가더니, 이때 전국적으로 갑자기 갑절로 뛰어 2000전이 되었다. 북송의 와해 이후로 쌀의 시장가격과 거의 평행하게 오르면서 1134년에 이르면 1필당 가격은 1만 전까지 치솟았다. 시장이 다시 진정되어 1156년이 되면 한 필당 4000~5000전 범위에 정착했다. 왕조의 전 기간이라 할 수 있는 대략 1000년에서 1220년 사이에 쌀과 견의 가격은 각각 2500퍼센트와 400퍼센트 증가하였다.

귀금속의 경우를 보면, 은 1냥(39.6그램)의 교환 비율은 동전 1000~1500개 범위에서 변동을 거듭한 반면, 금 1냥 값은 976~1125년에 동전 1만 전으로 유지되었다.[24] 은괴 또는 은정銀錠의 표준 무게는 50냥(1980그램)이었으나 시중에는 무게가 다른 은괴들도 유통되었다. 북송대에는 동전에서 귀금속으로의 자본 도피 조짐이 보이지 않았으나 남송대의 상황은 많이 달랐다. 북송 제국이 무너져가던 1126년 즈음에는 금 1냥의 가치가 2만 전으로 되더니, 1209년 금나라와의 파괴적인 전쟁 이후로 4만 전까지 올랐다. 은의 경우에도 가격 급등 현상이 발생하여 1160년에서 1252년까지 은 1냥에 동전 3000개를 지불하는 것에서 4000개로 올랐다. 마르코 폴로는 13세기 중국에서 금의 가치가 은의 다섯 배라고 하였지만, 다른 증거 자료들을 보면 금 1냥에 은 10냥의 비율이었음을 알 수 있다.[25] 중국은 금에 대한 은의 상대적 가치가 세계에서 가장 높았던 곳이긴 하지만, 그렇다 해도 송 왕조 멸망

---

24) 蕭清, 『中國古代貨幣史』, pp. 238-239; Von Glahn, *Fountain of Fortune*, p. 55.

25) 王文成, 『宋代白銀貨幣化硏究』, pp. 175-178, 198-201. Golas, *Science and Civilisation in China*, pp. 123-124, 133-134.

바로 전에 은에 비해 금의 가치가 유독 더 많이 떨어졌을 가능성은 거의 없다.

금과 은 가격의 인플레이션은 부동산 가격의 급등에 비하면 약과였다. 부유한 가정들은 귀금속이 아니라 농지에 투자했으며, 이것이 자산 가격을 하늘로 치솟게 해주었다. 중국인들의 인식, 곧 그들이 생각하는 안정된 사업이 무엇인지를 반영한 투자 방식이었다. 유교적인 윤리 체계와 맞으며 동시에 경제적 안전성과 이윤 창출의 방면에서도 가족에게 유익한 선택으로 여겨졌던 것이다.

돈을 대부하는 행위는, 기독교도 사이에 금지되었던 중세 시대 유럽 경제에 비해 중국 경제에서는 훨씬 더 널리 퍼져 있었다. 중국에서는 일반적으로 이율이 엄청나게 높았다. 송대 개인 대부업자들은 한 달 4퍼센트의 이자를 매길 수 있었고, 정부는 월 5퍼센트 이자율로 돈을 빌려주었다. 당대 전당포에서 단기 융자를 줄 때는 그보다도 훨씬 더 높은 이율을 부과했다. 작은 무늬가 있는 홑겹 명주옷을 담보로 맡겼다가 찾아간다 해도, 단 하루 융자에 50전의 이자를 지불해야 했다. 견 1필을 6일간 저당 잡혔다가 찾아가려면 120전을 이자로 내야 했다. 이것은 연이율로 치면 수백 퍼센트가 되며 저당 맡긴 물품 시장가격의 몇 배에 달했다. 982년 황제의 금지령이 내려졌음에도 불구하고 이를 어기는 압도적인 이자율 때문에, 정부 관리들 사이에서는 공공복지를 우려하는 목소리가 나오고 여러 차례 재정 개혁도 시도되었다.[26]

---

26) Yang, *Money and Credit in China*, p. 95; 劉秋根, 「唐宋高利貸資本的發展」, p. 37.

양세법

780년에 당 왕조의 고위 관리인 양염陽炎이 잡다하게 많았던 기존의 조세들을 통합하고 가난한 농민의 부담을 일부 경감하려는 의도로 양세법兩稅法을 수립하였다. 이런 원칙 위에서 지역 사정에 맞추어 여름 또는 가을, 일 년에 한 번 혹은 두 번으로 나누어 징수하였다. 1077년에는 연간 세액의 31퍼센트가 여름에 그리고 69퍼센트가 가을에 납부되었다. 이런 개혁은 국가 예산의 고정화를 향해 가는 과정의 첫 걸음이었다. 정부의 연간 지출을 계획하고 이것을 예정된 연간 수입에 맞추려고 시도한 것이었다. 양염은 "매년 국가의 지출 예산을 무엇보다 먼저 짜야 한다"며 그 예산을 기초로 필요한 조세 총액을 과세 대상인 현들에 할당하는 것으로 하였다.[27]

양세법 이전의 옛 조세제도에는 해마다 곡물로 내는 토지세, 직물로 납부하는 세, 그리고 시간과 노동의 형식으로 제공하는 의무적인 봉사 세 가지의 항목이 있었다. 그것을 대체한 새로운 제도는 토지세와 호구세戶口稅를 결합시킨 것으로, 토지 이외의 재산도 포함했으며 현금이나 현물로 납부하도록 했다. 개혁의 의도는 조세제도를 합리화하고 안록산의 난으로 시작된 30년간의 내전 기간의 인플레이션을 통제하는 데 있었다. 토지에 부과하는 세금은 여전히 정부 수입 중 가장 중요한 재원이었고, 그 이유 때문에 (당대에 지주 귀족에 속했던) 많은 관

---

27) Twitchett, *Financial Administration*, p. 39; 陳登原, 『中國田賦史』, pp. 99-108; 『文獻通考』, 3:45; Fu, "A Study of Governmental Accounting," p. 118.

리들이 이에 반대하였다.

유종원柳宗元이 호남으로 좌천되어 있던 810년대에 쓴 글에서, 뱀 잡는 땅꾼의 사례를 들어 세금을 현물세로 내느냐 현금세로 내느냐 하는 문제를 언급한 내용이 있다. 유종원의 임무 일부가 세금 징수였는데, 그가 땅꾼에게 세금을 뱀이 아니라 현금으로 내야 한다고 하자 그 땅꾼이 왈칵 눈물을 쏟으며 울었다.

> 저를 가엽게 여겨 제발 살아갈 수 있게 해주십시오. 제가 하는 일이 비록 불행하다 하나, 돈으로 세금을 내야 한다면 더욱 불행해질 게 뻔합니다. 제가 이런 일이라도 하지 않았다면 벌써 오래전에 곤경에 처했을 것입니다. 제 가족 3대가 이 마을에 자리 잡고 산 지 60년이 되었지만, 갈수록 제 이웃들은 하루하루 벌어먹고 살기가 더욱 어려워졌습니다. 그들은 가족의 벌이와 땅에서 난 작물을 다 소비해도 도움이 필요하여 이를 호소하다 결국은 떠나야 했습니다. 굶주림과 목마름, 더위와 추위, 풍우에 시달리고 유독한 공기를 들이마셨습니다. 혼란 속에서 죽었고…… 겨우 저 혼자 뱀 잡는 일을 해서 살아남았습니다.[28]

유종원은 그 힘든 세금의 독이 뱀독보다 나쁘다고 결론내리고, 백성이 어떻게 사는지 살펴야 할 임무를 가진 사람들은 정부 정책을 결정하기에 앞서 이 사례를 기억하여 현물로 세금 내는 것을 허락해줘야 한다는 그의 바람을 글로 표현한 것이다.

---

28) Liu, *Chinese Classical Prose*, p. 109.

　이론적으로 양세법은 강제적인 노동 봉사를 폐지하였다. 그렇지만 중국의 어떤 정권도 그것 없이는 유지될 수 없다는 사실이 얼마 지나지 않아서 드러났다. 오대 시대에 징집되는 부역자 비율이 급격히 상승하더니 송대에도 요역은 계속 존재하였다. 관인, 관인 가정의 구성원들, 승려, 군인을 제외한 20세에서 60세 사이의 모든 남성이 요역 의무의 대상이었다.

　구양수가 간관諫官의 자리에 있을 때 황제에게 황제의 사치와 그것 때문에 강제 노역자들에게 부과되는 고통에 대해 불만을 표하였다. "최근 공주가 태어났다고 국고에 요구한 액수가 적어도 견 8000필이 된다는 보고를 받았습니다. 혹독한 겨울이 지금 막 그 절정이라서 염색 공방의 가련한 노동자는 얼음을 깨서 물을 길어가며 부과된 분량을 대느라 말로 다 표현할 수 없는 고통을 당할 것입니다. 염색공들이 이미 작업을 하고 있다고 전해 들었지만, 제가 아는 폐하의 인정과 절검하심을 생각하면, 이러한 낭비적인 요역이 부과되었다는 것을 믿을 수가 없습니다."[29] 이 불평의 결과는 알 수 없다. 더욱이 지방의 백성들은 보수도 받지 못하고 지방 관서의 다양한 하급 행정 업무를 완수해야만 했다.

　당 왕조시대에는 지방의 세수稅收가 세 방향으로 나누어졌다. 3분의 1은 수도 중앙정부의 황제 재정으로 가는 상공上供, 3분의 1은 광역 행정 단위로 이전되는 유사留使, 나머지 3분의 1이 해당 주의 지방비에 충당되는 유주留州였다. 이러한 조세 분배 제도는 지방정부 당국에게

---

29) Giles, *Gems of Chinese Literature*, p. 156에서 인용함.

회계 업무를 관리하는 데 어느 정도 자유를 허용하기도 했지만, 동시에 중앙정부가 고정적이며 정기적인 상공을 받는 대가로 지방정부에 대한 중앙의 효율적인 지배를 기꺼이 방기한다는 의미이기도 했다.[30] 돈을 차용하는 방식의 재정 수단이 고안된 적이 없기 때문에 정부가 부채를 지고 국가를 운영할 수 없는 재정 체계에서는 당연히 연간 조세 수입이 지출 비용을 감당할 만큼 충분한 액수가 되어야만 했다. 사전에 조세를 징수해두는 것만이 임박한 비용들을 지불할 수 있는 유일한 방법이었다.

그러나 현실적으로는 양세법만으로 연간 비용을 다 충당하지 못했고, 따라서 국가는 술, 차, 소금에 대한 전매제도를 회복시켰다. 이 물품들의 판매로 추가 재원을 확보할 수 있었다. 9세기 초 당 선종 치세에는 소금 한 품목의 전매에서 나온 수입이 연간 전체 수입의 절반을 차지했다. 송대까지도 이 세 가지 품목들은 계속적으로 전매품이었고 여기에 유향이 추가되었다.[31] 1170년대를 보면 여전히 소금 전매와 함께 양조장에서 나오는 세금이 국가 재정의 반을 차지했다. 전국에 양조장의 수는 1077년의 경우 1861곳으로 등록되었다.

송 왕조도 지방 세입을 세 방향으로 나누는 제도를 받아들였지만, 중앙 황제 재정의 비율이 그 대부분을 차지했다. 은 수입의 약 61.5퍼센트, 견직물 수입의 49퍼센트, 명주솜의 67퍼센트, 마포의 53퍼센트 그리고 곡물의 35퍼센트가 중앙의 몫이었다.

30) Peterson, "Court and Province in Mid-and Late T'ang," p. 498.

31) 『宋史』, 174:4202.

송대 조세 부담

다섯 등급의 자작농 호구 등록은 지방 관리들로 하여금 조세를 책정할 수 있게 해주는 인구학적 근거 자료였다. 송대 일반민에게 부과된 조세는 지역에 따라 달랐고, 실제 연간 수확에 의해서라기보다 토지 비옥도 등에 근거하여 이전에 확정된 할당액을 준수했던 것 같다. 조세 부담은 정상적인 경우에 연간 수확량의 10퍼센트를 한 번 또는 (봄과 가을) 2회 분할로 납부하는 것과, 꽤 부담되는 양의 견이나 다른 직물을 내야 하는 분담금이 있었다. 농민들은 고정된 환산율에 맞춰 곡물 대신 견이나 기름과 같은 다른 산품을 납부할 수도 있었고, 현금으로 내는 것도 가능하였다.

세금으로 요구되는 직물 수량으로 비교하면, 당에서 송으로 이행하면서 조세 부담액이 상당히 증가한 것을 알 수 있다. 당대는 표준이 되는 견 1필의 길이가 12.04~12.64미터 폭은 54.18센티미터였고, 마직 등의 다른 직물 1필의 길이는 15.8미터였다. 송대에 가장 중요한 조세 직물인 견의 경우 1필이 13.29미터와 79센티미터로 더 길고 더 넓어졌다.[32] 농가에서는 그것을 생산하기 위해 당대보다 더 많은 재료와 시간과 노력을 투입해야만 했다. 어려운 작업 조건 속에서 여성들은 베틀의 북을 앞뒤로 던지며 말코에 한 치 한 치씩 감아 현에서 부과한 세금의 수량을 맞추었던 것이다. 750년에 연간 견직물 징수 수량은 740만

---

32) 이와 다른 측정에 대해서는 『宋史』, 175:4231~4232; 『中國傳統工藝全集: 絲綢職染』, p. 542도 참고하라.

필에 달한 것으로 확인되지만, 송대의 그것은 겨우 290만 필이었다. 이 숫자는 현물 납부에서 현금 납세로 변화한 사실을 분명하게 보여 준다.[33]

연간 조세를 현물로 내는 것 외에도, 999년에 '화예매和預買(혹은 화매)' 원칙이 도입된 후 견을 짜는 농가들의 경제적 사정은 더욱 악화되었다. 화매 제도는 정부가 농민에게 조세 공제를 해주고 그것을 견직물로 갚게 하는 것이었다. 이 제도에 의해 시중 가격보다 낮추어 책정된 값으로 국가에 강매된 견의 양은 엄청났다(1047년의 경우 3000만 필). (모든 종류의 세액을 합하여) 연간 총 조세 수입은 평균 견직 1100만 필이 넘고 명주솜은 거의 560톤에 달하였다.[34] 현금, 곡물 또는 견으로 징수된 재정 수입이 평화 정책과 이민족 정부에게 지불하는 모든 현물 세폐의 재원이 되었을 뿐 아니라 북방 변경을 따라 설치된 군대를 지원할 수 있었다.

양세 제도와는 별개로 송대 백성들에게 부과되었던 세금에는 다섯 가지 종류가 더 있었다. 첫째, 자영농은 그들이 정부로부터 빌린 모든 농지에 대해 세금을 내야 했다. 둘째, 자기 부동산을 가진 도시 주민들은 가옥세와 함께 농민과 같은 토지세를 합하여 세금을 납부했다. 도시 주민에게 부과된 이 세금은 북송 말까지 도시에 사는 사람이 송대 인구 전체의 7퍼센트 정도까지 늘어남에 따라 중요한 재원이 되었다.

---

33) 『蒙臣集編年校注』 책3, p. 922; 『中國歷代戶口田地田賦統計』, p. 284; 『宋會集集稿』, 책156, 「食貨」 64:6086~6093에 기초함.

34) 魏天安, 「宋代布帛生産槪觀」, p. 98; 연간 조세 수입 액수는 Kuhn, 「宋代四川的紡織業」, pp. 253~254.

셋째, 20~60세의 모든 남자 성인은 현금으로 인두세를 내야 했다. 넷째, 가죽, 힘줄, 소뿔, 농기구, 뽕나무, 누에, 소금, 차, 식초 게다가 일곱 가지 곡물, 열 가지 종류의 견, 갈포 실과 천, 이른바 금철金鐵 품목 네 가지(금·은·철·동), 그리고 지역 생산품들은 사고팔 때 세금이 부과되었다. 지역 생산품에는 가축, 대나무, 마초麻草, 과일, 약초, 기름, 종이, 땔나무, 탄, 칠, 밀납 등이 포함되었다. 마지막으로, 객상들은 거래 상품 가격의 2퍼센트를 세금으로 내야 했고 이것은 여러 차례 부과될 수 있었다. 또 시장에서 상품을 파는 상인들은 3퍼센트를 내야 했다.[35]

시기와 지역에 따라 다르지만 얼마간의 농산품들은 면세품이었다. 농기구, 곡물, 땔나무, 일상적으로 사용하는 다른 몇 가지 품목들이 이에 해당되었던 것 같다. 그럼에도 불구하고 조세 부담은 농민, 평민 그리고 상인들을 무겁게 짓눌렀다. 육유가 1202년에 쓴 이 글에 농민들도 동감했을 것이다. "금년에라도 부디 세금을 제때 내서 우리집 사립문을 관리가 박차고 들어오지만 않는다면 그보다 더 좋은 일이 없을 듯하다."[36] 항상 더 많은 세금을 걷으러 찾아다니는 탐욕스런 국가 행정관들을 피할 수 있는 것은 지역 조세 등록처의 서리나 관리와 좋은 연줄을 가진 특권층 사람들에게만 가능한 일이었다. 이러한 모든 재원으로부터 들어오는 수입 때문에, 송대 국고의 연간 조세 수입은 당대와 비교해볼 때 아마 일곱 배 정도까지 엄청나게 증가했고 경제도

---

35) 『宋史』, 174:4202-4203; 『宋元經濟史』, pp. 126-127; 『宋史』, 186:4541.

36) The Old Man Who Does as He Pleases, p. 56.

놀랍게 성장하였다.[37]

1070년대는 다양한 상품세가 부과된 결과, 판매되는 모든 물품의 현금 총 시가가 대략 1억 관 정도였는데 그중 약 5~10퍼센트가 상업세로 국고에 들어왔다. 1077년의 상업세는 동전과 철전 약 870만 관이 되었다. 10세기 말 이래로 두 배 이상이 된 것이다. 조세 수입이 증가한 한 가지 이유는 교역 중심지의 기능을 가진 시장 도시인 진鎭의 수가 급속히 늘었기 때문이다. 새로운 도시 진에서 대량의 물품 거래가 이루어졌고 세무 관리들이 이것을 놓칠 리 만무했다.[38]

995년에서 997년까지 정부의 총 현금 수입 합산액은 2220만 관에 달하였는데, 이중 전매가 대강 525만 관이니 25퍼센트가 넘는 셈이었다. 1064년에는 술과 소금에서 나오는 수입 약 210만 관을 포함하여, 1억 1600만 관에 이르렀다. 그러나 그 시기에 지출이 수입을 앞서나가고 있어서 정부는 다른 재원으로 수지를 맞춰야만 했다. 국고에 저장된 세입과, 현금과 교환 판매된 수백만의 교자 발행에서 얻어낸 이익으로 초과 지출을 충당했을 것이다. 997년과 1085년 사이에 현금으로 납부한 세액의 비율이 40퍼센트에서 70퍼센트로 증가했다. 확실히 북송대 전체 경제가 전매와 상업세에 기초를 두고 있었으며, 전매와 상업세는 현금 납부에 더 많이 의존하게 되고 또 양세법으로 농민에게서

---

37) 『宋史』, 422:12605.

38) Lewin, "Gewerbe und Handel im China der Song-Zeit, Teil II," p. 135; 漆俠, 『宋代經濟史』, p. 1009; 包偉民, 『宋代地方財政史研究』, p. 319. 繆坤和, 『宋代信用票據研究』, p. 42.

징수한 수입을 앞질렀다.[39]

남송대 국가 수입과 지출을 종합적으로 계산하는 것은 가능하지 않지만 여러 정보로부터 알 수 있는 사실은, 지주인 상류층들이 완벽하게 세금 피하는 기술을 구사함에 따라 양세법으로 거둬들인 몫은 감소했다고 결론지을 수 있다. 그럼에도 불구하고 12세기 후반 다양한 재원에서 현금으로 들어오는 국가의 연간 수입은 높은 수준을 유지하였다. 조세의 상당 부분, 특히 소비세와 인두세를 은으로 납부하게 된 12세기 후반부터는 은 역시 지속적으로 중대한 기능을 하였다.[40]

이민족 정부의 재정 정책

요 정부는 거란 씨족을 제외한 통치하의 정주민들에 대하여, 당대의 양세법을 변경하여 다소 불규칙적으로 요구되는 요역제와 혼합한 방식을 시행하였다. 1005년 송과 요 사이에 합의가 이루어진 후에 매년 송에서 견과 은으로 지불하는 교부금은 요 정부가 취하는 총 연간수입의 상당 부분을 차지하였다. 서북쪽 탕구트족 서하 정권의 경제사정도 기본적으로 요와 다르지 않았다. 서하 정부 역시 송이 평화의

---

39) 『宋史』, 179:4349; 李華瑞, 『宋代酒的生産和徵権』, p. 367; 996년에서
   1112년까지 소금 전매 수입은 Chien, *Salt and State*, p. 99를 보라.; 『宋史』,
   179:4353; 錢穆, 『國史大綱』, p. 388. 高聰明, 『宋代貨幣與貨幣流通研究』, p. 18;
   包偉民, 『宋代地方財政史研究』, pp. 316-318.

40) Von Glahn, *Fountain of Fortune*, p. 55.

대가로 지원하는 것을 받았다. 송 측의 국가 경제로 볼 때 매년 견을 공납하는 것은 문제가 되지 않았으나 요와 서하에 세폐로 주는 은의 경우는 국내 연 생산의 20~30퍼센트나 되었다. 그래도 그들과의 국경무역이 점차 늘어나고, 세폐로 지불한 은의 상당 부분이 무역을 통해송으로 되돌아왔기 망정이지, 아니었더라면 송 왕조로서는 감당하기어려웠을 것이다.[41]

여진족이 요의 영토와 송의 북쪽 지역의 모든 도시와 마을을 병합할때에 수도의 국고에 있는 정부의 비축을 모두 장악하였다. 1126년 초북송의 흠종은 여진이 요구한 평화협정 조건을 충족시키려 필사적으로 노력하여, 견, 가축, 금속을 포함한 유례없는 거액의 전쟁 배상금을지불하기로 약속했다. 그는 거역하는 사람은 모두 다 처형한다고 협박하며 국고, 주둔지, 관리와 평민의 집에서 갖고 있는 금, 은, 동전 비축을 모두 징발하라는 칙령을 내려 귀금속 자산을 빼앗았다. 『대금국지大金國志』에 따르면 개봉 한 곳에서만 금괴 300만, 은괴 800만, 견직물 5400만 필, 비단 1500만 필을 거둬들였다.[42] 이때 금이 거둔 전리품을 값으로 따지면 그 뒤로 110년 동안 송 왕조가 금 왕조에게 갖다 바친 평균 세폐를 모두 합한 것보다도 컸다.

금이 세웠던 괴뢰 정부 제齊가 1137년에 해체되었을 때 금 왕조는다시 한 번 재화를 챙겼다. 이런 자금은 정부가 황족이나 다른 고위 관리와 충신들에게 선물과 보상으로 나누어주는 데에 쓰였을 것이다.

---

41) Tao, *Two Sons of Heaven*, p. 32.

42) 『大金國志』, 32:3b.

예를 들면 1142년에 어떤 개선장군은 노비 1000명, 말 1000필, 양 100만 마리, 은 2000냥, 포백布帛 2000필을 받았다. 1142년에 금과 송 사이의 적대관계를 끝내는 맹약 문서에서 송은 다시 한 번 거액의 견과 은의 세폐 지불을 약조했다.[43] 11세기에 요 제국의 생존을 안전하게 해주던 송 왕조의 재정적 보조금이 다시 120년 동안 금 제국의 막대한 군대 예산을 지원해주게 되었다.

금의 조세제도는 송 모델을 따랐고 1180년에 상업세를 추가하였다. 금 왕조의 송 화폐제도 모방은 덜 성공적이었다. 상당한 양의 현금을 생산하기 위한 원료뿐 아니라 기술도 부족하여 금 왕조는 북송 주전을 합법적·불법적으로 수입하는 데 크게 의존하였다.[44] 남쪽으로의 이주 기간에 송의 화폐제도가 거의 완전한 붕괴에 시달렸을 때 금 역시 동전 부족 사태를 겪었다. 그러나 송이 연례 보상을 약속한 1142년 조약 이후로 금의 통화 부족 상황은 감소되었다. 금 정부는 1154년에 자체 교환 증권을 도입하고 1157년에는 동전을 주조하고 지폐 교초交鈔도 발행하기 시작했으나, 결코 환율을 안정화시키지는 못했다.

송과 비교할 때 요, 금, 서하 왕조의 경제사는 당혹스러울 정도로 혼란스럽다.[45] 세 왕조 모두 남쪽의 이웃 나라에서 제공하는 보조금으로 막대한 이익을 얻었다. 송이 200년 이상 이들 이민족 정부들에 자금을 댔다는 사실이 이들 정권들의 국가 경제를 올바로 평가하기 어렵게 한다.

---

43) Franke, "The Chin," pp. 302-303; 『宋史紀事本末』, 72:755.

44) Von Glahn, *Fountain of Fortune*, p. 52.

45) Twitchett and Tietze, "The Liao," p. 95.

12

| 공적 영역에서의 사생활 |

동아시아의 중세 사회는 모두 계서적인 사회 질서가 만연하였고 대부분의 사람들이 공적 영역에서든 사적 영역에서든 일상적으로 엄격한 규율을 따랐다. 그런데 중국에서는 송대 유교의 부흥이 이러한 전통에 힘을 더해주었다. 송대 중국인의 생활 방식은 그들의 사회적 지위에 의해 제한받고 강도 높게 통제되었으며, 이러한 현실은 그들이 주택, 교통, 개인의 외관, 오락, 건강 등의 여러 방면에서 각자 무엇을 선택할지 그리고 어떤 선택이 허락되는지에 영향을 미쳤다.

송대 사회는 초기에 방임적 자유주의를 어느 정도 누렸는데 이 점은 당시 중국 밖의 여타 사회와 다른 점이었다. 특히 경제적 자유주의로 인해 시장에서의 자유가 꽤나 많이 허용되었고, 그 결과 상품 생산과 분배의 부문에서 쇄신이 이루어지기도 하였다. 그렇지만 유교 이념이 팽배해져가면서, 상당히 부유한 상인과 교역업자라 해도 가족의 지

위, 개인의 명망, 특권 등에 관해서는 사대부 중 가장 초라한 자들보다
훨씬 낮은 등급으로 평가되었다.

주택과 가구

송대 대다수의 인구는, 지역 관습에 따라 그 지역의 재료로 지어진
작고 창이 없는 시골 오두막에서 살았다. 단칸 또는 두 칸의 방이 있는
이 집들은 어둡고 환기가 잘 안 되고 대개 눅눅한 흙바닥에다 앞문은
으레 부서져 있고 지붕은 물이 새기 일쑤였다. 당·송 시대 최하층의 사
람들 즉 부유한 집의 노비나 하인들의 경우는 다른 사람들 또는 가축
과 함께 한 공간에서 잠을 잤다. 평민의 가옥은 촌이든 도시든 너비가
일정한 앞대문만 두는 것으로 제한되었고, 또 평민들은 색칠이나 장
식적인 문양을 써서 집의 외양을 꾸미는 것도 금지되어 있었다.

부유한 지주와 관리의 주택은 훨씬 더 널찍한 공간에 안락하며 풍요
롭기까지 했다. 그러나 여기서도 엄격한 건축 규정이 있어서 계급에
따라 건물의 크기와 형태가 지정되었다.[1] 서까래, 기둥, 공포栱包 등의
개수, 건물 곳곳의 색깔, 상징, 장식 등이 주인의 사회적 지위에 따라
정해진 규제를 받아야 했다.

부유한 사람들 사이에서는 주택을 지을 때 조상 사당을 최우선적으

---

1) 『宋史』, 154:3600; Ruitenbeek, *Carpentry and Building in Late Imperial China*,
   pp. 177-181.

로 중시했다. 주희는 1305년 처음 간행된 그의 『가례家禮』에서 "사대부가 집을 지으려 할 때는 맨 먼저 집 대청의 동쪽에 사당을 세운다"라고 설명하였다. 사당은 남성 후손들이 제단 앞에서 조상의 신주들에게 제사를 지내는 곳으로, 상류층 가정의 정신적 중심지였다.[2] 게다가 상류층 주택에는 응접실, 주인 방, 가족들의 개인 공간, 또 하인들의 구역도 있었다. 연못과 정자를 갖추고 있으며 명상적 분위기를 자아내는 정원은 학자의 생활양식에 필수적인 것으로 여겨졌다. 소식이 1084년 왕안석에게 보낸 시에 따르면, 북송의 수도 개봉에 있던 한 고위 관리의 집은 타일 지붕에 담을 두른 복합주택으로 그 면적이 3무(1700제곱미터)나 되었다. 대부분의 개인 주택은 단층으로 이루어져 있었다. 다만 매우 번화했던 남송의 수도 항주에는 숨 막히는 여름 열기 속에서 통풍이 더 잘 되며 공간이 더 넓은 2층짜리 건물이 주요 도로를 따라 생겨났다.

심지어 황제마저도 왕조의 창업자인 태조가 정한 건축 규제, 즉 황궁에 자색과 백색 이외의 색을 금지시킨 규율에 얽매여야 했다. 이후의 송 황제들은 태조의 뜻을 성심으로 존중하였다.[3] 부유층과 권력층은 그 많은 규제들을 무릅쓰고라도, 대청 한 곳을 꾸미는 데만 20만 관 이상을 쓸 만큼 사치스러운 저택을 지었다. 왕조 초기에 태조의 고문으로 영향력 있었던 조보趙普(921~991)는 자신의 집에 최고의 건축 자

---

2) Ebrey, *Chu Hsi's Family Rituals*, pp. 6-9.

3) Lamouroux, "'Old Models': Court Culture and Antiquity between 1070 and 1125 in Northern Song China."

재만을 사용했다. "조보가 자신의 집을 지을 때 대마를 섞어 넣은 특별한 회반죽에만 1200관 이상을 썼으며…… 가옥 전체에 거친 대자리 대신 나무판자를 깔았다"고 한다.[4]

정치가이자 괴짜 멋쟁이였던 장자張鎡는 항주의 북쪽 외곽에 자리한 자신의 주택을 짤막하게 묘사한 1202년의 글에서 80여 개의 방, 별택, 정자, 다리, 연못, 정원 등을 자랑하는 그의 집은 북송대 낙양의 유명한 저택들까지도 왜소해 보이도록 만든다고 했다.

> 1187년 가을에 나는 내 옛 주택을 불교 사찰로 바꾸었다. …… 13년 후인 1200년, 풍광에 맞춰 달리 해보겠다는 새로운 계획이 내 마음에 생겼다. …… 동쪽 사당은 황제의 후의에 보답하고 조상을 기리기 위한 곳이고, 서쪽 거택은 휴식과 아이들을 기르기 위한 장소이며, 남쪽 호수에서는 풍월風月을 살피며, 북쪽의 정원은 손님과 친지들을 즐겁게 하는 곳이다. 여기 암자 '역암亦庵'은 이른 아침에 축성을 올리며 선업을 쌓기 위한 명상의 장소이다. 서재 '약재約齋'는 낮에 책을 보면서 내 노년의 학문을 닦는 곳이다. …… 참으로 "조물주(자연)"도 평온함에 대한 나의 작은 바람을 저버리지 않았다.[5]

"고고하고 우아한 저택은 금지된 것인데도 그것을 건축하느라 돈을 한없이 낭비했다"라는 것을 장자와 동시대인으로서 이러한 행태를 못

---

4) 『夢溪筆談』, 24:236(no. 425).

5) Lin, *The Transformation of the Chinese Lyrical Tradition*, p. 31.

마땅히 여긴 왕매王邁(1184~1248)의 글을 통해 알 수 있다.[6]

9세기에는 대자리의 개수로 방의 크기를 나타냈다. 상류층에 속한 사람들은 비로 쓴 바닥에 대자리를 깔고 그 위에 앉거나 누워 자는 것을 좋아했으며, 방바닥에 좌정하는 것을 특별한 계층의 사람들에게 가장 어울리는 자세로 간주했다. 2세기가 좀 더 지난 후, 재상 사마광과 같은 보수적인 가정의 가족생활은 여전히 타일을 깐 바닥 위에 펼쳐놓은 대자리를 중심으로 이루어졌다. 그는 당시에 최신 유행이 된 의자에 앉는 습관, 특히 여성이 그렇게 하는 것에 대하여 맹렬히 반대했다. 그런데 12세기 말에 육유가 본 바에 따르면 이렇게 달라졌다. 옛날에는 본데 있게 자란 부녀자가 의자에 앉으면 예절이 없다고 놀림을 받았다. 그러나 지금은 걸상, 가리개와 더불어 다양한 높이의 탁자가 없어서는 안 되는 필수품이 되었으며, 상류 계급의 가정은 대부분 바닥 생활로부터 등받이가 있는 나무 의자 생활로 옮겨갔다.[7]

부자들은 무늬 있는 비단 커튼, 다양한 형태의 창 가리개, 수놓은 벽걸이 등으로 집을 꾸미는가 하면, 물시계가 있어 새벽을 맞도록 "똑 똑 …… 시간을 알렸다."[8] 부잣집 사람들은 가내 일상 용품을 선택하는 데도 자기들의 지위를 과시했다. 그들의 대나무 자리에는 용과 봉황 문양이 있으며 거칠게 짠 멍석이나 보통 등나무 돗자리와는 현격히 달랐

---

6) Shiba, *Commerce and Society in Sung China*, p. 204에서 인용.

7) 『(韓)昌黎(先生)全集』, 4:1b-2a. 좀 더 많은 정보를 위해서는 Kieschnick, *The Impact of Buddhism on Chinese Material Culture*, p. 223에서 자세의 변화에 대한 박학한 논의를 참고하라.

8) Lin, *The Transformation of the Chinese Lyrical Tradition*, p. 216.

다. 그들은 오색의 넝쿨줄기나 흰색 등나무로 만든 궤를 좋아했다. 태주泰州에서는 최고급 금칠 제품을 만들고, 광주는 거북 가죽의 공급지이며, 상어의 표피 가죽은 온주溫州와 다른 연안 지방에서 난다는 등의 정보를 잘 알고 있었다.[9] 여성들의 공간인 안채에는 얇게 비치는 비단에 수를 놓은 커튼, 사자 모양의 향로, 서각으로 만든 잔, 수놓은 비단 누비이불, 진홍색의 망사 수술, 용 모양의 옥 조각품, 옥제 거울 등이 있었는데 이런 정도는 기본적인 것으로 여겨졌다.

꽤 많은 금세공인의 이름이 알려져 있긴 하지만 송대의 금·은 제품은 당대와 비교하면 매우 적은 양이 전해진다. 당대에는 금제와 은제 아니면 은에 금도금을 하여 만든 접시, 쟁반, 잔, 사발, 용기, 주전자, 향로, 봉황 머리핀, 향랑, 장신구 등이 거의 완벽한 수준을 자랑했다. 송대의 제품이 드문 이유 중 하나는 순금 제품들은 황제와 황실에서나 보유하는 것이었기 때문일 것이다. 관리들이 금잔이나 금대접 등을 사용하는 것은 오직 황제가 하사한 경우에나 가능하였다.[10] 그러나 또 다른 이유는 유교적 교육을 받은 지배층 사이에 근본적으로 변화한 미학적 가치 때문이었을 것이다. 탁월하고, 다채롭고, 값이 적절하면서도 기술적으로 새롭고 또 그래서 유행에 앞서는 송대의 도자기들은 순수함, 모양, 재료 등 모든 면에서 새로운 취향을 구현하였고, 대개 5대 유명 요窯, 즉 관요官窯, 정요定窯, 여요汝窯, 균요鈞窯, 가요哥窯에서 생

---

9) 張家駒, 『兩宋經齊中心的南移』, p. 27.

10) Louis, *Die Goldschmiede der Tang- und Song-Zeit*, pp. 183-185. 齊東方, 『唐代金銀器研究』; 『宋會要集稿』, 책44:1782; Ch'ü, *Law and Society in Traditional China*, p. 144.

산되었다. 단색으로 유약을 입힌 것은 황실과 사대부들의 매우 세련된 심미안을 반영하였다. 정주定州와 자주磁州의 가마에서 나오는 이 제품들 위에 꽃, 물고기, 새, 용, 구름 등의 주제를 명인의 솜씨로 손수 그려서 깎거나 새겨 넣는가 하면, 일상과 자연의 장면을 먹으로 그리기도 하였다. 그들의 현실에 대한 신선한 감상과 아름다움에 대한 새로운 이해를 표현해냈던 것이다.

여주의 여요와 균요, 용천龍泉, 경덕진景德鎭 가마는 특히 표면에 균열이 가도록 굽는 등, 특수 효과를 내는 최고 품질의 다양한 유약이 사용되고 특히 유약의 촉감이 곱고 매끈하며 차갑거나 따뜻한 느낌을 주는 것으로 명성이 높아지면서 생산품의 종류도 확대되었다.[11] 송대의 도자기 생산은 단연코 최고 수준이던 예술적 성취와, 고급 기물에 대한 수요가 증가하던 시대에 요구되는 대량생산 기술이 매우 훌륭하게 조화를 이루면서 가능하였다. 강서성 경덕진의 도자기 생산은 진종 경덕景德 연간(1004~1007)에 시작되었다. 몇 세기 후에 경덕진은 세계에서 가장 유명한 도자기 생산 중심지가 되었다.

정부는 귀금속에서 도자기로 취향이 변화한 데 대해 관심을 가지고, 실제로 그 변화가 진행되는 데 도움을 주기도 했을 것이다. 만약에 가정 물품으로 금과 은을 사용하는 것이 당 왕조 때와 마찬가지의 규모로 계속되었다면, 금속 화폐의 유통에 의존하는 경제를 추구하기에도, 또 이민족 정부에 은으로 보조금을 지불하여 평화를 사는 데에도

---

11) Hughes-Stanton and Kerr, *Kiln Sites of Ancient China*; Vainker, *Chinese Pottery and Porcelain*, pp. 88-133.

많은 어려움이 있었을 것이다. 상류층에서는 끊임없이 금속제 그릇을 사재기하거나 귀금속으로 만든 용이나 봉황 모양의 머리핀과 잔과 접시 등을 수집하였다. 그렇지만 도자기 종류가 폭넓게 다양해지면서 거친 질감을 가진 매력적인 황갈색 그릇에서부터 학자들의 서재나 다례茶禮에 적합하고 수집품으로서의 가치도 충분한 매우 곱고 정교한 고급 기물까지 시장에서 구입할 수 있게 되자, 이제 금·은기를 소지하는 것으로써 당대와 같은 그런 매력과 사회적 명망을 가질 수는 없게 되었다.

이동 수단

네 면이 모두 닫혀 있고 짐꾼이 운반하는 가마라는 이동 수단은 송대 초기에는 일반적이지 않았다. 11세기의 많은 사대부들은, 동물이 해야 할 일을 사람의 힘으로 대신하여 네 명 또는 여덟 명의 짐꾼이 가마를 나르는 것은 부적절하다고 생각했다.[12] 관리들이 연로해지거나 건강이 나빠졌을 때에 한해서 가마 타는 특권을 가질 수 있었다. 황제가 도성에 거하고 있을 때 관리들은 말을 타는 것이 의무였다. 물론 최고위직 관리들은 붉은 휘장을 드리우고 가죽으로 꾸며진 말이 끄는 수레를 탔다. 상류 계급의 부녀들은 수레에서 향기가 나게 하는 것을 좋아하였다.

---

12) Zhang, "The Culture of Travel in Song China," p. 82.

11세기 말이 되면서 가마 사용에 대한 제한이 없어지고 남송대가 되면 가마가 오히려 일반적인 이동 수단이 되었다. 이러한 태도 변화의 원인은 새로운 수도 항주와 관계가 있었다. 즉 포장이 된 항주의 도로에서는 말을 타는 것보다 가마가 안전했다. 또 가마는 관리들로 하여금 대중들이 모두 보는 앞에서 자신들만 누리는 지위를 과시할 수 있게 해주었다. 관리들이 지나갈 때 평민들은 말 등에서 즉각 내려 비켜서 있어야 했다. 늙고 병든 여성들은 천으로 가려진 가마를 편하게 탈수 있었지만, 그 밖의 평민들은 어떤 경우라도 가마 이용이 허락되지 않았다.[13] 평민들은 걷거나 또는 경제력이 허락될 경우에는 일꾼 두 명이 나르는 좀 조잡하게 멋을 낸 대나무 의자에 편히 앉아 갈 수가 있었다. 가끔은 소나 나귀가 끄는 작은 수레를 타고 그 덜커덩거림을 견디었다.

거란족 전사와 그 아내들은 말에 안장을 얹어 타고 다녔고, 그들의 가족들은 장막과 차루車樓를 갖춘 수레를 탔다. 귀족들의 경우에는 북쪽의 넓은 평원과 고원지대를 가로질러 세대 이동을 할 때 두 마리 낙타가 끄는 양탄자로 덮은 타차駝車라는 거대한 수레를 택하였는데 꽤나 안락한 편이었다. 지름이 남자 키보다 큰 바퀴를 가진 이 수레들은 가볍지만 견고하게 만들어졌다. 수레는 차체가 길며 앞쪽이 좁고 뒤가 넓으며 세 칸으로 이루어졌다. 널찍한 양탄자로 덮은 앞 칸은 가장이 쓰는 곳이었다. 낮 시간의 이동 중에는 푸른색 펠트로 만든 장막을 꼭대기로 말아 올리고 저녁 시간 쉴 때에 다시 내려서 늘어뜨렸다. 가

---

13) 『宋會要集稿』, 책44:1782-1783.

운데 칸은 모든 면이 닫혔으며 수레의 차축 바로 위에 위치했는데, 여기는 여주인이 머물렀다. 셋째 칸은 하인들을 위한 곳으로 맨 앞 칸과 구조적으로는 비슷하지만 훨씬 작았다. 송나라 사람들에게 이 거대한 낙타 수레는 꽤 이국적이고 비중국적인 모습으로 보였다.

위생과 화장품

사마광의 글을 보면, 여성의 공간인 집의 안채에 있는 첩이나 바깥채에 있는 하인들은 첫 닭이 울 때 일어나야 했다. 머리를 빗고, 씻고, 옷을 갖춰 입은 뒤에 하루 일과를 시작했다. 열흘에 하루 근무를 쉴 자격이 있는 관리들과 달리, 평민과 상인 농민들은 연례 축제일을 제외하고는 매일같이 일을 했다. 관리들은 하루 휴무일을 이용하여 목욕을 하고 긴 머리를 감는 것이 고대부터의 관습이었다. 긴 머리카락은 대개 관모 또는 다른 종류의 모자 안에 올려 묶어놓고 지냈다. 일반인과 농민들은 천으로 머리를 싸든가, 아니면 크고 넓게 테를 둘러 만든 대나무나 밀짚 모자를 쓰고 그 끈을 턱 아래에 매어 고정시켰다. 거란족 남성들은 머리를 민머리로 깎아버리든가, 뒤통수 가장자리 머리카락만 남긴 채 밀어버리는 북방 유목민의 관습을 따랐다. 하지만 관자놀이 머리카락은 어깨까지 늘어지도록 길게 길렀다.[14]

보통 상류층 남자와 여자는 아침에 식물성 액체 비누를 써서 대야의

---

14) 『司馬氏書儀』, 4:46. 王青煜, 『遼代服飾』, pp. 128-134.

물로 얼굴과 손을 씻고 남자들은 면도를 하여 얼굴을 말끔하게 했다. 수염을 기른다면 콧수염과 아래턱 수염을 길렀다. 대개 사람들은 자기 집에서 정기적으로 목욕을 했지만 이런 호사를 누릴 수 없는 사람들을 위한 상업적인 목욕 시설이 있었고, 주요 도시와 읍에는 안락한 설비를 제공하는 목욕 시설이 수백 군데 있었다. 항주의 목욕 시설 업주들이 조직한 '향수행香水行'이라는 조합도 있었다. 규칙상 찬 물로 목욕을 해야 했으나 더운물 목욕도 드문 것은 아니었다. 송과 교역한 아랍인들은 중국인들이 더럽다고 생각했는데 그 이유는 "그들이 대변을 본 뒤 물로 씻지 않고 종이로 닦는다"는 것 때문이었다.[15]

연안 지방의 위생 여건은 북쪽 중국인들의 경우보다 양호하였다. 북부 출신이었던 당대 백거이(772~846)의 시 중에는 어느 날 아침의 목욕에 대해 묘사한 내용이 있는데 그해의 첫 목욕이라고 했다. 사천 사람들은 평생에 몸을 딱 두 번, 태어났을 때와 죽고 난 후에 씻는 것으로 잘 알려져 있었다. 그러나 청결에 신경을 많이 쓰는 것으로 알려진 동남 지역 출신으로서 당시 저명했던 인사들 중에서도 목욕하는 관습을 마지못해 받아들이고 대중 앞에 깨끗하지 않게 보이는 것을 오히려 좋아한 사람들이 있다. 재상이었던 왕안석은 그 지저분한 차림새와 역겹도록 헝클어진 머리카락으로 유명했다. 사람 몸에 사는 갖가지 종류의 기생 해충, 그중에도 특히 "허리띠와 겉옷 안쪽에 몰려 우글대다가 털 깃 가장자리로 떼 지어 올라가곤 하는" 이 때문에 대부분의 사람들이 괴로워했다는 것은 놀라운 일도 아니다. 벌레나 해충들은 툭

---

15) Gernet, *Daily Life in China*, p. 126.

하면 잠자리로 찾아드는 불청객이었다. [16]

일반적으로 치아 상태는 통탄할 만한 상황이었고 사람들에게 매우 중대한 관심사였다. 중국인들은 식사 후 칫솔을 쓰지 않고 천 조각으로 이와 잇몸을 닦아냈다. 9세기 초의 유명인물인 한유는 "지난해에 앞니 하나를, 이번 해에 어금니 하나를 잃게 된" 상황에 대해 글을 쓴 적도 있다. [17] 그의 나이 42세가 될 때까지 치아의 3분의 2가 없어졌는데 아마도 비타민 B1의 결핍, 즉 각기병 때문이었을 것 같다. 그 나이와 사회적 지위로 볼 때, 그의 외모가 사람들에게 충격이라는 것을 그 자신도 알고 있었고 그 때문에 음식을 먹거나 단어를 정확히 발음할 때 문제가 있다는 것을 인정했다.

여성들의 목욕 관습에 대해서는 알 수 없지만, 궁녀들의 우아하고 부드러운 살결을 찬미한 시인들이 많은 것으로 보아, 여성들이 청결하고 매력적인 외모를 갖는 것에 대해서 남자들보다 훨씬 더 많이 신경 썼다고 추론할 수 있다. 13세기에 살았던 황승黃昇과 주씨周氏 부인의 묘에서 발굴된 사치스런 의류품 중에 견으로 만든 수건, 손수건, 향수, 생리대 등이 있는 것으로 보아 여성의 보통 몸단장 용구를 짐작하게 해준다(그림 20).

당대 말기 여성들은 머리카락을 한데 묶어서 솜씨 있게 쪽지든가 뿔 모양으로 하는 우아한 머리 스타일을 좋아했으며, 물총새의 담청색

---

16) Chaves, *Mei Yao-ch'en*, p. 191.

17) 『(韓)昌黎(先生)全集』, 4:11a-12b. Hartman, *Han Yu and the T'ang Search for Unity*, pp. 312-313, n. 223.

그림 20. 아침 화장을 하는 주씨 부인 벽화
북송, 1099년, 하남 우현禹縣 1호묘의 벽화, 슈바이宿白.

깃털로 장식을 하기도 했다. 화장대 거울 앞에 앉아 시종들의 시중을
받는 송대 여성들을 묘사한 것이 많아서 정성을 들인 머리 모양이 여
전히 유행이었음을 알 수 있다.[18] 소녀들은 머리카락을 돌돌 감아 머리
를 정돈한 반면 여성이 "머리를 묶어 올리는 것"은 그녀가 결혼했음을
의미하는 상징적인 행동이었다. 대개 머리 모양은 그 여성이 속한 사
회 계층을 나타냈다. 하층 계급의 여성들은 머리끈으로 묶어서 수수
하게 쪽을 지었다. 묶은 머리를 높게 올리기 위해 매끄럽고 반짝거리

18) 宿白, 『白沙宋墓』, col. pls. 6, 8:2, pl. 32.

그림 21. 유劉황후(969~1033년) 초상화
대략 1033년 또는 그 이후. 그녀가 머리에 쓴 관에는 22명의 도교 여성 신선, 아홉 마리 용, 또 용을 탄 여성 신선, 구름과 꽃, 진주와 구슬 등으로 장식되어 있다. 대만 국립고궁박물원 소장.

도록 일종의 풀을 쓰는 경우가 많았고 때로는 부분 가발로 더 올리기도 했는데, 이러한 머리는 관리나 상류층 여성임을 분명히 알 수 있게 했다. 그들은 머릿수건, 보석, 끝이 한 갈래이거나 두 갈래인 다양한 머리핀, 또 커다란 모자를 써서 장식을 하며 머리 모양을 고정시켰다. 1033년이나 그보다 약간 뒤에 그려진 진종의 부인 유劉황후의 초상화를 보면, 그녀가 머리에 쓴 관은 진주와 구슬로 꾸미고, 떠가는 구름과 꽃에 둘러싸인 도교의 여성 신선 22명과 용들로 장식되어 있다(그림 21).[19]

외부 세계에서 지내야 하는 남자들은 피부가 꽤 그을었으나 여성의 경우는 달랐다. 11세기나 12세기에 많은 소녀들은 거울을 이용했고 살결을 보호하는 방법을 배웠다. 살을 에는 겨울바람으로부터 피부를 보호해주는 얼굴 팩을 전문으로 하는 미용실도 있었다. 그러한 특별한 처치를 하면 봄이 되었을 때 확실하게 옥과 같이 아름다운 얼굴이 될 수 있다고 했다.[20] 유황후의 초상화에서도 매우 다양한 얼굴 화장품이 사용되었다는 것을 알 수 있다. 이 초상화에 대해 원대 초기 사대부였던 왕운王惲은 1277년에 이렇게 말했다. "자주색 안료를 쓴 양쪽 네 모난 얇은 막이 눈썹 밑으로 뺨까지 덮고 있다. 콧마루는 색칠을 하지 않아 자연스런 피부로 남겨둠으로써 강조했다. 얇고 비치는 자주색 천으로 얼굴이 부분적으로 덮였다는 인상을 받는다." 이러한 화장은

---

19) 『古宮書畫錄』, 7.22-23, 45. 유황후의 전기는 Chaffee, "The Rise and Regency of Empress Liu"를 보라.

20) 『夢粱錄』, 13:5a; 『說郛』의 『鷄肋編』, 27:1272.

'예쁜 미소'라고 알려졌다.[21] 유행에 민감한 수도의 여성들은 하얗게 화장을 하며 양쪽 뺨에 깊은 장밋빛 분을 발라 음영을 넣었다. 창백한 피부는 여성들이 바깥세상과는 떨어져 지낸다는 사실을 말해주는 것이고, 또 여성의 행실과 성격이 순결함을 나타내는 것으로 생각되었다. 화장과 더불어 창백함은 송대 중국인들의 에로티시즘의 관념에도 부합하였다. 그런 말을 내비친다면 당시 가장 진보적인 유학자 비평가조차도 분개하였을 것이지만, 그래도 작자 미상인 다음의 시에서 이런 내용을 볼 수 있다.

> 비치는 자줏빛 비단 잠옷 안에
> 나의 흰 피부는 빛나며
> 향기롭고 눈처럼 매끄럽다.[22]

에로티시즘의 요소로 여겨졌을 법한 또 한 가지 화장법은 눈썹을 뽑고 검은 선으로 다시 그리는 것이었는데, 이는 당대부터 지속된 유행이었다. 매요신梅堯臣의 서술에 따르면, 남자들도 허영심으로 머리카락을 뽑는데, 특히 새치가 있으면 뽑았다. 당대에는 여자들이 얼굴에 꽃무늬를 그리고 조그만 입의 인상을 주는 나비 모양으로 빨갛게 입술을 칠했다. 송대의 입술 화장은 빨갛게 칠하는 것은 계속됐지만, 자연

---

21) 번역은 Liu, "Empress Liu's Icon," pp. 135-136에 기초함; '예쁜 미소'에 대해서는 周汛, 高春明, 『中國傳統服飾形制史』, p. 198, 그림 122를 보라.

22) Li Ch'ing-chao, p. 6.

스런 입 모양을 거의 되찾았다. 손톱도 인위적으로 물을 들였다. [23]

중국에서 문신의 역사는 대단히 길다. 범죄자에게 죄의 심각성에 따라 문신을 하든가 얼굴에 크고 작은 글자로 낙인을 찍었다. 이마, 뺨 또는 귀 뒤에 문신을 하여 그 결과 불구가 되기도 했다. 문신이 벌이 아니라 유행이 되었을 때 개봉의 멋쟁이들은 푸른 물감으로 용, 새, 사람 형상, 산수풍경, 시 등으로 전신에 문신을 하기도 했다. [24] 그들은 자신들의 몸이 강하고 상징성을 지닌 예술 작품이 되었다고 상상했을 것이다. 그런 대대적인 문신은 시술할 때 상당한 통증을 가져오고 위험하며 비싸기도 했다. 남송 초기에 들어서는 한 가지 무늬를 넣는 문신은 계속되었으나 전신 문신은 사라졌다. 사대부가의 처가 질투심에 차서 하녀의 얼굴에 달이나 동전 모양의 문신을 하게 하는 일도 많았다. 문신을 한 하녀들을 벌주고 모욕하려는 의도로 한 일이었고, 병사의 이탈을 불가능하게 하려고 병사들의 하지에 낙인을 찍는 이른바 '다리에 무늬 넣기'라는 관행과 비슷한 행동이었다. [25]

---

23) 周汛, 高春明, 『中國傳統服飾形制史』, p. 204, 그림 281.

24) McKnight, Law and Order in Sung China, pp. 348-351; 龐德新, 『宋代兩京市民生活』, p. 285.

25) 『輟耕錄』, 9:137; 『說郛』의 『鷄肋編』, 6:118-127; 龐德新, 『宋代兩京市民生活』, p. 286에서 인용함.

전족

당대唐代 시인들은 전족을 언급하지 않았다. 신체를 훼손하는 이 관습은 송대 상층 계급에서 시작되어 모든 양가집으로 퍼졌던 것으로 보인다. 어린 소녀의 발을 긴 천으로 꽉 조이게 싸매서 네 개의 작은 발가락은 발 아래로 억지로 붙이고 발바닥 중심 부분이 과장되게 구부러지도록 하였다. 발을 정상 길이의 반 정도로 변형시켜서 여러 가지 형태의 아주 조그만 비단신에 꼭 맞게 하는 것이 목표였다.[26] 뼈가 아직 변할 수 있는 아주 어린 소녀 때에 시작하여 발이 최종적으로 조그만 '금련金蓮' 모양이 될 때까지, 극도로 고통스러운 과정이 몇 년 동안 계속되었다. 이 시기에는 걸을 때 발을 안정시키기 위하여 천으로 발을 꽁꽁 싸매어 묶는 것이 필수였다.

'금련'이라는 명칭은 남제南齊의 반潘씨 성을 가진 후비가 바닥 위에 흩어진 금박의 연꽃 꽃잎 위에서 춤을 추었다는 일화에서 따온 듯하다. 전족 관습은 10세기의 전문적인 무희들 가운데서 나타났는데 그녀들은 발을 더 예쁘고 단단하게 하여 "우아하게 보이기를" 바랐다.[27] 1034년의 『철경록輟耕錄』에서 이를 확인할 수 있다. "발을 묶는 관행은 오대 시대에 처음 나타났으며 희녕熙寧·원풍元豐 연간(1068~1085) 이전에는 널리 채택되지 않았다. 그러나 최근에 이 유행은 매우 일반화

---

26) 다양한 형태와 일반적인 서술에 대해서 Ko, *Every Step a Lotus*를 보라.

27) Ebrey, *The Inner Quarters*, pp. 37-43.

되어 그것을 하지 않는 것이 부끄럽게 여겨지고 있다."[28]

11세기가 끝날 때까지는 드문 일이었으나 13세기가 되면 전족이 사대부와 상류 지주 계급 집안의 여성들 사이에 널리 퍼졌다는 사실을 그 시대의 고고학적 증거품을 통해서도 확인할 수 있다. 증거품 중에는 비단으로 만든 신, 양말, 그리고 '작은 발모양 배'처럼 발가락 끝을 뾰족하게 하여 은판으로 만든 신과 길이 210센티미터에 폭 9센티미터인 황색의 얇은 명주로 만든 붕대 등이 있다. '금련'을 예쁘게 하기 위한 활 모양의 신발인 궁혜弓鞋의 종류에 '바닥을 꾸밈', '빠르게 말에 오름', '궁궐 방식의 단단함' 등의 뜻을 가진 여러 가지 이름들이 보인다.[29]

광기적인 전족을 반대한 담론과 행동이 없었던 것은 아니다. 유교 철학자인 정이(1033~1107)의 6대손 여성들은 귓불을 뚫거나 전족하는 것을 거부했다. 1274년 차약수車若水 역시 반대의 목소리를 냈다. "언제 전족이 나타났는지 나는 모른다. 5, 6세의 순진한 아이들이 그렇게 끝없는 고문을 견뎌가며 쭈그러진 발을 갖는 것이 무엇에 좋은지 모르겠다."[30] 전족 비판자들이 있었다는 것은 분명히 확인되지만 그들은 극소수에 지나지 않았다. 13세기 중반에 살았던 주씨 부인의 비단신은 길이 22센티미터, 폭 6센티미터, 높이 4센티미터여서 그녀의 발이 전족한 것이 아니었음을 보여준다. 그러나 대부분의 상류층 여성들은

---

28) 『輟耕錄』, 10:158.

29) 伊永文, 『宋代市民生活』, p. 34; Kuhn, *A Place for the Dead*, pp. 118, 123, 그림 2:3C; 汪玢玲, 『中國婚姻史』, p. 228.

30) 龐德新, 『宋代兩京市民生活』, p. 291에서 인용함. 또 Ebrey, *The Inner Quarters*, p. 40을 보라.

전족 기술을 익혔으며 그 고통을 어린 딸들에게 안겨주었다. 직업적인 유흥가의 여성들이 쫓아했던 유행이 중국의 여성성을 명확하게 나타내주는 상징으로 바뀌더니, 중국의 제국 시대가 끝날 때까지도 변함없이 지속되었다.

전족은 메스 없이 하는 일종의 수술이라고 생각하면 가장 정확할 것이다. 여성의 몸, 기동성, 민첩성을 영구적으로 바꾸고 결국은 외부 세계의 물리적 존재라는 주체성마저 변질시켜버렸다.[31] '금련'을 한 여성은 좁은 보폭으로 걸을 수밖에 없었고 거의 대부분 앉아 있기를 좋아했다. 삼베로 바닥을 댄 얇은 비단신을 신고 규방 밖으로 발을 내딛어 절룩거리면서 먼 거리를 걸어간다는 것은 그야말로 고통 자체였다. 13세기 상류층 여성은 외출하려 할 때 자신의 두 다리가 아닌, 무언가의 이동 수단에 의지해야만 했다.

남송 시대부터 이후 제국 시대의 여성들은 그렇게 이동에 제약을 받고 거의 가내 공간에 갇혀 있었다는 말이다. 송대 문인들이 찬탄하고 화가들이 표현한 이상형의 여성은, 격구를 하고 승마를 했던 당 왕조 때의 여성들과는 거리가 멀었다. 물론 관능적이고 살집 있는 당의 후궁이나 첩들의 외형도 송의 이상형은 아니었다. 이제 완벽한 여성상은 남자보다 작고 날씬하고 부드럽고 연약하며, 집안에 머물면서 부모와 남편, 가족들에게 봉사하고 어린 자녀들을 교육하는 여성이었다. 자기 딸의 발을 묶었던 송 여성들의 행동은 여성의 제자리는 집안이라고 하는 신유교의 통념에 걸맞은 것이었다. 몇 세기에 걸쳐 전족

---

31) Ebrey, *The Inner Quarters*, pp. 40–43.

은 그로 인한 여성 노동력의 상실을 감당해야 할 만한 평민들을 포함한 대부분 가정의 처와 딸들에게 보편화되었다. 당과 북송 시대에 존재했던 여성의 개인적인 자유는 자연히 폐기되었다. 전족은 여성으로 하여금 가장에게 더 의존하도록 하였고, 남성에 대한 여성의 예속은 13세기 후반부터 제국 시대의 끝까지 계속되었다.

이상적인 상류층 남성상 역시 송대를 지나면서 변화하여 호리호리한 체구와 여성적으로 나긋하게 행동하는 세련된 사람이어야 한다는 인식이 퍼졌다. 이런 남성들은 대부분 전족한 여성의 작은 걸음과 움직임을 저항할 수 없는 성적 매력으로 느꼈을 것이다. 감았던 천을 푼 발은 성기와 다르지 않을 만큼 여자의 은밀한 신체 부분으로 여겨졌고, 관능적이며 마치 의식처럼 행해지는 전족 풀기는 남성의 성욕을 불러일으켰다. 그러나 전족을 시행하고 대중화시킨 여성들의 선택은 송대의 또 다른 중요한 변화에 대한 반응이었을 것이다. 가정 내 첩의 존재와 성장하는 유흥 시장이 소녀와 여인들을 상품으로 내몰고 있었던 것이다.[32]

당 시대의 남성들은 보통 아내가 자기 아들을 낳지 못할 때에 첩을 들였고, 그의 가족망의 연줄을 통해 첩을 선택하곤 했다. 화폐경제가 사회 모든 부문으로 스며들게 된 송대에 이르자 부유층 남성들은 첩으로 봉사할 여성을 사서 집에 들였다. 매우 경쟁적인 시장경제 안에서 축첩이 성업하게 되자, 여성의 매력은 아내와 다른 가족원들을 포함하여 모든 송대 사람들의 마음에 그 어느 때보다 더 중요성을 갖게 되

---

32) Wang, *Aching for Beauty*, p. 3; Hansen, *The Open Empire*, pp. 288-289.

었다. 좋은 결혼을 시킬 수 있는 가능성을 최대화하기 위하여 좋은 집 안의 어머니들은 딸들에게 덕스럽고 겸손한 아내가 되도록 훈련시킬 뿐 아니라, 발을 전족하여 딸들의 매력을 증대시켰다. 전족은 수백 년 동안 변함없이 여성의 아름다움을 평가하는 데 있어서 그 어떤 요소보다 중요한 새로운 표준이 되었다.

의복

저명한 관리였던 심괄(1031~1095)의 주장으로는 정식 의복과 모자에 관련한 고대 자료에는 고정된 규율이 없었다고 했다.[33] 그러나 송대에는 대부분 당대의 것을 모범으로 따른 복장 규율이 있어서 의상의 소재와 색깔을 규정했다. 관리들의 겉옷은 관복과 일상적인 용도의 사복으로 나누어졌다. 게다가 회화에 그려진 것 같은 야복野服(여가복)도 다양한 형태의 것들이 있었는데, 견 또는 다른 재료로 만든 긴소매에 반신 길이의 헐렁한 옷이었다. 여가를 위한 옷이니만큼 실용성과 유행을 따르고 옷의 형태가 단순하며 형식적인 규제는 없었다.

송대에 사대부가 사적인 자리 또는 공식 석상에서 입었던 예복인 난삼襴衫 등의 의복은 몇 가지 공통된 특징을 가지고 있었다. 견직물로 만들고 깃을 둥글게 그리고 여밈을 오른편에서 하도록 재단했다는 것인데, 이것은 공자가 칭찬했던 고대의 전통을 따른 것이다. 관복용 난

---

33) 『夢溪筆談』, 1:23(no. 8).

삼은 사복 난삼보다 품이 크고 소매가 심하게 길고 넓었다. 남자들은 난삼 안에 여러 가지 윗저고리와 적삼, 특별한 형태의 짧은 치마(裳裴)와 반바지, 견 속옷 등을 겹겹이 입었다. 겨울에는 이런 옷에다 안감을 대거나 명주솜을 채워서 보온성을 갖추었다. 관복의 색깔은 송 왕조 기간에도 여러 차례 바뀌었으나 대개 1~3품은 자색, 4~5품은 붉은 색, 6~9품은 녹색이나 청색이었다. 관원의 처와 어머니는 당대唐代에 그랬던 것처럼, 남편이나 아들의 품계를 나타내는 색깔의 옷을 입을 수 있었다.[34]

중국의 복장에는 기마와 활쏘기에 유용한 짧고 꼭 끼는 소매의 웃옷, 끝을 아래로 늘어뜨리는 혁대 등 본래 "오랑캐"에서 유래한 요소들도 포함되어 있었다. 또 보호용의 긴 가죽신(鞾)을 신음으로써 차림새가 전부 갖추어졌다. 옥, 금, 은, 서각으로 장식된 허리띠를 착용할 수 있는 자격은 오직 관리들에게만 있었다. 겨울에는 여유 있는 사람들의 경우 모피 외투를 입었다. 1052년 추운 겨울밤에 감독관으로서 영제창永濟倉을 방문했던 매요신은 "다 해져서 누런 개가죽 조각을 대고 기운 여우털 외투는 이제 온기가 다 사라졌다"고 언급한 바가 있다. 일반민은 삼베와 모시로 만든 흰(그리고 때로는 검은) 옷을 입었다. 혹사 당하는 광부들이라든가 양자강에서 배를 끌어당기는 일꾼들같이 최하층의 극빈자들은 벌거벗고 일을 했다. 궁벽한 촌의 노인들은 "겉옷도 입지 않은 채 손주를 팔에 안고 있었다."[35]

---

34) 李應强, 『中國服裝色彩史論』, pp. 43-44. 『宋史』, 169:4051, 153:3561.

35) 『夢溪筆談』, 1:23-24(no. 9). Kuhn, *Die Song-Dynastie*, pp. 328-329. 『宋史』,

11세기에 어떤 시골 아낙네의 옷차림은 푸른 치마의 소박한 농민 옷에 맨발이었다. 반면에 부유한 여성의 의상으로는 수백 점의 예복, 여미지 않는 외투, 길고 짧은 윗저고리들, 바지, 치마, 조끼, 그리고 여러 가지 모양으로 재단한 속옷들이 있었으며, 그 재료는 견, 면, 모시 등으로 직조법이 각각 다르고 풍부한 문양이 들어가 있었다. 앞에서 여미게 되어 있는 기다란 의례복은 소매가 옷 전체 길이의 절반 이하까지 내려올 만큼 매우 길었다. 긴 치마는 가슴 아래에서 동여맸다. 스카프처럼 걸치는 깃은 대개 그 길이는 2미터가 넘고 폭은 10센티미터 정도인데 그 양 끝에다 옥으로 만든 추를 매달아서 깃의 형태를 잡도록 했다. 산서성 태원太原의 유명한 사묘인 진사晉祠 성모전聖母殿에 보관된 실물 크기의 시녀 소상들은 1087년에 만들어진 것인데, 이들이 입은 것처럼 푸른색이나 녹색을 띤 통이 꼭 맞는 소매에 앞으로 여미게되어 있는 외투 아래 여러 겹의 옷을 입는 것이 당시에 일반적이었다.[36]

휘종은 교양 있고 세련된 궁녀의 외모를 짤막한 시 속에서 포착해 냈다.

> 고운 눈썹, 선홍색 뺨, 가느다란 허리,
> 요즘 유행인 꼭 끼는 긴 치마를 입은 완벽한 모습
> 궁궐의 꽃으로 물총새 모양으로 장식한 그녀의 머리에

153:3564, 3574; Chaves, *Mei Yao-ch'en*, pp. 144-145, 168.

36) *Su Dong-po*, p. 58. 『福州南宋黃昇墓』, pp. 30, 10, 그림 6; Kuhn, *A Place for the Dead*, pp. 144-145.

보석 매미, 진주 나비가 날아가려 하네.[37]

남송 시대에는 우아하게 비치는 민소매 조끼가 여성의 옷으로 유행하게 되었다.

항주의 직공들은 여성 복식에 쓰는 견직물을 생산했는데 그것을 착용하는 절기—예를 들어 춘번春旛(봄의 깃발), 등구燈毬(공모양 등불), 경도竟渡(보트 시합) 등—에 맞는 이름을 가지고 있었다. 귀족 가문의 여성들은 사적인 자리에서 입는 옷 가장자리에 금을 사용할 수 있도록 허용되었다. 황궁 내궁의 여성들이 아침에 입고 나타나는 옷과 장신구들이 그날 저녁이면 일반인들 사이에서 최신 유행이 되었다.

고고학 발굴 자료들을 보면, 당대에는 이국적인 문양과 상징적인 장식이 많은 무겁고 화려한 비단인 금錦이 인기를 얻었으나 송대에는 얇은 견직물인 나羅에게 그 자리를 내주었다.[38] 당대 비단은 금실을 넣어 짠 인상을 주는 반면 송대 대부분의 견직물에는 은은하여 잘 드러나지 않는 꽃 넝쿨이나 모란, 부용, 살구꽃, 댓잎, 연꽃, 국화, 동백과 같은 섬세한 디자인의 무늬가 있었다(그림 22). 가볍고 우아한 견직물을 좋아하는 송대 지배층의 기호는, 무거운 금속제 가정용품보다 윤이 나는 도자기를 매우 좋아한 그들의 감각이 직물에도 똑같이 나타난 것이었다. 비단보다 얇은 견을 선호했다는 사실을 가장 잘 보여주는 자료는 조세품의 연간 생산 수치인데, 나의 생산이 금 생산보다 13배

---

37) Egan, "Huizong's Palace Poems," p. 390.

38) 『福州南宋黃昇墓』, pp. 85-110; Kuhn, Die Song-Dynastie, pp. 356-365.

그림 22. 얇은 직조(나羅)로 만든 비치는 민소매 조끼(배자褙子)
1243년 황승의 무덤에서 발굴. 복건 복주. 「복주남송황승묘福州南宋黃昇墓」.

많다. 송·원대의 그림 자료에서 비단이 아니라 얇은 비단을 생산하도록 만들어진 직기를 볼 수 있다(그림 23).

거란은 문화적으로 송보다 당에 가까웠다고 할 수 있는데, 지속적으로 생산된 금은 제품에서도 그러한 특징을 볼 수 있다.[39] 당의 영향으로 그들의 '오랑캐' 복장이 남쪽에 이웃한 정주민의 관습을 따르는

---

39) 朱天舒, 『遼代金銀器』.

그림23. 나羅를 짜는 직기織機
남송대 13세기. 『농서農書』, 24:7ab.

쪽으로 점차 변화했다. 모직, 펠트, 모피, 가죽 등에 한정되었던 그들
의 의복이 아주 똑같지는 않지만 중국식 비단 윗도리나 예복까지로 확
대되었다. 거란 남성들은 소매가 좁고 깃이 둥근 기다란 옷을 착용하
고 가죽 띠를 찼는데, 그 허리띠에는 "활과 검, 수건 그리고 산가지를
넣은 가죽 주머니, 숫돌"이 달려 있었다. 거닐 때 흔들리는 모자라는
뜻의 '옥소요玉逍遙'라고 불렸던 장식 달린 펠트 모자도 독특했다. 거란
족 여성들은 좁은 소매의 외투를 차려입었고, 그들의 치마 허리띠에
는 옥으로 만든 고리를 붙였다. 좁은 소매라 하더라도 대부분 소매 끝
으로 손을 넣고 있기에 충분할 만큼 여유가 있었다. 남자와 여자 모두
외투 속에는 다양한 종류의 바지를 입었다. 여기에 가죽으로 만든 긴

장화나 때때로 가죽신을 신으면 의복을 완전히 갖춘 것이었다. 거란족은 평소 편하게 입는 안감을 대지 않은 옷의 색깔로는 홍색과 녹색을 특히 선호하였다. 거란 귀족들은 흑자색의 담비, 또는 은서銀鼠(순백색의 족제비)의 모피로 옷을 해 입었다. 하층민이라도 따뜻한 담비, 양, 두더지, 사막여우 등의 모피 옷을 입었다. [40]

10세기 거란 통치자들은 중국 스타일의 의복을 좋아했다. 937년 요 태종은 진정한 천자의 복장을 갖춰 입었다. 947년에 거란족 신료들은 (황후도 마찬가지로) 필수적인 모자를 포함해 그들의 국복國服을 착용하였던 반면, 요 왕조에 복무한 한족 관리들은 중국옷을 입었다. 송 측의 한족들은 거란족의 옷이 왼쪽 방향으로 여미는 잘못된('오랑캐') 방식이라고 보았는데, 어쨌든 거란족이 당으로부터 물려받은 한족의 의복과 적어도 재단과 스타일에서는 그들의 의복이 차이가 있었다. 970년 이후로 거란족 최고 관리들은 모두 중국식 복장을 하도록 명령이 내려졌다. 한편 거란 출신 하급 관리들은 거란 의복을 계속 입었는데, 기우제를 겸했던 활쏘기대회인 '대사류大射柳'라는 행사 때에도 입는 고유의 민족의상이었다. 1055년이 되면 고위층뿐 아니라 모든 거란 관리들에게 중국식 의복을 입으라는 황제의 결정이 있었다. [41]

한족 제국의 상징이며 동시에 거란족 고유의 상징이기도 한 해, 달, 산 등뿐 아니라 이 무렵부터는 중국의 용 문양도 거란인의 의복에 나타났으며, 또 당과 그 이전의 중국 왕조부터 알려졌던 12가지 황실 휘

---

40) 『夢溪筆談』, 1:24(no. 9).

41) 『遼史』, 55:905-910, 22:264.

장도 등장했다. 도시 주민들은 "모두 중국식 옷을 입는 것에 익숙해졌고, (그러나) 그중에도 '오랑캐' 옷을 입는 사람이 있었으며," 요 황제는 중국의 사신들을 접견할 때 "황색의 얇은 비단 예복과 함께 중국식 옷을" 입었다.[42] 그러므로 10세기를 지나면서 거란의 남부 지역은 의복 부문에서 철저히 한화漢化되어갔다.

요 왕조는 이미 확립된 기술로 금錦 비단을 계속해서 생산하면서도, 이전에 중국에서는 알려져 있지 않던 금실을 넣어 짜는 기술을 이용해 새롭고 큼직한 문양을 추가하였다. 금 왕조는 1125년에 요를 정복한 후에 이 전문 기술을 획득하였다. 1027년에 요 정부는 밝은 금실을 넣어 짠 알록달록한 비단옷같이 사치스러운 의복을 금지했다. 그 시기에 거란 귀족들이 화려한 옷을 지을 수 있을 만한 다양한 고급 견직물 종류의 이용이 가능했다는 사실을 말해준다. 물론 황족이라 해도 그런 옷을 입기 위해서는 사전에 허락을 받아야 했다.[43]

오락 그리고 덧없는 세상

중국의 달력에는 송 제국의 백성 대부분이 참여하는 연례 절기가 많이 들어 있었다. 일을 쉴 수 있는 기간에 사람들은 가족을 방문하고,

---

42) Leung, "Felt Yurts Neatly Arrayed, Large Tents Huddle Close," pp. 206-207.
   『遼史』, 55:900, 56:906, 908.

43) 趙評春, 趙鮮姫, 『金代絲織藝術』; 『遼史』, 17:197.

교유하는 친지들과 모이고, 유람을 떠났으며, 또 여러 종류의 유흥들을 즐기기도 했다.[44] 가장 유명한 명절은 대개 양력 1월 15일과 2월 15일 사이에 있는 음력설이었지만, 그 밖의 명절도 아주 많았다. 정월 중순경의 등롱제 때 대도시에 사는 사람들은 날아가는 용이나 익살스러운 사자의 모습을 하며 색색으로 환히 빛나는 초롱을 진열하고, 여러 상인 조합들은 저마다 수도의 거리에서 거대한 행렬을 펼쳤다. 4월 초 청명절에는 식은 음식으로 식사를 하고 조상의 묘를 깨끗이 한 다음, 개봉 바로 밖에 있는 금명지金明池에서 또는 나중에 항주의 서호에서 벌어진 그 유명한 용주龍舟 시합에 참가했다.

(양력) 10월에 항주에서는 썰물로 인해 역류하며 솟구쳐 오르는 전당강錢塘江을 보려고 수만 명의 군중이 모여들었다. "한 줄기 은색 실처럼 수평선에 나타나더니, 옥벽처럼, 눈 쌓인 산처럼 진동하여 떨면서 닥쳐와서는, 하늘을 삼키고 태양을 빠뜨려버린다"고 묘사되었던 그 광경을 누가 놓치려 하였겠는가? 몸에 문신을 하고 머리카락을 풀어헤친 수백 명의 젊은이들이 색색의 깃발을 들고, 포효하는 파도로 뛰어들어 헤엄을 쳤다.[45] 항주 주민들은 여러 절일에 맞추어 서호의 멋진 풍경을 보러 소풍을 가고, 배를 빌어 노 젓기 놀이를 하며, 사계절에 따른 분위기와 색깔의 변화를 즐겼다. 겨울철 눈 속의 야유회까지도 인기였다.

주밀周密의 서술에 따르면, 12세기 말 남송 지배층의 생활은—거의

---

44) 『武林舊事』, 3:1a-15b.

45) 번역은 Strassberg, *Inscribed Landscapes*, pp. 254-255를 보라.

전적으로 남성들에게만 해당되는 얘기였지만—동화 속 세상에나 나올 만한 분위기였다. "나는 옷자락을 끌며 저명한 인사의 저택으로 향했다. …… 우리는 아침이면 노래를 하고 저녁에는 흥겹게 떠들며, 술마시고 놀면서 세월을 보냈다. 평화로운 시절의 행복이 얼마나 얻기 어려운지도 모른 채, 남자의 삶은 그래야 하는 것인 줄 알았다."[46] 12세기 말에 부유하고 권세 있는 자들은 종종 장자張鎡의 거대한 가소정駕霄亭에 초대되어 대단히 의례적이고 고상한 모란 연회를 즐겼다. 기녀들이 술과 음식을 차려내는 한편 100명이 넘는 창기와 음악인들은 이전의 대가들이 지은 유명한 모란꽃 노래들을 연주하였다.

손님들이 모두 도착하여 텅 비었던 대청에 자리 잡고 앉으면 적막밖에는 없다. 주렴 뒤에서 색다른 향기가 나와 방 전체에 스며든다. 모두 하얀 옷을 입고 머리 장식과 옷의 목둘레를 모란꽃 모양으로 꾸민, 이름난 앳된 기녀들이 한 사람 한 사람 '방을 밝히는' 붉은 모란꽃 가지를 머리에 붙이고 등장한다. …… 노래와 음악 연주가 끝나면 모두 방에서 물러난다. 주렴이 다시 내려오고 손님들은 편안하게 서로 담소를 나눈다. 한참 뒤에 향기가 다시 뿜어 나오고 발이 먼저처럼 다시 말려 올라간다. 유명 기녀들이 다른 의상과 꽃 장식을 하고 나온다. 머리에 하얀 꽃을 꽂으면 자주색 옷을 입고 자줏빛 꽃이면 엷은 노란색 의상을, 그리고 노란색 꽃에는 붉은 옷을 입는다. 그렇게 열 번 술을 올릴 때마다 열 번 옷과 꽃을 바꾼다. …… 촛불 빛과 향기로운 엷은 안개

46) Lin, *The Transformation of the Chinese Lyrical Tradition*, p. 35에서 인용.

속에서 노래와 음악이 갑자기 울려 퍼지면 손님들은 황홀하여 자기들
이 신선과 유람하고 있는 듯이 느꼈다.[47]

상층 계급 남성들에게는 마음 통하는 동료나 친구들과 더불어 그들
에게 주어진 여유로운 시간과 돈을 소비할 만한 다양한 방법이 있었
다. 그들은 시회詩會와 설화說話(이야기꾼) 단체인 서호시사西湖詩社와
웅변사雄辯社, 또는 무대에서 연출되는 잡극에 중점을 두는 비록사緋綠
社라는 모임, 그림자극 동호인들을 위한 회혁사繪革社 등에 가입하거
나 다양한 음악 모임 등에 참여할 수도 있었다. 군대의 장교들은 기사
나 궁사를 위한 사궁답노사射弓踏弩社의 회원이 되었다. 신체 단련, 구
기 경기, 권투, 씨름, 낚시를 위한 모임도 있었다. 격구와 같은 격한 경
기를 위한 회합 조직도 있었다.

주점들은 홍록색의 나뭇가지나 휘장 그리고 치자색 등불을 내걸어
놓고 남자 고객들을 유인했다. 오직 술만 제공되며 고객들이 '술잔 부
딪치기'를 원하는 만큼 얼마든지 하며 머물 수 있었던 술집은 규율적
인 술집(拍戶)이라고 불리었다. 1산, 2산, 3산과 같은 식으로 여러 단계
의 절차를 밟는 고급 주루酒樓에서는 쟁반에 음식을 마련해 고객들에
게 고르게 하고 고객들은 자기가 먹을 음식을 선택해 주문하였다.[48] 만
약에 어떤 사람이 그 관행을 모르고 자기 젓가락으로 그 견본품을 먹
기 시작했다면 이는 웃음거리가 되었을 것이다. 소량의 음식을 주문

---

47) 앞 글, p. 27.

48) 『夢梁錄』, 16:2b-4a.

하는 데는 100~5000전의 비용이 들었다. 1만 2000에서 1만 5000전의 월급을 받는 하급 관리들이라면 중간 가격의 음식에 만족해야 했을 것이다. 어떤 주점에서는 따로 떨어진 침실이 마련되어 있고 매춘도 평상시 업무로 하기도 했다. 정부는 술 생산과 그에 따른 판매 역시 독점하였으며, 술과 매춘을 함께하는 시설이 국가 수입을 위한 하나의 자원이었다. 규모가 큰 그런 집들 중 일부는 관리들을 위한 곳이었고 또 국고로 운영되었다.

먹는 일은 매우 중요한 쾌락의 원천이었다. 채식주의자로 사는 독실한 불교 신자와 곡기를 삼가는 도교 신도가 아니라면, 중국인들은 음식에 관한 종교적 금기를 지키지 않았다. 대규모 주연에는 (쇠고기를 포함하지 않고도) 40여 가지 신선한 고기 요리, 물고기, 가금류, 40여 가지 과일 접시, 설탕과 꿀, 거의 30가지가 되는 건어물 요리 그리고 50가지가 넘는 후식, 사탕, 과자들이 있었다. 항주 지역에서 양조되고 주조된 청주, 증류주, 독주만 해도 54종 이상으로 다양했다. [49]

이전 (개봉에서는) 북쪽 방식의 조리를 좋아하지 않는 양자강 남쪽 출신의 고객들에게 남방식 국수를 팔고 사천 방식으로 차를 만드는 식당과 다관이 있었다. 200여 년 이전부터 남쪽으로 이주가 시작된 이래로 사람들은 물과 토양에 익숙해지고 요리와 음료의 출처가 뒤섞이게 되었다. 이제 사람들은 남부와 북부의 음식을 더 이상 구분하지 않

---

49) Gernet, *Daily Life in China*, pp. 133-140; Freeman, "Sung," pp. 143-176.

는다.[50]

차는 가정이나 거리의 판매대, 특별한 찻집(차사茶肆)에서 소비되
었는데 으레 끓는 물이 함께 준비되었다. 11세기 관리이자 서예가였
던 채양蔡襄은 그의 저서 『다록茶錄』에서 차의 품질, 색깔, 향기와 맛 그
리고 차를 준비할 때 사용하는 다구茶具들에 대해서까지 상술해놓았
다.[51] 천하제일차 또는 용봉차와 같은 최고급 차의 경우, 찻잎 600그램
의 가격이 금 75그램에 해당될 정도로 비쌌다. 이 자극적인 음료를 즐
기려고 온갖 사람들이 찻집으로 몰려들었다. 어떤 다관에는 사람들이
음악을 연주하고 노래를 부르기 위해 모여들었고, 또 '시두市頭'라고
불리던 곳에는 주로 상인과 공장工匠인 손님들이 와서 수수료를 협상
하기도 하고 좋은 일꾼들을 찾기도 했다. 일부 찻집은 서화書畵를 걸어
전시하는 것으로 유명하였다.[52] 고객들이 매화꽃 술을 즐길 때에는 음
악가들이 매화꽃 노래를 연주하였는데, 예전에는 이 노래가 항상 여
름에 공연되었다. 겨울에는 차 대신 소금으로 간을 맞춘 콩탕을 내왔
다. 기녀를 두고 매춘 영업을 하는 차루茶樓들은 '수차방水茶坊'이나 '화
차방花茶坊'이라는 이름으로 위장을 했다.

항주에는 23개 이상의 환락가와 55가지 종류의 예능인들이 있었다.
전국적으로 손꼽히는 시인들, 황궁 도화원 소속 화가들, 역사 이야기

---

50) 『夢梁錄』, 16:8b-9a.

51) Blofeld, *The Chinese Art of Tea*.

52) 『夢梁錄』, 16:1ab.

꾼과 불교 경전 이야기꾼을 포함한 구연 예술의 대가들, 여성 가수와 기타 음악인, 만담가와 사투리 모사꾼, 코미디언과 인형극 공연인, 광대, 곡예사, 요술사, 줄타기 광대, 씨름꾼과 격투사, 역기꾼과 궁사, 동물 조련사 등등이다. 새로운 문학 형태도 이 환락가에서 시작했고, 그곳에서 공연하기 위하여 대중적인 음률에 맞춘 가사가 씌어졌다. 얌전한 여성들에게는 아니었지만, 송대 남성들에게 이 환락 구역은 13세기의 놀이 공원이었다.

건강관리와 복지

전근대에는 건강관리가 필요한 환자, 노인, 장애자는 대부분 공공의 관심과 배급이 아니라 각 개인의 가족에 의존했다. 젊은 세대가 자신들의 웃어른들을 사랑과 존경으로 보살피고 부양하도록 되어 있는 유교 체제 안에서 가족은 경제 단위이며 동시에 사회 단위로 인식되었다. 그렇지만, 만약 가족에게서 그런 보호를 받을 수 없는 극빈자와 환자는 극단적인 상황에 처하게 되었다. 불교 수도원에서 가끔 최소한의 구호품을 제공하는 일이 있었지만, 정부 시설에서 이러한 사회적 문제에 대처하기는 매우 어려웠다. 그럼에도 불구하고, 송대의 의료 체계는 이전의 왕조들에 비하면 더 훌륭하게 기능했다.

송 이전에는 대부분 상류층 가문에 의료 기술을 가진 가신이 있었다. 그러나 송의 사대부들은 생활의 거의 모든 분야에서 자신들만이 진정한 전문인이라고 간주했고 환자를 보살피는 임무도 자신들이 떠안았다. 상류층 남성이 병이 나면 그는 진찰과 처방을 동료에게 의논하려 했다. 학문적인 훈련을 받아 정부 기관에 고용된 의사가 있었으나 그들의 의학과 해부학적 지식은 아버지나 가족에게서 지식과 명성을 이어받은 지극히 평범한 의원들의 지식과 그다지 다르지 않았다. 이들 남성 의원들은 약을 팔거나 지압을 해주는 것을 생업으로 삼았으며 그들의 사회적 지위는 조금 낮았다. 그들은 조합 조직도 없었다.

신중한 치료사라면 그가 학문적으로 훈련을 받았든 아니든, 사람의 맥박을 느끼고 그 맥박 소리를 오랫동안 전승되어온 복잡한 맥박 체계에 비추어 병을 진단하는 법을 배웠다. 대부분의 의원들은 전통적인 침술과 (통증을 낫게 하거나 완화시키기 위해 피부 위에 물질을 태우는) 뜸 기술을 썼으며 다양한 종류의 식물성 약을 짓는 비법을 알고 있었다. 11세기에 사대부들은 인간의 질병이 생활과 작업 조건의 불균형에서 비롯된다고 이해하였다. 사마광은 친구 범진范鎭에게 쓴 편지에서 이렇게 설명하였다. "사람의 질병은 무엇인가 과도하게 있거나 부족하게 되면 생긴다. 음 또는 양, 바람이나 비, 어둠 또는 빛의 과다함에 근거한다. 굶주림과 포식, 냉기와 열기, 일과 휴식, 기쁨과 분노가 불균형하여 생긴 결과이다. 양측의 균형이 잡힌다면 질병은 없다. 음과 양, 바람과 비, 어둠과 밝음은 모두 하늘로부터 나온다. 굶주림과 포식, 냉기와 열기, 일과 휴식, 기쁨과 분노, 이런 것들은 인간에 의해 영향을 받는다. …… 만약 사람이 그들의 행동에서 평형을 유지하지 못하면

질병의 침입을 받는다. "⁵³⁾

집안에 있는 환자를 돌보고 병약자와 노인을 간호한 것은 집안의 여성들이었다. 환자가 여성일 때는, 남자 의사가 아픈 여성을 신체적으로 검진하는 것이 유교적인 도덕 규정을 위반하는 것이므로 의사의 진찰이 훨씬 더 까다로웠다. 증상에 대한 환자의 설명과 진맥에만 근거하여 진단을 내려야 했다. 의료 서비스를 제공하는 약방이 꽤 많았다 하더라도, 가난한 가정은 어떠한 경우에도 의원의 진찰을 받거나 약을 구입할 형편이 되지 못했다. 사회 모든 계층에서 출산 전후의 중요한 시점에 임산부를 도와주는 산파들은 나이 많고 경험이 풍부한 선배 산파에게서 일을 배웠다.

송의 황제들과 관리들 중에는 자신들이 속한 상류층뿐 아니라 사회전체의 건강을 위해 의학 지식과 경험을 갖춘 숙련된 의사가 많이 필요하다고 생각했다. 따라서 이전 시대에 비해 이런 분야의 학교 교육에 관한 정부의 관심이 높아졌다. 1026년에 인종의 명령으로, 표면에다 침놓는 점(354개의 혈)과 경맥을 전부 표시한 실물 크기의 인체 모형인 '침구동인鍼灸銅人' 두 좌를 주조하여 의학 학교인 한림의관원翰林醫官院과 개봉의 상국사 안에 두었다. 왕유일王惟一은『동인유혈침구도경銅人腧穴鍼灸圖經』이라는 제목으로 세 권의 전문 서적을 썼다. 침술은 접골을 위해서도, 또 오늘날 뇌의 천연 진통제라고 알려진 엔도르핀을 풀어주도록 자극하는 데에도 쓰였으며, 상당한 수준의 해부학적

---

53)『司馬文正公傳家集』, 62:753-755. 번역은 Clart, "The Concept of Ritual in the
Thought of Sima Guang(1019-1086)"에서 인용함.

지식과 경험을 필요로 했다. 당시의 의료 체계는 기술적인 지식과 경험은 물론이고 빠져서는 안 될 환술, 우주론적 사고, 종교적 요소까지도 결합되어 매우 복잡했다.

1044년에 정부에서 태의국太醫局을 설립하면서 제도화된 의학 교육이 시작되었다. 학생 총수는 10여 년 동안 200명에 달하였다.[54] 1045~1060년에 전염병이 제국을 강타한 이후, 오랫동안 이루어지지 못했던 의학 교재의 교정 작업이 정부의 감독 아래 수행되었다. 1061년에는 태의국과 유사한 교육과정을 갖춘 지방 의학교들이 설립되어 해당 지역의 의사들을 훈련시켰다. 1103년에 휘종은 국자감에 비할 만한 조직을 갖춘 의학醫學을 설립하여 의료제도를 개선하고자 하였다. 자식들을 과거 시험장으로 보내려 했던 지배층 가정에 새로운 전문직인 학자 의사 즉 유의儒醫가 되는 길이 열렸다. 1115년에는 의학의 지방 분원들이 주·현에 설치되고 남쪽으로 이주한 뒤에는 의학이 항주에 다시 설립되었는데, 이곳에서 4명의 교수가 250명의 학생을 가르쳤다.[55]

정부에서 운영하는 병원 서비스와 의학 학교는 북송대 일반적 통계학상의 인구수에 비하면 거의 없는 것과 마찬가지일 만큼 적었으며, 궁핍한 사람들을 위한 건강 보호 제도가 턱없이 부족했던 것도 사실이지만, 그래도 비교적 잘 구축된 의료 시설이었다. 송 왕조 초기에는 복

---

54) Goldschmidt, "The Transformations of Chinese Medicine," p. 209.

55) 앞 글, p. 7; Goldschmidt, "Huizong's Impact on Medicine and on Public Health," p. 286; 『夢粱錄』, 15:4a.

전원福田院이라는 시설이 개봉 동부와 서부 두 곳에 있어서 버려진 노인과 고아, 그리고 기아와 병에 시달리는 사람들에게 도움을 주었다. 복전원 두 곳 모두 불교 승려들이 운영하다가 나중에 정부 기관으로 바뀌었다. 1063년에는 도성의 남과 북에 복전원이 추가로 세워졌다. 각 시설마다 300명의 환자를 받을 수 있었으니 모두 1200명이 개봉의 병원 제도에 수용될 수 있었다고 하겠다.[56] 북송 후기에는 수도와 지역 도시 여섯 곳에 거양원居養院이 설립되었다.

의사가 아니더라도 자신이 약에 관한 전문가이고 환자의 신체 건강을 회복 또는 안정시키는 데 도움을 줄 수 있다고 생각하는 사람들이 많았다. 개봉에는 약을 조제하는 약국들이 특정한 거리와 방에 몰려 있었다. 의학 사상 최초의 국립 약국이라고 할 수 있는 숙약소熟藥所도 1076년 개봉에 설립되었다. 약국들은 항주에서 의학적인 면에서도 경제적인 면에서도 그 중요성이 더욱 커졌다. 남송대에는 빈민에게 약을 배급하는 일을 맡은 관리들의 수가 많아졌고 또 통증을 전문으로 하는 약국의 숫자도 더 늘어났다.[57]

정부의 활동과 별도로 환자와 극빈자들에게 혜택을 주는 사설 자선단체들도 있었다. 1089년에 관직에 있던 소식은 안락방安樂坊이라는 병원 건립에 개인 돈 금 50냥을 기부했다. 항주의 모든 사람에게 개방된 이 병원은 설립한 지 3년도 안 되어 1000명의 환자를 치료했다. 1102년까지 모든 주요 도시에 자선병원이 설립되었다. 1132년에는

---

56) 王衛平, 「唐宋時期慈善事業槪說」, p. 97.

57) 『夢梁錄』, 13:4a-5b.

서민, 노인, 극빈자를 위한 양제원養濟院이라는 자선병원 두 곳이 더 설립되었다.[58] 제민濟民 약국의 약사들이 빈민에게 무료로 약을 나누어주기도 했다.

농촌에서는 자선이 효도의 형식으로 나타났다. 종족의 원로들이 책임을 지고 가산이 허용하는 한 자선을 위한 토지인 '의장義莊'을 마련하여 어렵고 가난한 친족들을 지원하였다. 가장 잘 알려진 것은 11세기 개혁가 범중엄이 설립했던 의장이지만, 그보다 규모가 큰 의장들도 있었다.[59] 의장에서 얻는 수입으로 매월 양식을 준비하여 종족 내의 고아를 돕고 그들의 학업을 지원하며, 결혼과 장례, 남아의 관례冠禮와 여아의 계례笄禮 등에 필요한 비용도 대주었다. 주부들이 자신의 재원을 출연하여 도움을 주는 경우도 많았다. 그러나 대부분의 가정은 의장을 설립할 만큼 재원이 충분하지 못하였고, 일단 설립된 의장이라도 한 가정이 그것을 유지하기는 어려웠다.

도시의 경우 제도화되지는 않았으나 개인 가정들의 자선이 가난한 사람, 환자, 극빈자들의 고통을 덜어주는 데 도움을 주었다. 봉황산에 사는 부호들이 가난한 노인들의 가족 전체를 후원해주어, 혜택을 받은 사람들은 후원자에게 한없이 황송해했다. 이들 지배 계층은 걸인에게 누비옷을 주거나 사업에 실패한 장사꾼들을 돕기도 했다. 때로 곤궁한 가정에서 매장이나 화장을 할 수 있도록 비용을 대주기도 했

58) 『清波別志』, 1:14, Moule, *Quinsai with Other Notes*, p. 44.

59) *Family and Property in Sung China*, p. 229; 王善軍, 『宋代宗族和宗族制度研究』, pp. 64-68.

다. 길에 눈이 덮인 겨울밤에 부유한 사람들이 꽁꽁 언 판잣집의 문틈으로 돈을 넣어주어 그 집 사람들의 고통을 좀 덜어주기도 했다.[60]

가난한 부모가 자기 아기를 부잣집에 맡길 수도 없고 제정신으로 아들과 딸을 노비로 팔 수도 없을 때는, 아기를 어느 집이나 시설의 대문에 버리기도 하였다. 남쪽으로 대규모 이주가 있는 동안에 이런 업둥이의 수가 급증했다. 1138년에는 책임을 맡은 당국에서 자녀 유기를 금지하고 전국 모든 현에 고아원을 열어서 부모가 키우지 못하는 아이들을 수용했다.[61] 그래도 문제는 계속되었으며 1248년에는 자유국慈幼局이라는 또 다른 고아원이 항주에 설립되었다.

근대적인 표현을 쓴다면, 송대 사람들은 중세의 다른 사회에 비하여 보기 드물 정도로 사적 영역에서 행동의 자유를 누렸다고 할 수 있다. 그러나 그들은 스스로를 천자에게 순종적인 신민으로 생각했다. 그들의 일상생활은, 이론적으로는 사회의 모든 구성원이 지켜야 할 의무가 있을 만큼 잘 알려져 있는 규칙과 제재를 따랐으며 이러한 규율은 유교적인 행동 규범에 기초를 둔 것이었다. 그렇지만 경제적인 면에서는 주택 건축과 의상에서의 기호부터 위생, 오락, 자선의 범주까지 사적인 생활의 모든 영역에서 관찰되는 방임적 태도가 있었다. 그러나 13세기 말 몽골 지배하에 들어갔을 때 중국인이 누리던 자기결정적인 생활 방식의 편안함은 끝나버렸다.

---

60) 『夢粱錄』, 18:20b의 본문을 기초로 의역하였음.

61) 『宋史』, 29:536; Gernet, *Daily Life in China*, pp. 149-150.

| 나오는 말 |

1000여 년 전 송 왕조는 지구상 가장 발전된 문명으로 등장하였다. 송 왕조의 초기 황제들은 합리성, 효율성, 예측 가능성, 경제적 역동성 등 한마디로 계몽된 근대 자본주의에서 나타났던 대표적인 특성들에 근거하여 중국의 변혁을 주도하였다. 이 혁신적인 군주들은 경쟁적인 과거 시험제도를 통하여 자신들이 선발한 사대부 지배층을 깊이 신뢰하고 의지했다. 송대 관리들의 교육, 경험, 역량, 헌신 등은 당 왕조의 귀족적인 관료층뿐만 아니라 당시 지구상 어떤 문명의 지배층에게도 없던 특별함이었다. 특히 황제의 최고 고문관인 재상들은 중국사에서 유례가 없는 정치적 권위를 행사하였다. 그렇다고 하여 송대 중국이 독재이거나 전체주의였던 것도 아니다. 사회적 행동 전체에 대한 통제와 감시, 형벌의 위협이나 지주의 협박을 통해서가 아니라 신뢰, 책임, 그리고 무엇보다도 실용주의적 분위기를 통해서 행정과 경제적 효율성을 이룩하였다. 피지배층 백성에 대한 과거 급제자 관리의 비율이 13세기 초기에 1 대 7500이었을 만큼 매우 낮았다는 사실은, 송대 관료제도의 뛰어난 효율성과 그에 대한 국민의 신뢰를 보여준다고 할 수 있다.

유교·불교·도교 즉 삼교, 그리고 수많은 지방 민속종교의 행사들은 일상생활에서 중대한 역할을 했다. 불교는 조정의 승인을 받았고, 다만 휘종의 경우는 도교를 다른 종교보다 좋아했으며 그의 도교적 심취가 정치 업무의 나태를 야기하고 북송의 멸망에도 어느 정도 책임이 있었다. 그러나 대중의 정신적 삶을 풍부하게 했던 도교와 불교의 활동이나 영향과는 상관없이, 송 왕조를 지배한 것은 유교의 도덕적 가르침이었다. 이 고대의 교의가 교육, 과거 시험 그리고 공적·사적 의례의 기반이었고, 실질적으로 송의 국가 이념이었다. 송 왕조가 중국 역사상 다른 왕조에서 전례가 없는 변혁을 추진한 것도 유교적인 국정 운영이 허락한 자유가 있었기에 가능했다. 인종仁宗, 효종孝宗, 이종理宗 등 황제들의 사후 명칭인 묘호에서도 송 정부가 유교에 얼마나 충실했는가를 보여준다. 인과 효는 유교 교리의 핵심어이며 이理는 주희 학파에서 설명한 유교적 원리였다. 이러한 황제 칭호들은 중국 역사에서 송대에 처음 나타났다.

송대 국정의 질적인 우수성이 더 넓은 차원의 유교 윤리 체계를 이룩할 수 있게 해주었고, 이 윤리 체계는 송 사회의 모든 구석까지 미치지 않는 곳이 없었으며, 탄생부터 무덤까지 개인의 전 생애에 영향을 주었다. 그러나 유교 자체가 이 시대에 개조되고 합리화되었기 때문에 도성의 디자인, 상업과 유행, 기술과 과학, 회화, 음악, 문학 등 각 영역에서 새로운 가능성을 열어주었다. 정이·정호 형제와 주희 그리고 수많은 철학자들에 의해서 만들어진 개조된 유교 이념, 합리성과 보편성이 사회 모든 계층에게 스며들어 중국 공산혁명 때까지 지속되는 중국 문화의 확고한 기반을 형성하였다. 19, 20세기의 개혁가들은 신유학이 중국의 근대 사회적·교육적 개혁의 단행과 기술 발전의 수용을 방해한 융통성 없는 사고 체계라고 혹평했다. 그러나 명·청대에 벌어졌던 활발한 토론에서 분명히 알 수 있듯이, 송대 신유학에서 물려받은 그 '전통적' 가치들이 세대에서 세대로 전수되면서 중국인의 문화 정체성의 감각을 강화시켰고, 이러한 감각은 6세기가 넘는 정치적 역경을 거치면서도 흔들리지 않았다. '전통 중국'의 윤리 체계가 비록 종종 공격을 받았지만, 지성과 문화가 파편화되지 않도록 또 정치적으로 분열되지 않도록 국가를 지켜주었던 것이다.

송대 황제의 임기를 다른 왕조의 경우와 비교해보는 것도 송 정부의 우수성과 안정성을 보여주는 분명한 지표가 될 것이다. 중국의 황제 지배 역사 2129년 동안 정통성을 가진 황제의 총 수는 210명이었으며, 전체 기간의 약 15퍼센트에 해당하는 송 왕조 동안의 황제는 모두 18명이었다. 중국 황제들의 평균 통치 기간이 8년인 데 비해, 송대 군주들은 평균 18년을 다스렸다. 단지 이러한 점은 청 왕조가 더 우수해 보이지만, 그것은 사실 강희제와 건륭제 두 황제가 60년씩 통치했기 때문이다.

10세기까지 존재했던 중국의 주요 세 왕조 즉 한·당·송 중에서, 위협적인 주변 세력과 평화적인 상호 균형 관계 수립을 위한 외교 전략을 창안한 것은 송이었다. 중국이 북쪽 변경에 접하고 있는 '야만적인' 유목민을 중립화시키는 이 새롭고 실용적인 방법은 장기간의 평화를 만들어냈고, 이는 도시와 농촌에서 전반적인 생활수준의 향상을 가능하게 해주었다. 11세기의 철학가이자 수학자인 소옹이 그 자신의 생애에 누렸던 전에 없는 평화 시대에 대하여 자랑스러워한 것은 마땅하였다. "나는 태평의 시대에 태어나서 태평의 시대에 죽는다."

농업 기술과 효율적인 토지 소유 제도는 송대 3세기 동안에 번영의 기초가 되었다. 중국 제국의 지역 별로 20세기에 이르기까지의 농업 산출량을 살펴보면, 송대의 산출량이 최고를 기록하는 지역이 많다. 전문가들이 쓴 농업 설명서를 통해서 개선된 농경과 양잠 기술이 보급되고 농민은 정부의 자본 투자와 대출 정책 덕에 자칫 파멸로 빠지게 만드는 빚에서 벗어날 수 있었다. 자영 농가가 조세제도의 중추였으며, 소출의 10퍼센트 정도를 조세로 납부하는 수백 만의 납세자를 보유한 농촌의 경제 번영은 세계 어느 지역도 맞먹을 수 없는 수준의 경제성장과 인구 증가를 가능하게 하였다. 몽골의 침입으로 송대 인구가 감소하였던 13세기를 보더라도 당시 세계 인구의 거의 절반 정도가 중국에 살았으며, 이 많은 인구가 세계에서 가장 높은 1인당 소득을 누리고 있었다.

중국인들의 혁신적인 기술을 보여주는 것에는 다양한 형태의 방추차, 생사 감는 기계, 견·마 수력방적기, 발판으로 작동하는 방직기, 문양을 넣어 짜는 수직기 등이 있었다. 11세기에서 13세기 사이에 일어난 이러한 송의 '산업혁명'은 유행을 선도하는 직물을 대량으로 생산했고, 이를 원동력으로 하여 새로운 시장들과 상업 조합이 생겨났다. 송대의 중국은, 수익성 높고 효율적이며 지속적인 대량 생산을 가능하게 하는 모든 필요 전제조건들—말하자면 상업화와 소비, 재정적 성취, 특히 강력한 신용 시장과 지폐의 도입, (수레, 여객선, 선미재 키와 방수 격실을 갖춘 운송선 등과 같은) 교통수단의 발전, 도자기 생산, 구리와 철 광업, 종이 제조, 고품질의 인쇄와 출판, 기계와 기술 용어의 표준화 등—에서 중세 유럽보다 훨씬 앞섰다. 물레방아의 동력으로 기계식 절굿공이가 작동하고, 농지에 물을 대며, 곡물을 갈고, 산업용 재료를 분쇄하였다. 중국에서 중앙아시아와 이슬람 세계를 지나가는 정보 통신망이자 교역로였던 길, 즉 19세기에 실크로드라고 이름 붙여진 그 길을 통해 중국의 기술이 유럽으로 퍼져갔고, 유럽은 수 세기 이후 자신의 상업과 산업 혁명 때에 동양의 고안들을 모방하고 흡수하고 개량했다.

송 사회의 통화 제정, 그리고 특히 지폐의 사용이 투자자들로 하여금 이전과 같은 농업 부문에 대한 의존에서 벗어나게 하고 도시와 성읍에서 상업의 성장을 확대시켰다. 변하를 통해 대운하와 연결된 북송의 수도 개봉은 다기능적인 도심지가 되었는데, 이런 도시는 그 이전 중국사에서 없던 유형이었다. 황제는 여전히 그의 궁궐에서 제국을 통치하였지만, 그의 수도는 더 이상 당대 수도인 장안과 같은 제국 이념과 공공질서의 전시물이 아니었다. 개봉 내부 구역인 방들의 담장이 무너져 내리고 통금이 폐지되면서 도시 주민의 생활 방식은 즉각적으로 또 근본적으로 변화했다. 도성은 꽤나 진보적이고 자유방임적인 소비자 천국이 되어가고 있었다. 서호와 접하고 운하를 따라 흐르는 전당강에 위치한 항주, 즉 남송의 수도에서는 상인과 무역업자들의 부와 화려한 생활 방식이 관리들의 그것을 앞지르게 되었다. 당시의 작가들은 이 역동적인 도시의 상업적인 활력과 혼잡을 칭송하며 이곳이 온 세상의 중심이라고 생각했다.

송의 사대부들이 정해놓은 교육제도와 문관 관료체제의 필수요건들은 1912년에 중화 제국이 끝날 때까지 1000년이 넘도록 중국의 북부나 남부 전체에서 지속되었다. 사대부들이 과학, 기술, 예술 분야에서 활동한 내용을 보자면, 송대 지도층은 유교 관련 저서를 편찬하고 유교를 지원하는 한편 유교의 세속화에 촉매 역할을 했다고 볼 수 있으며 특히 도학 학파는 중국 역사에 지속적인 영향을 남겼다. 신유학의 도덕성뿐 아니라 합리성을 갖춘 엘리트 계층은 자연 세계를 탐구하고, 당 시대의 예술을 지배했던 환영적인 주제로부터 벗어나 새로운 사실주의적인 자세로 자신들이 본 것을 그렸다. 세속 세계에 대한 그들의 참신한 이해와 해석을 거치면서 산수, 식물, 동물, 거리 생활, 집안의 장면까지도 순수예술에 적합한 주제가 될 수 있었다.

이들 사대부들이 주도했던 엘리트주의적인 삶에는 특권과 혜택, 정치적·지성적인 영향력 그리고 당시 평민들은 모르던 가문의 명망과 같은 특별함이 있었다. 그러나 유교적 가치관에 충실한 그들은 중국 사회가 그들에게 요구하는 대가를 지불하는 데 주저하지 않았다. 수십 년의 교육 훈련 과정과 그 힘든 시험을 견뎌내고, 고향의 가족과 멀리 떨어져 관리의 책무와 과제를 이행하는 삶을 살았으며, 또 때로는 극단적인 상황에서도 자신의 희망과 욕구보다 황제와 왕조의 이익을 중시하였다. 개인주의, 자기결정, 자아실현에 가치를 두는 21세기 시민들에게는 송대 사대부들이 강조했던 이타적인 자세와 삶이 이상적 또는 낭만적으로 묘사된 것처럼 들리겠지만, 사실 그것이 중국인들이 충성, 규율, 용맹을 실천하는 방식이었다.

왕조와 황제 계보

당 후기의 황제 계위표

	묘호	재위	본명	생존
12	헌종憲宗	805~820	이순李純	778~820
13	목종穆宗	820~824	이항李恒	795~824
14	경종敬宗	824~827	이담李湛	809~827
15	문종文宗	827~840	이앙李昻	809~840
16	무종武宗	840~846	이염李炎	814~846
17	선종宣宗	846~859	이침李忱	810~859
18	의종懿宗	859~873	이최李漼	833~873
19	희종僖宗	873~888	이현李儇	862~888
20	소종昭宗	888~904	이엽李曄	867~904
21	경종景宗	904~907	이축李柷	892~908

오대 황제 계위표

	묘호	재위	본명	생존
후량 907~923				
1	태조太祖	907~912	주온朱溫	852~912
2	영왕郢王	912~913	주우규朱友珪	
3	말제末帝	913~923	주우정朱友貞	888~923
후당 923~936				
1	장종莊宗	923~926	이존욱李存勖	885~926
2	명종明宗	926~933	이사원李嗣源	867~933
3	민제閔帝	933~934	이종후李從厚	914~934
4	말제末帝	934~936	이종가李從珂	885~937
후진 936~947				
1	고조高祖	936~942	석경당石敬瑭	892~942
2	출제出帝	942~947	석중귀石重貴	914~954
후한 947~951				
1	고조	947	유지원劉知遠	895~948
2	은제隱帝	948~951	유승우劉承祐	931~951
후주 951~960				
1	태조	951~954	곽위郭威	904~954
2	세종	954~959	시영柴榮	921~959
3	공제	959~960	시종훈柴宗訓	953~973

요(거란) 황제 계위

	묘호	재위	본명	생존
1	태조	907~926	야율아보기耶律阿保機	872~926
2	태종	926~947	야율덕광耶律德光	902~947
3	세종	947~951	야율완耶律阮	918~951
4	목종穆宗	951~969	야율경耶律璟	931~969
5	경종景宗	969~982	야율현耶律賢	948~982
6	성종聖宗	982~1031	야율융서耶律隆緒	971~1031
7	흥종興宗	1031~1055	야율종진耶律宗眞	1016~1055
8	도종道宗	1055~1101	야율홍기耶律洪基	1032~1101
9	천조제天祚帝	1101~1125	야율연희耶律延禧	1075~1128

송 황제 계위

	묘호	재위	본명	생존
북송 960~1127				
1	태조	960~976	조광윤趙匡胤	928~976
2	태종	976~997	조광의趙光義	939~997
3	진종眞宗	997~1022	조항趙恒	968~1022
4	인종仁宗	1022~1063	조정趙禎	1010~1063
5	영종英宗	1063~1067	조서趙曙	1032~1067
6	신종神宗	1067~1085	조욱趙頊	1048~1085
7	철종哲宗	1085~1100	조후趙煦	1076~1100
8	휘종徽宗	1100~1126	조길趙佶	1082~1135
9	흠종欽宗	1126~1127	조환趙桓	1110~1160
남송 1127~1279				
10	고종高宗	1127~1162	조구趙構	1107~1187
11	효종孝宗	1162~1189	조신趙眘	1127~1194
12	광종光宗	1189~1194	조돈趙惇	1147~1200
13	영종寧宗	1194~1224	조확趙擴	1168~1224
14	이종理宗	1124~1264	조윤趙昀	1205~1264
15	도종度宗	1264~1274	조기趙祺	1222~1274
16	공제恭帝	1274~1276	조현趙顯	1270~1323
17	단종端宗	1276~1278	조시趙昰	1268~1278
18	(송)제병宋帝昺	1278~1279	조병趙昺	1271~1279

서하(탕구트) 황제 계위

	묘호	재위	본명	생존
1	경종景宗	1032~1048	이원호李元昊	
2	의종毅宗	1048~1067	이량조李諒祚	
3	혜종惠宗	1067~1086	이병상李秉常	
4	숭종崇宗	1086~1139	이건순李乾順	
5	인종仁宗	1139~1193	이인효李仁孝	
6	환종桓宗	1193~1206	이순우李純祐	
7	양종襄宗	1206~1210	이안전李安全	
8	신종神宗	1210~1223	이준욱李遵頊	
9	헌종獻宗	1223~1226	이덕왕李德旺	
10		1226~1227	이현李睍	

금(여진) 황제 계위

	묘호	재위	본명	생존
1	태조	1115~1123	완안아골타完顔阿骨打	1068~1123
2	태종	1123~1135	완안오걸매完顔吳乞買	1075~1135
3	희종熙宗	1135~1149	완안단完顔亶	1119~1150
4	해릉왕海陵王	1149~1161	완안량完顔亮	1122~1161
5	세종	1161~1189	완안옹(오록)完顔雍(烏祿)	1123~1189
6	장종章宗	1189~1208	완안경完顔璟	1168~1208
7	위소왕衛紹王	1208~1213	완안영제完顔永濟	?~1213
8	선종宣宗	1213~1224	완안순完顔珣	1163~1224
9	애종哀宗	1224~1234	완안수서完顔守緖	1198~1234

단위 측정

길이

1척尺 = 31.6센티미터 또는 12.3인치

면적

1무畝 = 573제곱미터 또는 1/7에이커 또는 1/17헥타르

1경頃 = 100무 또는 13.99에이커 또는 5.73헥타르

무게

1량兩 = 39.6그램 또는 대략 1.4온스

1근斤 = 16량 또는 633그램 또는 1.3파운드

1석石(단) = 120근 또는 7만 5960킬로그램

들이

1승升 = 0.6641리터

1두斗 = 10승 또는 6.64리터

1곡斛 = 10두 또는 66.4리터

1석石(단) = 94.88리터

계수

1필匹 = 세견 한 필의 길이는 약 13.29미터

1관貫 = 명목상 1000전 가치의 회계 단위

참고문헌

1차 자료

孫光憲(사망 968),『北夢鎖言』.

陶宗儀(1366),『輟耕錄』, 世界書局.

灌圃耐得翁(1235),『都城紀勝』, 北京: 中國商業出版社, 1982.

王稱(1186),『東都史略』.

宇文懋昭(1234?),『大金國志』, 漢韻齋叢書 編.

孟元老(1147),『東京夢華錄』, 叢書集成 編. 鄧之誠,『東京夢華錄』, 香港: 商務印書館, 1961.

程顥(생존 1032~1085), 程頤(생존 1033~1107),『二程集』, 北京: 中華書局, 1981.

劉克莊(생존 1187~1209),『後村先生大全集』, 四部叢刊編, Vol. 12.

『(韓)昌黎(先生)全集』, 四部備要編.

范曄(450),『後漢書』, 北京: 中華書局, 1965.

莊綽(1133),『鷄肋編』,『說郛』.

脫脫(1344),『金史』, 北京: 中華書局, 1975.

李有棠(1903),『金史紀事本末』, 北京: 中華書局, 1980.

劉昫(945),『舊唐書』, 北京: 中華書局, 1975.

程頤(생존 1033~1107),「記葬用柏棺事」,『二程集』, 北京: 中華書局, 1981.

楊冠卿(생존 1139~),『客亭類稿』, 四庫全書, Vol. 1165.

蘇轍(생존 1039~1112),『欒城集』, 四部備要編, Vol. 560.

『禮記註疏』, 四庫全書編.

脫脫(1344),『遼史』, 北京: 中華書局, 1974.

文惟簡(宋),『虜庭事實』,『說郛』.

吳自牧(1334), 『夢粱錄』, 學津討原 編.

沈括(1086~1093), 『夢溪筆談』, 香港: 中華書局, 1975.

王禎(1313), 『農書』, 百部叢書 編, 1530.

朱彧(1119), 『萍洲可談』, 叢書集成 編.

周煇(1194), 『淸波雜志』, 叢書集成 編.

葉隆禮(1247), 『契丹國志』, 漢韻齋叢書 編.

陳述, 『全遼文』, 北京: 中華書局, 1982.

徐度(1130년경), 『却掃編』, 叢書集成初編, no. 2791.

董誥(생존 1740~1818), 『全唐文』, 臺南: 經緯書局, 1965.

洪邁(1196), 『容齋隨筆五集』, 『四庫全書精華』 중.

周城(1762), 『宋東京考』, 北京: 中華書局, 1988.

『蘇東坡全集』, 臺北: 世界書局, 1964.

陶宗儀(1368) 編, 『說郛』, 上海國際出版社.

徐松(생존 1781~1848), 『宋會要集稿』, 臺北: 新文豊出版公司, 1976.

國悟石 主編. 『四庫全書精華』, 北京: 國際文化出版公司, 1995.

司馬光, 『司馬氏書儀』, 叢書集成 編.

司馬光(1132), 『司馬文正公傳家集』, 國學基本叢書 編.

洪皓(생존 1088~1155), 『松漠紀聞』, 『說郛』.

脫脫(1345), 『宋史』, 北京: 中華書局, 1977.

陳邦瞻(1604~1605), 『宋史紀事本末』, 北京: 中華書局, 1977.

呂祖謙(1170경), 『宋文鑑』, 臺北: 世界書局, 1960.

竇儀(생존 914~966), 『宋刑統』, 北京: 中華書局, 1984.

黃宗羲(생존 1610~1695), 『宋元學案』, 台北: 廣文書局, 1971.

王溥(생존 922~982) 『唐會要』, 上海: 上海國際出版社, 1991.

樂史(980경), 『太平寰宇記』, 四庫全書 編

徐松(1848), 『唐兩京城坊考』, 北京: 中華書局, 1985.

王溥(961),『五代會要』, 叢書集成初編.

馬端臨(1308),『文獻通考』, 北京: 中華書局, 1986.

陸九淵,『象山全集』, 國學基本叢書.

歐陽脩(생존 1007~1072), 宋祁(생존 998~1061),『新唐書』, 北京: 中華書局, 1975.

歐陽脩(1072),『新五代史』, 北京: 中華書局, 1974.

蘇頌(1094),『新儀象法要』.

畢沅(1801),『續資治通鑑』, 北京: 中華書局, 1957.

李燾(1183),『續資治通鑑長編』, 北京: 中華書局, 1979.

王應麟(생존 1223~1296),『玉海』, 上海: 江蘇國際出版社, 1990.

王爚(1237),『義阡』, 盧鎮(1365),『琴川志(江蘇)』, 宋元地方志叢書 編.

宋濂(1370),『元史』, 北京: 中華書局, 1976.

『義冢』, 周應合(1261),『景定建康志』, 宋元地方志叢書 編.

『中國大百科全書-中國歷史』, 北京, 1992.

李覯(생존 1009~1059),『直講李先生文集』, 四部叢刊編.

羅從彦(1226),『遵堯錄』,『羅豫章先生文集』, 正誼堂全書.

『眞宗北征』,『容齋隨筆五集』중.

司馬光(1067~1084),『資治通鑑』, 北京: 中華書局, 1956.

黃士毅(1219, 黎靖德에 의해 1270년 刊),『朱子語類』, 北京: 中華書局, 1986.

2차 자료

서양어

Allsen, Thomas T. *Mongol Imperialism; The Policies of the Grand Qan Möngke in China, Russia, and the Islamic Lands, 1251-1259*, Berkeley: University of California Press, 1987.

———. "The Rise of the Mongolian Empire and the Mongolian Rule in North China."

In *The Cambridge History of China*. Vol. 6: *Alien Regimes and Border States, 907-1368* ed. Herbert Franke and Denis Twitchett, pp. 321-413. Cambridge: Cambridge University Press, 1994.

Al-Sirafi and Abu Zayd Hasan bin Yazid. *Ancient Accounts of India and China by Two Mohammedan Travellers Who Went to Those Parts in the 9th Century*, trans. from Arabic by Eusebius Renandot. London: S. Harding, 1733.

Ancient Chinese Architecture, ed. Chinese Academy of Architecture. Hong Kong: Joint Publishing, 1982.

Aoyama Sadao. "Le développement des transports fluviaux sous les Sung." In *Études Song in memoriam of Étienne Balazs, Sung studies, serie I*, ed. Françoise Aubin, pp. 281-296. Paris: Mouton, 1970.

Asim, Ina. *Religiöse Landverträge aus der Song-Zeit*. Heidelberg: Edition Forum, 1993.

————. "Status Symbol and Insurance Policy: Song Land Deeds for the Afterlife." In *Burial in Song China*, ed. Dieter Kuhn, pp. 307-370. Heidelberg: Edition Forum, 1994.

Bacon, Francis. *Novum Organum*, trans. and ed. Peter Urbach and John Gibson. Chicago: Open Court Publishing, 1994.

Bickford, Maggie. "Huizong's Paintings: Art and the Art of Emperorship." In *Emperor Huizong and Late Northern Song China: The Politics of Culture and the Culture of Politics*, ed. Patricia Buckley Ebrey and Maggie Bickford, pp. 453-513. Cambridge: Harvard University Asia Center, 2006.

Bielenstein, Hans. *Diplomacy and Trade in the Chinese World, 589-1276*. Leiden: Brill, 2005.

Birdwhistell, Anne D. *Transition to Neo-Confucianism: Shao Yung on Knowledge and Symbols of Reality*. Stanford: Stanford University Press, 1989.

Birge, Bettine. *Women, Property, and Confucian Reaction in Sung and Yüan China (960-1968)*. Cambridge: Cambridge University Press, 2002.

Blofeld, John. *The Chinese Art of Tea*. London: Allen and Unwin, 1985.

Blunden, Caroline, and Mark Elvin. *Cultural Atlas of China*. Oxford: Phaidon, 1983.

Bol, Peter K. "Emperors Can Claim Antiquity Too: Emperorship and Autocracy under the New Policies." In *Emperor Huizong and Late Northern Song China:*

The Politics of Culture and the Culture of Politics, ed. Patricia Buckley Ebrey and Maggie Bickford, pp. 173-205. Cambridge: Harvard University Asia Center, 2006.

————. "On the Problem of Contextualizing Ideas: Reflections on Yü Yingshi's Approach to the Study of Song Daoxue." *Journal of Sung-Yuan Studies* 34 (2004): 60-79.

————. *"This Culture of Ours": Intellectual Transitions in T'ang and Sung China.* Stanford: Stanford University Press, 1992.

Bossler, Beverly. "Shifting Identities: Courtesans and Concubines in Song China." *Harvard Journal of Asiatic Studies* 62, 1(2002): 5-37.

Bray, Francesca. *Science and Civilisation in China*, Vol. 6. 2: *Agriculture*. Cambridge: Cambridge University Press, 1984.

Brook, Timothy. *Geographical Sources of Ming-Qing History*. Ann Arbor: Center for Chinese Studies, University of Michigan, 1988.

Bruce, J. Percy. *Chu Hsi and His Masters*. London: Probsthain, 1923.

Buddhism in the Sung, ed, Peter N. Gregory and Daniel A. Getz, Jr. Honolulu: University of Hawai'i Press, 1999.

Buriks, P. "Fan Chung-yan's Versuch einer Reform des chinesischen Beamtenstaates in den Jahren 1043/44." *Oriens extremus* 3(1956): 57-80, 153-184.

Cahill, James. "The Imperial Painting Academy." In *Possessing the Past*, ed. Wen C. Fong, James C. Y. Watt, et al., pp. 159-199. New York: Metropolitan Museum of Art, 1996.

Cahill, Suzanne. "Taoism at the Song Court: The Heavenly Text Affair of 1008." *Bulletin of Sung-Yüan Studies* 16(1980): 23-44.

Carter, Thomas Francis. *The Invention of Printing in China and Its Spread Westward*, 2nd ed., rev. L. Carrington Goodrich. New York: Ronald, 1955.

Ch'en, Kenneth. *Buddhism in China: A Historical Survey*. Princeton: Princeton University Press, 1964.

————. "The Economic Background of the Hui-ch'ang Suppression of Buddhism." *Harvard Journal of Asiatic Studies* 19(1956): 67-105.

Ch'ü, Tung-tsu. *Law and Society in Traditional China*. Paris: Mouton, 1961.

Chaffee, John W. *Branches of Heaven: A History of the Imperial Clan of Sung China*. Cambridge: Harvard University Asia Center, 1999.

————. "Education and Examination in Sung China." Ph. D. diss., University of Chicago, 1979.

————. "Huizong, Cai Jing, and the Politics of Reform." In *Emperor Huizong and Late Northern Song China: The Politics of Culture and the Culture of Politics*, ed. Patricia Buckley Ebrey and Maggie Bickford, pp. 31-77. Cambridge: Harvard University Asia Center, 2006.

————. "The Rise and Regency of the Empress Liu(969-1033)." *Journal of Sung-Yuan Studies* 31(2001): 1-25.

————. *The Thorny Gates of Learning in Sung China: A Social History of Examinations*. Cambridge: Cambridge University Press, 1985.

Chan, Hok-lam. *The Historiography of the Chin Dynasty: Three Studies*. Wiesbaden: Franz Steiner, 1970.

Chan, Wing-tsit. "Chou Tun-I." In *Sung Biographies*, Vol. 1, ed. Herbert Franke, pp. 277-281. Wiesbaden: Steiner, 1976.

————. *Chu Hsi, Life and Thought*. New York: St. Martin's Press, 1987.

————. *A Source Book in Chinese Philosophy*. Princeton: Princeton University Press, 1963.

Chang, Carsun. *The Development of Neo-Confucian Thought*. London: Vision Press, 1958.

Chang, Kang-i Sun. "Lin Yung." In *The Indiana Companion to Chinese Literature*, Vol. I, p. 594.

Chaves, Jonathan. *Mei Yao-ch'en and the Development of Early Sung Poetry*. New York: Columbia University Press, 1976.

Cherniack, Susan. "Book Culture and Textual Transmission in Sung China." *Harvard Journal of Asiatic Studies* 54(1994): 5-125.

Chien, Cecilia Lee-fang. *Salt and State: An Annotated Translation of the Song Shi Salt Monopoly Treatise*. Ann Arbor: University of Michigan Center for Chinese

Studies, 2004.

Chinese Religion: An Anthology of Sources, ed. Deborah Sommer. Oxford: Oxford University Press, 1995.

Chinese Science: Explorations of an Ancient Tradition, ed. Shigeru Nakayama and Nathan Sivin. Cambridge: MIT Press, 1973.

Chu Hsi and Neo-Confucianism, ed. Chan Wing-tsit. Honolulu: University of Hawai'i Press, 1986.

Chung, Priscilla Ching. *Palace Women in the Northern Sung, 960-1126*. Leiden: Brill, 1981.

Clart, Philip. "The Concept of Ritual in the Thought of Sima Guang(1019-1086)." In *Perceptions of Antiquity in Chinese Civilization*, ed. Dieter Kuhn and Helga Stahl, pp. 237-252. Heidelberg: Edition Forum, 2008.

Davis, Edward L. *Society and the Supernatural in Song China*. Honolulu: University of Hawai'i Press, 2001.

Davis, Richard L. *Court and Family in Sung China, 900-1279: Bureaucratic Success and Kinship Fortunes for the Shih of Ming-chou*. Durham: Duke University Press, 1986.

———. *Wind against the Mountain: The Crisis of Politics and Culture in Thirteenth-Century China*. Cambridge: Harvard University Council on East Asian Studies, 1996.

Death Rituals in Late Imperial and Modern China, ed. James Watson and Evelyn Rawski. Berkeley: University of California Press, 1988.

De Bary, William Theodore. *Waiting for the Dawn: A Plan for the Prince; Huang Tsung-hsi's Ming-i-tai-fang lu*. New York: Columbia University Press, 1993.

De Groot, J. J. M. *The Religious System of China*. 5 vols. Leiden: Brill, 1892-1910; rpt. Taibei: Chengwen, 1972.

Deng, Gang. *The Premodern Chinese Economy: Structural Equilibrium and Capitalist Sterility*. London: Routledge, 1999.

De Pee, Christian. "Material Ambiguity and the Hermetic Text: Cities, Tombs, and Middle Period History." *Journal of Sung-Yuan Studies* 34(2004): 81-94.

————. "The Ritual and Sexual Bodies of the Groom and Bride in Ritual Manuals of the Sung Dynasty." In *Chinese Women in the Imperial Past*, ed. Harriet Zurndorfer, pp. 53-100. Leiden: Brill, 1999.

De Weerdt, Hilde. "Canon Formation and Examination Culture: The Construction of Guwen and Daoxue Canons." *Journal of Sung-Yuan Studies* 29(1999): 92-134.

Di Cosmo, Nicola. "Liao History and Society." In *Gilded Splendour: Treasures of China's Liao Empire(907-1125)*, ed. Hsueh-man Shen, pp.15-23. New York: Asia Society, 2006.

Dunnell, Ruth Wilton. "Tanguts and the Tangut State of Ta Hsia." Ph. D. diss., Princeton University, 1983.

————. "The Xi Xia." In *The Cambridge History of China*. Vol. 6: *Alien Regimes and Border States, 907-1368*, ed. Herbert Franke and Denis Twitchett, pp. 154-214. Cambridge: Cambridge University Press, 1994.

Ebner von Eschenbach, Freiin Silvia. "Public Graveyards of the Song." In *Burial in Song China*, ed. Dieter Kuhn, pp. 215-252. Heidelberg: Edition Forum, 1994.

————. *Die Sorge der Lebenden um die Toten. Thanatopraxis and Thanatologie in der Song-Zeit(960-1279)*. Heidelberg: Edition Forum, 1995.

Ebrey, Patricia B. *Chu Hsi's Family Ritual*. Princeton: Princeton University Press, 1991.

————. *Confucianism and Family Rituals in Imperial China: A Social History of Writing about Rites*. Princeton: Princeton University Press, 1991.

————. "Cremation in Sung China." *American Historical Review* 95(1990): 406-428.

————. *The Inner Quarters: Marriage and the Lives of Chinese Women in the Sung Period*. Berkeley: University of California Press, 1993.

————. "Introduction." In *Emperor Huizong and Late Northern Song China: The Politics of Culture and the Culture of Politics*, ed. Patricia Buckley Ebrey and Maggie Bickford, pp. 1-27. Cambridge: Harvard University Asia Center, 2006.

————. "Taoism and Art at the Court of Emperor Huizong." In *Taoism and the Arts of China*, ed. Stephen Little with Shawn Eichman, pp. 95-111. Chicago: Art Institute of Chicago, 2000.

Egan, Ronald. "Huizong's Palace Poems." In *Emperor Huizong and Late Northern Song China: The Politics of Culture and the Culture of Politics*, ed. Patricia Buckley Ebrey and Maggie Bickford, pp. 361-394. Cambridge: Harvard University Asia Center, 2006.

————. *The Literary Works of Ou-yang Hsiu(1007-1072)*. Cambridge: Cambridge University Press, 1984.

————. *Word, Image, and Deed in the Life of Su Shi*. Cambridge: Harvard University Council on East Asian Studies, 1994.

Elvin, Mark. *The Pattern of the Chinese Past*. Stanford: Stanford University Press, 1973.

Ennin's Diary: The Record of a Pilgrimage to China in Search of the Law, trans. from the Chinese by Edwin O. Reischauer. New York: Ronald Press, 1955.

Family and Property in Sung China: Yuan Ts'ai's "Precepts for Social Life," trans. Patricia B. Ebrey. Princeton: Princeton University Press, 1984.

Fischer, J. "Fan Chung-yen, das Lebensbild eines chinesischen Staatsmannes." *Oriens extremus* 2(1955): 39-85, 142-156.

Fong, Grace S., "Engendering the Lyric: Her Image and Voice in Song." In *Voices of the Song Lyric in China*, ed. Pauline Yu, pp. 107-144. Berkeley: University of California Press, 1994.

Fong, Wen C. "Monumental Landscape Painting." In *Possessing the Past*, ed. Wen C. Fong, James C. Y. Watt, et al., pp. 120-137. New York: Metropolitan Museum of Art, 1996.

Fong, Wen C., et al. *Images of the Mind*. Princeton: The Art Museum, Princeton University, 1984.

Forage, Paul Christopher. "Science, Technology, and War in Song China." Ph. D. diss., University of Toronto, 1991.

Forke, Alfred. *Geschichte der neueren chinesischen Philosophie*. Hamburg: Cram, de Gruyter, 1964.

Franke, Herbert. "Chia Ssu-tao(1213-1275): A 'Bad Last Minister'?" In *Confucian Personalities*, ed. Arthur F. Wright and Denis Twitchett, pp. 217-234. Stanford: Stanford University Press, 1962.

————. "The Chin." In *The Cambridge History of China*. Vol. 6: *Alien Regimes and Border States, 907-1368*, ed. Herbert Franke and Denis Twitchett, pp. 215-320. Cambridge: Cambridge University Press, 1994.

―――. "The Forest Peoples of Manchuria: Khitans and Jurchens." In *The Cambridge History of Early Inner Asia*, ed. Denis Sinor, pp. 400-423. Cambridge: Cambridge University Press, 1990.

―――. *Studien und Texte zur Kriegsgeschichte der Südlichen Sungzeit*. Wiesbaden: Otto Harrassowitz, 1987.

―――. "Treaties between Sung and Chin." In *Études Song in memoriam of Étienne Balazs. Sung studies, serie I*, ed. Françoise Aubin, pp. 55-84. Paris: Mouton, 1970.

Franke, Wolfgang. "Historical Precedent or Accidental Repetition of Events? K'ou Chun in 1004 and Yu Ch'ien in 1449." In *Études Song in memoriam of Étienne Balazs. Sung studies, serie I*, 3, ed. Françoise Aubin, pp. 199-206. Paris: Mouton, 1976.

Freeman, Michael Dennis. "Lo-yang and the Opposition to Wang An-shih: The Rise of Confucian Conservatism(1068-1086)." Ph. D. diss., Yale University, 1973.

―――. "Sung." In *Food in Chinese Culture: Anthropological and Historical Perspectives*, ed. Kwang-chih Chang, pp. 143-176. New Haven: Yale University Press, 1977.

Fu, Hongchu. "The Cultural Fashioning of Filial Piety: A Reading of 'Xiao Zhangtu'(Little Zhang the Butcher)." *Journal of Sung-Yuan Studies* 29(1999): 63-89.

Fu, Philip Yuen-ko. "A Study of Governmental Accounting in China: With Special Reference to the Sung Dynasty(960-1279)." Ph. D. diss., University of Illinois, Urbana.

Fuller, Michael A. *The Road to East Slope: The Development of Su Shi's Poetic Voice*. Stanford: Stanford University Press, 1990.

Fung Yu-lan. *A History of Chinese Philosophy*. Vol. 2: *The Period of Classical Learning*, trans. Derk Bodde. Princeton: Princeton University Press, 1953.

Gernet, Jacques. *Buddhism in Chinese Society*. New York: Columbia University Press, 1995.

―――. *Daily Life in China on the Eve of the Mongol Invasion, 1250-1276*. Stanford: Stanford University Press, 1970.

Giles, Herbert. *Gems of Chinese Literature*. Shanghai, 1923; rpt. Taipei: Literature House, 1964.

Giles, Lionel. "Chinese Printing in the Tenth Century." *Journal of the Royal Asiatic Society of Great Britain and Ireland* 56(1925): 513-515.

Golas, Peter J. "Rural China in the Song." *Journal of Asian Studies* 39, 2(1980): 291-325.

―――. *Science and Civilisation in China*. Vol. 5.13: *Mining*. Cambridge: Cambridge University Press, 1999.

Goldschmidt, Asaf. "Huizong's Impact on Medicine and on Public Health." In *Emperor Huizong and Late Northern Song China: The Politics of Culture and the Culture of Politics*, ed. Patricia Buckley Ebrey and Maggie Bickford, pp. 275-323. Cambridge: Harvard University Asia Center, 2006.

―――. "The Transformations of Chinese Medicine during the Northern Song Dynasty(A. D. 960-1127)." Ph. D. diss., University of Pennsylvania.

Graff, David A. *Medieval Chinese Warfare, 300-900*. London: Routledge, 2002.

Grand Exhibition of Silk Road Civilizations, ed. Nara Prefectural Museum of Art. Nara, 1988.

Haeger, John W. "Between North and South: The Lake Rebellion in Hunan, 1130-1135." *Journal of Asian Studies* 28, 3(1969): 469-488.

Halperin, Mark. *Out of the Cloister: Literati Perspectives on Buddhism in Sung China, 960-1279*. Cambridge: Harvard University Asia Center, 2006.

Hana, Corina. *Bericht über die Verteidigung der Stadt Tĕ-an während der Periode k'ai-hsi 1205-1208(k'ai-hsi Tĕ-an shou-ch'eng lu) von Wang Chih-yüan*. Wiesbaden: Franz Steiner, 1970.

Hansen, Valerie. *The Beijing Qingming Scroll and Its Significance for the Study of Chinese History*. New Haven: Yale University Press, 1996.

―――. *Negotiating Life in Daily China: How Ordinary People Used Contracts, 600-1400*. New Haven: Yale University Press, 1995.

―――. *The Open Empire: A History of China to 1600*. New York: Norton, 2000.

Hargett, James M. "Huizong's Magic Marchmount: The Genyue Pleasure Park in Kaifeng." *Monumenta Serica* 38(1988-89): 1-48.

―――. *On the Road in Twelfth Century China: The Travel Diaries of Fan Chengda(1126-1193)*. Stuttgart: Franz Steiner, 1989.

Hartman, Charles. *Han Yü and the T'ang Search for Unity*. Princeton: Princeton University Press, 1986.

―――. "Poetry." In *The Indiana Companion to Traditional Chinese Literature*, Vol. I, pp. 59-74.

―――. "Zhu Xi and His World." *Journal of Song-Yuan Studies* 36(2006): 107-131.

Hartwell, Robert M. "A Cycle of Economic Change in Imperial China: Coal and Iron in Northeast China, 750-1350." *Journal of the Economic and Social History of the Orient* 10(1967): 102-159.

―――. "Demographic, Political, and Social Transformations of China, 750-1550." *Harvard Journal of Asiatic Studies* 41(1982): 365-442.

―――. "The Evolution of the Early Northern Sung Monetary System," *Journal of the American Oriental Society* 87:3(1967): 280-289.

―――. "Markets, Technology, and the Structure of Enterprise in the Development of the Seventeenth-century Iron and Steel Industry." *Journal of Economic History* 26, 1(1966): 29-58.

―――. "A Revolution in the Iron and Coal Industries during the Northern Sung, 960-1126." *Journal of Asian Studies* 21(1962): 153-162.

Hay, John. "Along the River during Winter's First Snow: A Tenth-century Handscroll and Early Chinese Narrative." *Burlington Magazine* 104:830(1972): 294-302.

Heng, Chye Kiang. *Cities of Aristocrats and Bureaucrats*. Singapore: Singapore University Press, 1999.

Hightower, James R. "The Songwriter Liu Yong: Part I." *Harvard Journal of Asiatic Studies* 41, 2(1981): 323-376.

Historical Records of the Five Dynasties. Ouyang Xiu, trans. with introd. by Richard L. Davis. New York: Columbia University Press, 2004.

Ho, Koon-wan. "Politics and Factionalism: K'ou Chun(962-1023) and His T'ung-nien." Ph. D. diss. University of Arizona, 1990.

Ho, Ping-ti. "An Estimate of the Total Population of Sung-Chin China." In *Études Song in memoriam of Éttienne Balazs. Sung studies, serie I*, ed, Françoise Aubin, pp. 3-53. Paris: Mouton, 1970.

Hoang, Michel, *Genghis Khan*, trans. Ingrid Cranfield. London: Saqi Books, 1990.

Hobson, John M. *The Eastern Origins of Western Civilisation*. Cambridge: Cambridge University Press, 2004.

Hoffmann, Alfred. *Die Lieder des Li Yü, 937-978, Herrscher der Südlichen T'ang Dynastie*. Cologne: Greven, 1950.

Holmgren, Jennifer. "Marriage, Kinship and Succession under the Ch'i-tan Rulers of the Liao Dynasty." *T'oung Pao* 72(1986): 44-91.

Hsieh, Shan-yüan. *The Life and Thought of Li Kou, 1009-1059*. San Francisco: Chinese Materials Center, 1979.

Hu, Pin-ching. *Li Ch'ing-chao*. New York: Twayne Publishers, 1966.

Hughes-Stanton, Penelope, and Rose Kerr. *Kiln Sites of Ancient China*. London: Oriental Ceramic Society, 1980.

Hymes, Robert H. "Prominence and Power in Sung China." Ph. D. diss., University of Pennsylvania, 1979.

————. *Statesmen and Gentlemen: The Elite of Fu-chou, Chiang-hsi, in Northern and Southern Sung*. Cambridge: Cambridge University Press, 1986.

Idema, Wilt, and Stephen West. *Chinese Theater, 1100-1450: A Source Book*. Munich: Franz Steiner, 1982.

Indiana Companion to Traditional Chinese Literature, The, ed, William H. Nienhauser Jr. 2, vols. Bloomington: Indiana University Press, 1986, 1998.

Issues of Authenticity in Chinese Painting, ed, Judith G, Smith and Wen C. Fong, New York: Metropolitan Museum of Art, 1999.

Jan Yün-hua. "Buddhist Self-immolation in Medieval China." *History of Religions* 4, 2(1965): 243-268.

Jang, Scarlett. "Realm of the Immortals: Paintings Decorating the Jade Hall of the Northern Song." *Ars Orientalis* 22(1997): 81-96.

Jay, Jennifer W. *A Change in Dynasties: Loyalism in Thirteenth-Century China*. Bellingham: Western Washington University, 1991.

Ji, Xiao-bin. *Politics and Conservatism in Northern Song China: The Career and Thought of Sima Guang(A. D 1019-1086)*. Hong Kong: Chinese University Press, 2005.

Johnson, Linda Cooke. "The Place of Qingming Shanghe Tu in the Historical Geography of Song Dynasty Dongjing." *Journal of Sung-Yuan Studies* 26(1996): 145-182.

Kaplan, Edward H. "Yue Fei and the Founding of the Southern Song." Ph. D. diss., University of Iowa, 1970.

Kara, György. "Kithan and Jurchin." In *The World's Writing Systems,* ed. Peter D. Daniels and William Bright, pp. 230-238. New York: Oxford University Press, 1986.

Karetzky, Patricia E. "The Representation of Women in China: Recent Archaeological Evidence." *T'ang Studies* 12(1999): 213-271.

Kasoff, Ira E. *The Thought of Chang Tsai*. Cambridge: Cambridge University Press, 1984.

Kieschnick, John. *The Impact of Buddhism on Chinese Material Culture*. Princeton: Princeton University Press, 2003.

Knapp, Keith Nathaniel. *Selfless Offspring: Filial Children and Social Order in Medieval China*. Honolulu: University of Hawai'i Press, 2005.

Ko, Dorothy. *Every Step a Lotus: Shoes for Bound Feet*. Berkeley: University of California Press, 2001.

Kracke, E. A. Jr. *Civil Service in Early Sung China, 960-1067*. Cambridge: Harvard University Press, 1953.

──────. "The Expansion of Educational Opportunity in the Reign of Hui-tsung of the Sung and Its Implications." *Sung Studies Newsletter* 13(1977): 6-30.

──────. "Family versus Merit in Chinese Civil Service Examination under the Empire." In *Studies of Governmental Institutions in Chinese History*, ed. John L. Bishop, pp. 103-123. Cambridge: Harvard University Press, 1968.

──────. "Sung K'ai-feng: Pragmatic Metropolis and Formalistic Capital." In *Crisis and Prosperity in Sung China*, ed. John Winthrop Haeger, pp. 49-77. Tucson: University of Arizona Press, 1975.

Kuhn, Dieter. "Decoding Tombs of the Song Elite." In *Burial in Song China,* ed. Dieter Kuhn, pp. 11-159. Heidelberg: Edition Forum, 1994.

———. "Family Rituals." *Monumenta Serica* 40(1992): 369-385.

———. *How the Qidan Reshaped the Tradition of the Chinese Dome-shaped Tomb.* Heidelberg: Edition Forum, 1998.

———. "An Introduction to Chinese Archaeology of the Liao." In *Gilded Splendour: Treasures of China's Liao Empire(907-1125),* ed. Hsueh-man Shen, pp. 25-39. New York: Asia Society, 2006.

———. *Die Kunst des Grabbaus. Kuppelgräber der Liao-Zeit(907-1125).* Heidelberg: Edition Forum, 1997.

———. *A Place for the Dead: An Archaeological Documentary on Graves and Tombs of the Song Dynasty(960-1279).* Heidelberg: Edition Forum, 1996.

———. *Science and Civilisation in China.* Vol. 5.9: *Textile Technology.* Cambridge: Cambridge University Press, 1988.

———. "Songdai Sichuan de fangzhiye: Das Textilgewerbe in Sichuan in der Song-Dynastie." In *Beiträge zur Geschichte der Song-Zeit/Contributions to the Study of Song History,* ed. Dieter Kuhn and Ina Asim, pp. 225-266. Heidelberg: Edition Forum, 2006.

———. *Die Song-Dynastie(960 bis 1279): Eine neue Gesellschaft im Spiegel ihrer Kultur.* Weinheim: Acta Humaniora VCH, 1987.

———. Status und Ritus. Das China der Aristokraten von den Anfängen bis zum 10. Jahrhundert. Heidelberg: Edition Forum, 1991.

———. *Der Zweite Weltkrieg in China.* Berlin: Duncker & Humblot, 1999.

Kurz, Johannes. *Das Kompilationsprojekt Song Taizongs(reg. 976-997).* Bern: Peter Lang, 2003.

Kycanov, E. I. "Les guerres entre les Sung du Nord et le Hsi-Hsia." In *Études Song in memoriam of Étienne Balazs. Sung studies, serie I,* 2, ed. Françoise Aubin, pp. 103-118. Paris: Mouton, 1971.

Lam, Lap. "A Reconsideration of Liu Yong and His 'Vulgar' Lyrics." *Journal of Sung-Yuan Studies* 33(2003): 1-47.

Lamouroux, Christian. *Fiscalité, comptes publics et politiques financières dans la Chine des Song. Le chapitre 179 du Songshi.* Paris: Collège de France, 2003.

————. "From the Yellow River to the Huai: New Representations of a River Network and the Hydraulic Crisis of 1128." In *Sediments of Time: Environment and Society in Chinese History*, ed. Mark Elvin and Liu Ts'ui-jung, pp. 545-584. Cambridge: Cambridge University Press, 1998.

————. "Old Models': Court Culture and Antiquity between 1070 and 1125 in Northern Song China." In *Perceptions of Antiquity in Chinese Civilization,* ed. Dieter Kuhn and Helga Stahl, pp. 291-319. Heidelberg: Edition Forum, 2008.

Ledderose, Lothar. *Ten Thousand Things: Module and Mass Production in Chinese Art.* Princeton: Princeton University Press, 2000.

Lee, Thomas H. C. *Government Education and Examinations in Sung China.* Hong Kong: Chinese University Press, 1985.

Leimbiegler, Peter. *Mei Yao-ch'en(1002-1060). Versuch einer literarischen und politischen Deutung.* Wiesbaden: Harrassowitz, 1970.

Leung, Irene S. "Felt Yurts Neatly Arrayed, Large Tents Huddle Close: Visualizing the Frontier in the Northern Song Dynasty(960–1127)." In *Political Frontiers, Ethnic Boundaries, and Human Geographies in Chinese History,* ed. Nicola Di Cosmo and Don J. Wyatt, pp. 192-219. London: RoutledgeCurzon, 2003.

Levy, Howard S. *Biography of Huang Ch'ao*(trans. from *Hsin T'ang-shu*). Berkeley: University of California Press, 1955.

Lewin, Günter. *Die ersten fünfzig Jahre der Song-Dynastie in China.* Berlin: Akademie-Verlag, 1973.

Lewin, Marianne, and Günter Lewin. "Gewerbe und Handel im China der Song-Zeit. Teil I. Ein staatliches Verlagssystem im mittelalterlichen China?" *Jahrbuch des Museums für Völkerkunde zu Leipzig* 37(1987): 13-75.

————. "Gewerbe und Handel im China der Song-Zeit. Teil II: Die chinesische Stadt." *Jahrbuch des Museums für Völkerkunde zu Leipzig* 38(1989): 128–175.

Li Ch'ing-chao: Complete Poems, trans. and ed. Kenneth Rexroth and Ling Chung. New York: New Directions, 1979.

Li, Dun J. *The Ageless Chinese: A History.* London: J. M. Dent and Sons, 1968.

Li, Fu-chen. *The Confucian Way: A New and Systematic Study of the Four Books.* Taipei: Commercial Press, 1972.

Liang Ssu-ch'eng. *A Pictorial History of Chinese Architecture,* ed. Wilma Fairbank. Cambridge: MIT Press, 1985.

Lin, Shuen-fu. *The Transformation of the Chinese Lyrical Tradition: Chiang K'uei and Southern Sung Tz'u Poetry.* Princeton: Princeton University Press, 1978.

Liu, Heping. "Empress Liu's Icon of Maitreya: Portraiture and Privacy at the Early Song Court." *Artibus Asiae* 62, 2(2003): 129-190.

———. "Painting and Commerce in Northern Song Dynasty, 960-1126." Ph. D. diss., Yale University, 1997.

———. "The Water Mill and Northern Song Imperial Patronage of Art, Commerce, and Science." *Art Bulletin* 84, 4(2002): 566-595.

Liu, James T. C. *China Turning Inward: Intellectual-Political Changes in the Early Twelfth Century.* Cambridge: Council on East Asian Studies, Harvard University, 1988.

———. "An Early Sung Reformer: Fan Chung-yen." In *Chinese Thought and Institutions,* ed. John K. Fairbank, pp. 105-131. Chicago: University of Chicago Press, 1967.

———. *Ou-yang Hsiu: An Eleventh-century Neo-Confucianist.* Stanford: Stanford University Press, 1967.

———. *Reform in Sung China: Wang An-shih and His New Policies.* Cambridge: Harvard University Press, 1959.

———. "The Road to Neo-Confucian Orthodoxy: An Interpretation." *Philosophies, East and West* 23, 4(1973): 483-506.

———. "Yue Fei and China's Heritage of Loyalty." *Journal of Asian Studies* 31(1972): 291-297.

Liu, Shih Shun. *Chinese Classical Prose: The Eight Masters of the T'ang-Sung Period.* Hong Kong: Chinese University Press, 1979.

Liu, Wu-chi. *An Introduction to Chinese Literature.* Bloomington: Indiana University Press, 1966.

Liu, Xinru. "Buddhist Institutions in the Lower Yangtze Region during the Song Dynasty." *Journal of Sung-Yuan Studies* 21(1989): 31-51.

Lo, Winston Wan. *An Introduction to the Civil Service Examinations of Sung China, with Emphasis on the Personnel Administration*. Honolulu: University of Hawai'i Press, 1987.

———. *The Life and Thought of Yeh Shih*. Hong Kong: Chinese University of Hong Kong, 1974.

Lorge, Peter. "The Entrance and Exit of the Song Founders." *Journal of Sung-Yuan Studies* 29(1999): 43-62.

———. "Song Gaozong's Letters to Yue Fei." *Journal of Sung-Yuan Studies* 30(2000): 160-173.

Louis, Francois. *Die Goldschmiede der Tang-und Song-Zeit*. Bern: Peter Lang, 1999.

Makeham, John. *Transmitters and Creators: Chinese Commentators and Commentaries on the Analects*. Cambridge: Harvard University Asia Center, 2003.

Martin, H. Desmond. *The Rise of Chingis Khan and His Conquest of North China*. Baltimore: Johns Hopkins University Press, 1950.

McGrath, Michael C. "Military and Regional Administration in Northern Sung China(960-1126)." Ph. D. diss., Princeton University, 1982.

McKnight, Brian E. *Law and Order in Sung China*. Cambridge: Cambridge University Press, 1992.

Miyazaki, Ichisada. *China's Examination Hell: The Civil Service Examination of Imperial China*, trans. Conrad Schirokauer. New Haven: Yale University Press, 1981.

Mote, Frederick W. *Imperial China, 900-1800*. Cambridge: Harvard University Press, 1999.

Moule, A. C. *Quinsai with Other Notes on Marco Polo*. Cambridge: Cambridge University Press, 1957.

Murray, Julia K. "The Ladies' Classic of Filial Piety and Sung Textual Illustration: Problems of Reconstruction and Artistic Context." *Ars Orientalis* 18(1988): 95-129.

Needham, Joseph. *Science and Civilisation in China*. Cambridge: Cambridge University Press, 1954-.

Needham, Joseph, Ling Wang, and Derek Price. *Heavenly Clockwork,* 2nd ed. Cambridge: Cambridge University Press, 1986.

Neo-Confucian Terms Explained(The Pei-hsi tzu-i) by Ch'en Chun, 1159-1223, trans. and ed., with introd. by Wing-tsit Chan. New York: Columbia University Press, 1986.

Nivison, David S., and Arthur F. Wright. *Confucianism in Action.* Stanford: Stanford University Press, 1959.

Oeuvres poétiques complètes de Li Qingchao, trans. Liang Paitchin. Paris: Gallimard, 1977.

Olsson, Karl F. "The Structure of Power under the Third Emperor of Sung China: The Shifting Balance after the Peace of Shanyuan." Ph. D. diss., University of Chicago, 1974.

Pease, Jonathan. "I Dreamed of Locusts." *Comparative Criticism* 15(1993): 215-222.

Pelliot, Paul. *Notes on Marco Polo.* Paris: Imprimerie Nationale, 1959.

Peterson, Charles A. "Court and Province in Mid- and Late T'ang." In *The Cambridge History of China.* Vol. 3: *Sui and T'ang China,* ed. Denis Twitchett, pp. 464-560. Cambridge: Cambridge University Press, 1979.

Pettersson, Bengt, "Cannibalism in the Dynastic Histories." *Bulletin. The Museum of Far Eastern Antiquities* 71(1999): 71-189.

Polo, Marco. *The Description of the World,* Vol. 1, ed. A. C. Moule and Paul Pelliot. London: G. Routledge, 1938.

Proclaiming Harmony, trans, O. Hennessey. Ann Arbor: Center for Chinese Studies, University of Michigan, 1981.

Ratchnevsky, Paul. *Genghis Khan: His Life and Legacy.* Oxford: Blackwell, 1991.

Rawski, Evelyn S. "A Historian's Approach to Chinese Death Ritual." In *Death Ritual in Later Imperial and Modern China,* ed. James L. Watson and Evelyn S. Rawski, pp. 20-34. Berkeley: University of California Press, 1988.

Reed, Barbara E. "The Gender Symbolism of Kuan-yin Bodhisattva." In *Buddhism, Sexuality and Gender,* ed. José Ignacio Cabezón, pp. 159-180. Albany: State University of New York Press, 1992.

Reflections on Things at Hand: The Neo-Confucian Anthology Compiled by Chu Hsi and Lü Tsu-ch'ien, trans. Wing-tsit Chan. New York: Columbia University Press, 1967.

Rossabi, Morris. "The Reign of Khubilai Khan," In *The Cambridge History of China.* Vol. 6: *Alien Regimes and Border States, 907-1368,* ed. Herbert Franke and Denis Twitchett, pp. 414-489. Cambridge: Cambridge University Press, 1994.

Ruitenbeek, Klaas. *Carpentry and Building in Late Imperial China.* Leiden: Brill, 1993.

Sargent, Stuart H. "Contexts of the Song Lyric in Sung Times: Communication Technology, Social Change, Morality." In *Voices of the Song Lyric in China,* ed. Pauline Yu, pp. 226~256. Berkeley: University of California Press, 1994.

Schirokauer, Conrad M. "Chu Hsi's Political Career: A Study in Ambivalence." In *Confucian Personalities,* ed. Arthur F. Wright and Denis Twitchett, pp. 162-188. Stanford: Stanford University Press, 1962.

———. "Neo-Confucians under Attack: The Condemnation of the Wei-hsüeh." In *Crisis and Prosperity in Sung China,* ed. John W. Haeger, pp. 163-196. Tucson: University of Arizona Press, 1975.

Shiba, Yoshinobu. *Commerce and Society in Sung China,* trans. Mark Elvin. Ann Arbor: University of Michigan Center for Chinese Studies, 1970.

Sirén, Osvald. *The Walls and Gates of Peking.* London: John Lane, Bodley Head, 1924.

Sivin, Nathan. "Shen Gua." in *Dictionary of Scientific Biography,* ed. Charles C. Gillispie, Vol. 12, pp. 369-393. New York: Charles Scribner's, 1975. Rpt. in *Sung Studies Newsletter* 13(1977): 13-55.

Skinner, G. William. "Introduction: Urban Development in Imperial China." In *The City in Late Imperial China,* ed. G. William Skinner, pp. 3-31. Stanford: Stanford University Press, 1977.

Smith, Paul Jakov. "Introduction: Problematizing the Song-Yuan-Ming Transition." In *The Song-Yuan-Ming Transition in Chinese History,* ed. Paul Jakov Smith and Richard von Glahn, pp. 1-34. Cambridge: Harvard University Asia Center, 2003.

———. "Irredentism as Political Capital." In *Emperor Huizong and Late Northern Song China: The Politics of Culture and the Culture of Politics,* ed. Patricia Buckley Ebrey and Maggie Bickford, pp. 78-130. Cambridge: Harvard University Asia Center, 2006.

———. "Shuihu zhuan and the Military Subculture of the Northern Song, 960-1127." *Harvard Journal of Asiatic Studies* 66, 2(2006): 363-422.

Soffel, Christian. *Ein Universalgelehrter verarbeitet das Ende seiner Dynastie. Eine*

Analyse des kunxue jiwen von Wang Yinglin. Wiesbaden: Harrassowitz, 2004.

Somers, Robert M. "The End of the T'ang." In *The Cambridge History of China.* Vol. 3: *Sui and T'ang China,* ed. Denis Twitchett, pp. 682-789. Cambridge: Cambridge University Press, 1979.

Sources of Chinese Tradition, ed. William Theodore de Bary. New York: Columbia University Press, 1960.

Standen, Naomi. *Unbounded Loyalty: Frontier Crossings in Liao China.* Honolulu: University of Hawai'i Press, 2007.

Stein, Rolf. "Leao-Tche." *T'oung Pao* 35(1939): 1-154.

Steinhardt, Nancy Shatzman. *Chinese Imperial City Planning.* Honolulu: University of Hawai'i Press, 1990.

———. *Liao Architecture.* Honolulu: University of Hawai'i Press, 1997.

Strassberg, Richard. *Inscribed Landscapes: Travel Writing from Imperial China.* Berkeley: University of California Press, 1994.

Stuart, Jan, and Evelyn S. Rawski. *Worshipping the Ancestors: Chinese Commemorative Portraits.* Washington, DC: Smithsonian Institution, 2001.

Sturman, Peter C. "Cranes above Kaifeng: The Auspicious Image at the Court of Kaifeng." *Art Orientalis* 20(1990): 33-68.

Su Dong-po: A New Translation, trans. Xu Yuanzhong. Hong Kong: Commercial Press, 1982.

Sullivan, Michael. *Chinese Landscape Painting in the Sui and T'ang Dynasties.* Berkeley: University of California Press, 1980.

Sung Bibliography, A, ed. Yves Hervouet. Hong Kong: Chinese University Press, 1978.

Sung Biographies, ed. Herbert Franke. Wiesbaden: Steiner, 1976.

Tao Jing-shen. "Barbarians or Northerners: Northern Sung Images of the Khitans." In *China Among Equals: The Middle Kingdom and Its Neighbors, 10th to 14th Centuries,* ed. Morris Rossabi, pp. 66-86. Berkeley: University of California Press, 1983.

———. "The Influence of Jurchen Rule on Chinese Political Institutions." *Journal of*

Asian Studies 340(1970): 121-130.

————. *The Jurchen in Twelfth Century China: A Study in Sinicization.* Seattle: University of Washington Press, 1976.

————. "Public Schools in the Chin Dynasty." In *China under Jurchen Rule,* ed. Hoyt Cleveland Tillman and Stephen H. West, pp. 50-67. Albany: State University of New York Press, 1995.

————. *Two Sons of Heaven: Studies in Sung-Liao Relations.* Tucson: University of Arizona Press, 1988.

Teng, Ssu-yü. *Family Instructions for the Yen Clan. Yen-shih chia-hsün by Yen Chih-tui.* Leiden: Brill, 1968.

The Essence of Chinese Civilization. ed. Dun J. Li. Toronto: Von Nostrand, 1967.

The Old Man Who Does as He Pleases: Poems and Prose by Lu Yu, trans. Burton Watson. New York: Columbia University Press, 1973.

The Song-Poetry of Wei Chuang(836-910 A. D.), trans. John Timothy Wixted. Tempe: Center for Asian Studies, Arizona State University, 1979.

The Washing away of Wrongs: Forensic Medicine in Thirteenth-century China, trans. Brian E. McKnight. Ann Arbor: Center for Chinese Studies, University of Michigan, 1981.

Tietze, Klaus. "The Liao-Song Border Conflict of 1084-1076." In *Studia mongolica: Festschrift für Herbert Franke,* pp. 127-151. Wiesbaden: Franz Steiner, 1979.

Tillman, Hoyt Cleveland. "The Idea and Reality of the 'Thing' during the Sung: Philosophical Attitudes toward wu." *Bulletin of Sung Yuan Studies* 4(1978): 68-82.

————. *Utilitarian Confucianism: Ch'en Liang's Challenge to Chu Hsi.* Cambridge: Council on East Asian Studies, Harvard University, 1982.

Traité des fonctionnaires et traité de l'armée. Traduite de nouvelle histoire des T'ang, trans. Robert des Rotours. Rpt. San Francisco: Chinese Materials Center, 1974.

Tsao, Xingyuan. "Unraveling the Mystery of the Handscroll 'Qingming shanghe tu.'" *Journal of Song-Yuan Studies* 33(2003): 155-179.

Tsien, Tsuen-hsun. *Science and Civilisation in China.* Vol. 5. 1: *Paper and Printing.*

Cambridge: Cambridge University Press, 1985.

Twitchett, Denis. *Financial Administration under the T'ang Dynasty.* Cambridge: Cambridge University Press, 1970.

————. *Printing and Publishing in Medieval China.* London: Wynkyn de Worde Society, 1983.

Twitchett, Denis, and Klaus-Peter Tietze. "The Liao." In *The Cambridge History of China.* Vol. 6: *Alien Regimes and Border States, 907-1368,* ed. Herbert Franke and Denis Twitchett, pp. 43-153. Cambridge: Cambridge University Press, 1994.

Ukers, William. *All about Tea.* New York: Tea and Coffee Trade Journal, 1935.

Vainker, Shelagh J. *Chinese Pottery and Porcelain: From Prehistory to the Present.* London: British Museum Press, 1991.

Van Ess, Hans. *Von Ch'eng I zu Chu Hsi. Die Lehre vom Rechten Weg in der Überlieferung der Familie Hu.* Wiesbaden: Harrassowitz, 2003.

Vogel, Hans-Ulrich, and Elisabeth Theisen-Vogel. "Kupfererzeugung und-handel in China und Europa, Mitte des 8. bis Mitte des 19. Jahrhunderts: Eine vergleichende Studie." Bochumer Jahrbuch zur Ostasienforschung(1991): 1-57.

Voices of the Song Lyric in China, ed. Pauline Yu. Berkeley: University of California Press, 1994.

Von Glahn, Richard. *Fountain of Fortune: Money and Monetary Policy in China, 1000-1700.* Berkeley: University of California Press, 1996.

————. "Re-examining the Authenticity of Song Paper Money Specimens." *Journal of Song-Yuan Studies* 36(2006): 79-106.

————. "Imagining Pre-modern China." In *The Song-Yuan-Ming Transition in Chinese History,* ed. Paul Jakov Smith and Richard Von Glahn, pp. 35-70. Cambridge: Harvard University Asia Center, 2003.

Wagner, Donald. *Science and Civilisation in China.* Vol. 5. 11: *Ferrous Metallurgy.* Cambridge: Cambridge University Press, 2008.

Wagner, Marsha. "Hua-chien chi." In *The Indiana Companion to Traditional Chinese Literature,* Vol. 1, pp. 441-442.

Walton, Linda A. *Academies and Society in Southern Song China.* Honolulu: University of Hawai'i Press, 1999.

Waley, Arthur. *The Life and Times of Po Chü-i, 772-846 A. D.* London: George Allen and Unwin, 1949.

Wang Gungwu. "Feng Tao: An Essay on Confucian Loyalty." In *Confucian Personalities,* ed. A. F. Wright and D. C. Twitchett, pp. 123-146. Stanford: Stanford University Press, 1962.

————. *The Structure of Power in North China during the Five Dynasties.* Stanford: Stanford University Press, 1967.

Wang, Ping. *Aching for Beauty: Footbinding in China.* Minneapolis: University of Minnesota Press, 2000.

Weinstein, Stanley. *Buddhism under the Tang.* Cambridge: Cambridge University Press, 1987.

Weng, Wan-go, and Po-ta Yang. *Palastmuseum Peking.* Munich: Prestel, 1982.

West, Stephen H. "Chilly Seas and East-flowing Rivers: Yuan Hao-wen's Poems of Death and Disorder, 1233-1235." In *China under Jurchen Rule,* ed. Hoyt Cleveland Tillman and Stephen H. West, pp. 281-304. Albany: State University of New York Press, 1995.

————. "Crossing Over: Huizong in the Afterglow, or the Deaths of a Troubling Emperor." In *Emperor Huizong and Late Northern Song China: The politics of Culture and the Culture of Politics,* ed. Patricia Buckley Ebrey and Maggie Bickford, pp. 595-610. Cambridge: Harvard University Asia Center, 2006.

Wilhelm, Hellmut. "From Myth to Myth: The Case of Yue Fei's Biography." In *Confucian Personalities,* ed. D. C. Twitchett: and A. F. Wright, pp. 146-161. Stanford: Stanford University Press, 1962.

Williamson, H. R . *Wang An Shih: A Chinese Statesman and Educationalist of the Sung Dynasty.* London: Probsthain, 1935.

Wilson, Thomas A. "Genealogy and History in Neo-Confucian Sectarian Uses of the Confucian Past." *Modern China* 20. 1(1994): 3-33.

Wittfogel, Karl A., and Chia-shêng Fêng. *History of Chinese Society: Liao(907-1125).* Philadelphia: American Philosophical Society, 1949.

Wixted, John Timothy. "The Poetry of Li Ch'ing-chao: A Woman Author and Women's

Authority." In *Voices of the Song Lyric in China,* ed. Pauline Yu, pp. 145-168. Berkeley: University of California Press, 1994.

———. "Yuan Haowen." In *The Indiana Companion to Traditional Chinese Literature,* Vol. I, pp. 953-955.

Worthy, Edmund Henry, Jr. "The Founding of Sung China, 950-1000: Integrative Changes in Military and Political Institutions." Ph. D. diss., Princeton University, 1975.

Wu, K. T. "Chinese Printing under Four Alien Dynasties(916-1368)." *Haard Journal of Asiatic Studies* 13(1950): 447-523.

Wu, Pei-yi. "Childhood Remembered: Parents and Children in China, 800 to 1700." In *Chinese Views of Childhood,* ed. Anne Behnke Kinney, pp. 129-156. Honolulu: University of Hawai'i Press, 1995.

Wyatt, Don J. "The Invention of the Northern Song." In *Political Frontiers, Ethnic Boundaries, and Human Geographies in Chinese History,* ed. Nicola Di Cosmo and Don J. Wyatt, pp. 220-244. London: RoutledgeCurzon, 2003.

———. *The Recluse of Loyang: Shao Yung and the Moral Evolution of Early Sung Thought.* Honolulu: University of Hawai'i Press, 1996.

Xu, Yinong. *The Chinese City in Space and Time: The Development of Urban Form in Suzhou.* Honolulu: University of Hawai'i Press, 2000.

Yang, Lien-sheng. *Money and Credit in China.* Cambridge: Harvard University Press, 1952.

Yao, Tao-chung. "Buddhism and Taoism under the Chin." In *China under Jurchen Rule,* ed. Hoyt Cleveland Tillman and Stephen H. West, pp. 145-182. Albany: State University of New York Press, 1995.

Yao, Xinzhong. *An Introduction to Confucianism.* Cambridge: Cambridge University Press, 2000.

Yates, Robin D. S. *Washing Silk: The Life and Selected Poems of Wei Chuang(834?-910).* Cambridge: Council on East Asian Studies, Harvard University, 1988.

Yoshikawa, Kōjirō. *Five Hundred Years of Chinese Poetry, 1150-1650,* trans. John Timothy Wixted. Princeton: Princeton University Press, 1989.

Yu, Chün-fang. "Guanyin: The Chinese Transformation of Avalokitesvara." In *Latter*

Day of the Law: Images of Chinese Buddhism, 859-1850, ed. Marsha Weidner, pp. 151-181. Honolulu: University of Hawai'i Press, 1994.

Zhang, Cong. "The Culture of Travel in Song China(960-1176)." Ph. D. diss., University of Washington, Seattle, 2003.

동양어

青山定雄, 『唐宋時代の交通と地誌地圖の研究』, 東京: 吉川弘文館, 1963.

包偉民, 『宋代地方財政史研究』, 上海: 上海古籍出版社, 2001.

『北宋陝州漏澤園』, 三門峽市文物工作隊, 北京: 文物出版社, 1999.

陳登原, 『中國田賦史』, 上海: 商務書店, 1938.

陳榮照, 『范仲淹研究』, 香港: 三聯書店香港分店, 1987.

陳世松, 『宋元戰爭史』, 成都: 四川省社會科學院出版社, 1988.

陳增弼, 「千年古榻」, 『文物』 1984-6: 66-69.

程千帆, 吳新雷, 『兩宋文學史』, 上海: 古籍出版社, 1991.

程遂營, 『唐宋開封生態環境研究』, 北京: 中國社會科學出版社, 2002.

竺沙雅章, 『宋の太祖と太宗: 變革期の帝王たち』, 東京: 清水書院, 1975.

鄧廣銘, 『王安石』, 北京: 人民出版社, 1975.

「法庫葉茂臺遼墓記略」, 『文物』 1975-12: 26-36.

范學輝, 「關於'杯酒釋兵權'若干問題的再探討」, 『史學月刊』 2006-3: 38-48.

傅樂煥, 「宋人使遼語錄行程考」, 『國學季刊』 5-4(1935): 725-753.

『福州南宋黃昇墓』, 北京: 文物出版社, 1982.

高聰明, 『宋代貨幣與貨幣流通研究』, 保定: 河北大學出版社, 1999.

『故宮書畫錄』, 臺北: 國立故宮中央博物院, 1965.

『故宮宋畫精華』, 東京: 學習研究社, 1975.

何忠禮, 「北宋擴大科舉取士的原因與冗官冗吏的關係」, 『宋史研究集刊』, 杭州: 浙江古籍出版社, 1986.

―――.『宋代政治史』, 杭州: 浙江大學出版社, 2007.

黃寬重,『南宋地方武力: 地方軍與民間自衛武力的探討』, 臺北: 東大圖書公司, 2002.

賈海濤,『北宋'儒術治國'政治研究』, 濟南: 齊魯書社, 2006.

周寶珠, 陳振 主編,『簡明宋史』, 北京: 人民出版社, 1985.

加藤 繁,「宋代における都市の發達について」,『支那經濟史考證』上-下, 東京: 東洋文庫, 1952-1953.

孔憲易,「北宋東京城坊考略」,『宋史研究論文集』鄧廣銘 編, pp. 346-369. 河南人民出版社, 1984.

賴永海,『佛學與儒學』, 臺北: 揚智文化事業公司, 1995.

李華瑞,『宋代酒的生産和徵榷』保定: 河北大學出版社, 2001.

―――.『宋史論集』, 保定: 河北大學出版社, 2001.

―――.『王安石變法研究史』, 北京: 人民出版社, 2004.

李劍農,『宋元明經濟史稿』, 北京: 三聯書店, 1957.

『李清照詩詞文存』, 曹樹銘 校釋, 臺北: 臺灣商務印書館, 1992.

李應強,『中國服裝色彩史論』, 臺北: 南天書局, 1993.

林瑞翰,「宋代官制探微」,『宋史研究集』1977-9: 199-267.

劉靜貞,『北宋前期: 皇帝和他們的權利』, 台北: 國立編譯館, 1996.

―――.「北宋前期皇權發展之研究」, 國立臺灣大學校 博士學位論文, 1987.

劉秋根,「唐宋高利貸資本的發展」,『史學月刊』1992-4: 31-38.

劉森,「宋代的鐵錢與鐵産量」,『中國經濟史研究』1993-2: 86-90.

―――.『宋金紙幣史』, 北京: 中國金融出版社, 1993.

劉曉東, 楊志軍,「試論金代女眞貴族墓葬的類型及演變」,『遼海文物學刊』1991-1: 124-136.

劉昭民,『中國歷史上氣候的變遷』, 臺北: 臺灣商務印書館, 1992.

羅新慧,「曾子與孝經」,『史學月刊』1996-5: 6-11, 23.

『梅堯臣集編年校注』3冊, 上海: 上海古籍出版社, 1980.

繆坤和,『宋代信用票據研究』, 昆明: 雲南大學出版社, 2002.

潘絜玆,「靈巖彩壁動心魄―巖上寺金代壁畵小記」,『文物』1979-2: 3-10, pl. 4.

龐德新,『宋代兩京市民生活』,臺北: 龍門書店, 1974.

彭信威,『中國貨幣史』,上海: 上海人民出版社, 1958.

齊東方,『唐代金銀器研究』,北京: 中國社會科學出版社, 1999.

漆俠,『宋代經濟史』,上海: 上海人民出版社, 1988.

―――.『王安石變法』,上海: 上海人民出版社, 1959.

錢穆,『國史大綱』,臺北: 商務印書館, 1952.

丘剛,「北宋東京三城的營建和發展」,『中原文物』1990-4: 35-40.

汝企和,「宋代館閣之校勘經部書」,『中國文化研究』2003. 1: 82-91.

佐伯富,『宋代茶法研究資料』,京都: 東方文化研究所, 1941.

斯波義信,『宋代江南經濟史の研究』,東京: 東京大學東洋文化研究所, 1988.

―――.『宋代商業史研究』,東京: 風間書房, 1968.

『宋代教育』,苗春德 主編,開封: 河南大學出版社, 1999.

『宋代文化史』,姚瀛艇 主編,開封: 河南大學出版社, 1992.

『宋元經濟史』,王志瑞 編,臺北: 臺灣商務印書館, 1969.

宿白,『白沙宋墓』,北京: 文物出版社, 1957.

蘇者聰,『宋代女性文學』,武漢: 武漢大學, 1997.

周藤吉之,『宋代官僚制と大土地所有』,東京: 日本評論社, 1950.

孫國棟,「唐宋之際社會門第之消融」,『唐宋史論叢』pp. 201-308. 香港: 龍門, 1980.

田村實造,『中國征服王朝の研究』3卷, 京都: 東洋史研究會, 1964-1986.

陶宗冶,「河北宣化下八里遼金壁畵墓」,『文物』1990-10: 1-19, pls. 1-4.

寺地遵,『南宋初期政治史研究』,廣島: 溪水社, 1988.

汪玢玲,『中國婚姻史』,上海: 上海人民出版社, 2001.

王德毅,「宋孝宗及其時代」,『宋史研究集』1978-10: 245-302.

王青煜,『遼代服飾』,瀋陽: 遼寧畵報出版社, 2002.

王善軍,『宋代宗族和宗族制度研究』,石家莊: 河北教育出版社, 2000.

王衛平, 「唐宋時期慈善事業槪說」, 『史學月刊』 2000-3: 95-102.

王文成, 『宋代白銀貨幣化硏究』, 昆明: 雲南大學出版社, 2001.

魏天安, 「宋代布帛生産槪觀」, 『宋史硏究論文集』 鄧廣銘 編, pp. 96-111. 河南人民出版社, 1982.

吳松弟, 『中國人口史. 第3卷: 遼宋金元時期』, 上海: 復旦大學出版社, 2000.

吳天墀, 『西夏史稿』, 成都: 四川人民出版社, 1983.

吳曉萍, 『宋代外交制度硏究』, 合肥: 安徽人民出版社, 2006.

蕭淸, 『中國古代貨幣史』, 北京: 人民出版社, 1984.

邢鐵, 『中國家庭史 · 宋遼金元時期』, 張國剛 編. 廣州: 廣東人民出版社, 2007.

徐東升, 「北宋鑄錢諸問題考辨」, 『中國史硏究』 2006-4: 91-100.

徐規, 方如金, 「評宋太祖'先南後北'的統一戰略」, 『宋史硏究論文集』 鄧廣銘 編, pp. 517-534. 河南人民出版社, 1984.

延晶平, 「寶雞地區發現的北宋鐵錢窖藏」, 『中國錢幣』 1988-1: 32-42.

柳田節子, 「宋代の下等戶似ついて」, 『東洋學報』 40:2(1957): 131.

楊德泉, 「唐宋行會制度之硏究」, 『宋史硏究論文集』, 鄧廣銘 編, pp. 204-240. 上海: 上海人民出版社, 1982.

楊樹藩, 「宋代宰相制度」, 『宋代硏究』 15(1984): 1-34.

楊渭生, 「論趙宋之統一與整治」, 『杭州大學學報』 1994-3: 54-65.

姚漢源, 『中國水利史綱要』, 北京: 水利電力出版社, 1987.

葉坦, 「宋代紙幣理論考察」, 『中國經濟史硏究』 1990-4: 133-145.

伊永文, 『宋代市民生活』, 北京: 中國社會出版社, 1999.

吉岡義信, 『宋代黃河史硏究』, 東京: 御茶の水書房, 1983.

余英時, 『朱熹的歷史世界: 宋代士大夫政治文化的硏究』, 臺北: 允辰文化公司, 2003.

虞雲國, 『細說宋朝』, 上海; 上海人民出版社, 2002.

袁一堂, 「北宋錢荒: 從幣制到流通」, 『歷史硏究』 1991-4: 129-140.

張柏忠, 「契丹早期文化探索」, 『考古』 1984-2: 183-186.

張家駒, 『兩宋經濟中心的南移』, 武漢: 湖北人民出版社, 1957.

張勁,「開封歷代皇宮沿革與北宋東京皇城範圍新考」,『史學月刊』2002-7: 87-94.

張其帆,「‘皇帝與士大夫公治天下’試析—北宋政治架構探微」,『暨南學報: 哲學社會科學版』(廣州) 2001-6: 114-123.

張全明,「論北宋開封地區的氣候變遷及其特點」,『史學月刊』2007-1: 98-108.

趙評春 趙鮮姬,『金代絲織藝術』, 北京: 科學出版社, 2001.

『中國傳統工藝全集: 絲綢織染』, 路甬祥 編. 鄭州: 大象出版社, 2005.

『中國古代道路交通史』李連祥 編, 北京: 人民交通出版社, 1994.

『中國歷代戶口田地田賦統計』, 梁方仲 編. 上海: 上海人民出版社, 1980.

『中國歷史: 宋史』, 周寶珠 陳振 編. 北京: 人民出版社, 2006.

『中國歷史: 隋唐遼宋金卷』, 張國剛 楊樹森 編. 北京: 高等教育出版社, 2001.

『中華古文明大圖集 第四部 通市』, 北京: 人民日報出版社, 1992.

周寶珠,「北宋時期的西京洛陽」,『史學月刊』2001-4: 109-116.

———.『宋代東京研究』, 開封: 河南大學出版社, 1992.

周汛, 高春明,『中國傳統服飾形制史』, 臺北: 南天書局, 1998.

朱天舒,『遼代金銀器』, 北京: 文物出版社, 1998.

朱偰,『中國運河史料選集』, 北京: 中華書局, 1962.

朱重聖,『北宋茶之生產與經營』, 臺北: 學生書局, 1985.

지은이의 말

송, 요, 금, 원 역사의 연구자들께 감사를 드린다. 나의 이번 역사서
는 그들의 연구와 발표에 기초를 두고 있으며, 주석과 참고문헌에 그
분들의 이름을 수록해두었다. 또한, 하버드 중국사 시리즈의 총 편집
자인 티모시 브룩Timothy Brook과 하버드 대학교 출판부의 후원 편집인
이며 이 시리즈의 제안자인 캐슬린 맥더모트Kathleen McDermott, 그리
고 이 책을 보다 낫게 만들기 위한 유익한 검토와 제안을 아끼지 않은
하버드 대학교 출판부의 수장 월러스 뵈머Susan Wallace Boehmer와 출판
부에 관계한 익명의 비평가들께 감사를 표하고 싶다. 나의 아내 잉그
리드 조세파Ingrid Josefa의 인내가 없었다면 약정한 시간에 원고를 마칠
수 없었을 것이다. 남아 있을 수 있는 오류와, 별도로 인용한 것이 아
니라면 모든 번역은 전부 나 자신의 책임이다.

옮긴이의 말

이 책은 "하버드 중국사" 시리즈의 제4권에 해당하는 송대에 관한 역사 개론서이다. 중국 통사의 일환이든 송대 단일 시대든 1000년 전 중국의 전반적인 실상을 다룬 단행본의 출간은 동서양 전체를 통틀어 아주 오랜만의 일이다. 국내외 송대 학자들이 새로운 사실들을 발견해내고 또 참신한 해석으로 그 의미를 설명하는 논문이나 특정 분야의 연구서를 발표하지만, 축적된 학계의 성과를 정리하여 송대 300년의 과정과 포괄적인 시대상을 밝히고 중국의 역사 흐름에서 송대가 갖는 시대적 의미를 분석해주는 단행본의 출판은 일반 독자들에게는 말할 것도 없고 전공자에게도 몹시 기대되는 일이다. 학술 연구의 주제가 세부화되어 종합적인 개설서의 집필이 쉽지 않은 현실에서 개론서를 만나면 우선 고마움과 학문적 빚을 지는 듯한 생각이 든다. 이 책이 출간된 2009년에는 마침 "케임브리지 중국사" 시리즈의 송대 편도 그 오랜 기다림을 끝내고 출간되었는데, 정치·군사 분야만 다룬 첫 번째 장에서만 원서 분량 1100페이지가 넘는 거작인 데다 시기에 따라 여러 학자가 나누어 쓴 책이라 그 성격이 조금 다르다.

과학사·물질문화사·고고학을 주요 전공으로 한 독일 비르츠부르크 대학 중국학과의 디터 쿤 교수는, 영어권과 정치·경제·사회 등 이른바 주류 분야에 관심이 편중된 우리나라에는 그다지 잘 알려져 있지 않지만 송·요·금사에 걸쳐 활발한 연구 작업을 이어가는 세계적인 학자이다. 그의 대표적인 저서로는 조셉 니담의 『중국의 과학과 문명』 시리즈의 일부인 『방직 기술: 제사와 방적』이 가장 잘 알려져 있지만, 그 밖에도 『망자의 자리: 송대 무덤에 관한 고고학적 자료』, 『지위와 의례』, 『송대사』 등 다수의 영어·독어 저작물이 있다. 역자도 중국 여성의 대표적인 경제 활동인 직물 생산에 관한 연구를 진행하면서 그의 연구에서 많은 도움을 얻은 바 있다.

오랜 공백 끝에 나온 시대사 개론서에서 기대되는 점은 크게 두 가지였다. 첫째는 그동안의 연구와 발견들에서 얻어진 다양한 분야의 사실들을 소개받는 것, 둘째는 긴 시대의 흐름과 시대상을 이해하는 중심축이라고 할까, 저자의 독창적인 관점이나 해석의 틀을 한 수 배우는 것이다.

우선 이 책은 독자의 첫 번째 기대를 훌쩍 뛰어넘는다. 최근까지 축적된 실증적 역사 지식과 학술적 논의들을 한 권의 분량에 어떻게 하면 더 많이 쏟아부을 수 있을까 고민한 것처럼 저자는 송대에 관한 폭넓은 분야의 정보를 충실하게 이 책에 담았다. 이 책의 특징 중 하나로 시간, 공간, 사회 계층, 분야, 자료 등 모든 방면에서 다루는 내용의 범위가 넓다는 것이다. 저자는 이 책에서 오대십국부터 송 왕조 멸망까지를 다루지만, 책의 첫 장은 당 왕조 중기의 혼란으로부터 시작한다. 1장에서 당의 혼란기와 오대십국의 전반적인 역사를 서술하고 2~4장은 시간의 흐름을 따라 송의 정치·행정·군사·대외 관계를 중심으로 정리했는데, 이것만으로도 한 권의 간결하면서도 참신한 송대 개론서를 일독한 셈이 된다. 8개 분야 별로 엮은 그 뒤의 장에서도 저자는 송 대에 나타난 변화를 설명하기 위해 상당한 지면을 할애하여 당대의 경 우를 비교하며, 종종 그 이전 고대까지 불러내기도 한다.

공간적으로도 이 책의 무대는 송 제국을 넘어 송과 이웃했던 요, 금, 서하, 몽골까지 넓혀져 있다. 중국의 역사공정과 맞물려 이른바 '중국 사'의 범주를 어떻게 규정할지, 중국의 일부를 정복했던 요와 금의 역 사가 송과 나란히 '중국사'에 포함되는지는 학계의 중요한 의제 중 하 나이다. 저자는 본문에서 "오늘날 중국인들은 다양한 민족 집단을 비 한족 중국인, 즉 '비한족화인非漢族華人'이라고 부르면서 다민족 국가 라는 근대 개념을 적어도 입으로는 지지하고 있다. 이는 송대인들의 관점은 아니었고, 비정주민인 이웃들의 입장도 아니었다"고 밝혔지 만, 송의 외교와 국제관계에서 뿐만 아니라 제도·사상·문화·생활 등 각 분야의 세세한 주제마다 그냥 넘어가는 일이 거의 없을 정도로 요· 금의 상황을 일일이 챙긴다.

저자의 폭넓은 관심은 사회적 계층의 위아래로도 두루 미친다. 송 의 황제와 새로운 지배층으로 부상한 사대부와 지식인들의 이야기가 주를 이루지만, 부유한 지주와 상인 계급, 도시와 농촌의 다양한 업종 에 종사하는 서민들과 여성, 그리고 요와 금의 황실과 귀족들의 삶도 책의 곳곳에서 소개된다. 시험장에 앉아 있는 과거 응시생, 개봉과 항 주의 번화가를 빼곡히 채운 갖가지 상점·음식점·오락 시설을 운영하 거나 드나드는 사람들, 관영 물레방아 제분소의 일꾼들, 한겨울 다른 나라로 떠나는 송의 사신과 세폐를 싣고 가는 수레꾼들, 삼협을 거슬러 올라가는 배를 끌어올리는 배꾼들의 현장을 읽노라면 피부에 와 닿듯이 생생하다. 정사를 비롯한 기본적인 문헌 자료만으로는 알기 어려운 이러한 모습은 저자가 문학, 시, 그림, 발굴 자료 등 다양한 물질 사료를 통해 생생하게 드러낸 송대의 삶이다.

이 책의 최대 장점은 5~12장에서 심도 있게 다루어지는 분야가 다채롭고 흥미롭다는 것이다. 장별로 종교, 과거와 교육, 혼례와 장례, 시와 그림과 과학, 수도인 개봉과 항주, 산업, 화폐와 조세, 일상생활로 주요 분야를 나누었고, 한 장 안에는 더 많은 세부 주제들이 있다. 저자의 전공인 산업 기술과 장례·무덤 등은 말할 것도 없고, 회화, 도성의 구조와 도시 생활, 화장법과 위생 관리까지 소개된다. 송대 물질문명사를 연구하는 쿤 교수가 아니었다면 이렇게 해박하고 충실한 내용을 담아내기 어렵지 않았을까. 천문학적 관찰, '천문의기'라는 천문기계의 발명, 명주실을 뽑는 소사기와 실꼬기를 위한 방차, 위에서 말한 수력 제분소, 철·구리·석탄·은 광업 등은, 이미 잘 알려진 송대의 세계적인 발명품인 화약·인쇄술·나침반과 더불어 이 시대 과학기술의 발전상을 구체적으로 알려준다.

유교적인 장례 관습인 매장을 지키기 위해 송 정부나 기부자들의 출연으로 조성된 자선 공공 묘지가 있었으며, 그것도 모자라 매장을 기다리는 수천 구의 시체가 대형 창고에 보관되어 있었던 사실, 한족에게서 매장을 배운 거란족이지만 그들의 무덤 건축은 송이 아니라 당의 문화를 따랐다는 사실, 송대 관리들의 휴가와 도시인들의 다양한 단체 활동, 매춘업소와의 경계가 분명치 않은 음식점이나 찻집, 지금의 기준으로 보면 형편없는 목욕 상태와 치아 관리에 이르기까지 이 책은 송대의 깊숙한 일상 구석구석까지 들추어 보여준다. 이처럼 많은 정보를 담고 있다는 점 말고 쉽게 읽힌다는 것도 이 책의 장점이다. 어려운 철학적 개념이라 해도 친절한 교사가 학생을 대하듯 현재의 감각으로 이해하도록 도와주며, 또 쿤 교수의 문장이 서양 특유의 수사적 표현보다는 담백하고 직설적인 표현 위주라서 그런 듯하다.

저자는 이 길고 광활하며 복잡다단한 역사 여행으로 독자들을 안내하면서 두 가지 코드를 가지고 이 시대를 이해하라고 권한다. 하나는 책의 제목으로 내세운 '유교'이고, 다른 하나는 '혁신'이다. 저자는 흔히 '당송唐宋 변혁'으로 요약되는 당말에서 송초까지의 변화를 중국 제국사에서 가장 뚜렷한 단절로 보며 근대성의 여명을 예고한 중국의 "르네상스"라는 평가에 전적으로 동의한다. 이 시대에 혁신과 발전이 가장 뚜렷하게 나타났던 산업기술과 물질문화 분야의 탐구에 매진해온 저자에게 당연한 결론일 것이다.

그런데 저자는 책 제목에서 송대의 표상이 된 변화, 변혁, 혁신, 혁명이 아니라 유교를 앞에 내세웠다. 이 책이 출간되었을 때 나는 그 제목에 의아했고 저자가 쿤 교수라서 더 궁금했다. 유교가 송 왕조의 기반이었고 고대 유학이 새로운 활력을 얻어 최고의 경지로 부흥한 것도 송대를 특징짓는 중요한 요소임에는 틀림없지만, 유교는 변혁과 역동성보다 복고와 보수적인 반작용이라는 인상, 유교와 변혁은 역설적 관계라는 생각을 가졌기 때문이다. 송대부터 나타나는 외래문화에 대한 거부감, 국수적 중화주의, 종족 의식과 가부장권의 강화, 여성 자율성의 약화와 그것이 형상화된 전족의 유행 등은 송대 신유학의 발전과 무관하다고 볼 수 없지 않은가? 과연 송대 유교와 변혁의 상관관계를 어떻게 보아야 할까?

역자의 고민이 무색할 만큼 저자의 주장은 명쾌하고 단호하다. 한마디로 변혁의 시대 송을 이끌어간 원동력은 유교라는 원칙이었다. 무武가 아닌 문文의 원리가 강화된 송 왕조를 지배한 것은 유교의 도덕적 가르침이었으며, 국가 이념인 유교가 공적 영역뿐만 아니라 개인의 삶에서도 탄생부터 무덤까지 전 생애에 강력한 영향력을 발휘했다. 중국 역사상 전례가 없는 변혁을 추진한 것도 유교적인 국정 운영이 허락한 자유로 인해 가능했으며, 유교의 합리적·이성적 사고가 도성의 디자인, 상업과 유행, 기술과 과학, 문화의 영역에 새로운 가능성을 열어주었다. 송대 유교가 강력한 윤리학적 틀을 형성하면서도 송대 변혁 과정에 대응할 만한 충분한 여지가 있었던 셈이다.

저자는 송대의 변혁과 역동성의 사상적 토대가 된 유교에 대한 굳건한 신뢰를 보여주었다. 송대의 변혁은 계몽된 자본주의에서 나타났던 대표적인 특성들 즉 합리성, 효율성, 예측 가능성, 경제적 역동성을 지녔다고 평가한다. 송 왕조 초기 세 명의 '모범적인' 황제들에게 이 장대한 변화의 공로를 너무 많이 돌리는 저자의 견해는 수긍하기 어렵고 앞으로 논의가 예상된다. 하지만 유교와 변혁이 상충하는 가치라는 생각은 책을 읽으면서 바뀌어갔다. 이 시대에 스스로 개조되고 합리화된 유교(신유학)는 이 시대의 혁신성과 동일한 뿌리의 형제일 수 있겠다는 생각으로 옮겨가다가 8장에 이르면, 송대 유교 정신이 편협하고 고루한 도덕주의에 머무르지 않고 새로운 세계에 대한 탐험과 과학적 기술의 진보를 열었다는 저자의 주장이 충분히 설득력 있게 다가온다. 유학의 격물치지格物致知에는 윤리학이나 개인의 도덕적 수양을 넘어 자연과 물질세계를 관찰하고 탐구하며 현실에 대한 통찰력을 얻으려는 노력도 포함되었고, 이런 자세 안에서 시인·화가·과학자의 지적 호기심이 합치점을 찾았다는 것이다.

유교의 원칙을 추구했던 송대가 이룩한 성취는 어느 왕조보다 유교에서 상정한 이상적인 통치에 근접했던 황제들, 실용주의적 분위기에서 행정적·경제적 효율성을 이룬 안정된 정부, 절제와 사회적 책임의식을 지닌 사대부 지배층, 경제 분야의 발전과 사회적 역동성 등 모든 분야에서 두드러졌다. 그러나 저자가 가장 큰 업적으로 평가하는 것은 북방 이민족 정부와 평화적 "공존"을 선택한 외교 정책이다. 무능으로 평가되어온 송의 국제적 위상과 그 원인으로 지목된 문치주의가, 장기간의 평화와 번영을 가능하게 한 실용적인 외교 전략이며 유교는 그것을 떠받친 이념적 토대로서 21세기 초 독일 역사학자에 의해 다시 평가되었다. 그는 유교의 가치를 중국의 발전을 방해한 족쇄였다고 보는 근대의 견해를 재고해야 한다고 역설한다.

유교의 가치에 대한 평가는 송대 역사가뿐만 아니라 중국에 관심을 가진 연구자와 독자들 모두에게도 뜨거운 의제가 될 것 같다. 개혁개방 이후 경제 대국을 넘어 세계 패권에 도전하고 있는 중국이 자문화의 세계화를 기치로 공자 숭배와 유교 문화를 되살리는 데 적극적으로 나서고 있다. 긴 역사 과정에서 그랬듯이 21세기 유교가 변신과 부활을 준비 중이다. 과연 유교가 어떤 형태로 부활할지, 어떻게 재해석되어 이용되고 수용될지 지금으로서는 막연하다. 중국 역사상 가장 모범적으로 유교 원칙을 따르던 유교 통치의 시대가, 중국 역사상 어느 때보다 또 세계적으로도 드물 정도로 혁신적이며 역동적인 사회와 성공적인 평화공존의 국제 관계를 이루었다는 역사적 사실에 관심이 모아지기를 바란다.

우리말로 읽을 수 있는 송대 개론서는 중국의 다른 시대와 비교해도 거의 없다고 볼 수 있다. 그런 점에서 송대 거의 모든 분야를 종합적으로 다룬 이 책은 자주 뒤적이며 참고할 만한 내용이 풍부하다. 꼭 필요한 책의 번역 출판을 기획해주신 너머북스의 이재민 대표와 꼼꼼히 교정하고 문장을 다듬어준 박윤선님께 깊은 감사를 드린다.

육정임

찾아보기